中国税收教育研究会推荐教材

# 国际税收（第二版）

International Taxation

杨志清　编著

图书在版编目(CIP)数据

国际税收/杨志清编著. —2版. —北京：北京大学出版社，2018.1
（21世纪经济与管理规划教材·税收系列）
ISBN 978-7-301-28882-5

Ⅰ. ①国… Ⅱ. ①杨… Ⅲ. ①国际税收—高等学校—教材 Ⅳ. ①F810.42

中国版本图书馆 CIP 数据核字（2017）第 252699 号

| | |
|---|---|
| 书　　　名 | 国际税收（第二版）<br>GUOJI SHUISHOU |
| 著作责任者 | 杨志清　编著 |
| 策划编辑 | 张　燕 |
| 责任编辑 | 兰　慧 |
| 标准书号 | ISBN 978-7-301-28882-5 |
| 出版发行 | 北京大学出版社 |
| 地　　　址 | 北京市海淀区成府路 205 号　100871 |
| 网　　　址 | http://www.pup.cn |
| 电子信箱 | em@pup.cn　　QQ：552063295 |
| 新浪微博 | @北京大学出版社　@北京大学出版社经管图书 |
| 电　　　话 | 邮购部 62752015　发行部 62750672　编辑部 62752926 |
| 印　刷　者 | 三河市博文印刷有限公司 |
| 经　销　者 | 新华书店 |
| | 787 毫米×1092 毫米　16 开本　18 印张　405 千字<br>2010 年 1 月第 1 版<br>2018 年 1 月第 2 版　2022 年 7 月第 3 次印刷 |
| 印　　　数 | 4501—5500 册 |
| 定　　　价 | 42.00 元 |

未经许可，不得以任何方式复制或抄袭本书之部分或全部内容。
版权所有，侵权必究

举报电话：010-62752024　电子信箱：fd@pup.pku.edu.cn
图书如有印装质量问题，请与出版部联系，电话：010-62756370

# 税收系列编委会

**主　任**　　安体富
**副主任**　　汤贡亮　杨志清
**编　委**　　（按姓氏笔画排序）
　　　　　　　王国清　刘　蓉　匡小平　陈志勇
　　　　　　　吴旭东　於鼎承　庞凤喜　郭庆旺
　　　　　　　胡怡建　赵惠敏　雷根强

21世纪经济与管理规划教材

税收系列

# 总　序

中国税收教育研究会于2007年3月在中央财经大学成立,旨在以中国特色社会主义理论为指导,贯彻新时期治税思想,按照理论联系实际和"外为中用"的原则,开展税收教育研究和学术交流,服务于我国税收教育事业发展,提高税务专业人才培养的质量,为社会主义市场经济建设服务。

研究会成立十年来,得到了国家税务总局教育中心、全国税务界以及科研院校的关心和支持。研究会一方面十分重视自身的建设与发展,另一方面,通过这个平台,促进了全国各相关高校之间税收教育与教学的交流和相互借鉴,加强了理论研究部门和税务系统之间的信息沟通,构建了税收理论与教学实践相结合的桥梁,增强了研究会的凝聚力和吸引力。而参与和支持学科教材建设,亦是研究会推动国内税收教育与教学的重要形式之一。

目前我国有七十多所普通高等院校已经开设了税收专业,在校学生人数近六万人(不包括函授、成人高考等非正规教育学生),但国内教材市场上尚缺乏一套体系完整、种类齐全,尤其是能反映当前税收理论与实践最新进展的税收专业教材。为推动税收专业高等教育的进一步发展,中国税收教育研究会联合北京大学出版社,组织全国各大财经高等院校编写了"21世纪经济与管理规划教材·税收系列",力争成为国内领先、品种齐全、内容新颖、具有长期影响力的税收专业教材。

为确保丛书的高质量、高水平,丛书由国内知名教授和税务专家组成编委会,由中国税收教育研究会名誉会长、中国人民大学安体富教授担任主编,与出版社共同遴选作者并认真审查各门教材的内容。丛书的作者均为国内重点财经院校税收学专业的知名教授、学者或骨干教师,他们长期从事本科生的一线教学与研究工作,具有丰富的教学和教材写作经验。其中一些教材已经获批"十二五"国家级规划教材和北京市精品教材立项项目。

与国内同类教材相比,本丛书具有以下几个特色:

第一,内容全面,编写规范,注重创新。在课程设置上,与高校税收专业的开课情况保持一致,突出权威性和全面性。具体到在每本教材的写作上,一方面,要求作者遵循本科生培养目标、培养方案和教学大纲的基本要求;另一方面,考虑到读者的需要和作者的教学所长,尊重作者的独创内容,鼓励作者融入自己的研究成果,有所突破和创新。

第二,体例新颖。丛书在编写体例方面,设计了"资料卡""案例分析""国际视点""相关内容链接"等栏目,以丰富和拓展相关知识。同时,为了便于学生把握重点,养成思考问题的习惯,每章还设计了"学习目标""本章小结""重要术语""思考与练习"等栏目。

第三,核心教材与教辅资料同步开发,以便于教学和推广。丛书将在出版教材的同时,为教师免费提供教学课件和习题解答等资料。

本丛书主要面向国内税收专业的本科生或低年级研究生教材,同时,也可作为函授及成人高等教育教材,以及税务工作人员和企业财务管理人员的学习用书。

在丛书的策划、出版过程中,得到了北京大学出版社及中国税收教育研究会会员单位的大力支持,中央财经大学税务学院的樊勇副教授做了大量的工作,在此一并表示感谢。

由于时间仓促,本系列教材仍存在许多不足之处。我们期望有更多的院校和老师采用这套教材,并欢迎各位同仁提出批评和建议,以利于改进和完善。

中国税收教育研究会<br>2017 年 9 月 10 日

21世纪经济与管理规划教材

税 收 系 列

# 前 言

国际税收问题是国际经济贸易活动中的一个重要问题,同时也是我国对外开放经济过程中一个迫切需要研究和解决的问题,它是随着国际经济、技术和文化合作交流的不断发展以及跨国公司的大量出现所形成的纳税人收入的国际化而产生和发展起来的。十一届三中全会以来,我国对外经济往来不断发展,外商纷纷来华进行投资和技术转让,我国企业和个人也不断去外国投资经营和提供劳务,与此同时,国家间的税收问题也伴随而来,国际税收问题引起了各界的重视,并开始上升到一定的理论高度。只有掌握国际税收理论,才能在对外经济交往中更好地维护国家的主权和经济利益,处理好国家之间的税收分配关系;更好地利用外国资金和技术,促进我国社会主义现代化建设的发展。

随着经济全球化的发展,跨国公司已成为全球性的生产和贸易的最大经济载体。目前,全球范围内已有35万家跨国公司及其遍及全球的几十万家子公司和附属企业,控制了全球总产值的40%、国际贸易的50%—60%和国际投资的90%。跨国公司的发展使税收权益的国际分配问题更加尖锐,跨国公司间大量的转让定价行为以及避税港的出现,更加大了这种分配的复杂性。特别是2008年国际金融危机以来,国际社会对建立更为有效的跨国税收合作赋予了更多关注,在历年的二十国集团(G20)峰会上,要求世界各国达到符合国际标准的税收情报交换的压力也与日俱增。同时,为解决发展中国家缺乏相关资源,难以在新的透明度环境下获益的问题,参与G20峰会的领导人也呼吁尽快采取措施使发展中国家也能从税务合作新环境中获益,包括建立多边的情报交换体系。从《国际税收征管互助公约》(2011年6月1日起正式生效)的制定到OECD发布《税基侵蚀和利润转移行动计划》(2013年),等等,都对国际税收产生了巨大影响。从我国的情况看,自邓小平同志创立建设有中国特色社会主义理论以及我国确立社会主义市场经济体制以来,我国对外开放呈现出全面开放、蓬勃发展的新局面。新的发展形势给国际税收提出了许多新的迫切需要研究的课题,国际税收理论有了更深入、更广泛的发展。所以,全面系统地阐述国际税收的基本理论和总结我国改革开放以来国际税收的研究成果和经验教训,更好地为对外开放和社会主义市场经济发展服务,促进对外经济交往,妥善处理我国与其他国家之间的税收分配关系,在国际税收改革与制定国际税收新规则中增加我国的参与权与话语权,都显得十分迫切。本书的出版,既满足了教学需要,也适应了国际税收理论研究的要求。

本书在全面、准确地阐述国际税收学科基本理论的基础上,对当前国内外本学科领域内的不同学术观点及发展动态加以分析和比较研究,进一步分析和展望了国际税收的重要发展趋势。同时,本书还特别注重理论联系实际,对国际税收的实务问题也做了详尽分析,力求解决一些现实中的重大税收理论问题与实际问题。全书力求做到结构严谨,体系完整、合理,条理分明,材料翔实、准确,内容丰富,观点明确,有所创见,正确反映学科进展。在文字上做到简练规范,语言通俗生动,图文并茂,使之成为一部兼具理论性、实用性、可读性的国际税收教材。

国际税收课程是高等财经院校税收学专业本科生的一门专业必修课,同时也是财政学、会计学等财经类专业本科生的一门限选课。在税收学专业课程中,属于高年级后续专业课。在其他财经类专业课程中,属于财务会计、中国税制课程的后续课程。因此,在学习这门课程之前,要求学生掌握一定的财务会计与税收知识。在使用本教材进行教学的过程中,要求教师在全面、准确地阐述国际税收学科基本理论的基础上,注重理论联系实际,对国际税收的实务问题进行认真分析,并结合我国对外开放的实际情况,本着平等互利的原则,对我国同其他国家之间的各项税收问题进行思考。要求给学生提供一定的参考书目,以扩大学生的视野与知识面,并使用启发式教学法,启发学生独立思考问题。由于国际税收是一门专业性和实务性都较强的课程,所以,在教学中还必须给学生布置适当的作业,以便巩固所学知识,加深印象。同时,在使用本教材时建议:

(1) 注意必修与选修课程的区别,在课程教学内容安排方面要有所侧重。

(2) 教学中要注意深入浅出,把握教材的结构体系,抓住课程的主要内容,特别是重点、难点与热点。教学时掌握进度。

(3) 由于国际税收涉及的有关各国税制的部分内容比较庞杂,且又处于经常变动之中,所以,教学中还需要随时注意新的情况,吸收新的相关内容。

(4) 国际税收本身是一门新兴的边缘学科,它涉及经济和法律等学科,因此在教学中要注意拓宽学生的知识面,培养学生的综合素质与能力。

(5) 对学生的学习考核,要注重考核学生的理解能力,要使学生在理解的基础上掌握课程内容。既要注意从理论上考核,又要注意从培养和提高学生处理国际税收各项实际业务的技能方面考核,举一反三,不断总结、提高。

在本书的写作过程中,参考并汲取了国内外专家、教授的一些研究成果,在此一并表示衷心的感谢。由于作者水平所限,书中欠妥和不足之处在所难免,欢迎读者批评指正。

杨志清

2017 年 9 月于中央财经大学

21世纪经济与管理规划教材

税 收 系 列

# 目　录

**第一章　国际税收的概念和研究对象** …………………………（1）
　　第一节　国际税收的概念 ………………………………………（3）
　　第二节　国际税收的研究对象和范围 …………………………（8）
　　本章小结 …………………………………………………………（12）
　　本章重要术语 ……………………………………………………（13）
　　思考练习题 ………………………………………………………（13）

**第二章　国际税收的形成和发展** …………………………………（15）
　　第一节　国际税收的形成 ………………………………………（17）
　　第二节　国际税收的发展 ………………………………………（21）
　　本章小结 …………………………………………………………（22）
　　本章重要术语 ……………………………………………………（22）
　　思考练习题 ………………………………………………………（22）

**第三章　税收管辖权** ………………………………………………（23）
　　第一节　税收管辖权及其确立原则 ……………………………（25）
　　第二节　收入来源地管辖权 ……………………………………（27）
　　第三节　居民管辖权 ……………………………………………（37）
　　第四节　公民管辖权 ……………………………………………（44）
　　第五节　税收管辖权的选择与实施 ……………………………（46）
　　本章小结 …………………………………………………………（49）
　　本章重要术语 ……………………………………………………（50）
　　思考练习题 ………………………………………………………（50）

**第四章　国际重复征税及其消除** …………………………………（51）
　　第一节　国际重复征税问题的产生 ……………………………（53）
　　第二节　国际重复征税问题的处理 ……………………………（57）
　　第三节　国际重复征税问题的处理方式 ………………………（59）
　　第四节　国际重复征税问题的处理方法 ………………………（60）

本章小结 ……………………………………………………………… (68)
　　本章重要术语 …………………………………………………………… (68)
　　思考练习题 ……………………………………………………………… (68)

## 第五章　国际税收抵免 (71)
　　第一节　直接抵免 ……………………………………………………… (73)
　　第二节　抵免限额 ……………………………………………………… (79)
　　第三节　间接抵免 ……………………………………………………… (83)
　　第四节　税收饶让 ……………………………………………………… (91)
　　本章小结 ……………………………………………………………… (100)
　　本章重要术语 …………………………………………………………… (100)
　　思考练习题 ……………………………………………………………… (101)

## 第六章　国际避税 (103)
　　第一节　避税究竟合法还是违法 ……………………………………… (105)
　　第二节　国际避税及其产生的原因与特征 …………………………… (108)
　　第三节　国际避税的基本手段 ………………………………………… (113)
　　第四节　国际避税的一般方式 ………………………………………… (114)
　　本章小结 ……………………………………………………………… (138)
　　本章重要术语 …………………………………………………………… (139)
　　思考练习题 ……………………………………………………………… (139)

## 第七章　避税港及其避税模式 (141)
　　第一节　避税港的基本概念和特征 …………………………………… (143)
　　第二节　避税港的避税模式 …………………………………………… (148)
　　本章小结 ……………………………………………………………… (161)
　　本章重要术语 …………………………………………………………… (161)
　　思考练习题 ……………………………………………………………… (161)

## 第八章　防范国际避税的措施 (163)
　　第一节　完善税收立法 ………………………………………………… (165)
　　第二节　加强税务管理与国际合作 …………………………………… (170)
　　第三节　建立转让定价税收制度 ……………………………………… (173)
　　第四节　建立受控外国公司课税制度 ………………………………… (184)
　　第五节　建立资本弱化税收制度 ……………………………………… (190)
　　第六节　防范滥用税收协定的措施 …………………………………… (193)
　　本章小结 ……………………………………………………………… (195)
　　本章重要术语 …………………………………………………………… (195)
　　思考练习题 ……………………………………………………………… (195)

## 第九章　国际税收协定 …………………………………………………………（197）

- 第一节　国际税收协定概述 ………………………………………………（199）
- 第二节　国际税收协定范本比较 …………………………………………（201）
- 第三节　国际税收协定的内容 ……………………………………………（203）
- 第四节　国际税收协定的签订 ……………………………………………（205）
- 第五节　我国的对外税收协定 ……………………………………………（207）
- 本章小结 ……………………………………………………………………（212）
- 本章重要术语 ………………………………………………………………（213）
- 思考练习题 …………………………………………………………………（213）

## 第十章　国际税收管理与合作 …………………………………………………（215）

- 第一节　税收协定的执行问题 ……………………………………………（217）
- 第二节　非居民税收管理 …………………………………………………（219）
- 第三节　居民境外所得税收管理 …………………………………………（230）
- 第四节　国际税收情报交换 ………………………………………………（235）
- 第五节　国际税收征管互助 ………………………………………………（238）
- 第六节　参与国际税收治理的组织 ………………………………………（240）
- 本章小结 ……………………………………………………………………（245）
- 本章重要术语 ………………………………………………………………（245）
- 思考练习题 …………………………………………………………………（245）

## 第十一章　国际税收规则的改革 ………………………………………………（247）

- 第一节　税基侵蚀与利润转移项目 ………………………………………（249）
- 第二节　数字经济 …………………………………………………………（252）
- 第三节　混合错配 …………………………………………………………（257）
- 第四节　金融信息涉税账户自动交换 ……………………………………（265）
- 本章小结 ……………………………………………………………………（268）
- 本章重要术语 ………………………………………………………………（269）
- 思考练习题 …………………………………………………………………（269）

## 附录　我国对外签订避免双重征税协定一览表(1983—2015) …………（270）

## 参考文献 …………………………………………………………………………（274）

## 重要术语索引 ……………………………………………………………………（275）

# 第一章

# 国际税收的概念和研究对象

## 本章导读

本章是关于国际税收基本理论问题的一般性总论,主要阐述国际税收的概念、研究对象和范围等内容。同时还引入了学习本课程的一些基础性概念与理论,并着重从本学科与国家税收、各国税制、涉外税收等相关学科的区别与联系中阐述国际税收的概念,分析国际税收的研究对象、范围和方法。

## 学习目标

通过本章的学习,读者应能够:

- 掌握国际税收的定义
- 理解并把握国际税收与国家税收、各国税制、涉外税收等相关学科的区别和联系
- 明确国际税收的研究对象和范围

对于国际税收这门学科的研究,在国外税收学界很早就有人进行。但是,国际税收理论得到迅速发展,并成为国外税收学的一个重要组成部分,则是在第二次世界大战以后。这首先是因为,战后国际经济往来日益频繁,经济生活越来越趋向国际化。商品货物、人员劳务、科学技术和资金在国家之间大幅度流动,纳税人的经济活动以及收入的实现远远超出了一个国家的范围,从而使税收的征纳关系跨越了国界。其次,第二次世界大战后所得税的征收在主要资本主义国家迅速发展,并一跃而居主体地位。这又使主要表现在所得税课税方面的国与国之间在税收利益分配上的矛盾更为尖锐和复杂化了。在这种情况下,国际税收问题就为越来越多的人所重视,国外对税收学的研究也由此而延伸到国际领域。

我国对国际税收问题的研究是从20世纪80年代初实行对外开放政策以后开始的。在形成国际税收这门学科的过程中,人们首先遇到的问题,就是如何科学地界定国际税收的研究对象和范围,而这一问题又是由国际税收这个范畴本身的概念、内涵所决定的。解决好这些问题确实是一项关系到国际税收学科体系的形成与发展的重要基础工程。因此,关于国际税收的概念、研究对象和范围等基本理论问题,很自然地就成为本书开篇所要讨论的主要内容。

## 第一节 国际税收的概念

税收是具有法律强制性的一种无偿课征,它是一国政府凭借其政治权力,同它管辖范围内的纳税人之间所发生的征纳关系。这种征纳关系,既包括本国政府与本国纳税人之间的征纳关系,也包括本国政府与外国纳税人之间的征纳关系。马克思说:"赋税是政府机器的经济基础,而不是其他任何东西。"[①]定义反映事物的本质,它是为阐明事物的本质服务的。因此,我们研究国际税收问题,首先必须弄清楚它的概念,以便从质上使其区别于其他事物,对其范围做出恰当的规定,才能对其进行深入的研究。认真理解和掌握国际税收的概念,是我们科学、准确地理解和深入研究国际税收理论与实务的必要前提。

### 一、国际税收与相关学科的关系

提起国际税收,人们自然会联系到国家税收、外国税收、涉外税收、关税、国际税务等,甚至有人会混淆它们之间的关系,造成对国际税收概念的误解。事实上,无论是在国内还是在国外,对国际税收的理解都存在一些不同的观点,不是把国际税收这个范畴与外国税收或外国税制完全等同起来,就是与涉外税收混为一谈,或者与各国税制的某些特定部分完全等同起来,从而忽视了国际税收分配关系与国家税收分配关系以及国际税务关系间的严格区别。这在一定程度上模糊了国际税收的概念以及国际税收这一范畴的质的规定性。有人甚至忽视了国际税收作为税收范畴同国家税收的本质联系。实际上,国际税收与国家税收、各国税制、涉外税收等相关学科既有联系,又有重要区别。因此,我们有必要首先弄清楚国际税收与国家税收、外国税收、关税、涉外税收等概念之间

---

① 《马克思恩格斯选集》第3卷,北京:人民出版社,1972年,第22页。

的关系,特别是与涉外税收的联系与区别,这对于正确理解和掌握国际税收的概念是有重要帮助的。

(一) 国际税收与国家税收

对于国家税收,我们已有所了解,它是国家凭借政治权力所进行的一种强制课征,是一国政府与其政治权力管辖范围内的纳税人之间所发生的征纳关系。这种纳税人可以是企业,也可以是个人。由于一国政府政治权力管辖范围内的人,不仅包括本国人,还包括外国人,所以这种纳税人既可以是本国企业和个人,也可以是外国企业和个人。而对于国际税收,按照《现代汉语词典》的解释,"国际"的含义是"国与国之间;世界各国之间;与世界各国有关的(事物)"。① "税收"则是作为已明确的概念使用的,其含义不言而喻。然而当上述两词组合成"国际税收"这一新概念时,其含义便有了特定的界定。笼统地讲,国际税收是一种国际关系。作为税收,国际税收与国家税收都是凭借政治权力进行分配。但是,国际税收并不是指某个国家内部的事情,而是国家与国家之间在税收权益分配方面所发生的关系。国际税收是从国家税收派生出来的。一个国家凭借其政治权力所进行的税收分配,是国家税收。然而,国际税收并不意味着存在一种超越国家的政治权力所进行的分配,也不存在某种国际范围的征纳关系。但是,国际税收作为税收,首先,必须以国家的政治权力为后盾而进行,因为政治权力总是与国家相联系的。不过,这种分配已不再是单个国家凭借其政治权力所进行的,而是同时有两个或两个以上国家在凭借各自的政治权力所进行的分配。其次,还必须体现为由一定的征收者与缴纳者双方所形成的征纳关系。不过,这种征纳关系也不再是单个国家范围内的征纳关系,而是同时有两个或两个以上国家在各自的权力管辖范围内所发生的征纳关系。这样,就有可能使有关国家政府彼此发生联系,并相互产生对税收的分配关系,从而使国家税收派生出国际税收。我们在明确国际税收与国家税收的联系与区别后,对于外国税收(或外国税制)、涉外税收以及关税等学科与国际税收的关系,也就容易理解了。

(二) 国际税收与外国税收

外国税收(外国税制)是相对于本国税收(本国税制)而言的。比较税收(比较税制)是对某些外国税收制度的比较和研究。在本质上,外国税收(外国税制)与本国税收(本国税制)都同属于国家税收范畴。正像中国税收(中国税制)一样,在中国人看来,自然是中国的国家税收了,而对外国人来说,则是外国税收(外国税制),并不排除它是中国的国家税收,其实质仍然一样,都属于国家税收。同样,外国税收(外国税制)在该国人的眼里,其实质也属于该国家的国家税收,而绝不会变成国际税收。因为事物的本质是客观存在的,它决定于事物本身的主要矛盾,并不会因人们的主观立场或看问题的角度不同而各异。所以,国际税收并不是对某些外国税收(外国税制)所进行的比较研究,更不是各国税收(各国税制)的简单汇总。

---

① 中国社会科学院语言研究所词典编辑室编,《现代汉语词典》(2002年增补本),北京:商务印书馆,2002年,第480页。

### （三）国际税收与关税

至于关税，在各国税制中，诸如对商品、技术的进出口，以及资金在国家之间的流动等这些特定部分的税收征管事项所做的处理规范，不像其他部分那样仅局限于一国范围内，而往往会超出一国的界限，引起某种国际关系的发生。但是，只要它是一个国家在其政权管辖范围内自主地行使其征税权力，并且由此引起的也只是与其他国家之间的经贸关系及国际税务关系，并不涉及国家之间的财权利益分配关系，那么这些特定部分就仍然属于国家税收的范畴，而不是国际税收。

### （四）国际税收与国际税务

有人认为，国际税收就是国际税务或国际税务关系。其实两者是有区别的。国际税务或国际税务关系包括国家之间的税收事务联系与制度协调，是协调国家间经济贸易关系的措施。国际税务涉及的范围主要是流转税和个别财产税，其中又以流转税中的关税为主，诸如国家间双边关税协定或双边贸易协定中的关税优惠条款、地区性国家集团就成立关税同盟所达成的多边协议、国际公约中有关给予各国外交官员税收豁免的条款等，都是国家间税收事务联系或制度协调的具体表现。

那么，国际税务关系同国际税收又有何联系与区别呢？

国际税务或国际税务关系同国际税收的联系在于：两者同属国家之间在税收或税务领域中的相互关系，同样需要进行国际范围的协调。但两者亦有重要区别：国际税务或国际税务关系是国家之间纯粹的税收事务联系或税收制度协调，不涉及各国之间的财权利益分配，而国际税收则是国家之间的税收分配关系，它涉及有关国家间的财权利益分配；前者属于上层建筑范畴，后者则属于经济基础范畴。由此可见，各国税制中有可能带来某种国际影响的特定部分，以及国家间的税收事务联系与制度协调，应属于国际税务或国际税务关系，把国际税务关系的内容纳入国际税收的范畴是不妥的。

### （五）国际税收与国际税法

有人把国际税法说成是国际税收，这种说法是不完整的。

顾名思义，国际税法应是调整国家与国家之间税收关系的规范总和。《新税务大辞海》对国际税法概念的解释是："调整国家与国家之间税收权益分配关系的法律规范性文件的总称，是国家之间通过协议制定或公认的，其效力范围及于所参加或同意采纳和接受的各个国家。其最主要的渊源是国际税收条约。"[①]

但是，到目前为止，世界上还没有一部对各国都有约束力的"国际税法"。由于各国政治经济制度、经济发展水平以及税制结构的不同，在相当长的历史时期内，世界上还不可能制定出一部统一的"国际税法"。目前具有法律规范作用的，也只有那些对当事国有约束力的双边或多边的"条约法"以及一些国际惯例和判例等。这些当属国际税收必不可少的重要内容，但绝非唯一的内容。

### （六）国际税收与涉外税收

下面着重分析讨论涉外税收与国际税收的关系。

---

① 金鑫、许毅主编，《新税务大辞海》，北京：九州图书出版社，1995年，第120页。

涉外税收通常是指一国政府对外国人(包括外国企业和个人)征收的各种税收的统称。

对于涉外税收,学术界的解释也不完全一致。《中国税务百科全书》的定义是:"对外资企业和外籍人员征收的各种工商税收的总称。"①《税务辞典》的解释是:"一国政府征收的同他国或多国政府有税收利益关系的税收。"②可见,涉外税收是一国税收制度中有关对外国纳税人(包括外国企业和个人)征税的部分。

一个国家不论是对外国人还是对本国人征税,都是这个国家政权管辖范围以内的事,不受外来的控制和干涉,所反映的是一国政府凭借其政治权力,同它管辖范围内的纳税人之间的征纳关系。涉外税收是一国政府对外国纳税人课征的税收,它反映为一国政府凭借其政治权力同其管辖范围内的外国纳税人之间所发生的征纳关系。这种征纳关系并没有超越一国政府的管辖范围而进入国际范围。因而涉外税收还是属于国家税收的范畴,是国家税收的一个有机组成部分,而不是什么国际税收。由此可见,把各国税制中有关涉外的部分看作国际税收,认为只要一个国家对外国纳税人课征的税收就是国际税收的观点,也是欠妥的。当然,一国的国家税收制度中涉及外国纳税人的部分,其影响所及毕竟不同于涉及本国纳税人的部分。

涉外税收与国际税收又有着密切的联系。如前所述,税收是国家凭借政治权力所进行的一种强制课征。政治权力也只有依附于国家机器才能产生。国际税收作为税收,也同样是凭借国家的政治权力进行课征的。目前,世界上还没有一部国际税法,也没有一种超越国家的国际政治权力可以被用来进行国际范围内的课征。但是,随着国家之间商品、劳务、技术、人才和资金的大幅度流动,各国的经济活动也向外不断延伸和发展,伴随而来的是对参与国际经济活动的跨国公司和个人的所得如何征税的问题。每个独立的主权国家,都有权对本国公民和居民以及发生在本国领域内的一切经济活动征税。一旦某个国家的公民或居民在国外从事经济活动,他都会有来自外的所得或收入,外国政府也就有权向他征税,因而他就有可能面临被本国和外国两个国家征税的问题,在本国国家税收和外国国家税收("涉外税收")的征纳关系中,作为缴纳者一方的他已不再是一般的单个国家的纳税人,而是同一主体的跨国纳税人。尽管本国和外国两国政府向这个同一主体的跨国纳税人征税,都是分别凭借各自国家的政治权力,并且又都是分别在各自政权管辖范围内与这个跨国纳税人发生着征纳关系,从而依然属于国家税收的范畴。但是,在这种条件下,由本国政府和外国政府向这个跨国纳税人进行课税所带来的矛盾中,已含有两重不同的性质:一方面,它反映为本国政府和外国政府各自同跨国纳税人之间利益分配的矛盾(即征纳关系);另一方面,它还反映为两国政府之间财权利益分配的矛盾(即税收分配关系)。后一方面的矛盾或关系已超出了本国、外国或其他任何一个国家的国家税收范围,往往不可能由一国政府去解决或处理,而必须由有关国家政府通过共同协商、谈判,达成妥善处理双边或多边税收分配关系的协议,即签订双边或多边税收协定或条约,以求得解决。这种在因征税而形成的征纳关系中所发生的国家与国家之间

---

① 金鑫、刘志城、王绍飞主编,《中国税务百科全书》,北京:经济管理出版社,1991年,第325页。
② 章炜主编,《税务辞典》,北京:中国财政经济出版社,1989年,第418页。

的税收分配关系,就是我们所要研究的国际税收。因而,此时的"涉外税收"已转化成为国际税收。但是,如果本国政府并不对该跨国纳税人来自国外的所得或收入进行征税,或虽然征税,却没有与外国政府签订税收协定,因而并未发生协调国家之间的税收分配关系,那么"涉外税收"也就不是国际税收了。

## 二、国际税收的概念

**国际税收**是指两个或两个以上国家政府,各自基于其课税主权,在对跨国纳税人进行分别课税而形成的征纳关系中,所发生的国家之间的税收分配关系。

这一概念或定义包括以下三层重要含义:

### (一)国际税收不能脱离国家税收而单独存在

作为税收,必须有征收者与缴纳者,但是,国际税收并没有也不可能有自己的独立于国家税收的特定征收者和缴纳者,它只能依附于国家税收的征收者和缴纳者。如果没有各个国家对其政权管辖范围内的纳税人进行课征,就无从产生国际税收分配关系。所以,上述定义首先表达了国际税收关系并不能脱离国家政治权力以及国家税收的征纳关系而独立存在,这种政治权力和征纳关系,正是通过有关国家政府对其政权管辖下的纳税人进行分别课税表现出来的。

### (二)国际税收不能离开跨国纳税人这个关键因素

作为一个一般的而不是"跨越国境"的纳税人,其通常只承担一个国家的纳税义务,仅仅涉及一个国家的征纳双方当事人之间的关系,并不会由此引起这个国家和其他国家政府间的税收分配关系。因此,在国际税收概念中必须特别指明,国际税收所附于的国家税收中的缴纳者,必须是跨国纳税人。离开了跨国纳税人这个因素,国际税收关系也就无从发生。

### (三)国际税收是关于国家之间的税收分配关系

前面的分析表明,国际税收是由国家税收派生出来的,两者既有着内在的联系,又有着严格的区别。这种区别,就是国际税收概念所明确指出的,它是一种国家与国家之间的税收分配关系,而不是任何其他关系,诸如外国政府与其管辖下的纳税人之间的征纳关系、本国政府与其管辖下的外籍纳税人之间的征纳关系以及一国政府对其管辖下的纳税人所发生的虽涉及国际经济贸易交往,但与国家政府之间财权利益分配无关的那部分课税对象征税所反映的征纳关系等。因为此类征纳关系均属国家税收范畴的分配关系,只需通过一国的国家税法来处理,而并没有发生国家之间的税收分配关系,所以这些都不在国际税收的概念范围内。只有当一个国家对其管辖下的跨国纳税人的课税对象进行征税,并涉及另一相关国家的财权利益,因而需要协调国家间的税收分配关系时,才称为国际税收。这种分配关系,主要是由有关国家政府通过签订国家间的税收协定或条约来处理的。因此,国际税收不是一般的国家税收分配关系,而是关于国家之间的税收分配关系。

## 第二节 国际税收的研究对象和范围

国际税收的研究对象与范围是由其概念所规定的。由于人们对国际税收概念的认识存在差异,因而对由国际税收概念所决定的研究对象和范围的认识也存在差别。西方学者一般将国际税收定义为各国的涉外税收。而我国学者则将国际税收定义为涉及两个或两个以上国家财权利益的分配活动或者分配关系。这实质上是对各国涉外税收制度运转过程的一般抽象,它并不局限于某一特定国家,而是逾越了具体国家的界限。很明显,我国学者关于国际税收的概念兼容了西方学者同一概念的内容,它既包括中国的国际税收,也包括其他国家的国际税收,以及国际涉税领域的一般惯例和规范。值得一提的是,许多资料表明,我国学者的研究大多集中于后者。

### 一、国际税收的研究对象

国际税收是一门新兴学科,它具有需要研究国际税收本身的某种特殊矛盾。这正如毛泽东同志所指出的:"科学研究的区分,就是根据科学对象所具有的特殊的矛盾性。因此,对于某一现象的领域所特有的某一种矛盾的研究,就构成某一门科学的对象。"[①]由于人们对国际税收概念的理解不同,因而对国际税收的研究对象也相应地存在不同的观点。有人认为:"国际税收的研究对象应当是各国政府处理它与其他国家之间的税收分配关系的准则和规范。"[②]有人认为:"国际税收是研究两种相联系的税收关系:一是各国政府与其跨国纳税人之间的税收征纳关系;二是国家与国家之间的税收分配关系。"[③]还有人认为:"国际税收这门学科的研究对象,是在国际经济关系中由于各个国家行使其课税主权所引起的国家之间社会剩余产品的分配关系。"[④]

我们认为,世界上任何一个独立的国家,都享有各自的主权,对各自政权管辖范围内的纳税人和发生的一切经济活动都可以征税。因此,一个自然人或法人一旦参与国际经济活动,就有可能跨国取得收入,并有可能面临有关国家征税的问题,从而产生有关国家之间的税收分配关系。这一现象中的特殊矛盾性就是国际税收这门学科所要研究的对象。这种特殊矛盾,包含以下两个方面的内容:

(一)国际税收分配进程及其所反映的国家与国家之间的税收分配关系

国际税收研究的不是物,而是国家与国家之间的税收分配关系,它是从其本质及其区别于其他事物的特殊矛盾性中研究税收分配关系的,具体地说,它是从国际税收分配进程的特殊矛盾中研究税收分配关系的。国际税收分配活动表现了国家与国家在税收利益分配上的一种特殊矛盾,体现了一定社会经济制度下的特定分配关系。国家之间的税收分配关系,也是具有阶级性的。不同社会经济制度下的国际税收,体现了不同性质

---

[①] 《毛泽东选集》四卷合订本,北京:人民出版社,1969 年,第 284 页。
[②] 李九龙主编:《国际税收》,武汉:武汉大学出版社,2000 年,第 14 页。
[③] 中国税务学会国际税收研究会、福州市税务学会编:《国际税收论文集》,福州:福建人民出版社,1986 年,第 28 页。
[④] 同上书,第 57 页。

的特定分配关系。具体说来,有社会主义国家之间的税收分配关系,有资本主义国家之间的税收分配关系,也有社会主义国家与资本主义国家之间的税收分配关系,还有经济发达国家与发展中国家之间的以及发展中国家与发展中国家之间的税收分配关系。有关这种特殊分配活动体现的分配关系及其规律性,虽然是税收学所要研究的一个重要内容,但它与税收学科所要研究的其他分配活动对比起来,则具有更多的特殊性和一定的独立性。在各国政府对跨国纳税人征税的过程中,难免会产生一系列互不协调的矛盾问题,这些问题也会影响到有关国家的财权利益。因此,各国政府与跨国纳税人之间分配关系的特殊矛盾性及其处理的准则和规范,与国际税收的研究对象有着密切的联系,我们研究国际税收时不能完全抛开它而孤立地进行研究,但两者毕竟是有重要区别的。严格说来,这种国家政府与跨国纳税人之间的征纳关系及其处理准则和规范,属于各国涉外税收的研究对象。国际税收的研究对象首先应当是国家之间的税收分配关系。

(二)各国对国际税收分配活动所要进行的一系列税收管理

在国际税收分配活动中,人们基于各自的认识,根据实现国家职能和一定政治经济目标的要求,妥善处理好国家间的税收分配关系,对税收分配活动需要进行各种专门管理,诸如由各国政府之间确定的国际税收负担政策原则、处理双边或多边税收分配关系的准则与规范、对国际税收的稽征管理等。这些问题虽然与国家间税收分配关系的研究密切关联,但其内容既广泛又具体,其中许多问题是税收学科研究难以包括的。在国际税收管理中的许多特殊矛盾问题,诸如国家税收利益的需要与可能、促进国际经济交往合作与取得收入、国际经济状况与国际税收制度、组织收入与公平合理负担、促进国际资本流动与提高经济效益、体现国际税收政策与简化税制、维护国家税收权益与尊重国际税收惯例等,是需要另有税收管理的学科来进行研究的。

根据以上两个方面的基本内容,概括来说,国际税收这门学科所要研究的完整对象应当是:各国政府为协调国际税收分配活动所进行的一系列税收管理和采取的措施,以及由此形成的国与国之间的税收分配关系及其处理准则和规范。

二、国际税收的研究范围

国际税收的研究范围,是由国际税收的概念及其研究对象所界定的。国际税收的研究对象,明确了本学科的任务和目标,在于进一步深化国际税收概念所揭示的国家之间的税收分配关系这一主要矛盾的性质,同时也明确了其研究范围,主要是所得税以及资本收益税方面的问题。但是,由于人们对国际税收概念的理解不同,对国际税收的研究范围会有不同的界定。目前,学术界主要有两种不同观点,即"广义"与"狭义"之分。广义的观点认为,无论是对商品课税,还是对所得课税,在经济生活国际化的条件下,同样具有税收国际化的特征,都反映了国家之间的税收分配关系,都是国际税收研究的范围。狭义的观点认为,只有对所得的课税才会涉及国家之间财权利益的分配关系,而对商品课税仅涉及国家之间的经济和贸易关系,并不涉及国家之间财权利益的分配,因而只应把所得税列入国际税收的研究范围。实际上,这两种观点的差异主要表现在关税上,广义的观点认为关税问题国际化的现象日趋明显和普遍,国家间的关税协调也会引起国际税收关系,国际税收研究的范围应包括关税。狭义的观点则认为关税并不涉及国家间的税收利益分配关系问题,不应列为国际税收的研究范围。

我们认为,对国际税收研究范围的科学界定,必须建立在国际税收对象的特殊矛盾基础上,即对哪些课税对象征税能引起国家间财权利益变化,从而导致国家间税收分配关系的发生,那么,对这些课税对象征收的税种就是国际税收的研究范围。

我们知道,在国际税收领域中,由于不存在一种超国家的权力机关,也没有一部国际税法,因而国际税收也就不可能有其独立的征税对象和税种。但由于国际税收的特殊性,它涉及一定的征税对象和税种,即各国税法所明确规定的关系到两个或两个以上国家财权利益的特定征税对象和税种。尽管各国税法的规定有很大的差异性,税收的税类也多少不一,但是,按照课税对象的性质,一般可将税收划分为对商品(流转额)的征税、对财产的征税、对所得(收益)额的征税等种类。

对商品(流转额)的征税,包括以流转中的具体商品或劳务收费为征税对象的流转税,如增值税、消费税、营业税、关税等。对财产的征税,是以具体存在的某项财产为征税对象的个别财产税,如房产税、土地税、车船税等。这些流转税和个别财产税两大税类的征税对象,即某个具体商品或某项具体财产。由于在某一时点上其流转空间(交易活动或行为发生地)或财产存在的空间不是属于这个国家,就是属于那个国家,各国都是遵循对发生在本国境内的商品流转额或存在(坐落)于本国境内的具体财产征收流转税或个别财产税的征税原则。因此,对商品进行征税以及对某些个别财产进行征税,一般都不致超出本国疆界范围,不会发生跨国家重复征税的问题,也就不会涉及其他国家的财权利益。另外,对商品和财产征税一般属于间接税,其税负可以转嫁,一般由商品的购买者和消费者负担。所以,一般不将流转税和具体财产税列入国际税收的研究范围。

至于关税,由于20世纪70年代以来国际经济贸易的新变化,国家间的关税协调不断加强,如欧洲经济共同体国家,取消了内部关税,建立了统一对外的关税制度,废除了多环节征税的产品销售税,实行了统一的增值税。欧洲经济联盟的成立,又将原欧共体成员国的关税协调等措施推向了规范化。其他一些地区的关税同盟或自由贸易区的国家间也有税收一体化的趋势。因而,关税问题的国际化趋势已日益明显。然而,关税最早虽涉及国际关系,但1947年《关税及贸易总协定》诞生后,关税的国际协调已成为一个独立体系。关税除具有流转税的上述特征外,本身还具备特有的体系和国际协调方式:关税的纳税环节清楚,征税权明确;关税的计税依据是商品流转额,数额明确;关税不存在同一征税对象在同一流转环节的重复课征问题;关税的征收管理比较简单,偷、漏税较少;关税制度的国际差异较小,便于国际协调。关税问题之所以国际化,并不是由于各国对跨国纳税人(进出口贸易商)征税引起的,而是因国际贸易的原因所致。它只涉及国家间的经济贸易关系,而并不涉及税收在有关国家之间的分配关系。因此,严格来说,关税不属于国际税收的研究范围。

但是,对所得(收益)额的征税,包括以纳税人的所得额和一般财产价值为征税对象的所得税和一般财产税,如公司(企业)所得税、个人所得税、资本(财富)税、赠与税、遗产税和继承税等等,情况则截然不同。由于这些税种的征税对象,如某一纳税人的工资收入、利润额或一般财产价值等,都是抽象的,它并不与某个具体的物直接相联系,而是与这些所得或一般财产价值的所有人直接相联系。这些课税对象的所有人包括自然人和法人都可以是跨国的,从而这种归附于人的所得或一般财产价值也可以是跨国的,并有可能被他们所跨越的有关国家交叉重叠征税。尤其是作为所得税征税对象的所得额,在纳税人的所得来源国际化后,有关国家的征税权难以界定,计算所得额往往涉及国际收入和费用的分配,由于各国征税权的交错,对同一纳税人的同一所得常常会发生重复课征。而且,所得税等直接税的税收负担由纳税人直接承担,与流转税相比,这些税种的征课对象和征收管理都比较复杂,偷、漏税现象严重,避税问题也很普遍。特别是在发达的资本主义国家,由于商品输出、技术输出和资本输出的不断扩大,纳税人取得收入来源的渠道和形式也越来越多,所得税和一般财产税的征课对象较之发展中国家更为广泛和复杂。加之各国所得税和一般财产税制度的较大差异性,国际协调存在一定的困难。因此,国际税收主要是研究所得税以及一般财产税方面的问题。所得税以及一般财产税,特别是对跨国所得的征税,已成为世界各国十分关注的问题,它是国际税收的核心问题,也是国际税收中涉及面较广、矛盾较多、急需制定出处理国家间税收分配关系准则和规范的内容。将所得税作为国际税收的重点研究范围,有利于解决国家间的税收权益问题,促进国际经济的发展。

### 三、国际税收的研究内容

国际税收的研究范围体现了国际税收研究的广度,而国际税收的研究内容则反映了国际税收研究的深度。国际税收的研究内容就是根据国际税收的研究范围,需要具体、深入、系统研究的有关国际税收的问题。国际税收的研究目的主要在于消除或缓和国际重复征税,取消税收歧视待遇,使国家之间的财权利益分配公正合理,从而促进国际商品、劳务、技术和资本的自由与合理流动,促进国际经济的发展。因此,总的来说,国际税收的研究内容是国家之间税收分配关系的形成,以及处理、协调这种关系的准则和规范。具体来说,国际税收的研究内容主要有以下几个方面:

(一)税收管辖权问题

税收管辖权问题是国际税收的重要内容之一,也是国际税收的一个基本理论与实务问题。国际税收的种种问题,诸如国际重复征税的发生、国家间税收分配关系的协调等,都与税收管辖权密切相关。所以,国际税收必然要研究税收管辖权问题。此外,应从公平与效率原则出发,从现实的税收管辖权的合理性与矛盾性入手,深入研究税收管辖权的基本理论问题和实际问题,探讨规范、理想的税收管辖权。

(二)国际重复征税问题

国际重复征税问题是国际税收的重要理论问题与实务问题。它不仅直接影响纳税人的切身利益,而且对有关国家的财权利益也有不同程度的影响,对所涉及的国际经济活动也会带来极大影响。国际重复征税又是与有关国家行使的税收管辖权密切联系的,所以,在研究税收管辖权之后,必须进一步研究重复征税问题,主要是研究国际重复征税问题的产生、处理方式与方法,探讨解决国际重复征税问题的最佳办法与前景。

### (三) 国际避税及其防范问题

国际避税问题是国际税收的重要问题之一。跨国纳税人的国际避税活动,不仅违背了"公平税负"的原则,而且还严重影响了有关国家的财权利益及其分配关系。所以,国际税收也必须研究国际避税问题,重点研究国际避税的手段和方法,探讨防范国际避税的有效措施,以维护国家的主权利益,公平纳税人的税收负担。

### (四) 国际税收协定问题

国际税收协定是对国际税收的全面实践和总结。由于世界上还没有一种超国家的国际税法或国际税收法律制度,国家间的税收分配关系只能依靠国家之间签订税收协定来处理和规范。国际税收协定体现了主权国家之间的相互尊重和平等协商,并赋予跨国纳税人履行跨国纳税义务的安全保障,有利于解决有关国家之间的财权利益矛盾,防止纳税人利用跨国条件进行国际避税,促进国际经济交往与发展。因此,研究国际税收问题,必须研究国际税收协定。主要是研究发达国家之间、发达国家与发展中国家之间以及发展中国家之间签订的税收协定,探索总结解决国际税收问题的有效措施或方法,以及处理和协调国家间税收分配关系的准则和规范,促进国际经济技术的合作与交流。

## 四、国际税收的研究方法

国际税收是一门新兴的边缘学科,它不仅涉及经济方面的学科,而且还涉及法律等方面的学科,它同国际经济、国际投资、国际贸易、国际金融、国际保险、各国税制和财务会计等学科都有一定联系。在国际税收的研究方法上,必须坚持马克思主义政治经济学的基本原理,运用唯物辩证法,从事物之间的相互联系和相互影响的关系中以及事物的运动和发展过程中进行研究,不能孤立地、静止地进行研究。因此,我们必须认真探索与遵循国际税收产生和发展的历史规律,本着从实际出发的精神,根据各国税法、税制、国情以及国际经济关系的发展变化,进行多层次的比较研究,诸如分析比较各国涉外税收政策在国际税收分配关系中的运用和存在的问题,研究各国在处理国家间税收分配关系方面所奉行的理论和采取的政策措施以及正反两方面的经验教训等。

由于国际税收关系的复杂性,它不仅涉及有关国家的税法,而且还涉及与税法有关的其他法律范畴,诸如国际公法、国际私法、公司法、合同法和投资法等。因此,研究国际税收也要注意了解和研究与之有关的法律,以便切实妥善处理国家间的税收分配关系,促进国际经济的不断发展。

## 本章小结

1. 国际税收是指两个或两个以上国家政府,在对跨国纳税人进行分别课税而形成的征纳关系中,所发生的国家之间的税收分配关系。它既不能脱离国家税收而单独存在,也不能离开跨国纳税人这个关键因素,它是关于国家之间的税收分配关系。

2. 国际税收研究和调整的对象是各国政府为协调国际税收分配活动所进行的一系列税收管理和采取的措施,以及由此形成的国与国之间的税收分配关系及其处理准则和规范。

3. 国际税收的研究范围主要是所得税以及资本收益税方面的问题。研究的内容主要有：税收管辖权问题、国际重复征税问题、国际避税及其防范问题以及国际税收协定问题等。

## 本章重要术语

国际税收；国际税务；国际税法；涉外税收

## 思考练习题

1. 如何理解国际税收的含义？
2. 国际税务与国际税收的关系如何？
3. 涉外税收与国际税收的关系如何？
4. 国际税收的研究对象是什么？
5. 国际税收的研究范围和内容有哪些？

21世纪经济与管理规划教材

税 收 系 列

# 第二章

# 国际税收的形成和发展

## 本章导读

本章主要介绍国际税收形成和发展的历史,明确国际税收产生的两个前提条件。内容相对较少,而且基本上不存在难点,学习这一章的关键在于理解。

## 学习目标

通过本章的学习,读者应能够:
- 明确国际税收产生的前提条件
- 描述国际税收的形成和发展历史
- 解释跨国公司、《经合发范本》及《联合国范本》在国际税收发展中的重要性
- 比较第二次世界大战前后国际政治经济形势对国际税收的影响

国际税收是一个经济范畴,也是一个历史范畴,它与国家税收有着密切的内在联系,但它并不是自国家税收产生以来就有的,而是随着国际经济关系的形成与发展而产生与发展起来的。当今世界存在国际税收的客观基础是什么?其经济必然性何在?这就需要我们从理论和实践上做出准确的回答。

## 第一节　国际税收的形成

### 一、国际税收产生的条件

众所周知,税收的起源,往往取决于两个相互制约着的前提条件:一是国家的产生与存在;二是适当的客观经济条件,即私有财产制度的存在和发展。只有社会上同时存在这两个前提条件,才能产生税收。

税收本是一国政府凭借政治权力,对其管辖范围内的纳税人所进行的一种强制课征。从税收发展的四千多年的漫长历史来看,在相当长的时期内,税收的征纳关系都是被严格地限制在一国范围以内,国家之间在税收上不存在任何关系,国际税收则不然。尽管国际税收的历史只有几十年,但它也是一个历史范畴。

从理论上讲,国际税收的产生和存在,是在税收存在的基础之上,由两个前提条件共同决定的:一是跨国所得的大量形成;二是世界各国普遍征收所得税并行使不同的征税权力。只有同时具备这两个条件,才会出现国家之间分享税收的问题,也才有必要进行国家间的税收协调,从而产生国家间的税收分配关系。

因此,决定国际税收产生和存在的这两个前提条件,就为国际税收存在的客观必然性提供了理论上和实践上的评价标准。

(一)跨国所得的出现同国际税收的产生有着直接的必然联系

跨国所得是指来源于一国但为另一国居民或公民纳税人所拥有的所得。

跨国所得是国际税收产生的物质基础。国家间的税收分配关系必然要受客观经济条件的制约。当一个人参与国际经济活动后,他必然会取得跨国收入、发生跨国费用,从而形成跨国所得。只有出现跨国所得,才有为满足有关国家政府行使职能而征税的客观需要,即才有作为有关国家共同征税的对象,从而才使国际税收的产生成为可能。也就是说,由于纳税人的收入跨越了国境,征纳关系也就可能随之跨越国境,并有可能产生国家之间对同一笔跨国所得如何分享税收的问题。只有在这个时候,客观经济状况才为国际税收的产生提供了前提条件。

(二)各国普遍征收所得税并行使不同的征税权力同国际税收的产生有着本质的联系

跨国所得的产生为国际税收的产生提供了物质基础,而各国普遍征收所得税并行使不同的征税权力则最终导致了国家间税收分配关系的发生。由于跨国所得的存在,有关国家都要将它列为各自的所得税征税对象而行使征税权。跨国所得的来源国(发生国)要进行从源征税,而跨国所得拥有者(取得者)的居住国或国籍国也要对之汇总征税,从而产生了国家之间在税收分配上的矛盾,导致了国家间税收分配关系的发生。因此,国际税收是各国政府对跨国纳税人的跨国所得行使征税权的表现,是一个国家对另一个国家财权利益的一种"侵犯"与"协调"。只有世界上各国广泛征收所得税,并存在跨国所得和各国征税权力的交错,国际税收才会产生。

### 二、国际税收形成的历史过程

国际税收的历史虽短,但它作为一个历史范畴也同其他经济范畴的起源一样,经历了一个从简单到复杂、从不完善形态到完善形态的发展演变过程,也是历史发展到一定阶段的产物。

#### (一)国际税收的史前期

自从原始社会末期出现国家并产生税收以后,在奴隶社会和封建社会前期这个相当漫长的历史时期内,世界各国大都闭关自守,经济交往极少,农业一直是这个时期的主要生产部门,农业生产者的收获物也就自然成为这一时期税收的主要征税对象。由于农业生产收获物同土地有着紧密的联系,人们的收入仅来自其国内,所以,在那个时期以原始的直接税为主的税收征纳关系中,征纳双方之间所发生的税收分配关系,是被严格地限制在一个国家的地域范围以内的,不会引起国家之间的税收分配关系,自然也就不可能出现国际税收。

#### (二)国际税收的雏形期

随着人类社会的发展,由封建社会进入资本主义社会,商品经济有了发展,商品流通范围也由国内市场延伸到国际市场,私人财产不断增加,在这种商品经济条件下,各国税收的课征对象也相应地扩大了,除对农业收获物征税外,还要对手工业品、商品流转额以及某些财产征税。但由于对商品以及财产课税只能分别由商品交易行为的发生地所在国以及财产的坐落地所在国进行,其他国家无权征收,所以,一国征税不会涉及另一国的财权利益,国家的征税权力不存在交叉,不会引起国际税收分配关系。

18世纪后期至19世纪中期,资本主义有了进一步发展,处于自由竞争时期。这一时期欧洲爆发了资本主义工业革命,促进了世界市场范围的进一步扩大,商品经济有了飞速发展。欧洲主要资本主义国家凭借其雄厚的实力,实行帝国主义侵略政策,输出商品、输入原材料,随着殖民地的开拓和国际贸易关系的不断发展,国与国之间互相推销商品,出现了激烈的国际贸易竞争,商品输出成为这一时期国家间经济关系的主要特征。在激烈的国际贸易竞争中,各国政府出于维护各自利益的愿望,先后采取了保护关税制度。特别是有些国家为鼓励本国工业品出口,往往对出口产品进行补贴,以低价出口,从而有利于商品输出;而进口国则采取相反措施,即对补贴的进口商品征收反补贴税。有的资本家则采取低价倾销政策,甚至卖价低于成本,占领市场后再提高价格从而把亏损捞回来。为了抵制别国的商品倾销,一些进口国往往对此征收反倾销税,有的国家在对外国倾销的货物征收一般进口税之外再征收附加税,以提高进口货物的价格,保护本国垄断资本的利益。在这种情况下,虽然这些征税仍然涉及一国政府同该国境内的进口商之间的征纳关系,但是,由于各国出于维护各自在世界市场中地位的愿望,国与国之间形成了税收上的斗争。有些国家往往想通过谈判来签订双边或多边贸易关税协定或条约,以相互给予某种关税优惠待遇。可见,此时的税收似乎已开始具备了某种国际意义,但是,由于对商品输入或输出所征收的关税是对物税,即间接税,而不是对人税或直接税,其税款包含在商品销售价格之中,并不是由经营工商业的资本家或进出口商负担,而是由购买商品的消费者负担,即税收负担落在进口国消费者身上,只不过是借进口商之手缴纳而已,因而不致引起有关国家政府对同一纳税人的征税。马克思说:"消费税只是随着资产阶级统治的确立才得到了充分的发展。"[①]由此可见,在以商品输出为主的条件下,税收的分配关系一般都在一国范围内发生,不会产生跨越国境对同一纳税人或同一课税对象的重复征税问题,因而也就不会引起国家间税收权益的分配关系。

总的看来,资本主义发展初期,由于商品货币经济的迅速发展,原始的直接税逐渐被取消或降到了次要地位,而对商品课征的间接税逐渐上升到主要地位,形成了以间接税为主的税收制度。间接税的广泛发展,适应了资本主义商品生产的经济条件,同时也减轻了资产阶级的税收负担,有利于资本主义工商业的发展。此外,国家间的税收协调也反映了国家之间在贸易方面的税务联系。从国际税收起源的角度看,我们把这一阶段称为国际税收的雏形期。

(三)国际税收的形成期

19世纪末20世纪初,资本主义高度发展,已经进入垄断阶段。资本输出成为这一时期的主要特征。

一般来说,有资本输出国,就会有相应的资本输入国,而且到国外投资必然会给跨国投资者带来收益,即跨国所得。跨国所得的形成,产生了国家之间对同一笔所得如何分享税收的问题。只有在这个时候,客观经济状况才为国际税收的产生提供了前提条件。但是,由于在第二次世界大战以前,资本输入国主要是殖民地和半殖民地国家与地区,而这些国家与地区在当时大都没有独立的征税权,因而在帝国主义各国和殖民地之间,一般不会提出分享税收的问题。至于资本主义各国间的相互投资,在第二次世界大战以前为数不多,且投资额不大。虽然会发生分享税收的问题,但并不尖锐,也不普遍。此外,大多数资本主义国家都是在进入20世纪后才建立所得税制度,而且税率也很低。因此,国家之间在对资本收益征税方面的矛盾并不尖锐,还未达到必须立即由有关国家一起协商解决的程度。

第二次世界大战后,国际政治经济形势发生了重大变化,这些重大变化使国际税收成为世界各国关系中的一个重要问题,并成为第二次世界大战以来国际上的重要研究课题之一。具体主要表现在以下几个方面:

第一,殖民地国家相继独立,对外来投资拥有了独立的征税权。第二次世界大战后,亚、非、拉的广大殖民地和半殖民地要求政治上独立、经济上繁荣,并纷纷建立了独立的国家,有了独自的征税权,改变了以前那种对外来投资无权征税的现象。因此,资本输入国与资本输出国对同一投资的收益都要征税的情况就大量出现了。

第二,国际资本的流向发生了极大的变化。第二次世界大战后,发达的资本主义国

---

[①] 《马克思恩格斯全集》第4卷,北京:人民出版社,1958年,第179页。

家之间的相互投资大量增加,大大超过了对发展中国家的投资。1967年,发达国家的对外投资总额为1 050亿美元,其中31%在发展中国家,69%在发达国家。① 而在1970—1980年的2 254亿美元国际资本中,只有23.3%流入发展中国家,其余全部流入发达国家。② 发达国家间相互投资的剧增,必然导致在对投资收益的征税关系上的矛盾尖锐化。

第三,跨国公司迅猛发展使国际经济关系日趋复杂。**跨国公司**是指主要资本主义国家的大垄断企业,在许多国家和地区设立分支机构或通过控制其他国家的子公司而形成的一种国际化垄断组织,它是垄断资本主义高度发展的产物,是资本主义国家输出资本的重要工具。

跨国公司的巨额跨国所得可以来自许多国家,这些国家政府为了维护本国的主权和经济利益,必然要对其收入征税,因而收入的国际化又带来了税收的国际化。同时,跨国公司为了确保自身的利益,寻找更好的投资环境,在国际经济活动中,尤其是在进行跨国投资可行性研究时,必然要考虑各国税制的差别,进行偷、漏税和避税活动,扭曲了有关国家与其自身间的征纳关系,因而由征纳关系所反映的国家之间的税收分配关系也日益显示出复杂性。

第四,科技革命使国家间的税收关系更加复杂化。第二次世界大战后,国际经济、技术和文化的合作与交流日益频繁,国际交通运输也不断发展,尤其是科技革命,不仅使国际技术转让大量增加,而且使科技人员的国际交流也更加广泛,跨越国境的纳税问题也随之大量产生,使各国间的税收分配关系更加复杂。

第五,所得课税制度的普遍实行和所得税税率的大幅提高,急需有关国家共同协商解决国际重复征税等问题。第二次世界大战后,由于世界经济的重大变化,特别是资本输出这一重要特征,使得资本输出国与输入国的国际经济关系,从税法上反映出来,都需要相应地改变税制以适应新变化,维护各自的国家权益。在商品输出为主的条件下,实行间接税可以取得一定财政收入,但在以资本输出为主的条件下,单靠间接税来维护国家权益和取得财政收入,已日益显出其局限性,加之资本主义国家长期广泛实行间接税制度的结果给资本主义的经济发展和资产阶级的经济利益带来了一些不利影响,这就促使了资本主义国家推行以所得税制度为主体的税制结构,加速了所得税制的普遍推行。更为令人瞩目的是,所得税在许多国家,特别是发达的资本主义国家的税收中占据了主体税种的地位,形成了以所得税为中心的税收制度。同时,绝大多数国家都大幅地提高了所得税税率(一般都在50%左右),因而导致国家间财权利益相互矛盾的问题日趋复杂。

正是在上述种种情况的推动下,跨国公司的大量存在,带来了跨国纳税人收入的国际化,各国普遍征收所得税并实行不同的征税权,对于跨国投资形成的所得,这个国家从投资者的所得是从来源于该国的角度出发,可以对其进行征税;那个国家从投资者是属于该国居民或公民的角度考虑,从而也可以对该笔所得进行征税。这样,两个国家对同一跨国投资者的同一跨国所得征税的结果,就必然会发生国际重复交叉征税等问题,从

---

① 《再论世界发展中的跨国公司》,北京:商务印书馆,1982年,第288页。
② 《跨国公司在世界发展事业中的作用(第三次调查)》(中文版),1983年,第324页。

而引起国家之间税收分配关系的矛盾。因此,协调国家之间的税收分配关系,就成为国际经济关系中一个十分重要的课题,最终导致国际税收的形成。

## 第二节 国际税收的发展

### 一、国际税收的非规范化阶段

在现代直接税阶段,特别是在国际经济活动中,由于跨国所得的大量形成,以及各国广泛开征所得税,国家课税权范围的发展,导致了税收的国际化,使国际税收这一特定的经济范畴在第二次世界大战后开始出现。而国际税收形成后,有许多问题需要解决,其中一个最直接、最基本、最突出的问题,就是各国政府对跨国纳税人的跨国所得重复征税的问题。这个问题如果不解决,国际经济贸易往来势必遇到严重的障碍,特别是会给缺少资金和技术的发展中国家带来更多的麻烦。我们知道,国家的课税权是国家政治权力的重要表现,它一般是在国家政治权力所及的范围内行使的,世界上并没有一个具有超越国家政治权力的组织能对国际重复征税问题做出规定,任何一个国家也无权强迫对方主权国家做出税收让步。因而,解决问题的方法开始时只能从一国的国内税法角度出发,单方面对国际重复征税问题做出暂时的权宜处理,如对跨国纳税人在国外取得的所得的申报,其在国外的已纳税额可以适当地从应纳本国税额中抵免等。

但是,随着国际经济交往的迅速扩大,纳税人收入的国际化和所得税的普遍采用,国际重复征税问题日益普遍和严重,仅靠单方面的解决办法已远远不能适应要求了。所以,国家之间开始接触、探讨、研究解决国际重复征税问题的办法,通过谈判和协商,签订非规范性的税收协定或协议,以求得双方或各方的平衡。这种早期的国际税收协议是有关国家处理相互间税收关系问题而自发进行的,属于国际税收的非规范化阶段。

### 二、国际税收的规范化阶段

随着国际经济往来的不断发展,以及纳税人所得的国际化和所得税的广泛运用,上述单方面的权宜处理和非规范性的双边税收协定,已经不能适应形势发展的需要,国际重复征税问题已影响到国际经济交往能否顺利进行。因此,为了促进国际经济活动的不断发展,迫切需要用一个比较完整的规范性国际税收协调办法,来指导各国处理相互间的税收分配关系。为此,经济合作与发展组织于1963年制定公布、于1977年修订发表了《关于对所得和资本避免双重征税的协定范本》(以下简称《经合发范本》),联合国税收协定专家小组也于1968年制定、于1979年公布了《关于发达国家与发展中国家间避免双重征税的协定范本》(以下简称《联合国范本》)。这两个国际性税收协定范本虽然对各国政府并没有法律上的约束力,但在事实上已经起到了重要的示范作用,成为各国处理相互间税收分配关系的准则。它的产生,使国际重复征税等问题得到了合理的解决,国家间的税收分配关系也随之规范化了。两个范本顺应了经济国际化这一必然发展趋势,是国际税收从非规范化阶段进入规范化成熟阶段的重要标志。

自从两个协定范本产生以来,国家之间缔结税收协定的活动十分活跃,国际税收协定的网络不断发展。据统计，到20世纪80年代初，已有130多个国家和地区相互缔结了有关避免双重征税的协定600个，其中多数是发达国家对外签订的，发展中国家之间签订的只有少数。20世纪80年代以来，老协定的修订与新协定的缔结持续不断。随着第三世界国家在国际经济生活中地位和作用的日益提高与增大，国家之间缔结税收协定的速度还会加快，数量还会大大增多，尤其是发展中国家对外缔约。国际税收协定将成为国家间经济关系的一个重要特征，必将对发展国际经济交往发挥重大作用。

## 本章小结

1. 国际税收是个历史范畴，形成于19世纪末20世纪初。
2. 国际税收产生的前提条件是：跨国所得的产生和所得税的广泛运用。
3. 国际税收的形成，经历了史前期、雏形期和形成期三个历史阶段，并经过了非规范化阶段和规范化阶段的发展。
4. 《经合发范本》和《联合国范本》对处理国家间税收分配关系起到了重要的示范作用，成为各国处理相互间税收分配关系的准则。它的产生，使国际重复征税等问题得到了合理的解决，标志着国家间的税收分配关系进入规范化阶段。

## 本章重要术语

跨国所得；跨国公司

## 思考练习题

1. 国际税收产生的前提条件是什么？
2. 为什么说在第二次世界大战以前虽已出现跨国所得征税问题，但国际税收尚未正式形成？

# 第三章

# 税收管辖权

## 本章导读

本章讲述的主要内容是各国在国际经济交往中拥有和行使的征税权力,具有一定相对独立性。重点阐述了税收管辖权的基本概念和内容,以及国家行使课税权力的基本原则和规范,介绍了一些主要国家对税收管辖权的具体实施状况。

## 学习目标

通过本章的学习,读者应能够:

- 掌握税收管辖权的定义,并解释税收管辖权是研究国际税收问题的基本出发点
- 掌握国家行使课税权力的基本原则
- 掌握收入来源地和居民身份的确定标准,并以此对在我国境内取得收入的跨国纳税人进行判定
- 解释居民身份的确定在居民管辖权中的重要性
- 了解主要国家对税收管辖权的实施状况

1923年,由四位经济学家组成的一个委员会向国际联盟提交了一份报告,首次阐述了国际税收管辖权的基本原则。在报告中,他们提出了"经济效忠义务学说"(Doctrine of Economic Allegiance),即收入在哪里产生,或称为来源地管辖权;以及它在哪里消费或储蓄,或称为居住地管辖权。这两个基础为一个国家的征税提供了合理依据。报告中阐述道:

> 税收,虽然是一事一计,但最终还是要落到个人头上,并且应该根据个人拥有的资源总量整个算到个人头上去。……当金钱离开了个人的口袋之后,它的最终流向不是单一的,应该是付给个人负有经济效忠义务的所有政府……
>
> 在试图揭示经济效忠义务的真正含义时,我们应当明确有三个基本因素需要考虑,即财富的创造、财富的持有、财富的处置。我们不得不问财富到底是从哪里创造的,即到底在何处形成;在哪里拥有它;最后,在哪里处置它。[①]

那么,这些原则能否解决主要的国际税收问题呢?

国际税收的种种问题,诸如国际重复征税的发生、国家间税收分配关系的协调等,都与有关国家的税收管辖权密切相关。研究税收管辖权问题是处理国际间税收问题的重要前提。

## 第一节  税收管辖权及其确立原则

### 一、管辖与管辖权

我们知道,"管辖"一词是行政学和法学中的一个基本概念。在行政学中,管辖是指行政机关的权力行使范围,如直辖市是指由中央直接管理的城市区域。在法学中,管辖又有狭义与广义之分:狭义的管辖是指司法机关处理案件的权限和范围;广义的管辖则包括行政执法机关的执法权限和执法范围。

从国际法上看,任何一个独立的国家都拥有其基本主权,包括独立权、平等权、自保权和管辖权等。可见,管辖权是由国家权力派生出来的,它是国家权力的体现。管辖权研究的是法律效力的空间(地域)范围和对人的适用范围问题,它通常是由法院和行政执行机关以国家的名义,并根据授权原则来行使的。在国内法上,管辖权是法院审理提交给它的事项,以及对这些事项做出裁决的权力和权限;在国际法上,管辖权是通过立法、行政法令或法院判决而影响人们的权利,它与独立和领土紧密联系。

在法学中,管辖权的划分通常有属地主义原则、属人主义原则和保护地主义原则。按照属地主义原则和属人主义原则,在国际社会中,所有主权独立的国家,对其领域内的一切人、物、行为、事件均有行使法律的权力,这是国家主权的一个基本属性。按照保护地主义原则,任何人只要损害了本国的利益,不论是本国人还是外国人,不论损害者的国籍与所在地域,都要受到该国法律的追究。管辖权主要包括领土管辖权、国籍管辖权、税

---

[①] 布鲁恩斯等,《递交财政委员会的关于双重课税的报告》,(国际联盟 Doc. E. F. S. 73 F19(1923)),国际联盟出版物翻印,第二卷,经济和财政(第28号),第22—23页。

收管辖权等。

## 二、税收管辖权的概念

**税收管辖权**是指国家在税收领域中的主权,是一国政府行使主权征税所拥有的管理权力。税收管辖权具有独立性和排他性,它意味着一个国家在征税方面行使权力的完全自主性,在处理本国税务时不受外来干涉和控制。

众所周知,一国政府有权自行决定对哪些人征税、征收哪些税以及征多少税,这种权力,就是我们所讲的税收管辖权。到目前为止,世界上还没有任何一个国际公约对各个主权国家的税收管辖权加以任何约束,甚至所有国家的宪法也没有对政府的税收管辖权施加任何限制。因此,税收管辖权是一个主权国家在征税方面所拥有的不受任何约束的权力。当然,所谓不受任何限制和约束,并不是绝对的。因为在确定纳税人方面,任何国家都无权对那些同本国毫无关系的人征税;在确定征税对象或征税范围方面,一个国家也不可能漫无边际地巧立名目,毫无根据地任意设置税种;同时,在税率的高低(即决定征收多少税)方面,一个国家也不能毫无原则,不考虑纳税人的负担能力。不受任何限制和不受任何约束的真正含义在于:任何主权国家的税收管辖权都是独立自主的,纳税人、税种和税率等都由各国政府根据本国国情并参照国际惯例自行规定,任何外力都不得干涉和控制。正是由于世界各国都拥有不受外来干涉和控制的税收管辖权,各国政府都可以按照本国的需要制定本国的税法,因而有关国家的涉外税收部分就难免发生冲突,并在国际税收关系上引起不协调。这也是必须研究税收管辖权的重要原因。

由于国家间公民往来和经济贸易往来日益增多,从事国际经济活动的公民和法人取得收入的来源及其构成情况错综复杂,各国基于各自的主权,对他们的收入以及在本国从事的经济活动等,都有征税的权力,从而根据本国的政治经济政策,确定其行使税收管辖权的范围。因此,税收管辖权不仅是国家主权的重要组成部分,同时也是对国际所得征税的依据,是国家行使主权的重要表现。国际税收理论中所指的税收管辖权,也指国家在处理对跨国所得征税方面所拥有的权限。

## 三、确立税收管辖权的原则

由于在国际经济活动中取得收入的人及其收入的来源存在十分复杂的情况,因此,如何确定税收管辖权就成了国际税收的又一个重要理论问题。

如上所述,税收管辖权是一个主权国家在征税方面所拥有的不受任何限制的权力,但它又不是绝对的。一个国家行使其课税主权的权力总是要受一定原则的约束,确立税收管辖权也总是要遵循一定的指导思想准则。这是因为,税收是国家凭借其政治权力征收的,这一本质特征决定了一个国家行使其课税主权的权力不能超越这个国家政治权力所能达到的范围。也就是说,税收管辖权要受国家政治权力所能达到的范围的制约。

一个主权国家的政治权力所能达到的范围(即政治管辖范围)主要包括两个方面:一方面,从地域的概念来说,它包括该国领土领海疆界范围内的全部空间;另一方面,从人的概念来说,它包括该国所有的公民或居民(包括自然人和法人)。由于地域标准与国籍标准之间存在差异,这就产生了属地原则和属人原则的法律管辖权划分原则。

(一)属地原则

**属地原则**是以纳税人的收入来源地或经济活动所在地为标准,确定国家行使税收管辖权范围的一种原则,也称属地主义或属地主义原则,它是由领土(或领域)最高管辖权引申出来的,是各国行使管辖权的最基本原则。

根据国际法的要求,任何一个国家对在其所属疆界范围内的人、物、行为或发生的事件,都有权按各自的法律和政策实行管辖。因而,按照属地主义原则,一国政府在行使课税权力时,必须受这个国家的领土疆界范围的制约。这个范围包括该国的领土、领海和领空以及船舶、飞机等。其中,领土是指陆地;领海是指沿国家海岸受国家主权支配和管理的一定宽度的海水带;领空则是指领土和领海的上空。根据属地主义原则,一国政府只能对在上述范围内发生的所得或经济行为行使其课税权力,即只对纳税人来自本国境内的收入或在本国境内从事的经济活动依照本国税法规定征税,而对其来自国外的收入则不予征税。一般国家对间接税采取属地主义原则,对所得税则有不同,通常对居民纳税人采取属人主义,对非居民纳税人采取属地主义。

(二)属人原则

**属人原则**是以纳税人的国籍和住所为标准,确定国家行使税收管辖权范围的一种原则,也称属人主义或属人主义原则。遵照这一原则,一国政府在行使课税权力时,必须受人的概念范围所制约,即只对该国的居民或公民(包括自然人和法人)取得的所得行使课税权力。属人主义通常适用于直接税类的所得税、遗产税等。

总之,对于税收管辖权的确立和行使,在国际上并无统一规定,各主权国家都有权根据本国的政治经济和财政政策来自行决定。只是世界各国都采取各自的税收模式来处理其与纳税人之间的税收关系,因而也就逐渐形成了国际惯例。与一个主权国家的政治权力范围相适应,一个国家的税收管辖权可以按照属地主义和属人主义两种不同的原则来确立,从而也就有了收入来源地管辖权与居民或公民管辖权之分,其中收入来源地管辖权和居民管辖权是两个基本的税收管辖权。

## 第二节 收入来源地管辖权

### 一、收入来源地管辖权的概念

**收入来源地管辖权**是按照属地主义原则确立的税收管辖权,一国政府只对来自或被认为是来自本国境内的所得拥有征税权力,也称地域管辖权。

在实行收入来源地管辖权的国家,所考虑的不是收入者的居住地或纳税人的身份,而是其收入的来源地,即以纳税人的收入来源地为依据,确定征税与否,因此,有"从源课税"之说。一般它只对跨国纳税人来自本国境内的收入或在本国境内从事经济活动取得的收入,不分本国人或外国人,一概行使税收管辖权,依照本国税法规定全部予以征税;而对于跨国纳税人来源于境外的收入,不论其所在国家是否征税,都不在本国税收管辖权范围之内。可见,收入来源地管辖权的特征是只对来自本国境内的收入征税,而不对来自境外的收入征税。由于这一税收管辖权既体现了国家之间经济利益分配的合理性，又体现了税务行政管理的方便性，故已得到世界各国公认，并被普遍采用。

## 二、应税所得的含义

一个国家在行使收入来源地管辖权时，首先考虑的是某一个人（包括自然人和法人）有无取得来源于本国境内的应税所得。

由于各国的法律、理论及实践的差异，对应税所得也有不同的理解。从18世纪末期英国首创所得税制以来，对所得的概念有着种种不同的解释。有人认为，所谓所得就是资产净额的增加，即在一定期间增加的资产减去消耗的资产后的余额。还有人则认为，所得是有连续来源的收益，如房屋建筑物的租金、资本的股息、营业的利润、劳务的工资薪金等经济上的净收入。尽管有种种不同学派的解释，但各国在确定所得税的征税对象时，都很少拘泥于某一种学说，而是根据各国的政治经济社会状况，按照本国的财政经济政策，建立各自的所得理论。从一些国家的税法规定来看，对于作为所得税征税对象的应税所得，一般可以概括如下：

**应税所得**是指一个人（包括自然人和法人）在一定期间内，由于劳动、经营、投资或把财产、权利供他人使用而获得的继续性收入中扣除为取得收入所需费用后的余额。

但是，社会的经济活动、国际经济交往以及人们从事的业务是多方面的，不论是自然人还是法人取得的所得或收入，其形态不同、种类繁多、范围也相当广泛。那么，是否凡收入都应减去费用或成本来作为应税所得呢？是不是都要按照这个概念来解释所得税的征税对象呢？对此，既有狭义的解释，也有广义的解释。狭义的解释为，所得仅限于运用资本、从事营业和提供劳务取得的收益、利润和报酬等；广义的解释则视一切收益均为所得，而不问其来源、方式、有形或无形、合法或违法、经常的或临时的（一次性的）。

由此可见，在税法上对应税所得做出的概括规定，是明确所得税征税对象的重要法律依据，同时也是规范国家间税收关系的一项基本前提。但是，这一规定还不能解释各国应税所得的全部含义，其基本原理还需要通过各国税法的其他条文做出相应的规定，才能完整地体现出来。一般说来，各国应税所得的基本含义，主要包括以下几个方面的内容：

1. 应税所得是有合法来源的所得

众所周知，一个人（包括自然人和法人）从事正常生产或商业经营等取得的所得，是国家经济政策和法律允许并予以保障的所得，这类所得属于各国所得税应税所得的范围。至于其他没有合法来源的所得，如走私、贪污、盗窃、赌博、抢劫、诈骗等非法所得，都不在所得税的征税范围之内。所以说，应税所得首先应该是有合法来源的所得。

2. 应税所得是有连续性的所得

来源于合法的所得是否都属于应税所得呢？对此，各国的税法规定也不尽一致。少数国家不论是经常的收益还是临时的收益，凡是财富的增加或经济上的收益，都列为应税所得。但是，大多数国家的应税所得，则均以经常性或连续性收益为主。所以，应税所得还应具有连续性。

3. 应税所得是扣减费用后的净收入

各国所得税的应税所得,一般可以分为经营所得、劳务所得、投资所得和其他所得等四种类型。一个人(包括自然人和法人)在取得上述任何一项所得的过程中,都会有相应的消耗和支出。因此,要对所得进行征税,就必须首先承认这个纳税人为取得所得所发生的消耗和支出。也就是说,只有坚持纯益原则,在扣减合理消耗和支出后,才能对其所得征税。

至于对股息、利息、特许权使用费这类投资所得,为什么大多数国家都不准扣减费用,而是采取按毛收入金额降低税率(即征收预提所得税)的方式呢?这是因为这类投资所得的支付者往往有固定的营业场所,而取得者却比较分散,甚至还有可能分散在其他国家,不便于按通常的程序和方法计算其应纳税所得。所以,各国大多采取单独规定比公司所得税税率低的比例税率,按毛收入金额(不扣除费用)征收所得税(即预提所得税)。这种通过从低规定比例税率计算征税的简单方法,一方面保证了有关国家分享征税的权力,另一方面在确定税率时已考虑了计算征税应扣除成本费用的因素。所以,这种预提所得税的税基仍然是这类投资活动的净收入。

4. 应税所得是货币的或实物的所得

人们从事各项社会经济活动的所得,包括精神所得和物质所得两大类。而列入所得税征税对象的所得,只能是经济上的所得。精神上的所得,如荣誉性、知识性的所得和体质上、心理上的收益等,都不属于所得税的应税所得。这在各国税法中都有明文规定。另外,所得税以本国货币为计算单位,所得为外国货币的,要按外汇牌价或其他方式折合成本国货币缴纳税款。纳税义务人取得的应税所得,如有实物或有价证券,则应当按照取得时的市场价格或其他方式折合金额计算纳税。这主要表明,应税所得是指货币所得或能以货币衡量和计算其价值的所得。

5. 应税所得是能够提高纳税能力的所得

通常来说,应税所得以实际取得的所得为准,能够表现为纳税人经济力量的净增加。所谓"实际取得的所得",是指经过交易或提供劳务等从他人处收到的货币金额,而不应包括自有财产的重估价。就好像一棵果树一样,征税只是取其果实的一部分,而不应及于果树本身。

### 三、收入来源地的确定

收入来源地即纳税人取得收入的地点,它是一国政府对纳税人行使收入来源地管辖权的依据和标准。

一个国家在考虑对某个人取得的来自其境内的收入或所得行使收入来源地管辖权时,必须首先明确该项收入或所得是否确实来源于其境内。从某国境内取得收入是指该项收入来源于该国境内,而不论其支付地点是否在该国境内。收入来源地和收入支付地是两个不同的概念,两者有时一致有时不一致。有些收入,虽然来源于一国,但不一定都在该国境内支付。例如,在我国境内工作的外籍人员,其工资、薪金所得,可能由其雇主在其本国支付;我国政府派往国外工作人员的工资报酬,虽然是从我国取得的,但都在国外支付。针对个人收入来源地与支付地存在不相一致的情况,各国税法都明确规定,凡

从本国境内取得的收入,不论是在本国支付,还是在国外支付,都属于来源于本国的收入,都要依法征收个人所得税。因此,对于收入来源地管辖权的行使,关键的问题在于收入来源地的确定,即如何对收入的来源地做出合理的和科学的解释,以便确定纳税人与本国有无收入来源地的联结因素,最终确定纳税人取得的收入是否来源于本国境内。若来源于本国境内则有本国纳税义务,若来源于本国境外则无本国纳税义务。对此,不仅投资者、跨国纳税人很关注,而且也是国际税收需要协调规范的核心问题。为了有利于国际资金流动、贸易往来和劳务交流的发展,各国涉外税收对收入来源地的确定,应当严格注重其适当性与合理性。因此,收入来源地的确定,必须借助一定的标准。一般来说,收入来源地为从事劳务活动或经济活动的所在地。但由于收入的项目不同,如经营所得、劳务所得、投资所得、其他所得等,各国采用的收入来源地确定标准也据此有所区别。

(一) 关于经营所得来源地的确定

经营所得,又称营业利润,即企业在某个固定场所从事经营活动获取的所得,如从事工业、商业、服务业等生产经营的所得。

一个国家对于本国居民在本国取得的经营所得是不难确定其来源地的,较为复杂的是如何确定一个外国人(非居民)取得的营业利润是否来源于本国境内。欧洲经济合作与发展组织财政委员会自 20 世纪 50 年代以来,一直致力于拟定一个《关于对所得和财产收益避免双重征税的协定范本》。为了明确划分经营所得的来源地,该范本首先使用了"常设机构"的概念。许多国家在各自的税法和避免双重征税的协定中也相继采纳了"常设机构"这一概念,并以此确定经营所得的来源地,即只有跨国法人在本国境内设有常设机构才能课税。因此,对常设机构概念的解释就显得尤为重要。

1. 常设机构的含义

所谓**常设机构**,即固定场所或固定基地,是指一个企业进行全部或部分经营活动的固定营业场所,其范围很广,包括管理机构、分支机构、办事处、工厂、车间、矿场、油井、气井、采石场、建筑工地等。

一般来说,常设机构必须具备以下三个基本条件:

第一,能够构成常设机构的必须是一个营业场所,而这种场所并没有任何规模上的范围限制,通常是指用于从事营业活动的所有房屋、场地、设备或设施,如机器设备、仓库、摊位等,并且不论其是自有的还是租用的。

第二,能够构成常设机构的营业场所必须是固定的。即有确定的地理位置,并且有一定的永久性,不包括没有确定地点所进行的营业活动。但在确定地点进行的营业活动有暂时的间断或停顿,不影响其常设机构的存在。因此,这一基本条件是该营业场所具有相对的固定性或永久性,而非临时性,即要足以表明它是常设的。

第三,能够构成常设机构的营业场所必须是企业用于进行全部或部分营业活动的场所,而不是为本企业从事非营业性质的准备活动或辅助性活动的场所。

对常设机构具体形式的理解,还应注意以下三点:

第一,上述对常设机构具体形式的列举不是限定。"列举"只是从几个重点方面列出属于常设机构的场所,并不影响对其他机构场所按照常设机构的定义判断为常设机构。

如种植园、养殖场等,虽未做列举,但属于进行营业的固定场所,仍然可以被理解为常设机构。

第二,构成常设机构的管理场所不包括总机构。"管理机构"是指代表企业负有部分管理职责的事务所或办事处等一类管理场所,它不同于总机构,也不同于企业的实际管理控制中心。

第三,常设机构不包括承包勘探开发工程的作业场所。"矿场、油井或气井、采石场"是对于经过投资、拥有开采经营权、从事生产经营而言,不包括为上述矿藏资源的勘探开发承包工程作业。对承包工程作业,一般是以其持续日期的长短来判断其是否构成常设机构的。

2. 常设机构营业利润的确定

收入来源国对营业利润的课税原则是,只有跨国法人在其境内设有常设机构才能课税。因而在运用常设机构这一概念来确定收入来源地的同时,又派生出了一个常设机构的利润如何确定的问题。常设机构只是总机构或总公司的派出机构,本身并不具有独立的法人地位,但各国的税法和国际税收协定都将常设机构视同一个独立的机构或企业,要求按照正常交易的方式与其总机构进行经济交往。在确定常设机构营业利润时,通常有以下四种原则或方法:

(1) 归属原则

**归属原则**是指常设机构所在国行使收入来源地管辖权课税时,只能以归属于该常设机构的营业利润为课税范围,而不能扩大到该常设机构所依附的对方国家企业来源于其国内的营业利润的一种原则或方法。也称归属法或实际所得法。

由于各国在税法和国际税收协定中都将常设机构作为一个独立的机构或企业,所以都要求它按照正常交易的方式与其总机构进行经济往来,即应当按照"独立核算原则"计算其营业利润,并按实际取得的营业利润向其所在国纳税。所以这种方法也称实际所得法,并已得到国际公认。在我国与日本、英国、美国、法国等国家签订的双边税收协定中,对跨国经营所得的课税范围,均采用归属法加以确定。

(2) 引力原则

**引力原则**是指常设机构所在国除了以归属于该常设机构的营业利润为课税范围,对并不通过该常设机构,但经营的业务与该常设机构经营业务相同或同类,其所取得的所得,也要牵引到该常设机构中合并征税的一种原则或方法。也称引力法。

采用这种方法将扩大常设机构所在国的征税范围,也有助于防止跨国纳税人利用国际税负差别进行避税。但从税务管理角度看,引力法在具体执行上存在一定困难,来源国(常设机构所在国)很难控制和掌握非居民企业未通过常设机构而自行开展的营业活动及取得的相应利润。关于引力法,曾经得到《联合国范本》的考虑,但并未被《经合发范本》采纳。《经合发范本》反对采用引力法的理由是,这一方法不适当地扩大了收入来源地管辖权的行使范围,也不利于跨国公司精简机构。故引力法适用范围较归属法狭窄,一般需要由有关国家协商确定。

(3) 分配原则

**分配原则**是以常设机构的费用和利润为依据,由其总机构汇总按一定比例分配给常设机构,常设机构所在国即以该常设机构分得的利润为课税范围行使收入来源地管辖权进行征税的一种原则或方法,亦称比例分配法。

一国企业设立在另一国的常设机构,有时只办理接洽、通信联络等事宜,并不营业,因此并无营业利润,而只有费用损失。对于这样的常设机构,既然没有所得,本来是不予征税的。但是,考虑到费用损失是取得营业利润的代价。既有费用发生,就必有相应的收入和营业利润。只不过该项营业利润是包括在外国总机构账内,没有直接体现在常设机构账上而已。所以,常设机构的费用和利润,应由其总机构汇总按一定的比例重新分配给各常设机构,以体现各常设机构的经营成果情况,也可为常设机构所在国行使收入来源地管辖权进行征税提供方便。因此,这种向无营业利润的跨国企业的常设机构行使收入来源地管辖权、课征所得税的做法,目前已为西欧一些国家默认。

(4) 核定原则

**核定原则**,即常设机构所在国按该常设机构的营业收入额核定利润或按经费支出额推算利润,并以此作为行使收入来源地管辖权的课税范围的一种原则或方法。例如,目前在西欧一些国家,按常设机构实际发生的费用支出额,乘以规定的百分比(通常根据行业盈利水平的不同,规定为5%—10%),作为该常设机构的应税所得进行征税。

(二) 关于劳务所得来源地的确定

1. 独立劳务所得来源地的确定

**独立劳务所得**是指自由职业者从事专业性劳务或者其他独立性活动所取得的报酬。"专业性劳务"即个人独立地从事非雇佣的各种劳动,包括独立的科学、文化、艺术、教育或教学活动,以及医师、律师、会计师、建筑师、咨询、翻译、工程师、牙医师等从事的独立活动,但不包括工业和商业活动或在雇佣形式下进行的专业性劳务。独立劳务所得具有独立性和随意性。

一般来说,任何一个独立劳动者取得的所得,都是与其劳务提供地密切联系的。因此,许多国家采用劳务提供地标准,即按行为发生地判断其劳务所得的来源地。如美国税法规定,凡在美国境内进行的劳务活动,不论付款人的居住地、付款地点和业务合同订立地点在何处,由此获取的所得均属于美国来源所得。可见,对跨国自然人从事独立劳务活动所取得的独立劳务所得来源地的确定,关键在于确定提供劳务的地点。在国际税收协定范本和各国的双边税收协定中,衡量跨国独立劳动者提供劳务的地点及收入来源国,通常采用以下三种标准:

(1) 固定基地标准

独立劳务者取得的所得与固定基地有密切联系。

固定基地标准是以一个跨国独立劳务者在某一国家内是否设有经常使用的固定基地从事专业性劳务活动,并通过该固定基地取得所得为依据,来确定独立劳务所得来源地的一种方法或标准。

如果该跨国自然人为从事其专业性劳务活动,在某一国设有经常使用的固定基地(如诊疗所、事务所等),即可将其提供劳务的地点确认为在该国境内,并将其从固定基地取得的独立劳务所得确定为来源于该国境内,由该国对其行使收入来源地管辖权征收个人所得税。

(2) 停留期间标准

停留期间标准是以一个从事跨国独立劳务的人在有关会计年度中停留在某一国家的时间连续或累计是否已达到一定的天数(一般为183天)为依据,来确定独立劳务所得来源地的一种方法或标准。

如果跨国独立劳动者在某一国家境内从事独立劳务而未设立固定基地,但他在一个会计年度内停留在该国的时间累计已达到规定的天数,则也可将其劳务提供地确认为在该国境内,并将其在这一期间取得的所得确定为来源于该国境内,由该国对其行使收入来源地管辖权征收个人所得税。

(3) 所得支付者标准

所得支付者标准是以某个跨国独立劳务者取得的报酬是否由某个国家的居民或设在该国境内的常设机构支付(或负担)为依据,来确定独立劳务所得来源地的一种方法或标准。

有些跨国独立劳动者,虽然不完全具备提供劳务场所的条件,但其所得是由某一国家的居民支付的,或者是由设在某一国家境内的常设机构负担的,也可认定其所得是来源于该国境内,并由该国对其行使收入来源地管辖权征收个人所得税。

上述三项标准中,固定基地标准更加能够反映独立劳务所得的真正来源地,但仅按此标准划分和协调收入来源国和居住国对跨国独立劳务所得的征税权,会过多地限制收入来源国一方的权益,因此,《联合国范本》在此标准的基础上进一步放宽了对收入来源国的征税限制条件,规定跨国独立劳动者即使在某一国境内没有固定基地的情形下,只要符合停留期间标准,该国仍然有权对跨国独立劳务所得行使收入来源地管辖权征税。但是,停留期间标准难以掌握,也不便执行。所得支付者标准考虑到了劳务报酬的支付人所在地和实际支付地,因而显得更为严密合理。

2. 非独立劳务所得来源地的确定

**非独立劳务所得**是指个人从事受聘或受雇于他人的劳动而取得的工资、薪金和其他报酬等。

对于跨国自然人受雇于某一国而在该国取得的报酬,如何确定其来源地?目前,国际上通常采用以下两种标准:

(1) 停留期间标准

停留期间标准,即以某雇员或职员在一个会计年度内停留在某个国家的时间累计是否已超过183天为依据,来确定非独立劳务所得的来源地,故也称"183天规定"。

如果一国居民受雇于另一国超过183天,那么,该另一国即可认定该雇员或职员在此期间取得的报酬是来源于其境内,并对之行使收入来源地管辖权进行征税。183天的规定,可以促进专业人员的国际性流动,也有利于公司出售资本货物后派遣专业人员义务去外国进行装配或安装。但由于各国具体情况的差异,对跨国非独立劳动者的停留时间规定并不一致,有的国家按"183天规定"执行,有的国家则将时间缩短,采取变通的做法,实行"90天规定",即跨国非独立劳动者在某一国停留连续或累计超过90天的,该国即可对其在此期间取得的报酬征税。很显然,"90天规定"比"183天规定"对有关跨国纳税人来说确实增加了在来源国的纳税义务,扩大了来源国对跨国非独立劳务所得行使收入来源地管辖权的征税范围,所以,在采用"90天规定"的国家与其他国家签订的双边税收协定中,一般仍按"183天规定"执行。

(2) 所得支付者标准

所得支付者标准,是以一国居民受雇于另一国而取得的报酬是否由另一国的居民雇主支付,或者说其所得是否由设在另一国境内的固定基地或常设机构支付为依据,来确定跨国非独立劳务所得的来源地。凡是对这些依据的回答是肯定的,即可认定其所得报酬是来源于另一国境内,并由该国对其行使收入来源地管辖权进行征税。

按照国际规范,一国居民在另一国受雇而取得的工资、薪金、津贴、奖金等各项报酬所得,只要符合上述标准之一,即可确定其报酬所得是来源于另一国境内,应由另一国政府对其行使收入来源地管辖权进行征税。

3. 关于其他劳务所得来源地的确定

划分独立劳务所得和非独立劳务所得,是确定劳务所得征税的基础。对于某些劳务所得,如董事费、表演所得等,由于其特殊性和复杂性,如何确定其来源地是一个很现实的重要问题。

对于各种跨国公司的董事或其他高级管理人员,由于其经常在公司所在国境外的其他地点工作(如在分公司所在国或与公司业务有关的国家活动),流动性大,确定这类人员提供劳务活动的地点比较困难。因此,国际上通行的做法是把这类人员提供劳务活动的地点确定在公司的居住所在国。也就是说,一国居民作为另一国居民公司的董事成员或其他高级管理人员,不论属于哪国居民、在境内停留的时间长短以及实际劳务活动发生在哪一国,其所取得的董事费或其他类似报酬所得,都应确定为来源于该董事会的公司所在国,并由该所在国对其行使收入来源地管辖权征收个人所得税。如一个日本居民个人在我国某合资企业中担任董事,由于该合资企业的总机构在我国,即为我国的居民企业,所以,其从合资企业取得的董事费应被认定为来源于我国境内,并由我国征税。在我国同日本、美国、英国和法国等国家的税收协定中,都是这样规定的。

对于跨国从事演出或表演的演员、艺术家和运动员,由于既不同于独立劳动者要停留一定时间以上,也不同于非独立劳动者必须受雇于人,他们通常在某一国演出或表演的时间很短,其所得往往是来自演出的售票收入。因此,国际上通行的做法是,对此类所得并不按独立劳务所得和非独立劳务所得处理,而是不论该项所得是否归属演员、艺术家和运动员个人,均由演出活动所在国行使收入来源地管辖权征税。艺术家或表演家可包括戏剧、电影、广播或电视艺术家、音乐家等。我国同日本、美国、英国和法国等国家的税收协定也参照国际惯例做出了同样规定。如日本某艺术公司,该公司雇用一些艺术家,这些艺术家来我国进行表演,而他们取得的所得归公司所有,则该项所得应确定为来源于我国境内,即应由我国政府对其行使收入来源地管辖权进行征税。但是,对于按两国政府的文化交流计划进行演出活动的,为了体现促进国际文化、艺术交流合作精神,演出活动所在地国家应对其演出所得免予行使收入来源地管辖权。

(三) 关于投资所得来源地的确定

**投资所得**是指投资者将其资金、财产或权利提供给他人使用所获取的报酬所得,它包括股息、利息、特许权使用费等。其中,股息是指从股份或者非债权关系分享利润的权利取得的所得,如购买股票取得的红利;利息是指从各种债权关系中取得的所得,如提供贷款收取的款项;特许权使用费是指转让或供他人使用文学、艺术或科学著作、电影影片、无线电或电视广播使用的胶片、磁带的版权、专利、专有技术、商标、设计、模型、图纸、秘密配方或秘密程序所收取的作为报酬的各种款项,也包括转让或供他人使用工业、商业、科学设备或有关工业、商业、科学试验的情报所收取的报酬。

投资所得具有支付人相对稳定而受益人比较零散的特点,尤其是在跨国进行间接投资的情况下,投资者并不一定在投资项目所在国活动或居住。当各种权利的提供者和使用者(即投资所得的取得者和支付者),如债权人和债务人、特许权的提供者和使用者等都在同一个国家境内时,对这类投资所得来源地的确定并不困难,即来源于该国境内。但是,如果这种权利的提供者和使用者并不在同一个国家内,而是分别在不同的国家内,这类所得的来源地如何确定?这在有些国家之间,特别是在发达国家与发展中国家之间,观点极不一致。有的国家(尤其是发达国家)强调为了提高资本转移的流动性,主张这类所得的来源地是这类权利的提供方所在地,应由这类权利的提供方所在国(即投资者居住国)独自征税;而有些国家(尤其是发展中国家)则观点相反,强调为了减少外汇外流,认为这类所得的来源地是这类权利的使用方所在地,主张由支付股息、利息和特许权使用费的国家行使收入来源地管辖权,即由这类权利的使用方所在国征税。对此,国际上通常是按利益共享原则合理划分这类权利的提供方和使用方双方国家的征税权。在《联合国范本》中,规定投资所得可以由这类权利的提供方所在国征税,也可以由这类权利的使用方所在国行使收入来源地管辖权,即双方国家都有权征税。但是,由这类权利的使用方所在国征税时,要有一个最高额度的规定,以便给这类权利的提供方所在国行使征税权留有余地。而这种最高额度,通常需要通过双方国家谈判加以确定。如我国与日本的税收协定中规定:对于发生在中国,支付给日本居民的股息、利息、特许权使用费所得,如果收款人是实际收益人,则可认为上述各项所得来源于中国,中国政府可以对这些所得征税,但所征税款不应超过各项所得总额的10%。

如果股息、利息、特许权使用费是通过常设机构取得的,应当并入该常设机构的营业利润中,按一般的企业所得税税率征税。对没有通过设立常设机构而获得的这类投资所得(此处阐述的投资所得均属这一类型),一般都由收入来源地所在国按其毛收入征收一笔较低的预提所得税。

(四)关于其他所得来源地的确定

其他所得是指除上述营业利润、劳务所得、投资所得之外的所得,包括财产所得和遗产继承所得等。其中财产所得主要包括不动产所得和财产转让销售所得。这里主要涉及跨国财产所得。

1. 不动产所得来源地的确定

**不动产所得**是指出租和使用不动产取得的所得。所谓"不动产",一般是指固定地存在于某个国家领土范围内不能移动的财产,如厂房、机器、设备等。不动产也包括附属于不动产的财产、农业和林业所使用的牲畜和设备,以及一般法律所规定的适用于地产的权利、不动产的用益权以及由于开采或有权开采矿藏、水源和其他自然资源而取得的不固定或固定收入的权利。不动产应当具有财产所在国的法律所规定的含义。不动产所有人只有在财产所在国对其产权认可的条件下,才能出租和使用其不动产而取得租金或租赁费等项所得。

不动产所得的取得,通常是和不动产的位置相联系的。因此,对于不动产所得的来源地确定,国际上一般都是以不动产的所在地或坐落地为依据,即不动产所得的来源地是不动产的所在地或坐落地,应由不动产的所在地或坐落地国家行使收入来源地管辖权进行征税。如我国《个人所得税法》规定,对外国居民个人的财产租赁所得,只对其在中国境内的财产所取得的租金征税。

2. 财产收益来源地的确定

**财产收益**是指转让、销售动产和不动产的所得。

财产收益不同于不动产所得,不动产所得是因让渡不动产的收益权而取得的固定或不固定的收益,即出租、使用不动产的所得,不动产所有权并没有发生转移。而财产收益则是因财产所有权转移而取得的所得,即转让、销售不动产和动产取得的收益或利得。许多国家开征的资本利得税即属于对财产收益课征的税种。

在现实的国际经济生活中,经常会发生各种财产跨国转让或销售的情况,如某国居民个人转让位于另一国的财产、某国公司将设在另一国的常设机构的财产出售等。对于这类情况下发生的收益或利得,由于情况比较复杂,各国税法及国际税收协定都是分具体情形确定其收入来源地的:

一是不动产利得。对于出售不动产的利得或收益,以其不动产物质形态的存在地为收入来源地,即由不动产的坐落地国家对不动产利得行使收入来源地管辖权征税。

二是销售动产收益。动产包括存货、商品以及商誉、许可权等无形资产。对于销售动产,特别是出售营业性商品货物所取得的收益,国际上通常考虑与企业利润征税权原则相一致,由转让者的居住国征税。

三是转让或出售常设机构的营业财产或从事个人独立劳务的固定基地财产所取得的财产收益由该项财产的存在地国家征税,即由其所属常设机构或固定基地的所在国行使收入来源地管辖权征税。

四是对于转让或出售从事国际运输的船舶、飞机,由于其位置不易确定,故一般由船舶、飞机企业的居住国征税。

五是对转让或出售公司股票所取得的收益,其来源地的确定在国际税收实践中分歧较大。《经合发范本》主张对于这类转让公司股权收益,应由转让者居住国征税。但《联合国范本》则提出应区分两种情况处理:第一,如果该公司的财产主要是由不动产组成,则其转让或出售公司股票所取得的收入,由不动产所在国征税;第二,对转让上述以外的其他股票所取得的收益,若该股票达到公司股权的一定比例(如25%),则由该公司的居住国征税。

假如某日本居民出让其在中国的房屋、农业或林业使用的牲畜、机器、不动产使用权、开发自然资源的权利所取得的各项不动产收益,应当如何确定其收入来源国呢?根据上述种种情况下的国际惯例,这些所得均可确定为来源于中国,应由中国政府行使收入来源地管辖权征税。

3. 遗产继承所得来源地的确定

对于跨国取得的遗产继承所得，其来源地的确定，国际上通常视不同情况予以确定。凡以不动产或有形动产为代表的，以其物质形态的存在国为遗产所在地，并由遗产所在国对遗产所得行使收入来源地管辖权征税；凡以股票或债权为代表的，则以其发行者或债务人的居住国为遗产所在地，并由遗产所在国对遗产所得行使收入来源地管辖权征税。

## 第三节　居民管辖权

### 一、居民管辖权的概念

**居民管辖权**是按照属人主义原则确立的税收管辖权，一国政府对于本国居民的全部所得拥有征税权，也称居住管辖权。

一个国家行使居民管辖权，所考虑的已不再是收入或所得的来源地，而是纳税人的居民身份，它是以纳税人是否居住在本国并拥有居民身份为依据，确定对其是否行使课税权力及征税范围。一般来说，凡是本国的居民（包括自然人和法人），不论其收入或所得包括多少种类，也不管其所得或收入是来自本国还是外国，本国政府都有权对其来自世界各地的全部所得进行征税。即使居民在本国无所得而仅在其他国家取得所得，但只要是本国居民，本国政府就有权对之征税。因为收入来源地管辖权虽被认为是比较合适的、优先的税收管辖权，但并非唯一的税收管辖权。收入来源地国家不能独占对跨国纳税人的征税权力，税收利益应当在有关的收入来源国和居住国之间进行合理的分享，所以，居住国政府并不放弃对属于本国居民在其他国家取得收入或所得的征税权力，而对外国居民来源于本国境内的所得并不注重。因此，只要跨国纳税人（包括自然人和法人）是某个国家的居民，这个国家就有权对其来自国内和国外的一切所得征税。

可见，居民管辖权的特征是对本国居民纳税人来自国内外的所得同等课税。

### 二、居民身份的确定

一个行使居民管辖权的国家，在考虑某一个人对本国有无无限纳税义务时，必须考虑这个人与本国有无人身的居民联结因素。

所谓**居民**，是指按照某国法律，由于住所、居所、管理场所或其他类似性质的标准，负有纳税义务的自然人和法人，即在税收领域中，与一个国家发生人身联结而负有纳税义务的人。居民身份的确定是行使居民管辖权的关键问题，是行使居民管辖权的国家确定课税主体和课税范围的依据。至于纳税人是否具有该国国籍则无关紧要。若纳税人为本国居民，则对本国负有无限纳税义务，即对其来自本国和外国的全部所得都要依照本国税法规定纳税，否则对本国无居民纳税义务。

居民身份的确定必须借助于一定标准。世界各国对纳税人判定居民的标准不尽相同。

（一）自然人居民身份的确定

对于自然人居民身份的确定,各国通常是以其在本国的居住状况为依据判断其是否是本国居民,而不管其国籍属于哪一国。跨国自然人的居住情况一般是通过意愿标准、住所标准和时间标准具体反映出来的。因此,各国对跨国自然人居民身份的确定一般采用以下三种标准：

1. 法律标准

法律标准也称意愿标准。纳税人在行使居民管辖权的国家内有居住的主观意愿的,即为该国居民。也就是说,凡在一国有不定期居住意愿,并依法取得入境护照、移民签证和各种居留证明的外国侨民,都属于该国居民。该国政府都有权对其来源于世界各地的全部所得进行征税。非上述范围者则为非居民,该国政府不得对其行使居民管辖权。

如美国、荷兰等国家都有这样的规定。1984年以前,美国对于进入其境内的外国人,究竟应视为过路客还是居民,其决定因素便是个人的居住意愿。1984年后,美国对取得在美永久居留权的外国人,即所谓的"绿卡"持有者,在税收上视为居民。即使该人不在美国居住,从其获得"绿卡"的次年1月1日起,也将成为美国的税收居民。因为持有"绿卡"这一行为本身,就表明该人在美国有长期居住的愿望。

2. 住所标准

住所标准,也称户籍标准。纳税人在行使居民管辖权的国家内拥有永久性住所或习惯性居所的,即为该国居民,该国政府有权对其来自世界各地的所得进行征税。没有在该国拥有住所的人则为非居民,该国政府不能对其行使居民管辖权。

所谓住所,即永久性住处,通常是指一个人长期而不是暂时占有的居住场所。住所必须是外表上显而易见的,它一般是配偶、家庭以及财产的所在地。按照住所这一概念,凡是住所在本国境内的,均为本国居民,从而要承担本国的无限纳税义务。否则视其为本国非居民,本国政府对其免予行使居民管辖权。如日本、德国等国家都采用这一标准。

所谓居所,即习惯性住所,一般是指一个人在某国境内持续停留一段时期而临时居住的处所,它是纳税人不定期居住的场所,即为某种目的,如经商、求学、谋生等而非长期居住的处所。居所可以是纳税人的自有房屋,也可以是其租用的公寓、旅馆等。由于居所是确定纳税义务的一个重要标志,所以在一些国家税法中又称为"财政住所"。采用居所标准的国家主要有英国、德国、加拿大、澳大利亚等。例如,英国规定,凡在英国拥有住宅者,不论其居住时间长短,只要在纳税年度内曾在英国停留,就应当确定为英国居民；德国规定,在住所和习惯性居所两项中,只要有一项存在,就足以构成个人的纳税住处而成为德国居民,其中"习惯性居所"规定,只要个人在德国逗留3个月以上,便被视为在德国拥有习惯性居所,从而被认定为德国居民。

3. 时间标准

时间标准是指,纳税人在行使居民管辖权的国家内居住或停留超过一定时间的,即为该国居民,该国政府有权对其来自世界各地的所得进行征税；没有达到规定居住期限的人则为非居民,该国政府不能对其行使居民管辖权。采用时间标准确定自然人居民身份的国家则相对较多,如英国、德国、日本、法国、印度、瑞士、中国等。

但是，各国在采取时间标准确定自然人居民身份时，关于居住时间或期限的具体规定和要求不尽一致。如英国、德国、加拿大、瑞典等规定居住达到半年(183天)即为该国居民；美国、日本、法国、中国等规定居住达1年(365天)以上者为该国居民。

然而，即便是在采用同一居住时间或期限的不同国家，在居住时间的计算上也存在一些差异。这主要表现在以下两个方面：一是连续与累计计算居住时间的差别。一些采用时间标准的国家规定，跨国自然人只有在本国境内连续居住时间超过税法规定时间，才为本国居民纳税人。例如，我国《税法》规定，在中国境内居住满1年的个人，不论属于哪国国籍，均为中国居民个人；有些国家则规定，跨国自然人只要在本国境内累计居住时间超过税法规定时间，即为本国居民纳税人。如日本规定，在日本境内连续或累计居住达1年的为日本居民个人。二是计算居住期间起讫点的差别。一些国家以跨国自然人在一个纳税年度内居住在本国境内的时间是否达到本国税法规定的时间为准。如果一个人居住时间虽然超过了该国税法规定的时间，但分跨两个纳税年度，而且任何一个纳税年度均未达到规定的时间，则不能将其确认为该国的居民纳税人。如我国《税法》规定，在我国境内居住满1年的个人，是指一个纳税年度(公历每年1月1日起至12月31日止)内，在我国境内居住满365日的个人。在纳税年度内临时离境的，不扣除日数；另一些国家则以自然人在本国居住的日历天数达到本国规定的时间为准，只要居住时间达到或超过本国税法规定的时间，即为本国居民纳税人，至于是否在一个纳税年度内住满法定时间则无关紧要，如在一个日历年度或一个会计年度以及任何12个月内住满法定时间，均可被确认为居民。

此外，有些国家还对居民个人依据其居住时间确定不同的纳税义务，即确定了负有"永久居民纳税义务"的时间标准。如英国规定，在英国居住满半年以上、不足3年的居民个人，对其来自国外的所得，只就汇到英国的部分征税。只有居住满3年的跨国自然人，才对其从英国境外取得的全部所得进行征税。我国税法也规定，在我国境内居住满1年以上但不满5年的个人，从我国境外取得的所得，经主管税务机关批准，可以只就由中国境内公司、企业以及其他经济组织或者个人支付的部分缴纳个人所得税；居住超过5年的个人，从第6年起，应当就其来源于中国境内和境外的全部所得缴纳个人所得税。日本规定，在日本境内居住满5年的个人为永久居民，对其在境内外取得的全部所得征税，负有无限纳税义务，而对居住满1年以上不满5年的居民，其境外所得只就汇入部分征税。

上述三种标准中，意愿标准因属于主观范畴，难以准确断定，所以各国一般不单独采用这一标准，而是与其他标准结合使用。例如，在巴西，凡住满1年的人均为巴西居民，而不问其居住意愿。但对于已取得长期居住签证的外国人，如果愿意成为巴西居民，其居住期虽不满一年，在税收上也可视其为巴西居民。由于住所具有固定性和永久性，因而易于根据住所确定纳税人居民身份。然而，在所得税法中确定一纳税人的居民身份，应该更多地考虑到纳税人的实际经济活动场所。住所作为一种法定的个人永久性居住场所，未必能反映一个人的真实活动场所。个人脱离住所而长期在外居住的现象，在科技人员国际交流频繁的今天日益明显。显然，单纯按住所标准确定纳税人居民身份是有明显缺陷的。因此，有些国家采用其他辅助性的规定来弥补住所标准的不足。与住所标准相比,用居所作为确定个人居民身份的标准较大程度地反映了个人与其主要经济活动场所之间的联系,所以比住所标准显得更为合理。但是,居所标准的不足之处在于,个人经常居住的场所往往由于缺乏某种客观统一的识别标志,在有关国家的税法中本身是个不甚明确的概念,因而在实际运用中尚有较大的弹性,容易引起纳税人与各国税务当局之间的纷争。相比之下,时间标准显得具体明确,易于在实践中掌握执行,但它所规定的居住时间长短往往与居民管辖权的行使范围成反比。

可见,上述三种确定个人居民身份的标准各有优缺点。正因为如此,许多国家在实践中往往兼用两种或两种以上标准,将这些标准结合使用,以便准确认定自然人的居民身份,更好地行使居民管辖权。

(二) 法人居民身份的确定

对于判断一个公司、企业是否属于一国的法人居民或居民公司,各国通常采用登记注册标准、总机构标准、管理中心标准等加以确定。

1. 登记注册标准

按照行使居民管辖权的国家的法律注册设立的公司,即为该国居民公司。在采用登记注册标准的国家,是以跨国法人是否在本国各级政府登记注册为依据来确定该跨国法人是否为本国法人居民。凡在本国各级政府登记注册并取得了法人地位的公司、企业,不论其总机构是否设在本国,也不论其投资者是本国人还是外国人,均可确认为本国法人居民,本国政府可以对其来源于世界各地的全部所得行使居民管辖权进行征税。登记注册是法律上的一个概念,所以,登记注册标准又可称法律标准。

一般来说,一个企业要具有法人资格或取得法人地位,至少应具备三个条件:其一,它必须正式在政府管理部门注册备案,有合法的独立经营条件和完备的手续,并取得政府和法律的正式承认;其二,它应有独立的经济核算权,而不是企业内部的下属单位或徒具核算形式的附属单位;其三,它必须能够独立对外自主地进行生产经营活动,并在经营活动中恪守国家的各项法律规定,它与其他经济组织签订的合同和协议具有法律效力,承担法律责任,并受到法律的保护和制约。因此,采用登记注册标准确定跨国法人居民身份的国家主张,一家公司或企业只要依法在本国注册,它就是本国的居民公司。至于它的主要经济活动、管理和控制中心或总机构是否在本国则无关紧要。如果一家企业没有在本国注册,那么,就不能确认其为本国居民企业,因而本国政府也就不能对其行使居民管辖权。

采用登记注册标准的国家有美国、英国、日本、法国、德国、比利时、意大利、挪威、新西兰、澳大利亚、芬兰、瑞典、瑞士、丹麦、印度、泰国等。例如,美国税法规定,凡属按照美国任何一个州的法律向州政府注册设立的跨国公司,不论其总管理机构是否设立在美国,也不论是美国人还是外国人开设的,均为美国居民公司,美国对其来自世界各地的所得拥有征税权。

我国新的《企业所得税法》首次采用了登记注册标准。

2. 总机构标准

总机构标准,也称户籍标准。在行使居民管辖权的国家内设有总机构的公司,即为该国居民公司。在采用总机构标准的国家,是以公司、企业的总机构(如总公司)是否设在本国境内为依据来确定该公司、企业是否为本国居民公司。凡在本国境内设立总机构的跨国公司,不论其投资者是哪国人,也不论是哪国人开设的,均可确认为本国居民公司,即可由本国政府对其行使居民管辖权,对其来自世界各地的全部所得征税。

所谓总机构,即企业的总的管理或控制机构,它是负责法人的重大经营决策以及全部经营活动和统一核算法人盈亏的管理机构。如各类总公司、总厂或被认为是起总机构管理与控制作用的公司。采用总机构标准确定跨国法人居民身份的国家有法国、日本、比利时等。一家公司或企业只要事实上在这些国家设有总机构,即为该国的居民公司。根据外商投资企业可以在我国境内和境外设立分支机构,同时有来源于境内和境外所得的实际情况,我国原《外商投资企业和外国企业所得税法》曾采用总机构标准,即对总机构设立在我国境内的外商投资企业,确定为我国居民企业,负有全面纳税义务。不论其所得来源于中国境内或境外分支机构,均应依法在总机构汇总向中国缴纳企业所得税。

3. 管理中心标准

管理中心标准,也称实际管理机构标准。在行使居民管辖权的国家内设有实际控制或实际管理中心的公司,即为该国居民公司。所谓管理中心,即经常对公司、企业的生产、经营、销售、分配等进行重要决策、管理、指挥、控制、发送重要指令的机构。如公司董事会即为公司的实际管理机构。在采用管理中心标准的国家,是以公司、企业的实际管理或控制机构是否设在本国境内为依据来确定该公司、企业是否为本国居民公司。凡在本国境内设立实际管理或控制机构的跨国公司,均可确认为本国居民公司,本国政府可对其行使居民管辖权,对其来自世界各地的所得征税。

通常来讲,实际管理中心(或机构)是一个事实上的概念,是一个企业单位活动的指挥中心。这个实际管理中心并不等同于法人的日常经营业务管理机构。对于法人的经营管理的重要决策,一般是由董事会经研究决定,因而董事会议的场所或股东大会的场所,通常是认定法人实际管理中心的重要标志。

采用管理中心标准的国家也较多,如英国、德国、比利时、意大利、挪威、新西兰、澳大利亚、加拿大、阿根廷、委内瑞拉、埃及、以色列、印度尼西亚、马来西亚、新加坡、爱尔兰、卢森堡等。在英国,如果一家公司的管理或控制中心设在英国境内,则该公司即为英国居民公司。检验一家公司在英国有无管理或控制中心,主要看该公司在英国是否设有董事会,以及董事会行使指挥监督权力的场所、公司账簿的保管场所和召开股东大会的场所,至于公司经营活动的所在地则是无关紧要的。我国新的《企业所得税法》首次采用了实际管理机构标准。

除上述三种主要标准外,有些国家如美国、澳大利亚等国,还兼用资本控制标准,即以控制公司选举权的股东的居民身份为依据来确定该公司的居民身份。如美国规定,一家跨国公司虽然在国外注册,但只要50%以上的选举权股票为美国股东所掌握,即可确定为美国居民公司,由美国政府对其使居民管辖权。

从上述几种确定跨国法人居民身份的标准以及各国的实践情况可知,许多国家如英国、日本、法国、德国、比利时等,都是兼用两种或两种以上标准来判定居民公司。这种做法主要是因为各种标准各有利弊,实行单一标准不利于维护国家税收权益。人们通常认为,包括法人在内的每一个人,由于法律的规范,一出生或一出现就取得了一个固定的住所。法人诞生成立的地方即是其固定住所,因此,选择注册登记标准来判定居民公司比较容易,法律标准明确,划分尺度简单。但该标准只注重其法律地位,而忽视了现代经济生活中商业注册地往往与企业生产经营地相分离的实际情况,在实践中容易导致规避法律标准的现象发生,从而产生国际避税行为。因此,人们又从自然人的"居所"概念进行推理延伸,法人的居所即公司的控制和管理机构所在地。管理中心标准注重的是经济事实,而不是公司的法律地位。采用这一标准可以在一定程度上堵塞避税行为,但在判断上难度较大,因为经济现象和事实错综复杂,法人的管理机构通常是其董事会所在地,而董事会所在地及其经常开会、决策的地点又比较容易改变,用它来判定管理机构所在地,尺度难以掌握,容易产生税务纷争。总机构标准与管理中心标准实际是一致的,都是基于"居住地原则"。法人的董事会议决定其重要事宜,发送重要指令,履行的职责与总机构相同,总公司就起实际控制或管理的作用。所以,在通常情况下,"总机构所在地"即法人的"管理中心所在地",只是各国叫法不同而已,有的称之为总机构、总办事处、主要事务所,有的则称之为管理中心、控制中心、实际管理机构。如日本规定,在日本设有总店、总办事处的公司为日本居民公司。但是,有时也可能出现总机构(总公司)与实际管理与控制中心分设两国的情况。如在股份制经营方式中,对股份公司的经营管理方法就有两种主要形式:一是董事会制,即由股东大会选举产生的董事会负责管理、指挥公司的生产经营,虽然也设有经理,但只负责处理日常业务,重大决策都由董事会制定;二是经理制,即由董事会委托经理负责管理公司的经营活动,除关系到公司生存、发展等重大问题外,一般不需开董事会议或不由董事会具体管理,经理可以全权处理公司业务。通常情况下,经理处(部)是设在总公司的,但董事会可能设在总公司,也可能设在总公司以外的国家。

我国《中华人民共和国民法通则》第 41 条有明确规定,法人资格是依据我国法律经过登记认定的。新的《企业所得税法》明确规定,居民企业是指依法在中国境内成立,或者依照外国(地区)法律成立但实际管理机构在中国境内的企业。因此,从法律地位看,我国内资企业与外商投资企业同属中国法人。许多国家的实践表明,一国政府对属于其法人的企业、公司,有权就其来源于本国境内和境外的全部所得征税,这就决定了内、外资企业在征税对象上的一致性。按照我国现行税法规定,内外资企业就境内外总所得汇总纳税,内外资企业是中国法人,也是居民企业。可见,统一的企业所得税纳税义务人兼用注册登记标准和实际管理机构标准认定居民企业,即对按中国法律注册登记或实际管理机构设在中国境内的企业,应认定为中国居民企业,对其境内外全部所得课征企业所得税。这既符合国际惯例,也进一步规范了我国企业所得税的纳税义务人和征税对象。

### 三、双重居民身份的判定

确定一个跨国纳税人(包括跨国自然人和跨国法人)的居民身份,可以有不同的标准或依据,每个国家都可以参照各自的国内法来确定居民标准,由于各国的国内法规定不同,因而确定居民的标准也不同。一个国家可以按其国内税法规定的标准确定某一个跨国纳税人为该国居民,而另一相关国家则也可能据其国内税法确定该跨国纳税人为另一国的居民。这样,就会出现对同一个跨国纳税人由于有关国家采用的居民判定标准不同而确定为两个国家的居民的情况,即一个人(包括自然人和法人)有可能同时具有双重居民的身份,并有可能导致国家间财权利益的矛盾。对于这种双重居民问题,即这种具有双重居民身份的跨国纳税人最终究竟应属哪国居民,应由哪国政府来行使居民管辖权,单纯依靠上述居民标准已不能做出判定处理,而且也不可能由某一国的税法来做出判定处理。只有在上述居民标准的基础上,通过国家间的协调,考虑其标准的先后次序,才能基本解决双重居民问题。

(一) 自然人双重居民身份的判定

一个国家如何判定一个跨国自然人是否属于本国居民,其判定标准,每个国家都可以参照各自的国内法而定,但必须遵循因住所或居所所在地而负有纳税义务的原则。正因为如此,一个跨国自然人有可能会出现在两个国家居住而同时被这两个国家判定为居民的情况。例如,某人在日本有一个永久住所,其妻子和孩子都住在日本(家庭生活在一起),但同时他又在中国经商,居住或停留时间已超过12个月(一个年度内)。日本政府因他在日本有永久性住所,按照国内法确定他为日本居民,而中国政府也会因其居留时间超过法定365天,按中国税法确认他为中国居民。因此,中日双方都认为他是本国居民而要对其行使居民管辖权。对这种自然人双重居民身份的处理,国际上通常是按如下习惯顺序协商判定其最终居民身份。

1. 永久性住所

永久性住所通常是指某个人本身所拥有(包括租用)的配偶和家庭所在地,并有连续永久居住于该处的意愿,而不是那种因旅游、谋生、上学为目的的短期居留地。对于一个跨国自然人同时在两个国家居住的,首先应该认为他是其永久性住所所在国的居民(即有永久性的家庭所在国的居民),并由其永久性居住的国家对其行使居民管辖权。

2. 重要利益中心

如果两国都是这个跨国自然人永久性居住的国家,或者说这个跨国自然人在两个国家同时都有永久性住所,则以同个人和经济关系更为密切为判定标准,即应认为是与其个人和经济关系更为密切的重要利益中心所在国的居民。重要利益中心可以通过个人的家庭和社会关系,职业、政治和文化活动,营业活动地点以及财产管理所在地等因素加以综合判断。

3. 习惯性居所

如果与个人和经济关系更为密切的重要利益中心国家也无法确定,或者在其中任何一个国家都没有永久性住所,则以习惯性居所为判定标准,即应认为是其有习惯性居所(处)所在国的居民。习惯性居所(处)通常由居所和停留时间来判断,即看其在哪个国家居住的时间更长些。

4. 国籍

如果个人在两个国家都有或者都没有习惯性居所(处),则以国籍为判定标准,即应认为是其国籍国的居民。

5. 由双方国家协商解决

如果这个人在两个国家都同时具有或不具有国籍,则最终应由双方国家通过协商来确定该跨国自然人属于哪一国居民,由哪一国对其行使居民管辖权。

(二)法人双重居民身份的判定

由于各国采用的居民公司标准不同,往往会出现同一个跨国法人同时被两个国家确认为居民公司的情况。例如,一家跨国公司在加拿大注册成立,实际管理或控制机构设在英国,加拿大和英国按照各自的国内法同时认定该公司是本国的居民公司。解决这种双重居民公司问题,国际上通行的做法是以实际管理机构为判定标准,即首先应认为是其经营的实际管理机构所在国的居民公司。但是,如果该跨国法人在一国设有其经营的实际管理机构,而在另一国设有其总机构,则最后应由双方国家来协商确定该公司为哪一国居民公司,由哪一国对其行使居民管辖权。

例如,针对跨国法人的双重居民问题,涉及公司和所有其他团体,不论其是否具有法人地位,中日双方协商规定,均以其总机构或主要办事处所在国为依据,来确定其为哪一国的居民公司,即由其总机构所在国对其行使居民管辖权。

### 四、国际海运企业居民身份的判定

国际海运企业(如国际船舶运输公司)从事跨国海运经营所取得的利润,按规定一般应由公司的实际管理机构所在国行使征税权。但是,由于国际海运不同于其他经营活动,许多从事国际海运的企业根据业务需要,往往将其实际管理机构设在船舶上,而不是陆地上,并且经常运行于各国之间。对于这种将实际管理机构设在船舶上的跨国海运企业,由于船舶航行时间长,大部分时间在海上,所以按照一般的居民公司标准很难确定其属于哪一国的居民公司。国际上一般的做法是按如下习惯顺序确定国际海运企业的居民身份:首先,以船舶船籍所在国为标准,即应认为是其船舶母港所在国的居民公司;其次,如果该船舶无母港,则最后以船舶经营者居住国为标准,即应认为是其经营者的居住国的居民公司。例如,我国大连港有一条由日本居民经营的中国籍船舶,其实际管理机构设在船上,按中日税收协定双方约定,其船舶运输所得应仅在中国征税,但如果这条船舶不是中国籍,也没有母港,则其船舶运输所得应只在日本征税。

## 第四节 公民管辖权

### 一、公民管辖权的概念

**公民管辖权**是按照属人主义原则确立的税收管辖权,一国政府对于本国公民来自国内和国外的全部所得都拥有征税权。

一个国家在行使公民管辖权时,所考虑的只是纳税人的公民身份,而不问其居住在何国,它是以纳税人是否具有本国公民身份为依据确定对其是否行使课税权力。一般来说,凡是本国的公民,不论其居住在哪国,本国政府都有权对其来自世界范围内的全部所得进行征税。但如果这个纳税人不具有本国公民身份,则本国政府就不能对其行使公民管辖权。

## 二、公民身份的确定

一个国家在行使公民管辖权时，必须首先考虑纳税人与本国有无人身的公民联结因素。所谓公民，亦称国民，通常是指具有某国国籍的、在法律上享有权利和承担义务的自然人，但有时也包括按照某国现行法律取得其地位的法人、合伙企业和团体。在法律术语上，世界上大多数国家使用"公民"的概念，但也有一些国家如日本，使用"国民"的概念。作为国民，原则上同公民一样，都是具有本国国籍，依法享有权利并承担义务的人，它是行使公民管辖权的国家确定课税主体和课税范围的依据。对于确定某人是否为某国公民，只需看该人是否具有该国国籍。如果这个人具有该国国籍，即为该国公民，否则为该国非公民。即公民身份的取得必须以拥有国籍为前提条件，各国多以是否拥有国籍作为判定公民的标准。

可见，公民管辖权的特征是对本国公民纳税人来源于境内外的所得同等课税。

既然国籍是各国区分公民与非公民的依据，是一个人取得公民身份的前提条件，那么，一个人国籍的确定便成为确定其公民身份从而行使公民管辖权的关键。所谓国籍，是指某人依出生地或血统关系等因素而取得的表明其身份、国别的称号或标志。一国国籍的取得，主要由国内法规定，各国对原始国籍的确定通常采用出生地主义和血统主义两种原则。

所谓出生地主义，即以自然人的出生地点为标准确定其原始国籍的一种原则。按此原则规定，凡在本国境内出生的人，均可取得本国国籍。美国即根据出生地主义立法，规定在美国出生的人即具有美国国籍。我国国籍法规定："父母双方或一方为中国公民，本人出生在中国，具有中国国籍。"

所谓血统主义，即以自然人的血统关系（父母国籍）为标准确定其原始国籍的一种原则。按此原则规定，凡与本国国民具有血缘、血统关系的自然人，均可取得本国国籍，享有本国法律规定的一切公民权利，也承担本国的一切公民义务。

## 三、国籍变动与双重国籍的处理

自然人因出生地或血统关系而取得国籍之后，还有可能发生国籍变动，如加入国籍、丧失国籍和恢复国籍等。

加入国籍：指根据一国的国内法，由于婚姻、收养、认领和领土转移等原因而自然取得该国国籍的自然入籍，以及依照一国的国籍和移民法，经过申请获准，从原来国籍转变为该国国籍，或者从无国籍转变为该国国籍的申请入籍。

丧失国籍：指一国国民由于自愿退出，或者已取得其他国家国籍，或者依照该国的国内法被剥夺国籍而丧失其原有国籍的情况。

恢复国籍：指因某种原因丧失自己原有国籍的个人，按照其原有国籍国的国内法规定的条件提出申请，被获准重新恢复原有国籍。

由于各国国内法有关国籍的规定存在差异，以及因种种情况所产生的国籍变动，一个自然人就有可能同时具有两个国家的国籍，即双重国籍。例如，一个根据血统主义立法国家的国民,在根据出生地主义立法的美国所生的孩子,就可能同时具有两个国籍。又如,妇女同外国人结婚,儿童被外国人收养,都有可能在保留原有国籍的同时,取得其丈夫或收养人的国籍。

对于双重国籍问题,国际上一般都由有关国家通过协商解决。包括我国在内的大多数国家,都主张采取"一人一籍"的国籍原则,即各国都应将合法取得别国国籍的跨国自然人的原有国籍加以取消或丧失,同时对保留别国国籍的跨国自然人不给予本国国籍。至于对加入或丧失国籍而转入别国国籍的跨国自然人,则应自转入别国国籍之日起,作为该(别)国的公民,由所属该国对其行使公民管辖权,而其原有国籍国应同时终止对其行使公民管辖权。对因恢复国籍而从别国转入的跨国自然人,也应从转入原有国籍国之日起作为该国公民,由原国籍国恢复对其行使公民管辖权,其转出国应同时终止向其行使公民管辖权。

## 第五节 税收管辖权的选择与实施

税收管辖权的选择与实施,既影响到某个国家的财权利益,又涉及有关国家之间的税收分配关系。因此,各国选择并实施何种税收管辖权,已成为人们密切关注的问题。

### 一、各国对税收管辖权的选择

在税收管辖权中,各国因认识上的差异而有不同选择。几乎所有的国家都按属地主义原则实行了收入来源地管辖权,即都在收入来源基础上"从源征税"。因此,各国对收入来源地管辖权的认识比较一致,要求跨国纳税人对"经济税收事项的发生地"所在国承担有限的纳税义务。但同时多数国家的税收制度又都是按照属地主义原则和属人主义原则兼用收入来源地管辖权和居民管辖权,即在"从源征税"的同时,还着眼于纳税人的"居民身份",要求跨国纳税人对其居住国承担无限的或全面的纳税义务。关于公民管辖权,认识尚不一致,一种观点认为:公民管辖权应和居民管辖权等同,因为两者都是按属人主义原则确立的税收管辖权,其管辖范围都是人员;另一种观点认为:虽然公民管辖权和居民管辖权都可以归结为属人主义原则,但两者据以征税的基础是不同的。居民管辖权是对本国居民(不管是哪国公民)的国内和国外全部所得征税,而公民管辖权则不论本国公民居住何国,其来自国内和国外的全部所得,本国政府均有权征税。因此,作为对国际税收问题的研究,严格来说,应该将公民管辖权与居民管辖权加以区别,而税收的管辖权基础还是收入来源地管辖权和居民管辖权。

对于这两种基本的税收管辖权,世界各主权国家都可以根据本国的政治、经济和财政政策自行选择采用,也可以兼用。一个国家究竟行使哪一种税收管辖权,以及行使范围如何,国际法中并无任何规定,这纯属一个国家的主权问题。因此,各国都根据本国的特点,从各自的社会和经济状况出发,要求扩大对本国有利的税收管辖权的实施范围,而出于国际利益对等原则,大多数国家也要同时行使这两种基本的税收管辖权。也就是说,各国在行使收入来源地管辖权和居民管辖权的同时,常常会侧重去维护其中的某一种税收管辖权。这种情况,在发达国家与发展中国家之间表现得比较明显。

不同的税收管辖权体现了不同国家的财权利益,因而这些国家就会要求扩大对其有利的税收管辖权的行使范围。譬如发展中国家,一般来说对外投资相对较少,而国内却有大量的外来投资,即来自发达国家的资本输入较多,单向投资成为其投资特点。为了维护国家主权和经济利益,发展中国家更多地强调收入来源地管辖权,要求扩大本国收入来源地管辖权的行使范围,不让外国投资者把赚取的利润白白拿走,要他们承担有限的纳税义务,交出一部分赚得的利润。而单方面扩大收入来源地管辖权又会不利于引进外资,所以,发展中国家也不得不考虑到利益对等原则。这样,利益对等原则就成为双方国家都可以接受的原则。由于国际利益对等原则,这些国家也要同时行使居民管辖权。因此,在选择两种基本管辖权的同时,侧重维护其中的收入来源地管辖权,通常对发展中国家较为有利。经济发达国家则不同,这些国家居住自由,人口流动较多,资本输出也较多。通过鼓励资本输出,一方面,资本家可以多赚钱,即这些国家的居民来自世界各地的收入较多;另一方面,政府也可以通过对本国居民来源于外国投资经营的所得征税,增加财政收入。所以,发达国家非常强调居民管辖权,常常要求扩大本国的居民管辖权实施范围,限制别国(发展中国家)的收入来源地管辖权实施范围,这自然对发达国家是有利的。然而,在发达国家之间,既有资本输出,也有资本输入,相向投资成为其投资特征。遵循国际利益对等原则,发达国家也同时选择收入来源地管辖权。

值得一提的是,在大多数国家兼用两种基本税收管辖权的同时,一般都同意并遵循收入来源地管辖权优先的原则。也就是说,对同一笔跨国所得,收入来源地国家有优先行使征税的权力,即承认在课税权力方面,收入来源地管辖权优先于居民管辖权。这是因为,投资者从哪个国家赚的钱,理所应当先向哪个国家纳税,如果不允许收入来源地国家优先征税,而让纳税人居住国优先征税,则收入来源地国家就不会同意别国的居民在其境内做生意赚钱。同时,世界的大多数国家,特别是发达国家,既然希望通过技术转让与国际贸易从别国赚取所得,就不能不承认收入来源地国家在征税上的优先权。不过,优先并不等于独占,这表现在:一方面,优先是有限制的,收入来源国并不能对一切非居民的所得都从源课税,而只能对在其境内居住一定期限的自然人和非居民公司所属的常设机构征税;另一方面,优先不能完全排斥纳税人居住国的税收管辖权。居住国在收入来源国优先征税后,仍将区分情况对纳税人行使其税收管辖权。因此,对于跨国纳税人的所得,其来源国可以先行征税,然后该纳税人的居住国才能行使其居民管辖权。这在国际税收实践中已为世界多数国家所承认。

**二、各国对税收管辖权的实施**

总的来说,在两种基本的税收管辖权中,多数国家都是以其中一种税收管辖权为主,而以另一种税收管辖权为辅。即使实行属地主义原则的国家,多数也随着改革开放而向属人主义原则过渡和发展。大多数国家都是兼用属地主义原则和属人主义原则,实行双重税收管辖权。对来自本国境内的所得,不论是本国居民还是非居民,本国政府都要行使收入来源地管辖权,同时,对本国居民的所得,不论其来源于本国还是外国,也都要行使居民管辖权进行征税。但是,各国实施的税收管辖权也不尽相同,世界主要国家对税收管辖权的实施情况如表 3-1 所示。

表 3-1  世界主要国家税收管辖权一览表

| 税收管辖权 | 主要国家 |
| --- | --- |
| 同时行使收入来源地管辖权和居民管辖权 | 中国、阿富汗、澳大利亚、孟加拉、印度、斐济、印度尼西亚、日本、韩国、马来西亚、新西兰、巴基斯坦、新加坡、泰国、斯里兰卡、萨摩亚、哥伦比亚、萨尔瓦多、洪都拉斯、秘鲁、奥地利、比利时、捷克、斯洛伐克、丹麦、芬兰、德国、意大利、挪威、波兰、希腊、西班牙、瑞典、瑞士、土耳其、英国、爱尔兰、卢森堡、摩纳哥、荷兰、法国、南斯拉夫、俄罗斯、加拿大等 |
| 单一行使收入来源地管辖权 | 文莱、阿根廷、玻利维亚、巴西、多米尼加、厄瓜多尔、危地马拉、尼加拉瓜、巴拿马、巴拉圭、乌拉圭、委内瑞拉等 |
| 同时行使收入来源地管辖权和公民管辖权 | 罗马尼亚、菲律宾 |
| 同时行使收入来源地管辖权、居民管辖权和公民管辖权 | 美国、墨西哥 |

可见,亚洲、欧洲、大洋洲及北美洲的大多数国家都同时行使收入来源地管辖权和居民管辖权,单一行使收入来源地管辖权的国家多为拉丁美洲国家,只有极少数国家同时行使收入来源地管辖权、居民管辖权和公民管辖权。同时行使收入来源地管辖权和公民管辖权的国家也为数较少。至于单一行使居民管辖权则可能会在区域性税收同盟中出现(如关税同盟或自由贸易区的成员国之间)。

## 案例分析

### 外国卫星公司是否应向中国纳税

**一、基本案情**

某外国卫星公司与中国用户于1996年4月签订了《数字压缩电视全时卫星传送服务协议》(以下简称《协议》)。《协议》约定,该卫星公司利用其拥有2、3、4、5号卫星向中国用户提供全时的、固定期限的、不可再转让的压缩数字视频服务(即传输电视信号服务),中国用户在《协议》期限内定期向卫星公司支付服务费用。这些卫星中,有的有专门的转发器用于服务,有的只有特定的容量而未被约定有专门的频道用于服务。

根据《协议》,中国用户自行将信号通过自己的地面站分别上行发送到2号和4号卫星中专门的转发器内,卫星公司收到中国用户的信号后,将其下行传输至指定的下行覆盖范围内;同时,卫星公司从2号卫星上接收信号后,通过地面传输,再分别上行发送至3号和5号卫星上,传输至该两颗卫星覆盖的范围内;3号和5号卫星中指定了用于服务的容量,但未被约定有专门的转发器用于此次服务。上述服务全部由卫星公司操作、使用、控制其拥有的设施独立完成,如果不能完成或保证传送信号的大批量,卫星公司将承担相应责任;中国用户预先交付4个月的服务费和设备费作为订金,另支付196.1万美元的保证金。以后按季度向卫星公司支付服务费和地面设备费。双方约定,该协议是一个服务合同,并不授予中国用户且中国用户将不宣称对卫星公司的财物和其提供的设备拥有任何权利、利益或扣押权。

### 二、征纳双方争议

中国税务机关认为,卫星公司将其卫星设备提供给中国用户使用,其来源于中国境内的收入属于国际税收协定中的特许权使用费和我国税法规定的租金,应予征税。

卫星公司则认为,其所提供的是传送服务而非租赁卫星设备,中国用户未对卫星设备实际控制和占有使用,且因其在中国境内无分支机构,故该收入应属于营业利润,不应在中国纳税。

### 三、思考的问题

1. 对外国卫星公司运营商利用其卫星设备为用户传输电视信号而取得的收入的性质应如何认定?
2. 如何理解特许权使用费及其"使用或有权使用"的含义?
3. 特许权使用费与租金的关系是怎样的?
4. 如何理解常设机构?该外国卫星公司在中国是否设有常设机构?
5. 该外国卫星公司是否应向中国纳税?
6. 请就此案例谈谈个人感想或启示。

## 本章小结

1. 税收管辖权是国家在税收领域中的主权,是一国政府行使主权征税所拥有的管理权力。

2. 税收管辖权的确立原则有属地主义原则与属人主义原则之分。前者是以纳税人的收入来源地或经济活动所在地为标准,确定国家行使税收管辖权范围的一种原则,也称属地主义或属地原则,是各国行使管辖权的最基本原则;后者是以纳税人的国籍和住所为标准,确定国家行使税收管辖权范围的一种原则,也称属人主义或属人原则。

3. 与一个主权国家的政治权力范围相适应,一个国家的税收管辖权可以按照属地主义和属人主义两种不同的原则来确立,从而也就有收入来源地管辖权与居民或公民管辖权之分,其中收入来源地管辖权和居民管辖权是两个基本的税收管辖权。

4. 在实行收入来源地管辖权的国家,所考虑的不是收入者的居住地或纳税人的身份,而是其收入的来源地。这一税收管辖权既体现了国家之间经济利益分配的合理性,又体现了税务行政管理的方便性,故已得到世界各国公认,并被普遍采用。而居民管辖权所考虑的是纳税人的居民身份。它是以纳税人是否居住在本国并拥有居民身份为依据,确定对其是否行使课税权力及征税范围。收入来源地管辖权虽被认为是优先的税收管辖权,但不能独占对跨国纳税人的征税权力,税收利益应当在有关的收入来源国和居住国之间进行合理分享。

## 本章重要术语

税收管辖权;属人原则;属地原则;收入来源地管辖权;收入来源地;应税所得;经营所得;常设机构;归属原则;引力原则;分配原则;核定原则;独立劳务所得;非独立劳务所得;投资所得;财产收益;不动产所得;居民管辖权;居民;法律标准;住所标准;公民管辖权

## 思考练习题

1. 如何认识税收管辖权在国际税收研究中的重要性?
2. 如何正确理解税收管辖权是一个主权国家在征税方面所拥有的不受任何约束的权力?
3. 什么是税收管辖权?确立税收管辖权的原则有哪些?
4. 税收管辖权的基本内容有哪些?
5. 什么是常设机构?如何确定常设机构的营业利润?
6. 如何确定跨国自然人的居民身份?
7. 确定跨国法人的居民身份的标准有哪些?
8. 如何解决双重居民问题?
9. 税收管辖权与不同类型国家的财权利益有何关系?
10. 在亚太地区,中国香港、马来西亚和新加坡都力争使自己成为对跨国公司有吸引力的金融中心,为此在税制上也采取了一些特殊制度。中国香港和马来西亚采用的都是单一的来源地征税原则。它们只对取得于或来源于本地的所得征税,对所有来源于境外的所得予以免税。新加坡实行部分来源地征税制度,对来源于国外的股息、分支机构利润以及满足以下条件的服务所得予以免税:所得来源于最高法定税率至少为15%的税收管辖区并且已经在取得所得的税收管辖区旅行了纳税义务。与之相反,美国等国家实行的则是包括公民管辖、居民管辖和来源地管辖在内的全面的税收管辖制度。

那么,不同的税收管辖制度是否完全是一国(地区)自主的选择?选择什么样的税收管辖制度与国内税法和国家之间的竞争有什么样的联系呢?

21世纪经济与管理规划教材
税 收 系 列

第四章

# 国际重复征税及其消除

## 本章导读

本章内容与上一章的内容有紧密联系。在学习过程中,要注意思考,重点了解双重征税的含义,认识国际双重征税主要是由国家之间的税收管辖权重叠造成的。明确国际重复征税是国家间税收分配关系的焦点,是国际税收基本理论和实务的重要问题。对国际双重征税消除的意义和范围,以及国际双重征税消除的一般方式和方法,应当重点掌握。

## 学习目标

通过本章的学习,读者应能够:

■ 掌握国际重复征税的定义及类型,并解释国际重复征税主要是由税收管辖权重叠造成的

■ 解释国际重复征税是国家间税收分配关系的焦点,是国际税收基本理论和实务的重要问题

■ 解释国际重复征税消除的意义和范围

■ 掌握国际重复征税消除的一般方式和方法

■ 分析比较避免国际重复征税不同方法的效果,运用避免国际重复征税的不同方法进行计算

国际重复征税是当今国际税收领域最突出的一个问题,由于这一问题的解决涉及有关国家的税收权益,所以它一直是国际税收学科研究的重点之一。目前,在解决双重征税问题上,国际社会已形成了一整套准则和规范,这些内容在国际税收理论和实践中均占有重要地位。

## 第一节　国际重复征税问题的产生

### 一、国际重复征税的概念和含义

(一)国际重复征税的概念

一般来说,重复征税就是对同一人(包括自然人和法人)或同一物品(税源或征税对象)征税两次以上。按其性质的不同,一般可将各国普遍存在的重复征税现象分为税制性的、法律性的和经济性的重复征税。其中,税制性重复征税是同一课税权主体对同一纳税人、同一税源课征不同形式的税收,这种重复征税是由各国实行复合税制度所造成的;法律性重复征税是不同的课税权主体对同一纳税人的同一征税对象进行的多次征税,它是由于法律上对同一纳税人采取不同征税原则造成的;经济性重复征税是对同一税源的不同纳税人的重复征税,通常是由于股份公司经济组织形式引起的。国际税收研究的国际重复征税一般属于法律性国际重复征税。

**国际重复征税**是指两个或两个以上国家对同一跨国纳税人的同一征税对象进行分别课税所形成的交叉重叠征税。这种重叠征税,一般情况下都是两重的,即两个国家对跨国纳税人的同一征税对象进行的重复征税,所以,人们一般把这种重复征税统称为国际双重征税。

国际重复征税是国际税收的基本理论问题和核心内容。国内外许多专家、学者往往都是从研究国际重复征税问题开始研究国际税收问题的。早在1927年,德国的国际税收专家道恩(Dorn)就认为,国际双重征税(以及多重征税)是发生于几个自主的征税权力机构(特别是几个自主的国家),同时对同一个纳税人征收同样的税收。这为解释国际重复征税奠定了基础。后来,亨赛尔(Hensel)在此基础上又加了一条"在同一纳税期间内"的标准。另一个德国国际税收专家斯比泰勒(Spitaler)曾建议,将国际双重征税定义为各自享有独立税收管辖权的税务当局对同一税收客体同时征税的一种法律规范的冲突。上述定义的实质基本相同。在此基础上,1963年欧洲经济合作与发展组织在《关于对所得和资本避免双重征税协定范本》的报告中,将国际双重征税的定义归纳表述为"两个(或两个以上)国家,在同一期间内,对同一纳税人的同一税收客体征收类似的税收"。欧洲经济合作与发展组织的这一定义已经基本上得到国际税收或税法专家们的认同。

(二)国际重复征税的含义

国际重复征税有狭义和广义之分。

1. 狭义的国际重复征税

狭义的国际重复征税是指两个或两个以上国家对同一跨国纳税人的同一征税对象

所进行的重复征税,它强调纳税主体与课税客体都具有同一性。对于同一个参与国际经济活动的纳税主体来说,所应承担的税收负担不应大于其仅在一个国家内产生的纳税义务。当同一纳税主体因同一课税客体承担了大于其在一个国家内产生的纳税义务的税收负担时,就产生了国际重复征税。

2. 广义的国际重复征税

广义的国际重复征税是指两个或两个以上国家对同一或不同跨国纳税人的同一课税对象或税源所进行的交叉重叠征税。其征税涉及的范围要比狭义的国际重复征税宽泛,它强调国际重复征税不仅要包括因纳税主体与课税客体的同一性所产生的重复征税(即狭义的国际重复征税),而且还要包括由于纳税主体与课税客体的非同一性所发生的国际重复征税,以及因对同一笔所得或收入的确定标准和计算方法的不同所引起的国际重复征税。例如,甲国母公司从其设在乙国的子公司处取得股息收入,这部分股息收入是乙国子公司就其利润向乙国政府缴纳公司所得税后的利润中的一部分,依据甲国税法规定,母公司获得的这笔股息收入要向甲国政府纳税,因而产生了甲乙两国政府对不同纳税人(母公司和子公司)的不同课税客体或同一税源(子公司利润和股息)的实质性双重征税。

**二、国际重复征税问题的产生**

国际重复征税问题是国家之间税收分配关系矛盾的焦点,是国际税收这门学科必须研究的重要问题。之所以会产生国际重复征税问题,是同各国现行征收的税种以及实行的税收管辖权、居民身份的判定、收入来源地的确认等密切相关的,特别是两个或两个以上国家税收管辖权的交叉重叠,直接导致了国际重复征税问题的产生。

从各国现行征收的税种来看,凡是属于对商品流转额征税和对具体财产征税的税种,由于其明显的地域性,即在某个时点上,商品流转额和具体财产存在的空间不是属于这个国家就是属于那个国家,这就决定了各国政府只能对发生在本国境内的商品流转额和存在于本国境内的具体财产征税,而不能对发生在国外的商品流转额或存在于国外的具体财产征税。因此,各国政府对纳税人的商品流转额和具体财产征税所引起的税收负担,并没有直接地超越本国国境,即并不产生国际重复征税问题。但是,对于所得税和一般财产税来说,由于这一类税种的征税对象主要是纳税人的所得和一般财产价值,随着国际经济交往的日益频繁,一个国家的居民或公民从其他国家取得收入的现象日益增多,这就为国际重复征税问题的产生创造了前提条件,使国际重复征税问题的产生成为可能。而各国所得税制度的建立又为国际重复征税的产生提供了现实条件,使国际重复征税成为现实。各国政府为维护其主权利益,都在不同程度地以收入来源地、居住地或公民原则为基础来行使税收管辖权,这种税收管辖权的交叉重叠现象也就不可避免。因此,产生国际重复征税的前提条件是纳税人在其居住国或国籍国以外的其他国家获取收入,以及各国普遍征收所得税。也就是说,跨国纳税人和跨国征税对象(即跨国所得和跨国一般财产价值)以及各国所得税制度的建立,是产生国际重复征税问题的重要前提。十分明显,对于只在居住国或国籍国境内销售产品、进行投资或者从事其他营业的自然人或法人,其所得只需要向其居住国或国籍国纳税,因而不会引起国际重复征税的问题。

同样,如果各国的所得税制度没有建立(即不征所得税),则也很难使国际重复征税问题现实地产生出来。

国际重复征税问题产生的主要原因,是有关国家对同一或不同跨国纳税人的同一课税对象或税源行使税收管辖权的交叉重叠或冲突。这种税收管辖权的重叠主要有以下几种形式:

(一)收入来源地管辖权与居民管辖权的重叠

由于世界各国行使税收管辖权所采用的原则不同,既可以对跨国纳税人发生在本国境内的所得按照属地主义原则行使收入来源地管辖权,也可以对本国居民跨国纳税人来源于国内和国外的全部所得按照属人主义原则行使居民管辖权,这就不可避免地造成了有关国家对同一跨国纳税人的同一笔跨国所得在税收管辖权上的交叉重叠或冲突,从而产生了国际重复征税问题。

如果世界各国对于跨国所得的征税一致实行收入来源地管辖权,一律从源课税,一般也就不会出现征税权的交叉重叠或冲突,因而也就不会产生国际重复征税问题;同样,如果世界各国一致实行居民管辖权,只要纳税人的居民身份归属问题能够解决,即使纳税人的收入来自许多国家,也不会出现有关国家税收管辖权重叠的现象,因而不会产生国际重复征税问题。然而现实情况并非如此简单。世界上绝大多数国家都同时实行收入来源地管辖权和居民管辖权。这样,对于同一跨国纳税人的同一笔跨国所得(如甲国的居民在乙国取得的收入),在收入来源地国家(乙国)根据收入来源地管辖权对这一收入征了所得税,到了纳税人的居住国(甲国)又要对这同一笔收入根据居民管辖权再征一次所得税,从而产生了同一跨国纳税人的同一项跨国所得在两个国家双重征税的问题。

对于上述分析,完全可以通过图4-1形成直观印象(注:假设图中美国注册公司设在美国境内,中国注册公司实际管理机构设在中国境内)。

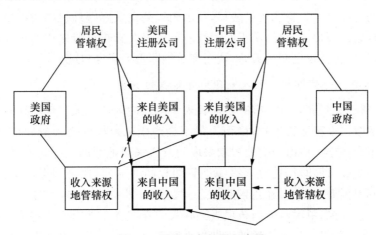

图 4-1　国际重复征税示意图

由图4-1可以看出,美国公司来自中国的收入和中国公司来自美国的收入都存在国际双重征税问题。很显然,收入来源地管辖权和居民管辖权的交叉重叠征税,乃是造成国际重复征税的根本原因。

### （二）居民管辖权与居民管辖权的重叠

国际重复征税问题的产生，不仅与各国行使的税收管辖权有紧密联系，而且还与各国判定居民身份的标准有关。即使一国政府对于同一跨国纳税人的征税一致实行居民管辖权，因而一般也不会产生国际重复征税问题，我们也不能因此否认在有关国家对居民身份的判定因无法取得一致意见时，也会产生居民管辖权之间的重叠，从而出现国际重复征税的现象。也就是说，当纳税人的居民身份归属何国的问题不能得到彻底解决的时候，也会产生国际重复征税问题。

由于各国法律规定及其确定纳税人居民身份的标准不同，因而就会出现同一个跨国纳税人被有关国家同时确认为其居民的现象，从而产生居民管辖权与居民管辖权的冲突，导致国际重复征税问题的产生。即使有关国家都采用同样的判定标准，也会因各自居民标准的内涵不同而有可能造成居民管辖权之间的重叠，产生国际重复征税问题。例如，甲、乙两国都采用居民管辖权，且对居民个人的认定都采用时间标准，但有差异。甲国税法规定，凡在甲国居住满 180 天的个人为甲国居民，甲国公民离开甲国满 180 天的为甲国非居民。乙国税法则规定，凡在乙国居住满 90 天的个人为乙国居民，否则为乙国非居民。甲国某个人离开甲国去乙国从事经营活动，在乙国居住 150 天并取得一笔收入。乙国政府因他在乙国居住 150 天，已超过 90 天规定，按照国内法判定他为乙国居民，并对其取得的这笔收入行使居民管辖权进行征税。而甲国政府也因他离开甲国只有 150 天，不满 180 天，按照甲国税法规定仍判定他为甲国居民，并在他回国后对其行使居民管辖权进行征税。这样，由于甲、乙两国对居民居住时间标准规定的内涵不同，双方国家都认为他是本国居民而要对其行使征税权，就产生了居民管辖权之间的重叠，最终导致国际重复征税问题的产生。

又如，一家跨国公司在美国注册成立，实际管理机构设在英国。美国以公司注册所在地为标准判定该公司为美国居民公司，英国则以公司实际管理机构所在地为标准判定该公司为英国居民公司。这样，由于两国政府行使居民管辖权所采用的居民公司标准不同，就会出现居民管辖权之间的重叠，从而产生国际重复征税问题。

### （三）收入来源地管辖权与收入来源地管辖权的重叠

国际重复征税问题的产生，有时还与收入来源地的确认有关。各国政府对于跨国所得征税都行使收入来源地管辖权，因而一般不会产生征税权的交叉或冲突，国际重复征税问题也就不会产生。但由于有关国家采取的收入来源地的确定标准不同，也会出现有关国家对同一笔收入同时行使收入来源地管辖权的冲突，造成国际重复征税。例如，甲国某个人受其甲国雇主委托，在乙国某家公司从事技术指导工作，每月的工资报酬由其甲国雇主支付。因此，甲国政府因该项报酬收入的支付者在甲国而认定该项所得来源于甲国，并对该项所得行使收入来源地管辖权进行征税。而乙国政府则因取得这笔报酬的收入者在乙国从事劳务活动而认定该项报酬收入是来源于乙国，因而也要对该项所得行使收入来源地管辖权征税。这样，由于对同一笔跨国所得的来源地确定标准不同，就出现了两个国家所行使的收入来源地管辖权的交叉或冲突，从而产生国际重复征税问题。

此外,当一个纳税人同时具有两个国家国籍的情况下,也会造成这两个国家同时对其行使公民管辖权的交叉或重叠,造成国际重复征税。总之,产生国际重复征税问题的最根本原因,还是有关国家税收管辖权的交叉或重叠,其中最主要的原因是有关国家对同一跨国纳税人的同一项所得同时行使收入来源地管辖权与居民管辖权。由于跨越国境取得收入的情况不可避免,各种税收管辖权将长期共存。特别是在大多数国家都同时行使两种基本的税收管辖权的情况下,国际重复征税问题也会普遍和长期存在。

## 第二节 国际重复征税问题的处理

**一、处理国际重复征税问题的必要性**

国际重复征税,不仅会直接影响到跨国纳税人的利益,而且给所涉及的国际经济活动带来极大影响,有关国家的财权利益也会因此受到不同程度的影响。既然对跨国所得和跨国一般财产价值同时行使收入来源地管辖权和居民管辖权是引起国际重复征税的主要原因,那么,为了在各国政府之间确立一种合理的税收分配关系,合理税收负担,充分运用国际资金,合理利用国际资源,发展国际经济,如何根据利益对等原则处理国际重复征税问题,也就成为国际税收的一个重要理论问题。

随着科学技术的不断发展进步,国际经济活动也在不断地相互渗透和相互依赖,这就使解决国际重复征税问题显得更为迫切和必要。因为从跨国纳税人的角度来说,只愿意一笔所得承担一次纳税义务,重复纳税终究是难以接受的。国际重复征税问题,不仅不利于国际商品、劳务、人才、技术和资金的正常流动,而且也不利于国际专业化劳动分工和社会资源的有效利用,影响投资环境,从而不利于各国经济的发展。特别是第二次世界大战后,跨国公司不断涌现,国际重复征税问题越来越引起人们的关注。跨国公司不仅在世界新技术革命和世界经济的发展中得到了发展和壮大,也促进了世界新技术的推广,推动了各国经济不断向前发展。跨国公司作为国际商品、劳务、人才、技术和资金的综合体,已成为当代国际经济和技术发展不可缺少的重要力量。毫无疑问,解决或处理国际重复征税问题对于跨国公司的发展也是极为重要的。

可见,为了使国际资本流动和商品流通能够正常进行,促进各国经济、贸易、技术和文化的合作与交流,不致因对跨国所得征税而受到阻碍,有关国家就有必要寻求一种解决或处理国际重复征税问题的办法,至少要做到相互间取得一种共同的默契和谅解,认定两种税收管辖权中的一种是优先的。因此,大多数国家都通过优先承认收入来源地管辖权来处理国际重复征税问题。一般来说,按收入来源地管辖权对跨国所得征税是第一次课税,而按居民管辖权征税则是第二次课税。所以,处理或解决国际重复征税问题主要还是体现在实行居民管辖权的国家。对于跨国纳税人向非居住国(收入来源国)政府缴纳的所得税税款,其居住国政府一般都要优先承认,并采取措施,解决或处理对该跨国纳税人的同一笔跨国所得的重复征税问题。这在国际税收实践中,已为世界大多数国家所公认。国际重复征税问题的及时处理,不仅有利于使跨国纳税人的税收负担公平合理，妥善处理国家之间的财权利益关系，而且还有利于国际资本流动、商品流通的正常进行，促进各国经济、贸易、技术和文化的合作与交流。

## 二、处理国际重复征税问题的范围

由于国际重复征税问题存在许多消极影响，因而大多数国家都采取积极的态度，寻求合理的途径、方式和方法，处理跨国纳税人的国际重复税负问题，使其税收负担公平合理。

那么，一般需要符合什么样的条件才能对纳税人的重复征税问题进行处理，或解决、处理的范围如何确定，就成为一个迫切需要明确和解决的实际问题。必须使国际重复征税问题的处理趋于规范、合理，以便各个国家在给予跨国纳税人解决重复征税问题待遇时，做到有据可循。

国际上对国际重复征税问题的处理范围通常是从两个方面做出适当的限制。一方面是适用于哪些纳税人，即明确哪些人在非居住国缴纳的税有权在居住国享受国际重复征税处理的待遇；另一方面是限于哪些税种。也就是说，从"人"和"税"两个方面来确定国际重复征税问题的处理范围。

首先，在纳税人方面，国际重复征税问题的处理范围通常只限于本国居民或公民（包括自然人和法人），即在税收上属于本国居民或公民的个人和本国的法人团体。因为只有本国居民或公民从境内和境外取得的所得在本国负有纳税义务时，才会出现其境外所得重复征税问题。对非居民一般只按收入来源地原则进行征税，收入来源地国家并不对其境外所得征税，因而也就不存在解决重复征税的问题。

其次，在税种方面，只有可能造成国际重复征税的税种才能加以解决。因而能够作为国际重复征税问题加以处理的税种仅限于所得税和一般财产税。因为只有对所得和一般财产价值的征税，才能存在国际重复征税的问题。对于以销售额为征税对象的销售税或流转税，则不能作为国际重复征税问题加以处理。因为这类税收在国际上一般都被认为是间接税，销售税可以转嫁，纳税人并不一定是税收的真正负担者（有可能是由消费者承担），所以不存在国际重复征税问题。如果将其作为国际重复征税问题处理，其利润就会大量增加，国家税收就会大量减少。况且，这类销售税本来都已允许从收入额中扣除，所以不能作为国际重复征税问题加以处理。

从各国的税收理论和实践来看，对可作为国际重复征税问题加以处理的外国税收规定了一些必要的鉴别判断条件，诸如必须分析确定外国政府课征的是不是税，如果是税，还应鉴别是不是所得税或一般财产税，如果是所得税或一般财产税，还必须分析是否确属于已经缴纳的净所得税或一般财产税，等等。规定这些鉴别条件的目的在于控制处理范围和防止处理权被滥用，也是为了在一定程度上对有关国家的税收立法规定起到某些牵制作用，促使有关国家都能适当地考虑到国际税收的一些合理的习惯做法。因此，对国际重复征税问题进行处理，是一项重要的政策措施，也是各国主管税务当局和企业界广泛关注的重要问题。我国改革开放以来，有些人对国际税收的一些惯例缺乏全面了解，担心在没有签订国家间避免双重征税协定之前，外商取得的专有技术使用费等所得在我国纳税，回国后得不到税收抵免或其他处理待遇，会被双重征税，因而要相应提价，加重中方负担。其实,每一个资本输出国的政府,都很重视解决对其厂商的境外所得被双重征税的问题,并基于本国经济政策,在其国内税法中规定有相应的解决国际重复征税的措施,以免其厂商在国际市场上处于不利的竞争地位。从税收管辖范围来说,国际重复征税问题也应当是外商提请其本国政府解决的重要问题。

## 第三节 国际重复征税问题的处理方式

对于国际重复征税问题的处理,世界各国都相继采取了一些有效的方式和方法。多年来各国的实践表明,在国际重复征税发生前应力求避免,而在发生后则应力求消除。国家之间一般可以通过两条途径来达到解决国际重复征税问题的目的:一是通过本国国内税法的规定,采用主动限制本国行使的税收管辖权,单方面处理国际重复征税问题的方法;二是通过两个或两个以上国家政府间签订税收协定或条约的做法,使协定中的一些具体规定在这些国家之间得到贯彻,达到解决国际重复征税问题的目的。从发展趋势看,多数国家将会逐渐采用或选择第二种途径来解决重复征税的问题。因此,处理国际重复征税问题的方式,通常可概括为单边方式、双边方式和多边方式三种。

### 一、单边方式

单边方式是指,实行居民管辖权的国家,为了鼓励本国居民积极从事国际经济活动或到国外投资,大多在其国内税法中单方面地做出一些限制本国税收管辖权的规定,以便解决对本国居民取得来自国外所得的国际重复征税问题。从世界范围内的运用情况看,单方面处理国际重复征税问题的办法大致可划分为免税法和抵免法两种。我国税法规定,为解决国际重复征税问题,对我国居民来自国外的所得给予税收抵免待遇。在其他国家的税收法令中,也都有相同或类似的规定。

### 二、双边方式

双边方式是指,两个国家之间通过谈判,签订两国政府之间的双边税收协定,以解决国际重复征税问题,协调两个主权国家之间的税收分配关系。即使一个行使居民管辖权的国家以单边方式处理国际重复征税,但从本国居民的利益和本国财政收入的角度出发,仍然希望收入来源国能够相应做出一些让步,以公平税负,共享税收利益。因此,为兼顾居住国和来源国以及跨国纳税人的利益,必须通过居住国政府和来源国政府的谈判,签订两国政府之间的税收协定,来解决对跨国纳税人的跨国所得的双重征税问题。

签订双边税收协定的做法,是解决国际双重征税问题的有效途径。自 20 世纪 60 年代以来,双边税收协定的缔结已成为国际经济关系的一个显著特征。通过双边税收协定协调两个主权国家之间的税收分配关系,已成为世界各国普遍采用的方式。到 20 世纪 80 年代末,世界上生效的避免双重征税的双边税收协定已有 600 多个,涉及 130 多个国家或地区。目前全世界已有 3 000 多个双边税收协定。我国从 1983 年起到 2008 年年底,已先后同日本、美国、法国、英国、德国、比利时、马来西亚、挪威、丹麦、新加坡、芬兰、加拿大、瑞典、新西兰、泰国、意大利、荷兰、捷克、斯洛伐克、澳大利亚等 90 多个国家正式签订了避免双重征税的双边税收协定。

在国家之间已签订的双边税收协定中,通常采用以下办法来处理双重征税问题:(1)协调各种所得的概念及其来源地标准的差别;(2)为解决对某些所得的分类和征税,制定一个共同的方法;(3)将某几项所得的税收管辖权完全由缔约国某一方独享,或者在双方都不愿放弃全部权限时,双方分享税收收入,所以有时双方都采用免税法,或者都采用抵免法,也有时一方采用免税法而另一方采用抵免法。税收协定或条约采用的这些避免双重征税的方法,与单边避免双重征税所采用的方法大致相同,只是在具体内容上增加了一些规定。

### 三、多边方式

多边方式是指,两个以上的主权国家通过谈判,签订避免国际重复征税的多边税收协定,以协调各国之间的税收分配关系。如丹麦、芬兰、冰岛、挪威和瑞典签订的、于1983年12月29日生效的北欧五国多边税收协定,即属多边方式。由于国际政治经济关系比较复杂,各国的经济结构和税制结构悬殊,故采用这种多边方式的国家为数不多。但随着世界经济的不断向前发展,以及区域经济一体化进程的加快,采用多边方式解决国际重复征税问题的国家将会有所增加。

## 第四节　国际重复征税问题的处理方法

各国的涉外税法和国际税收协定中,处理国际重复征税问题所采用的具体方法主要有免税法和抵免法两种,其中抵免法是普遍采用的。在运用抵免法的过程中,为了鼓励国际投资,有时也往往增加一项税收饶让的内容,作为抵免法的内容附加,这种情况通常见于发达国家与发展中国家签订的税收协定中。此外,有些国家还选择了扣除法和低税法以试图解决国际重复征税问题,在一定程度上缓和了国际重复征税的矛盾。

### 一、免税法

**免税法**亦称"豁免法",是指居住国政府对其居民来源于非居住国的所得额,在一定条件下放弃行使居民管辖权,免予征税。这种方法是以承认收入来源地管辖权的独占地位为前提的。承认收入来源地管辖权的独占地位,意味着居住国政府完全放弃对其居民来自国外的所得的征税权力,而将这种权力无条件地留给这笔所得的来源国政府。但是,在实际应用中,根据各国实行的所得税制(是采用比例税率还是累进税率),以及是否通过双边税收协定的途径来实现免税方法。免税法又分为全额免税和累进免税两种形式。

全额免税法,是指居住国政府对其居民来自国外的所得全部免予征税,只对其居民的国内所得征税,而且在决定对其居民的国内所得所适用的税率时,不考虑其居民已被免予征税的国外所得。由于这种方法对居住国政府造成的财政损失较大,所以在采用免税法的国家中采用全额免税法的国家只有法国、澳大利亚及部分拉美国家。

累进免税法,是指居住国政府对其居民来自国外的所得不征税,只对其居民的国内所得征税,但在决定对其居民的国内所得征税所适用的税率时,有权将其居民的国外所得加以综合考虑。这种免税方法主要适用于实行累进所得税制的国家,而且是通过签订双边税收协定的途径来实现的。《经合发范本》和《联合国范本》的第23条第3款均指出:"……缔约国一方居民取得的所得,在该国免税时,该国在计算该居民其余所得的税额时,可对免税的所得予以考虑。"考虑的方式将由缔约国双方确定。

### 案例 4-1

【背景】 甲国某居民在2009纳税年度内,来自甲国所得10万元,来自乙国所得5万元,来自丙国所得5万元。甲国个人所得税税率为4级全额累进税率,即:

所得额在5万元(含)以下的,适用税率为5%;
所得额在5万—15万元的部分,适用税率为10%;
所得额在15万—30万元的部分,适用税率为15%;
所得额在30万元以上的,适用税率为20%。

乙国和丙国的个人所得税税率分别为15%和20%的比例税率。

【分析】 按全额免税法,该居民在甲国的应纳税额为1万元(10×10%)。

采用累进免税法,甲国对该居民的国外所得10万元(5+5)不征税,只对来自甲国的所得10万元征税,但对其国内所得征税时,其适用税率已不再是按国内所得10万元对应的税率10%征收,而是要对其国内所得10万元与国外所得10万元加以综合考虑,按20万元的所得对应的税率15%征收,因而该居民的税收负担情况为:

居住国(甲国)税收:
$$10 \times 15\% = 1.5(万元)$$

来源国(乙国)税收:
$$5 \times 15\% = 0.75(万元)$$

来源国(丙国)税收:
$$5 \times 20\% = 1(万元)$$

该居民的税收总负担:
$$1.5 + 0.75 + 1 = 3.25(万元)$$

居住国(甲国)放弃的税收:
$$(10+5+5) \times 15\% - 1.5 = 1.5(万元)$$

【评述】 按累进免税方法,甲国税务当局可较全额免税方法多征税收0.5万元(1.5−1)。

## 案例 4-2

**【背景】** 在案例 4-1 中,如果甲国个人所得税税率不是全额累进税率,而是采用 4 级超额累进税率(税率表和其他情况同上),那么,按全额免税法和累进免税法,又该怎么操作呢?

**【分析】** 按全额免税法,该居民应向甲国纳税 0.75 万元[(10－5)×10％＋5×5％]。

采用累进免税法,甲国对该居民来自本国的所得 10 万元已不再按 10％ 的最高税率征税,而要按国内外总所得 20 万元(10＋5＋5)所对应的 15％ 最高税率征税。具体适用税率如下:

国内外总所得 20 万元适用的税率为:

(20－15)×15％,即有 5 万元按 15％ 计征;

(15－5)×10％,即有 10 万元按 10％ 计征;

5×5％,即有 5 万元按 5％ 计征。

国内所得 10 万元适用的税率应为:

(20－15)×15％,即有 5 万元按 15％ 计征;

(15－10)×10％,即有 5 万元按 10％ 计征。

因此,在采用累进免税方法下,该居民应纳甲国个人所得税为:

$$(20-15)\times 15\% + (15-10)\times 10\% = 1.25(万元)$$

该居民纳税总额:

$$1.25 + 0.75 + 1 = 3(万元)$$

居住国放弃的税收:

$$(20-15)\times 15\% + (15-5)\times 10\% + 5\times 15\% - 1.25 = 0.75(万元)$$

**【评述】** 同样,采用累进免税方法,甲国税务当局较全额免税方法可多征税收 0.5 万元(1.25－0.75)。

值得注意的是,虽然居住国政府在行使居民管辖权时可以对其居民纳税义务人来自国外的所得予以免税,并在决定对其居民来自国内的所得征税所适用的税率时可以予以考虑,但在两个国际性税收协定范本中并未明确规定这种考虑的方式。上述例子只是可以考虑的一种方式。实际上,对纳税人来自国外的所得可以全额考虑,也可以半额考虑。然而,在可以考虑的各种方式中,比较公平合理的方式是,按纳税人的国内所得额占其国内外总所得额的比重(比例),分摊其国内外应税所得总额应缴本国(居住国)政府的税,作为纳税人国内应税所得额应向本国政府缴纳的所得税。其计算公式为:

$$\dfrac{\text{国内所得}}{\text{应纳税额}} = \text{国内外应税所得额} \times \text{本国税率} \times \left(\text{国内所得额} \div \text{国内外所得额}\right) \tag{4-1}$$

公式(4-1)中,(国内外应税所得额×本国税率)即为免税前按国内外应税所得总额计算的应缴本国(居住国)政府所得税。

### 案例 4-3

**【背景】** 同案例 4-2。

**【分析】** 在甲国实行超额累进税率的情况下,该居民国内外全部所得 20 万元应向甲国政府缴纳的所得税税额为:

$$5 \times 5\% + (15-5) \times 10\% + (20-15) \times 15\%$$
$$= 5 \times 5\% + 10 \times 10\% + 5 \times 15\%$$
$$= 0.25 + 1 + 0.75$$
$$= 2(万元)$$

按照公式(4-1),该居民国内所得额应纳甲国所得税为:

$$2 \times [10 \div (10+5+5)] = 1(万元)$$

居民纳税总额:

$$1 + 0.75 + 1 = 2.75(万元)$$

甲国放弃的税收:

$$2 - 1 = 1(万元)$$

**【评述】** 在采用这种累进免税方式下,甲国税务当局较全额免税方法可多征税收 0.25 万元(1−0.75)。

这种累进免税方式既承认了非居住国政府收入来源地管辖权的独占行使,又解决了跨国纳税人的国际重复征税问题,同时也照顾了居住国政府对本国居民来源于非居住国的所得在免予征税的前提下,可以与其国内所得合并考虑其纳税能力,从而对其国内所得较全额免税方法多一部分应征税额,因而比较妥善地兼顾了居住国、非居住国和跨国纳税人三方面的利益关系。而且,这种累进免税方式相对来说也比较符合"量能负担""公平纳税"以及"税收中性"等原则,所以,这种处理方式比较公平、合理,值得推广。当然,这种处理方式的考虑,其基本前提就是居住国政府实行累进所得税税率,以及通过国家间双边税收协定的途径加以确定。至于究竟采用何种方式,一般需要通过有关国家在税收协定中予以明确,并在执行过程中加以贯彻。

一些国家之所以实行免税法,是与其国情和经济政策密切相关的。采用免税法的国家大多是发达国家,这些国家有着大量的相对过剩资本,为给这些资本寻找出路而采取了一系列包括税收方面的政策,以鼓励本国资本的输出。这些税收鼓励措施的一个重要内容,就是对这些输出资本带来的跨国所得或收益不予征税。不过,实行免税法的国家,通常都在规定本国居民来自国外所得可以免税的同时,附加一些限制性条款。例如,法国规定,凡在法国居住的跨国纳税人,必须把其缴纳外国政府所得税后的剩余所得全部汇回法国,并在股东之间进行股息分配,否则不予实行免税方法。

一些国家在与其他国家签订的税收协定中,一般采用免税法处理国际重复征税问题,但也有一些特殊规定,如日本分别在与法国、德国签订的税收协定中规定,对股息、利息、特许权使用费等所得征收的税收不采用免税法,而采用抵免法。这些规定,一方面与各类所得的不同计算方法有联系,另一方面在于贯彻对不同种类的所得实行不同税收负担的原则。同时,这也与《经合发范本》和《联合国范本》第 23 条中的有关规定相吻合。

## 二、抵免法

众所周知,一个跨国纳税人如果不承认收入来源地管辖权,不向外国(非居住国)政府纳税,就不能取得在外国从事营业或经济活动的权利,也就不可能在外国取得收入或所得,从而也就不可能存在承认哪种税收管辖权优先的问题。因此,国际上多数国家都承认收入来源地管辖权的优先地位,并通过承认收入来源地管辖权的优先地位来解决重复征税问题,这种做法在国际税收术语上被称为"抵免法"或"税收抵免"。所以说,外国税收抵免是以承认收入来源地管辖权优先地位为前提条件的,而不是独占的。也就是说,对跨国纳税人的同一笔所得,来源国政府可以对其征税,居住国政府也可以对其征税,但是,来源国政府可以先于居住国政府行使税收管辖权,即在形成这笔所得的时候就予以课税,而在这笔所得汇回其国内时,居住国政府方可对之课税,并采取抵免的方法来解决双重征税问题。

**税收抵免**是指居住国政府对其居民在国外取得的所得已纳外国政府的所得税,允许从其应汇总缴纳的本国政府所得税税款中抵扣。也就是说,居住国政府对其居民取得的国内外所得汇总征税时,允许居民将其国外所得部分已纳税款从中扣减。税收抵免方法是解决国际重复征税问题的有效方法,所以这种方法在国际上广为通行。由于外国税收抵免方法涉及面广,对不同经济关系的公司、企业、个人等的不同所得可以有不同的处理方式,因而在计算上显得较为复杂。在实际应用中,抵免方法又可分为直接抵免和间接抵免两种。关于外国税收的直接抵免和间接抵免方法,将在本书下一章作专门分析介绍。

## 三、其他方法

对于国际重复征税问题的处理,除了采用上述免税法和抵免法两种基本方法,有些国家还采用一些比较特殊的方法。这些方法主要包括扣除法、低税法等。

### (一)扣除法

**扣除法**亦称"列支法",即居住国政府对其居民取得的国内外所得汇总征税时,允许居民将其向外国政府缴纳的所得税作为费用在应税所得中予以扣除,就扣除后的余额计算征税。这种方法实际上就是居住国政府将其居民的国外所得的税后收益并入该居民的国内所得内一起征税。如前所述,国际重复征税是指对跨国所得的重复征税而言,它是由居住国政府和非居住国(来源国)政府同时对某一笔跨国所得行使不同的税收管辖权而引起的。至于其他像对流转额的征税和对具体财产的征税,一般就不会发生国际重复征税的问题。况且各国政府对于纳税人缴纳的属于除所得税以外的销售税、财产税等各种正常的税款,本来就是作为一个扣除项目,允许从其应税收入中扣除计税的,就像其他费用支出都可以作为毛收入的一个扣除项目减除计税一样,并不发生重复征税问题。既然如此,那又为何要把单独只对外国所得税的扣除算作处理国际重复征税问题的一种方法呢？而且，即使从所得税应属利润分配范围，特准列为应税所得的一个扣除项目这个角度来看，跨国纳税人也并不能由此而享有从应纳居住国政府所得税中全部扣除已纳非居住国政府所得税的权利，重复征税问题仍然不能因此得到真正解决。

---

**案例 4-4**

【背景】 甲国居民在 2008 纳税年度内来自甲国的所得为 10 万元，来自乙国的所得为 2 万元。甲国政府规定的所得税税率为 40%，乙国所得税税率为 50%。

【分析】 居民总所得：
$$10+2=12(万元)$$

减：已纳乙国税款：
$$2\times50\%=1(万元)$$

应税所得额：
$$12-1=11(万元)$$

应纳甲国税款：
$$12\times40\%=4.8(万元)$$

实缴甲国税款：
$$11\times40\%=4.4(万元)$$

全部计算为：
$$(10+2-2\times50\%)\times40\%$$
$$=(12-1)\times40\%$$
$$=11\times40\%$$
$$=4.4(万元)$$

【评述】 可见，在采用扣除方法的条件下，该居民最多也只能少缴甲国政府所得税 0.4 万元[$1\times40\%$ 或 $(4.8-4.4)$]，却仍然重复承担了至少 0.6 万元[$(1-1\times40\%)$ 或 $(4.4+1-4.8)$]的所得税税负，因而仍不能彻底解决国际重复征税问题，只是在一定程度上减轻或缓和了重复征税的矛盾。

---

所以，单独使用税收扣除方法的国家较少。有些国家在采取抵免法的同时往往也采取扣除法，如新西兰规定，对本国居民来自英联邦成员国的所得已缴纳的所得税，可以用抵免法，而对来自英联邦成员国以外国家的所得已缴纳的所得税，则列入费用，在应税所得中扣除。

(二) 低税法

**低税法**则是居住国政府对其居民国外来源的所得，采用单独制定较低的税率征收标准，以减少重复征税的因素。

### 案例 4-5

**【背景】** 甲国某居民 2008 纳税年度内来自国内所得 80 万元,来自乙国所得 20 万元,甲国的所得税税率为 35%,但对本国居民来源于国外的所得规定适用 10% 的低税率征税,乙国的所得税税率为 40%。

**【分析】** 有关该居民的纳税情况为:

应纳甲国税收:

$$(80+20) \times 35\% = 35(万元)$$

已纳乙国税收:

$$20 \times 40\% = 8(万元)$$

甲国实征税收:

$$80 \times 35\% + 20 \times 10\% = 30(万元)$$

居民纳税总额:

$$30 + 8 = 38(万元)$$

甲国放弃税收:

$$35 - 30 = 5(万元)$$

**【评述】** 在重复征税条件下,该居民需纳税 43 万元(35+8),而在低税法条件下,则要纳税 38 万元,少缴纳了 5 万元税款。

所以说,低税法只能在一定程度上降低重复征税的数额,即在某种程度上缓和了实际重复征税的矛盾,但不能根本解决重复征税问题。只有当居住国政府对其居民来源于国外的所得规定的低税率趋于零时,重复征税问题才趋于基本解决。正因为如此,单独采用低税方法的国家也很少。低税方法只是一些国家在采用抵免法的同时,对重复征税问题灵活处理的一种方式。如新加坡规定,对本国居民来自英联邦成员国的所得已缴纳的所得税,提供税收抵免待遇,而对来自英联邦成员国以外的非缔约国家的所得,则实行降低税率的办法。此外,新加坡还对其居民在国外设立永久性贸易公司的营业收益,给予两年减征所得税 40% 的待遇。

### 四、不同方法的比较

关于国际重复征税问题的处理方法,包括免税法、扣除法和抵免法,各有利弊。采用哪种方法比较适当,取决于各国的税制结构和税收政策,最根本的还在于居住国和收入来源国的税收管辖权是否都得到考虑和维护,以及跨国纳税人的国际税负重叠问题是否得到基本解决。

(一)扣除法与免税法相比

区别在于:免税法承认收入来源地管辖权的独占地位,扣除法只是有限度地承认收入来源地管辖权的优先地位。免税法是对跨国纳税人来自国外的所得免予课税,扣除法则仅对其来自国外的所得已纳所得税税款部分免予课税。扣除法的税收负担高于免税法,因而免税法是对国际重复征税问题的彻底解决,而扣除法则至多是一种酌情照顾而已。故扣除法对跨国纳税人进行国际投资和国际贸易不利。

(二)抵免法与扣除法相比

抵免法完全承认收入来源地管辖权的优先地位,对国外已征本国居民的所得税税款,在税法规定限度内给予抵免,而扣除法并非完全承认收入来源地管辖权的优先地位,对国外已征本国居民的所得税税款,仅给予部分扣除照顾。抵免法可基本解决跨国纳税人的国际税负重叠问题,而扣除法则不能完全解决这种重叠问题,但两者在充分考虑居住国居民管辖权的行使方面,不分轩轾。

(三)抵免法与免税法相比

免税法是对本国居民来自国外的所得完全放弃居民管辖权,而抵免法则是照样行使居民管辖权,只不过在课税时对其居民已缴国外所得税税款给予抵免。但是,由于免税法在实践中又有全额免税与累进免税两种不同做法,对于全额免税方法,居住国政府完全承认了收入来源地管辖权的独占地位,放弃了居民管辖权;而对于累进免税方法则不然,虽然表面上它也承认了收入来源地管辖权的独占地位,放弃了居民管辖权,但由于其独特的计算方法与效果,居住国政府在对其居民国外所得全部免税而仅对其国内应纳税所得额征税时,还可从适用较高税率上取回一部分收益,因而实际上也是对居住国税收权益的一种维护。在同样情况下,其效果与抵免方法下基本相同,甚至还可能会优于抵免法(限于篇幅,此处不作列举说明)。此外,抵免法与免税法在承认收入来源地管辖权的独占或优先地位以及解决跨国纳税人的国际税负重叠问题方面,效果也基本相同。

上述分析表明,国际重复征税问题的处理,将涉及居住国政府、来源国政府和跨国纳税人三方面的利益关系。因此,可以从这三个方面对处理国际重复征税的免税法、扣除法和抵免法这三种方法进行衡量和比较。如表 4-1 所示。

表 4-1 国际重复征税免除方法比较

| 处理方法 三者利益 | | 居住国政府居民管辖权是否得到考虑 | 来源国政府收入来源地管辖权是否得到承认 | 跨国纳税人国际税负重叠问题是否得到基本解决 |
|---|---|---|---|---|
| 免税法 | 全额免税 | × | √ | √ |
| | 累进免税 | √ | √ | √ |
| 扣除法 | | √ | × | × |
| 抵免法 | | √ | √ | √ |

由表 4-1 可知,抵免法和累进免税法既对居住国政府居民管辖权给予了考虑(其中累进免税法主要是侧重对居住国政府税收利益的维护),又对来源国(非居住国)政府收入来源地管辖权予以承认,还对跨国纳税人国际税负重叠问题做到了妥善解决或处理,即同时兼顾了所有三方面的利益关系。而全额免税法和扣除法则或者对居住国政府居民管辖权未予考虑,或者对来源国政府收入来源地管辖权和跨国纳税人国际税负重叠问题未予完全承认和基本解决,即未能同时兼顾三方面的利益关系。可见,抵免法与累进免税法所具有的这种能够同时兼顾三方面利益关系的效果,也就证明了其具有合理性。所

以,为使各国政府能按自己的意向选择最合适的方法,符合本国实际,联合国和经合发组织都起草了不同的条文,以便各国在累进免税法和抵免法中选择一种。事实上,世界上绝大多数国家都选用了这两种方法中的一种或两种,尤其是其中的抵免法。当然,选择采用这两种方法,需要准确核实跨国纳税人的国外所得额,调查手续比较繁杂,有时还不免发生争执。此外,由于这两种方法要求计算结果的合理性,所以在具体计算上要比其他方法复杂得多。特别是抵免法的计算又分为直接抵免和间接抵免两类,其具体计算则较为复杂。

## 本章小结

1. 国际重复征税是指两个或两个以上国家对跨国纳税人的同一征税对象或税源进行分别课税所形成的交叉重叠征税。国际重复征税问题是由两个或两个以上国家税收管辖权的交叉重叠直接导致的。

2. 对于国际重复征税问题的处理,世界各国都相继采取了一些有效的方式和方法。多年来各国的实践表明,在国际重复征税发生前应力求避免,而在发生后则应力求消除。国家之间一般可以通过两条途径来达到解决国际重复征税问题的目的:一是通过本国国内税法的规定,采用主动限制本国行使的税收管辖权,单方面处理国际重复征税问题的方法;二是通过两个或两个以上国家政府间签订税收协定或条约的做法,使协定中的一些具体规定在这些国家之间得到贯彻,达到解决国际重复征税问题的目的。从发展趋势看,多数国家将会逐渐采用或选择第二种途径来解决重复征税问题。

3. 各国的涉外税法和国际税收协定中,处理国际重复征税问题所采用的具体方法主要有免税法和抵免法两种,其中抵免法是普遍采用的。此外,有些国家还选择了扣除法和低税法以试图解决国际重复征税问题,在一定程度上缓和了国际重复征税的矛盾。

## 本章重要术语

重复征税;税制性重复征税;法律性重复征税;经济性重复征税;国际重复征税;国际双重征税;免税法;全额免税法;累进免税法;抵免法;税收抵免;扣除法

## 思考练习题

1. 什么是国际重复征税?经济性国际重复征税与法律性国际重复征税相比有何特点?
2. 对公司分配给股东的股息征税是否属于重复征税?请谈谈你的看法。
3. 在各国行使不同税收管辖权的条件下,怎样才能免除国际重复征税?
4. 全额免税法与累进免税法相比,哪一种比较合理?为什么?
5. 实行免税法与抵免法对居住国的经济有何不同影响?
6. 为什么说扣除法只能在一定程度上缓和而并不能完全免除国际重复征税?

7. 某居民在2016纳税年度内取得了100 000美元的总所得,其中在居住国取得的所得为80 000美元,在来源国取得的所得为20 000美元。居住国实行全额累进税率,即所得在80 000美元以下(含)的适用税率为30%,所得为80 000—100 000美元的适用税率为40%。来源国实行20%的比例税率。

试用全额免税与累进免税两种方法分别计算居住国实征税款;如果在上述情况下,居住国实行超额累进税率(所得额级距与适用税率同上),其结果如何?

21世纪经济与管理规划教材

税收系列

# 第五章

# 国际税收抵免

## 本章导读

本章作为国际税收的实际业务章节,也是本课程的重点与核心内容。阐述了国际税收抵免、抵免限额和税收饶让之间的关系,重点对直接抵免、抵免限额、间接抵免和税收饶让下税收抵免的具体运算进行了详细分析和介绍。本章要求学生做一些必要的作业,以提高计算技能。

## 学习目标

通过本章的学习,读者应能够:
- 掌握国际税收抵免、抵免限额、税收饶让的定义,并解释其相互关系
- 掌握直接抵免的适用范围和计算方法
- 掌握抵免限额的特征和种类,熟练运用抵免限额的计算公式
- 掌握我国对抵免限额的规定
- 掌握间接抵免的特征和适用范围,熟练运用间接抵免的计算公式
- 解释税收饶让的合理性,掌握税收饶让的特征和方式
- 运用直接抵免、间接抵免和税收饶让进行综合计算

国际税收抵免涉及面较广，计算也较为复杂，对不同经济关系的企业、个人等的不同所得可以有不同的处理方式。概括起来，按纳税人国内公司与支付其国外所得的外国公司之间的不同关系以及与之相适应的不同抵免方式，税收抵免方法可以划分为直接抵免和间接抵免两种。如果两个公司是总公司与分公司之间的关系，即可采用直接抵免；如果两个公司是母公司与子公司之间的关系，则采用间接抵免。

# 第一节 直接抵免

## 一、直接抵免原理及适用范围

（一）直接抵免的概念

**直接抵免**是指居住国政府对其居民纳税人在非居住国直接缴纳的所得税税款，允许冲抵其应缴本国政府的所得税税款。可见，直接抵免是一种适用于同一经济实体的跨国纳税人的税收抵免方法，其基本特征在于允许抵免的外国税收必须是跨国纳税人直接向非居住国缴纳的所得税，非直接缴纳的所得税税款则不能直接冲抵居住国应纳所得税税款。

（二）直接抵免的适用范围

直接抵免只适用于同一经济实体的跨国纳税人的税收抵免。属于同一经济实体的跨国纳税人，包括同一跨国法人的总分支机构和同一跨国自然人，因而直接抵免的范围较广。

1. 总公司在国外的分公司直接缴纳给外国政府的公司所得税

众所周知，总公司与分公司（分支机构）属于同一个经济实体，相互之间是有隶属关系的。分公司作为总公司的派出机构，在国外不具有独立法人地位，其在国外取得的所得也就是总公司的国外所得。因此，分公司向外国政府缴纳的所得税，可视同总公司直接缴纳并给予直接抵免。所以，直接抵免适用于处理来源国政府和居住国政府与总公司和分公司之间的重复征税问题，通常是居住国政府对其总公司所属的外国分公司缴纳的外国政府公司所得税，允许总公司在应缴本国政府的公司所得税内给予抵免。

2. 跨国纳税人在国外缴纳的预提所得税

如国外子公司付给国内母公司股息时，缴纳给外国政府的汇出利润所得税，即预提所得税，实际上是由国内母公司直接承担的，因而可视同母公司直接缴纳并给予直接抵免。

3. 跨国纳税人在国外缴纳的个人所得税

对于跨国自然人来说，直接抵免的范围还包括个人在国外缴纳的工资、薪金、劳务报酬等个人所得税。但必须是同一跨国自然人向非居住国已缴纳的个人所得税，对于不同跨国自然人向非居住国已缴纳的个人所得税则不能彼此进行直接抵免。

## 二、直接抵免方法

直接抵免方法的计算公式为：

$$\text{应缴居住国政府所得税} = \left(\text{国内应纳税所得额} + \text{国外应纳税所得额}\right) \times \text{本国税率} - \text{已纳国外政府所得税税额}$$

在实践中,直接抵免方法又可分为全额抵免和普通抵免两种。

## (一) 全额抵免

所谓**全额抵免**,是指居住国政府对其居民纳税人的国内和国外所得汇总计征所得税时,允许居民将其向外国政府缴纳的所得税税款从中予以全部扣除。其计算方法比较简单,即以居民纳税人来源于居住国和非居住国的全部所得额,乘以居住国政府规定的税率,减去已纳非居住国政府的所得税税额,为实纳居住国政府的所得税税额。然而,这种方法有时牺牲居住国政府的财政利益较多。

### 案例 5-1

【**背景**】 甲国一居民纳税人在 2016 纳税年度内来自甲国所得为 10 万元,来自乙国所得为 4 万元,甲国政府规定的所得税税率为 40%,乙国所得税税率为 50%。

【**分析**】 在全额抵免方法下,该居民纳税人实际向甲国政府缴纳的所得税税额为:

$$(10+4) \times 40\% - 4 \times 50\%$$
$$= 14 \times 40\% - 2$$
$$= 5.6 - 2$$
$$= 3.6 \text{(万元)}$$

【**评述**】 由此可见,甲国政府对该居民纳税人国内所得本可征税 4 万元($10 \times 40\%$),而采用全额抵免方法后,实际只征税 3.6 万元,反而少征了 0.4 万元的所得税税款。这虽然解决了双重征税问题,但却产生了税收的国际转移问题,即由甲国向乙国转移。所以在实行抵免法的国家中,采用全额抵免的国家较少,多数国家都是采用普通抵免。

## (二) 普通抵免

**普通抵免**即指居住国政府对其居民纳税人的国内和国外所得汇总计征所得税时,允许居民纳税人将其向外国政府缴纳的所得税税款从中扣除,但扣除额不得超过其国外所得额按照本国税法规定的税率计算的应纳税额,所以也称抵免限额法。一国政府在行使居民管辖权时,对其居民纳税人来自外国的所得部分,必须优先考虑外国政府按照收入来源地管辖权已经征税的情况,即当某一跨国居民只向一个外国政府缴纳所得税时,根据居住国(本国)和非居住国(外国)的所得税税率高低的不同情况,分别做出不同处理,允许直接抵免。

第一,两国税率相同的情况下,居民纳税人在外国缴纳的所得税税款可得到全部抵免。

对同一笔跨国所得,来源国(外国)政府已经征了所得税,并且适用的税率也与居住国(本国)适用税率相同,居住国政府则可以允许纳税人用已向外国政府缴纳的这部分所得税全部抵冲应向本国政府缴纳的所得税。

## 案例 5-2

**【背景】** 甲国某居民纳税人在 2016 纳税年度内,来自甲国的所得 10 万元,来自乙国所得 5 万元,甲国税率与乙国税率均为 40%。

**【分析】** 居民应税所得总额:

$$10+5=15(万元)$$

应纳甲国所得税税额:

$$15\times 40\%=6(万元)$$

已纳乙国所得税:

$$5\times 40\%=2(万元)$$

实缴甲国所得税税额:

$$6-2=4(万元)$$

全部计算为:

$$(10+5)\times 40\%-5\times 40\%$$
$$=15\times 40\%-2$$
$$=6-2$$
$$=4(万元)$$

**【评述】** 抵免后该居民实际向甲国政府缴纳的所得税为 4 万元,与其来自甲国的所得本应负担的税款 4 万元($10\times 40\%$)相当,这表明该居民缴纳的乙国政府所得税税款已得到全部抵免,因而其结果实际上同免税法和全额抵免方法一样,完全避免了国际双重征税。

这一基本原理还可用数学模型(图形)表示,如图 5-1 所示。

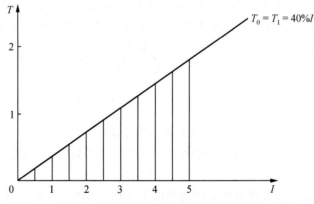

图 5-1 国内外税率相同时的税收抵免图

$I$:国外所得额;$T$:所得税税额;$T_0$:应缴本国所得税税额;$T_1$:国外所得税税额;||||:可抵免税额。

第二,本国税率高于外国税率的情况下,在外国缴纳的所得税税款也可以全部得到抵免,但本国政府还可按本国税率计算补征其差额税款。

对于同一笔跨国所得,如果本国的适用税率高于外国(来源国)政府课征的税率,则允许抵免的数额仅限于按国外适用税率计算的数额,即居民纳税人在国外实际缴纳的所得税税额。因此,纳税人已向外国政府缴纳的所得税可以获得全部抵免,但本国政府还可以按照本国税率计算补征其差额税款,即对本国居民纳税人的全部所得按照本国税率计算出应纳所得税,从中扣除已缴外国政府的所得税,然后就其余额征收。对外国政府课征税率较低的,之所以仍要补征其差额税款,是因为居住国政府只承认外国政府优先行使收入来源地管辖权,而不是承认它的独占。

### 案例 5-3

**【背景】** 案例 5-2 发生在本国税率为 40%、外国税率为 30% 的情况下。

**【分析】** 该居民纳税情况计算如下:

居民应税所得总额:

$$10+5=15(万元)$$

应纳本国所得税税额:

$$15\times 40\%=6(万元)$$

已纳国外所得税税额:

$$5\times 30\%=1.5(万元)$$

实缴本国所得税税额:

$$6-1.5=4.5(万元)$$

全部计算为:

$$(10+5)\times 40\%-5\times 30\%$$
$$=15\times 40\%-1.5$$
$$=4.5(万元)$$

**【评述】** 上述计算抵免掉已纳外国所得税税款后,该居民向本国政府缴纳的所得税税款为 4.5 万元,其中包括两部分:一部分是该居民来自本国的所得本应缴纳的所得税 4 万元($10\times 40\%$);另一部分则是该居民来自外国的所得应向本国政府补缴的差额税款 0.5 万元($5\times 40\%-1.5$),它表明该跨国居民应纳的外国所得税不得低于其国外所得应承担的本国税负。

用图形来表示这种情况下的处理方法及效果,即如图 5-2 所示。

第三,外国税率高于本国税率的情况下,可以得到抵免的外国政府所得税只是外国所得额按本国税率计算的税额。

对同一笔跨国所得,如果外国适用税率高于本国适用税率,那么,本国政府只允许该居民按本国税率计算的应纳所得税税额作为可抵免数。超过这个抵免数额的已纳外国政府所得税部分不能在当年给予抵免。对外国政府适用税率较高的,抵免数额之所以要限制在按本国税率计算的税额范围以内,也正是因为居住国政府只承认外国政府优先行使收入来源地管辖权,而并不能同意用本属于自己国库的一部分收入去贴补跨国纳税人承担外国政府的较高税负,以避免税收的国际转移。

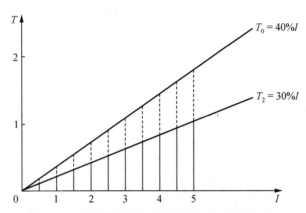

**图 5-2 本国税率高于外国税率时的税收抵免图**

注:$T_2$:国外所得税税额;▓▓▓:补缴差额税款。

## 案例 5-4

【背景】 案例 5-2 发生在本国税率为 40%、外国税率为 50% 的情况下。

【分析】 该居民的纳税情况计算如下:

居民应税所得总额:
$$10+5=15(万元)$$

应纳本国所得税税额:
$$15×40\%=6(万元)$$

已纳国外所得税税额:
$$5×50\%=2.5(万元)$$

可抵免税额:
$$5×40\%=2(万元)$$

实缴本国所得税税额:
$$6-2=4(万元)$$

全部计算为:
$$(10+5)×40\%-5×40\%$$
$$=6-2$$
$$=4(万元)$$

【评述】 外国税收抵免数额以本国税率计算的税额为限,即不可同意抵免超过本国税率计算的税额部分。在上述情况下,虽然纳税人在国外已缴纳了所得税 2.5 万元,但可抵免的只能以本国税率计算的税额 2 万元为限。因此,该居民可抵免的外国所得税 2 万元,比其实际已纳外国所得税 2.5 万元要少 0.5 万元,对这超过可抵免税额的 0.5 万元部分,当年不能给予抵免,它表明居住国政府同意该居民从应缴本国所得税中抵免的已纳外国所得税不得高于其本应承担的本国税负。

用图形来表示这种情况下的抵免方式及效果,即如图 5-3 所示。

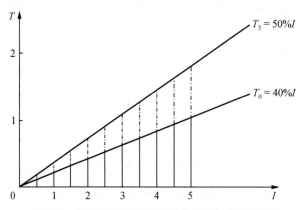

图 5-3 本国税率低于外国税率时的税收抵免图

注:$T_3$:国外所得税税额;▒:超抵免数额。

案例 5-4 中超过可抵免数额的那 0.5 万元部分(即图中的"▒"部分),虽然在当年不能得到抵免,但在有些国家可以从其他年度应向本国补缴的外国所得税差额中予以轧抵。正像这些国家允许跨国纳税人用年度亏损来同其他年度盈利进行轧抵计算缴纳所得税一样。如在美国,允许轧抵超抵免数额的外国税收抵免税款的年限,是规定在倒转 2 年、顺转 5 年,共 7 年期限内。关于轧抵期限的规定,各国也不一致。日本规定结转期限为 5 年,中国也规定为 5 年。

上述抵免计算原理及效果如图 5-4 所示。

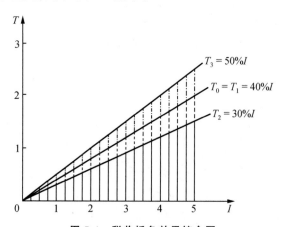

图 5-4 税收抵免效果综合图

注:$I$:国外所得额;$T$:所得税税额;$T_0$:应缴本国所得税税额;$T_1$,$T_2$,$T_3$:国外所得税税额;▥:可抵免税额;▒:补缴差额税款;▦:超抵免数额(不可抵免)。

## 第二节 抵免限额

### 一、抵免限额原理

直接抵免方法中的普通抵免,实际上就是抵免限额,特别是在第三种情形下(即外国税率高于本国税率)的抵免方式及效果,体现了抵免限额的基本原理及重要作用。然而这种处理方式假定了纳税人的国外所得只来自一个国家。在当今世界经济高速发展、跨国经营意识已越来越为众多生产经营组织所普遍接受的情况下,各跨国公司的经营者不仅在一个国家设立分支机构,而且常常立足于全球,将本公司的资本扩展到一切有利可图的国家和地区,以实现其全球战略目标。于是,这些公司的经营者设法在许多国家设立分支机构,从而引起国内总公司多笔跨国所得的形成。此时,多笔跨国所得分别承担了若干国家的所得税。显然,在纳税人从若干国家取得收入并向这些国家缴纳所得税的情况下,已不能完全沿用上述抵免方法,需要给抵免限额法赋予新的内容。

**案例 5-5**

【背景】 甲国总公司在乙、丙、丁三个国家设立分公司,其在 2016 纳税年度的纳税情况如表 5-1 所示。

表 5-1 甲国总公司 2016 年纳税情况 （单位:万元）

| 公司所得及纳税情况 | 所得额 | 国外税率(%) | 国外税额 | 国内税率(%) | 国内税额 | 差额税款 |
| --- | --- | --- | --- | --- | --- | --- |
| 甲国总公司 | 100 | | | 35 | 35 | |
| 乙国分公司 | 100 | 30 | 30 | 35 | 35 | +5 |
| 丙国分公司 | 100 | 35 | 35 | 35 | 35 | 0 |
| 丁国分公司 | 100 | 40 | 40 | 35 | 35 | −5 |
| 总公司合计 | 400 | | 105 | | 140 | |

【分析】 由表 5-1 可见,在乙国的分公司所得应向甲国补缴差额所得税税款 5 万元(35−30);在丙国的分公司所得已纳丙国的所得税可得到全部抵免;在丁国的分公司所得所缴纳的丁国政府所得税,已超过甲国所允许的抵免数额 5 万元(40−35)。

【评述】 在这种情况下,如果不规定抵免限额,允许高税率国家的税收可以全部抵免,等于允许外国政府用高税率挖走本国政府的财政收入,即本国政府代纳税人向外国政府缴纳差额税款。这种将跨国纳税人的税收负担从高税率国家转移到低税率国家的现象,显然是有失公平的。所以,为了维护居住国的税收权益,对居民纳税人来自多国所得并承担多国税负的,更有必要规定抵免限额。

## 二、抵免限额的计算

居住国政府允许其居民纳税人抵免的国外已纳所得税税款,以不超过其国外应税所得额按照本国税法的规定计算的应缴税额为限度。在此限度内,跨国纳税人在国外的已纳税款可全额抵免;超过此限度,则通常按此抵免限额。其计算公式为:

$$\text{抵免限额} = \left(\sum \text{国内外应税所得额} \times \text{本国税率}\right) \times \left(\sum \text{国外应税所得额} \div \sum \text{国内外应税所得额}\right)$$

式中,$\left(\sum \text{国内外应税所得额} \times \text{本国税率}\right)$ 即为抵免前按国内外应税所得总额计算的应缴本国(居住国)政府所得税。

在实践中,抵免限额又分综合抵免限额、分国抵免限额和分项抵免限额等三种不同的计算方法。

### (一) 综合抵免限额

综合抵免限额,即居住国政府对其居民跨国纳税人进行外国税收抵免时,将其所有来自国外的所得汇总计算一个抵免限额。其特征在于将跨国纳税人来自所有外国的所得当作一个整体实行统一对待,因而跨国纳税人在同一纳税年度内发生在不同国家(非居住国)之间的不足限额(差额税额)与超限额部分可以相互抵冲。其计算公式为:

$$\text{综合抵免限额} = \left(\sum \text{国内外应税所得额} \times \text{本国税率}\right) \times \left(\sum \text{国外应税所得额} \div \sum \text{国内外应税所得额}\right)$$

式中,$\left(\sum \text{国内外应税所得额} \times \text{本国税率}\right)$ 即为抵免前按国内外应税所得总额计算的应缴本国(居住国)政府所得税。在居住国所得税税率为比例税率的情况下,综合抵免限额的计算公式还可以简化。因为国内外应税所得额之和与公式中的分母是一致的,所以,按照计算规则,二者可以相互约掉。简化后的计算公式如下:

$$\text{综合抵免限额} = \sum \text{国外应税所得额} \times \text{本国税率}$$

但是,必须指出,如果居住国所得税的适用税率为累进税率,抵免限额的计算公式就不能简化了。

按综合抵免限额的计算公式,可以计算跨国纳税人所有来自国外(非居住国)的所得的税收抵免限额,然后与纳税人在这些外国实际缴纳的所得税总额进行比较,确定一个可抵免数额。所确定的可抵免数额必定是经比较后的较小者,即以其较小者作为允许抵免额,从抵免前按国内外的全部应税所得额计算的应缴本国所得税中扣除。

### 案例 5-6

【背景】 同案例 5-5。
【分析】 参见表 5-1,甲国政府首先要给其总公司计算一个综合抵免限额,即:

综合抵免限额 = 400 × 35% × (300 ÷ 400)
　　　　　　 = 140 × (300 ÷ 400)
　　　　　　 = 105(万元)

或：

$$300 \times 35\% = 105(万元)$$

由于总公司在国外已纳税额(各外国分公司所纳税额)共 105 万元,与上式计算的抵免限额相等,所以已纳国外所得税税额可得到全额抵免,即可抵免 105 万元,甲国政府实际入库税款为 35 万元(140－105)。而在普通抵免方法下,乙国分公司应补缴差额税款 5 万元,丁国分公司则有 5 万元不能得到抵免,这样,甲国政府的实际入库税款即为 40 万元(35＋5)。可见,综合抵免限额实际上是允许把外国高税率国家(如丁国)的超抵免限额与低税率国家(如乙国)的不足抵免限额部分拉平后进行抵免。如此例中的应补缴 5 万元和不能抵免的 5 万元部分拉平冲抵后,可获全额抵免,这对总公司来说较普通抵免法可多抵免 5 万元。

【评述】 从上述计算及抵免效果来看,综合抵免限额对于计算国内居民纳税人来自国外所得可抵免已纳所得税税额,确实提供了方便,而且方法比较简单,克服了普通抵免计算方法烦琐的弊病。

所以,这一方法自 20 世纪 70 年代以来为多数国家所采用。如美国在 1975 年以前曾经实行过分国抵免限额法,自 1975 年开始,为了简化征纳手续,已改为实行综合抵免限额法。

当跨国纳税人在某一外国的所得税超过了限额,而在另一外国的所得税不足限额的情况下,采用综合抵免限额方法,对跨国纳税人来说是有利的。因为他可以用一国的不足限额(即差额税额)去弥补另一国的超限额,使一部分甚至全部超限额的外国所得税,也能在当年得到抵免。这种好处是其他抵免限额方法所不具备的。

但是,综合抵免限额方法对一个主权国家来说,在上述情况下,会影响其财权利益。因为,纳税人在某一外国的超限额部分可以由另一外国的不足限额部分拉平冲销,即用一国不予抵免的超限额部分弥补另一国不足限额应补缴部分,从而减少了居住国政府的税收收入。然而,如果跨国纳税人在某一外国的经营有所得,而在另一外国经营有亏损的情况下,采用综合抵免限额法,就会把其来自外国的所得总额冲销一部分,使公式中的分子、分母同时减少相同的数额(即亏损额),从而使抵免限额减少,这对跨国纳税人是不利的,而对居住国政府则是有利的。针对上述综合抵免限额方法的缺陷,有些国家采用了另一种抵免限额方法,即分国抵免限额。

(二) 分国抵免限额

分国抵免限额,即居住国政府对其居民纳税人来自每一个外国的所得,分别计算抵免限额。其特征在于对来自每一个外国的所得实行区别对待,因而纳税人在同一纳税年度内发生在不同国家(非居住国)之间的不足限额与超限额部分,不能相互冲抵。其计算公式为：

$$\text{分国抵免限额} = \left(\sum \text{国内外应税所得额} \times \text{本国税率}\right) \times \left(\text{某一外国应税所得额} \div \sum \text{国内外应税所得额}\right)$$

同样,在居住国税率为比例税率的情况下,分国抵免限额的计算公式也可以简

化,即:

$$分国抵免限额 = 某一外国应税所得额 \times 本国税率$$

按照上述计算公式可逐一计算纳税人各个外国的税收抵免限额,与纳税人在各个外国实际缴纳的所得税进行比较,确定纳税人在每一个外国的可抵免税额,并在此基础上进行实际税收抵免。

**案例 5-7**

【背景】 同案例 5-5。

【分析】 参见表 5-1,在甲国采用分国抵免限额方法下,总公司抵免限额的计算及纳税情况如下。

(1) 乙国分公司抵免限额:

$$400 \times 35\% \times (100 \div 400) = 35(万元)$$

或:

$$100 \times 35\% = 35(万元)$$

可抵免税额:因已纳乙国税额 30 万元,不足抵免限额,故可按国外实缴税额全额抵免,即可抵免 30 万元。

(2) 丙国分公司抵免限额:

$$100 \times 35\% = 35(万元)$$

可抵免税额:因实纳丙国税额 35 万元,等于抵免限额,故可按国外实缴税额抵免,即可抵免 35 万元。

(3) 丁国分公司抵免限额:

$$100 \times 35\% = 35(万元)$$

可抵免税额:因实纳丁国税额 40 万元,超过抵免限额,超过部分不能抵免,故可按限额抵免抵免,即可抵免 35 万元。

(4) 甲国允许总公司的抵免总额为:

$$30 + 35 + 35 = 100(万元)$$

(5) 总公司抵免后应缴甲国所得税:

$$400 \times 35\% - 100 = 40(万元)$$

【评述】 由上述计算可以看出,在纳税人国外所得来自多国的情况下,分国抵免限额公式适用于国外所得税税率高于国内所得税税率的情况,当国外所得税税率低于或等于国内所得税税率时,只需将各国外所得承担的外国政府所得税税额直接相加,作为抵免数额即可。

分国抵免限额方法对于计算纳税人来自每个外国的所得可抵免的已纳税额,确实可以避免综合抵免限额方法用纳税人在某一外国的超限额部分与另一外国的不足限额部分拉平抵免的现象,这对居住国政府来说是有利的。然而,当纳税人在某一外国有所得,而在另一外国有亏损的情况下,采用分国抵免限额方法则对跨国纳税人有利,所计算的抵免限额也是合理的。因为它可以避免综合抵免限额法在相同情况下,把所得与亏损相互抵消,使公式中的分数的值减少,从而克服抵免限额的弊病。所以,分国抵免限额方法能够如实地反映纳税人来自国外所得可抵免的税额。如果在某一外国有亏损,则对该国的分支机构不存在税收抵免问题。

由于分国抵免限额方法必须对纳税人来自每一个外国的所得分别计算抵免限额和确定可抵免数额,因而计算方法比较复杂。特别是在纳税人的收入或所得来自较多国家的情况下,税收抵免的确定就更加烦琐。

由此可见,分国抵免限额方法和综合抵免限额方法在不同情况下的作用是不一致的。两种方法各有利弊,优缺点是互补的。不过,这些优点与缺点都是相对于居住国政府和跨国纳税人的利益而言的。任何一个主权国家,都有权在其税收制度中规定采用何种抵免限额方法。我国则规定:企业所得税采用分国计算抵免限额的办法。

(三) 分项抵免限额

20世纪70年代以前,大多数国家采用了分国抵免限额方法,而在此后则较多采用综合抵免限额方法。值得注意的是,由于许多国家对股息、利息、特许权使用费等投资所得规定较低的所得税税率,也有一些国家对农业、林业、渔业或矿业收入采取低税优惠的办法,因而一些国家在逐渐采用综合抵免限额方法的同时,为了防止跨国纳税人以某一外国低税率所得税的不足限额部分冲抵另一外国高税率所得税的超限额部分,进行国际税收逃避活动,明确规定对上述国外来源的单项收入采用单独计算抵免限额的方法。其计算公式为:

$$\text{分项抵免限额} = \left(\sum \text{国内外应税所得额} \times \text{本国税率}\right) \times \left(\text{国外某一单项所得额} \div \sum \text{国内外应税所得额}\right)$$

在对某些专项收入采用分项抵免限额的同时,还需对其他项目外国所得的综合抵免限额的计算公式进行相应调整。当然,在居住国所得税税率为比例税率的情况下,上述抵免限额的计算公式也可以简化。分项抵免限额作为综合抵免限额方法的一种补充,其目的或作用在于弥补综合抵免限额方法之不足。其实,上述问题不仅存在于综合抵免限额方法之中,而且在分国抵免限额方法中也同时存在。

## 第三节 间接抵免

### 一、间接抵免原理

**间接抵免**就是居住国政府对其母公司来自外国子公司股息的相应利润所缴纳的外国政府所得税,允许母公司在应缴本国政府的公司所得税内进行抵免。其基本特征是外国税收只能部分地、间接地冲抵居住国应纳税款。

间接抵免适用于跨国母子公司之间的税收抵免。对于居住国母公司的外国子公司所缴纳的外国政府所得税,由于子公司与母公司分别属于两个不同的经济实体,所以这部分外国所得税不能视同母公司直接缴纳,不可以从母公司应缴居住国政府所得税中直接抵免,而只能给予间接抵免。因此,间接抵免是对跨国纳税人在非居住国非直接缴纳的税款,允许部分冲抵其居住国纳税义务。

间接抵免引申于直接抵免,其基本含义在于:允许抵免的外国税收可以是跨国纳税人非直接向国外缴纳的税收。其实质是专门适用于跨国母子公司之间的抵免。通常认为,母公司与子公司之间的关系确定,是以一公司拥有另一公司股票数量的多少为标准。当某国的一公司购买在另一国注册的另一公司的有表决权的股票达到一定数量时,即可对另一国另一公司的生产经营活动起一定的控制作用。此时,这两个公司的关系就是母公司与子公司之间的关系。从理论上讲,要控制一个公司,至少要掌握其一半以上的股票,但实际上由于股票数量大,购买少量者居多,股票持有人(股东)分散,因此,持股公司通常只需集中掌握其他公司股票的 30%—40% 甚至 5%—10%,即可控制该股份公司并操纵其经营业务。持股公司掌握一个主要股份公司的股票控制额,并以它作为"母公司",再由"母公司"(股份公司)去购买并掌握其他公司的股票控制额,使之成为"子公司",然后,再由"子公司"去购买掌握其他公司的股票控制额,使之成为"孙公司",以此类推。因而,持股公司以"母公司"为核心,就可以控制很多股份公司,形成一个金字塔式的层层控制体系。在这个体系中,每一层子公司汇给母公司的股息所得所应承担的子公司所得税,都可以通过间接抵免的方式在母公司所在国获得抵免。也就是说,当母公司收到国外子公司的股息收入时,就可使用间接抵免方法进行税收抵免。

这是因为,跨国母子公司以及多层母子公司是当今跨国公司的重要组织形式,而子公司属独立经济实体,它与母公司之间是一种间接投资的关系,在法律上是两个不同的经济组织,因而在税收上构成了两个不同的纳税主体。承认收入来源地管辖权的优先地位,在计算母公司应缴居住国政府所得税时,不能把外国子公司的所得全部并入母公司所得进行计征。同样,这部分子公司所得所缴纳的外国政府所得税也不能全部视同母公司直接缴纳,不能给予直接抵免。但是,子公司在国外缴纳的所得税税款却直接影响母公司的应得股息。母公司对子公司投资,并从子公司的税后利润中分得投资所得——股息。为避免对这种有关联但又并非同一经济实体的跨国母子公司的国际重复征税,母公司所在国就得实行间接抵免方法。因为母公司收到的股息只是子公司所得税后余额的一部分,无法确切或直接知道这部分股息已经负担了多少所得税,以及原所得额(即税前所得)为多少,必须通过推算才能知道。所以,居住国政府对其母公司从国外子公司处取得的股息汇总计征所得税时,只能用母公司取得的子公司股息的相应利润(即还原出来的那部分子公司税前所得),作为母公司来自国外子公司的所得,并入母公司总所得内进行征税。允许抵免的税额,也只能是这部分股息所应分摊的那部分子公司所得税税额。

## 二、间接抵免方法

在实践中,间接抵免一般可分为一层间接抵免和多层间接抵免两种方法。

(一)一层间接抵免

一层间接抵免适用于母公司与子公司之间的外国税收抵免。用此方法可以处理母公司与子公司之间因股息分配所形成的重复征税问题。在这一方法中,母公司只能按其从子公司取得的股息所含税款还原数,间接推算相应的利润与税收抵免额。具体地说,母公司从国外子公司取得的股息收入的相应利润(即还原出来的那部分国外子公司所得),就是母公司来自国外子公司的所得,因而也就可以并入母公司总所得进行征税。根据母公司所获股息,应该属于母公司的外国子公司所得额,可以按照下列还原公式计算:

$$\begin{matrix}母公司来自\\子公司的所得\end{matrix} = \begin{matrix}母公司\\股息\end{matrix} + 子公司所得税 \times \left(\begin{matrix}母公司\\股息\end{matrix} \div \begin{matrix}子公司\\税后所得\end{matrix}\right)$$

当外国子公司所得税适用比例税率时,母公司来自子公司的所得,还可按下列简化公式计算:

$$母公司来自子公司的所得 = 母公司股息 \div (1 - 子公司所得税税率)$$

既然母公司不能把外国子公司的所得全部并入本身的所得进行计税,那么也就不能把外国子公司缴纳的所得税全部从本身应缴纳的所得税中直接扣除。母公司只能按其分得的毛股息收入额占外国子公司缴纳所得税后的利润的比重(比例),推算(分摊)一份外国子公司所得税税额,即为母公司分得股息应承担的外国子公司所得税,这份所得税才能够作为间接抵免额从母公司应缴纳的所得税中扣除。应属母公司承担的外国子公司所得税的计算公式为:

$$\begin{matrix}母公司股息应承担\\的子公司所得税\end{matrix} = \begin{matrix}子公司\\所得税\end{matrix} \times \left(\begin{matrix}母公司\\股息\end{matrix} \div \begin{matrix}子公司\\税后所得\end{matrix}\right)$$

同样,当外国子公司所得税适用比例税率时,母公司应承担的子公司所得税的计算公式也可以简化,即:

$$\begin{matrix}母公司应承担\\子公司所得税\end{matrix} = \begin{matrix}母公司\\股息\end{matrix} \div \left(1 - \begin{matrix}子公司\\所得税税率\end{matrix}\right) \times \begin{matrix}子公司\\所得税税率\end{matrix}$$

按照上式计算出来的应属母公司承担的外国子公司所得税,还必须特别注意与抵免限额进行比较(抵免限额的计算与直接抵免方法相同)。在没有超过抵免限额的情况下,可以允许母公司从其应缴纳的居住国政府所得税中全部扣除,否则,只能按限额进行抵免。

**案例 5-8**

【背景】 甲国母公司在乙国设立一子公司,2016年子公司所得为1 000万元,乙国公司所得税税率为30%,甲国为35%,子公司缴纳乙国所得税300万元(1 000×30%),并从其税后利润700万元(1 000-300)中分给甲国母公司股息100万元。

【分析】 根据一层间接抵免公式可知:

(1) 母公司来自子公司的所得:
$$100 + 300 \times [100 \div (1\ 000 - 300)] = 142.857\ 1(万元)$$
或:
$$100 \div (1 - 30\%) = 142.857\ 1(万元)$$

(2) 母公司应承担的子公司所得税:
$$300 \times [100 \div (1\ 000 - 300)] = 42.857\ 1(万元)$$
或:
$$100 \div (1 - 30\%) \times 30\% = 42.857\ 1(万元)$$

(3) 间接抵免限额：
$$142.8571 \times 35\% = 50(万元)$$

(4) 可抵免税额：

由于母公司已纳(承担)国外税额 42.8571 万元，不足抵免限额，故可按国外已纳税额全部抵免，即可抵免税额 42.8571 万元。

(5) 母公司实缴甲国所得税：
$$50 - 42.8571 = 7.1429(万元)$$

【评述】 上述计算结果表明，母公司向甲国缴纳的 7.1429 万元所得税，实际上就是母公司抵免后补缴的差额税款。

在通常情况下，子公司所在国不仅对子公司的所得课征公司所得税，还要对支付给境外母公司的股息课征预提所得税。因此，母公司所在国还要对这两种税采用直接和间接相结合的方式进行税收抵免。

## 案例 5-9

【背景】 在案例 5-8 的情况下，乙国预提所得税税率为 10%，子公司在付给母公司 100 万元股息时，就要缴纳预提所得税 10 万元($100 \times 10\%$)。

【分析】 其抵免情况计算如下：

(1) 母公司国外税款总额(直接抵免数＋间接抵免数)：
$$10 + 42.8571 = 52.8571(万元)$$

(2) 可抵免税额：

由于母公司所得在国外承担的税款共 52.8571 万元，已超过抵免限额，故应按限额进行抵免，即可抵免税额 50 万元。

(3) 母公司实缴甲国所得税：
$$50 - 50 = 0(万元)$$

【评述】 可见，经过抵免后，母公司并未向甲国缴纳任何税款。换言之，甲国政府并未向母公司征到税(此例假设母公司并无来自甲国的所得)。

必须注意，在实践中由于子公司在某一纳税(或会计)年度内的税后收益不一定全部作为股息分配，所以，在计算母公司可抵免税额时，还得考虑这一情况。

## 案例 5-10

【背景】 甲国母公司在乙国设立一子公司，并拥有子公司 50% 的股票，在 2016 纳税年度内，母公司来自甲国的所得为 1 000 万元，子公司来自乙国的所得为 500 万元，甲国所得税税率为 40%，乙国为 35%，并且乙国允许子公司保留税后利润(即未分配利润)10%，并对其汇出境外的股息征收 10% 的预提所得税。

【分析】 子公司的纳税情况以及母公司的税收抵免的计算如下：

(1) 子公司纳税情况：

① 子公司已纳乙国所得税：
$$500 \times 35\% = 175(万元)$$

② 子公司税后收益：
$$500 - 175 = 325(万元)$$

③ 未分配利润：
$$325 \times 10\% = 32.5(万元)$$

④ 可分配股息：
$$325 - 32.5 = 292.5(万元)$$

⑤ 应分给甲国母公司的股息：
$$292.5 \times 50\% = 146.25(万元)$$

⑥ 母公司股息预提所得税：
$$146.25 \times 10\% = 14.625(万元)$$

(2) 母公司纳税情况：

① 母公司来自子公司的所得：
$$146.25 + 175 \times [146.25 \div (500 - 175)] = 225(万元)$$

或：
$$146.25 \div (1 - 35\%) = 225(万元)$$

② 母公司应承担的子公司所得税：
$$175 \times [146.25 \div (500 - 175)] = 78.75(万元)$$

或：
$$146.25 \div (1 - 35\%) \times 35\% = 78.75(万元)$$

③ 抵免限额：
$$225 \times 40\% = 90(万元)$$

④ 可抵免税额：

由于母公司已承担乙国税款(直接＋间接)93.375万元(14.625＋78.75)，大于抵免限额，故应按限额进行抵免，即可抵免税额90万元。

⑤ 母公司实际缴纳的甲国所得税税款：
$$(1\,000 + 225) \times 40\% - 90 = 400(万元)$$

【评述】 在上述计算抵免时，必须按间接抵免的两个重要公式进行操作，不能直接以已知控股比例等条件进行计算。

## (二) 多层间接抵免

间接抵免方法不仅适用于上述居住国母公司来自其外国子公司的股息所应承担的外国所得税的抵免，而且还可适用于母公司通过子公司来自其外国孙公司，以及外国孙公司下属的外国重孙公司、曾孙公司等多层外国附属公司的股息所应承担的外国政府所得税,以解决子公司以下各层"母子公司"的重复征税问题。

随着国际经济的不断发展,跨国投资经营活动日益频繁,居住国母公司不仅在国外建立子公司,而且还通过子公司在国外建立自己的孙公司(子公司的"子公司"),并通过孙公司在国外建立自己的重孙公司(子公司的"孙公司"、孙公司的"子公司")等多层附属公司。这些多层"母子公司"之间也都是相互独立的经济实体,此时母公司的外国税收抵免,就可以采用多层间接抵免方法。因此,多层间接抵免方法是用来处理各国政府间及其与母、子、孙、重孙等多层附属公司在所得分配方面的税收关系。

多层间接抵免方法的计算原理与一层间接抵免方法基本相同,可以类推,但具体计算步骤要复杂些。假定以两层"母子公司"为例,按照母公司、子公司、孙公司股息收入发生的顺序,多层间接抵免的计算方法与原理如下。

第一,由外国孙公司支付一部分股息给子公司,子公司收到的这部分股息,应该承担孙公司缴纳的外国所得税的计算公式为:

$$\begin{matrix}\text{子公司应承担}\\ \text{孙公司所得税}\end{matrix} = \begin{matrix}\text{孙公司}\\ \text{所得税}\end{matrix} \times \left( \begin{matrix}\text{子公司}\\ \text{股息}\end{matrix} \div \begin{matrix}\text{孙公司}\\ \text{税后所得}\end{matrix} \right)$$

子公司用其来自外国孙公司的股息加上这部分股息应分摊的孙公司所得税,即为这部分股息的相应利润(股息还原出的孙公司税前所得),也就是子公司来自孙公司的所得,其计算公式为:

$$\begin{matrix}\text{子公司来自}\\ \text{孙公司所得}\end{matrix} = \begin{matrix}\text{子公司}\\ \text{股息}\end{matrix} + \begin{matrix}\text{孙公司}\\ \text{所得税}\end{matrix} \times \left( \begin{matrix}\text{子公司}\\ \text{股息}\end{matrix} \div \begin{matrix}\text{孙公司}\\ \text{税后所得}\end{matrix} \right)$$

第二,子公司用其本身(国内)的所得,加上来自外国孙公司的所得,为子公司总所得,再扣除缴纳当地政府的所得税(其中已包括外国孙公司所得税的抵免),从其税后所得中按股票份额或比例分配一部分股息给母公司,母公司收到子公司的股息,应该承担子公司和孙公司缴纳的外国所得税的计算公式为:

$$\begin{matrix}\text{母公司应承担的}\\ \text{子、孙公司所得税}\end{matrix} = \left( \begin{matrix}\text{子公司}\\ \text{所得税}\end{matrix} + \begin{matrix}\text{子公司承担的}\\ \text{孙公司所得税}\end{matrix} \right) \times \left( \begin{matrix}\text{母公司}\\ \text{股息}\end{matrix} \div \begin{matrix}\text{子公司}\\ \text{税后所得}\end{matrix} \right)$$

必须注意,上式计算出来的应属母公司承担的外国子、孙公司所得税,在不超过抵免限额的条件下,可以允许母公司从其应缴居住国政府的所得税中进行扣除,否则应按限额扣除。与此相应的是,母公司在缴纳所得税时,应并入本身(国内)所得计算的外国子、孙公司所得的计算公式为:

$$\text{母公司来自子、孙公司的所得} = \text{母公司股息} + \text{母公司应承担的子、孙公司所得税}$$

## 案例 5-11

【背景】 某一跨国公司在 2016 纳税年度内的基本情况如下:

(1)甲国 A 公司为母公司;

乙国 B 公司为子公司;

丙国 C 公司为孙公司。

(2)A 公司和 B 公司各拥有下一层附属公司股票的 50%。

(3) 税前各公司国内所得：

母公司 A——300万元；

子公司 B——200万元；

孙公司 C——100万元。

(4) 各国公司所得税税率：

甲国——40%；

乙国——35%；

丙国——30%。

【分析】 根据多层间接抵免原理和公式，各公司的纳税情况及税收抵免的具体计算步骤如下：

(1) 丙国对 C 公司的课税：

① C 公司应缴丙国公司所得税：

$$100 \times 30\% = 30(万元)$$

② 税后收益：

$$100 - 30 = 70(万元)$$

③ 支付乙国 B 公司股息：

$$70 \times 50\% = 35(万元)$$

(2) 乙国对 B 公司的课税：

① 股息应承担的丙国 C 公司所得税：

$$30 \times [35 \div (100 - 30)] = 15(万元)$$

② B 公司来自丙国 C 公司的所得：

$$35 + 30 \times [35 \div (100 - 30)] = 50(万元)$$

③ 抵免限额：

$$50 \times 35\% = 17.5(万元)$$

④ 可抵免税额：由于 B 公司已承担丙国 C 公司所得税 15 万元，不足抵免限额，故可获全额抵免，即可抵免税额 15 万元。

⑤ B 公司实缴乙国公司所得税：

$$(200 + 50) \times 35\% - 15 = 72.5(万元)$$

⑥ B 公司税后收益：

$$250 - (72.5 + 15) = 162.5(万元)$$

⑦ 支付甲国 A 公司股息：

$$162.5 \times 50\% = 81.25(万元)$$

(3) 甲国对 A 公司的课税：

① A 公司应承担的 B 公司和 C 公司所得税：

$$(72.5 + 15) \times [81.25 \div (250 - 87.5)] = 43.75(万元)$$

② A 公司来自乙国 B 公司和丙国 C 公司的所得：

$$81.25 + 43.75 = 125(万元)$$

③ 抵免限额:
$$125 \times 40\% = 50(万元)$$

④ 可抵免税额:由于 A 公司已承担国外 B 公司和 C 公司所得税税款 43.75 万元,不足抵免限额,故已纳税款可获全部抵免,即可抵免税额 43.75 万元。

⑤ A 公司实缴甲国公司所得税:
$$(300+125) \times 40\% - 43.75 = 126.25(万元)$$

【评述】 在 A 公司缴纳的甲国政府所得税实际包含两部分税款:一部分是 A 公司国内所得应缴纳的税款 120 万元(300×40%);另一部分是 A 公司来自国外所得应补缴的差额税款 6.25 万元(50−43.75)。同样,在 B 公司缴纳的乙国政府所得税中,也存在类似情况。此外,在各国对其公司汇出境外的股息课征预提所得税的情况下,还应考虑采用直接和间接相结合的方式进行税收抵免。

根据上述计算方法及原理,对于其他三层以上的多层附属公司的外国税收间接抵免计算公式,也就可以进行类似推算了。如在上例中,若 A 公司还是某一公司(D 公司)的附属公司(子公司),则仍需按上述计算原理计算应支付给 D 公司的股息和该股息应承担的所得税以及可抵免的税额等。无论公司间有多少层附属关系(母子公司关系),只要恰当运用多层间接抵免方法的计算原理,就可以正确处理各公司与其所在国政府之间以及各国政府间的税收分配关系。

上述计算也表明,间接抵免方法要比直接抵免方法复杂。而在母公司居住国或子公司所在国采用累进税率的情况下,间接抵免的计算又要比采用比例税率的情况下复杂些。应当指出,间接抵免包括多层间接抵免,由于公司之间有着股权控制关系,因而可以得到间接抵免待遇。虽然不像直接抵免那样要求抵免单位与被抵免单位之间的关系必须是同一经济实体,如总公司与分公司之间的那种完全隶属关系,但是,这也不等于说,间接抵免方法可以普遍(无条件)适用于任何一种实质性关系的母公司与子公司或多层母子公司。这是因为,跨国母子公司关系既可无限制地向纵向延伸(母公司通过逐层向下占有其下属公司的一部分股票,便能控制从子公司到孙公司、重孙公司、曾孙公司以至玄孙公司等一系列公司),又能自由地往横向扩展(通过母公司或子公司分别占有其各自下一层公司的一部分股票,便能控制十几个乃至几十个子公司或孙公司),从而发生相互之间的税收抵免关系,难免带来间接抵免方法的扩大化。

为防止母子公司之领导层公司所在国财权利益因此受损,实行间接抵免方法的国家往往都要通过国内税法或在与其他国家所签协定中附加某些限制条款,严格规定享受间接抵免之母子公司的领导层公司所应具备的条件。只有符合这类条件的公司,才能享受间接抵免的税收待遇。对于这类条件的规定,各国有所不同。例如有的国家规定,间接抵免仅适用于直接投资,即对于要求间接抵免外国子公司或外国多层附属公司所得税的母公司,必须拥有其外国下属公司有表决权的股票,并积极参与这些附属公司的经营管理活动,以区别于并不参与被投资公司经营活动的那种单纯食利的消极投资,对于不参加企业经营管理活动的消极投资或证券投资,是不能享受间接抵免的好处的。

有的国家规定,母公司拥有子公司的股权必须达到一定比例才能享受间接抵免待遇。但对于是否可以享受间接抵免待遇的数量标准,各国政府也有不同的规定。

---

✍国际视点✍

### 美国的税收间接抵免规定

在美国,母公司收到国外子公司股息后,能否得到抵免是有条件的:首先,母公司对子公司的投资不少于10%,即母公司必须拥有子公司有表决权的股票在10%以上(含);其次,对于多层间接抵免,每一层所拥有的下一层附属公司有表决权的股票不得低于10%,且拥有股权百分比的乘积不得少于5%。符合上述条件,才能对这种母公司的外国子公司或外国多层附属公司缴纳的外国政府所得税,给予间接抵免或多层间接抵免。假如母公司拥有子公司的股权百分比为50%,子公司拥有孙公司的股权百分比为30%,而孙公司拥有重孙公司的股权百分比为40%,因而每一层所拥有的下一层附属公司有选举权的股票已超过10%,而且股权的百分比乘积为:50%×30%×40%=6%,这就符合多层间接抵免的要求。又如,美国公司拥有A国公司的股权50%,A国公司又拥有B国公司的股权20%,B国公司又拥有C国公司的股权40%。在这多层附属公司中,每一层均拥有下一层附属公司10%以上的股权,并且美国公司也间接拥有第二层(B国)公司10%(50%×20%)的股权,符合所要求的"5%",但美国公司并没有间接拥有所要求的对第三层(C国)公司的5%的股权,实际只间接拥有其(C国公司)4%(50%×20%×40%)的股权。因此,美国公司对A国公司和B国公司承担的税款可以得到间接抵免,但对C国公司承担的税款不能享受间接抵免待遇。

---

类似上述允许间接抵免的数量标准,在有关国家缔结的避免双重征税协定中也有规定。例如在《中日税收协定》中,允许间接抵免的标准,在中国方面是限于其居民公司拥有日本子公司的股份不少于10%,在日本方面是限于其居民公司拥有中国子公司的有选举权股份或发行股票不少于25%。规定上述条件主要是为了区别积极投资和消极投资,对积极投资给予间接抵免待遇,以示鼓励。此外,还有些国家规定,能够获得间接抵免待遇的,必须是从与本国签订有避免双重征税协定的国家所取得的股息,否则不得享受间接抵免的好处。

## 第四节 税 收 饶 让

以上全面而系统地阐述了避免国际重复征税的抵免方法,包括直接抵免和间接抵免方法。实际上,同税收抵免方法有密切联系的另一个问题就是税收饶让问题。它是税收抵免方法的延伸和扩展,其理论意义和实践作用均已超出处理国际重复征税问题的范围,而与保障各国税收优惠措施的效果有着极为密切的联系,在促进国际经济交往与发展方面发挥着越来越重要的作用,同时也越来越为绝大多数国家所重视。

## 一、税收饶让原理

**税收饶让**也称饶让抵免或虚拟抵免、虚税实扣,其含义是居住国政府对其居民在国外得到减免税优惠的那一部分所得税,视同已经缴纳,同样给予税收抵免待遇,不再按居住国税法规定的税率予以补征。它是配合税收抵免的一种特殊方式,是税收抵免内容的附加。

税收饶让多发生在发展中国家与发达国家之间。通常是发达国家不仅对于跨国纳税人已向发展中国家缴纳的所得税税款给予抵免,同时也对发展中国家为鼓励外国投资而制定的税收优惠或鼓励措施所减免的税款给予抵免。一般来说,发展中国家政府为了吸引外国资本,鼓励发达国家居民来本国投资,以有利于发展本国经济,除实行低税率政策以外,往往还给予外国投资者一定的所得税减免优惠,有的还给予再投资退税优惠等。然而,若投资者居住国只实行税收抵免方法,即只根据该投资者在国外实际缴纳的所得税税款给予抵免限额,而并不将外国政府对该投资者的减税、免税部分视为国外已征税款给予抵免的话,这些减免税优惠措施又有什么意义呢?

根据抵免方法,跨国纳税人在国外已经缴纳的所得税税款,本来就可以在不超过按其居住国税法规定计算的抵免限额范围内享受抵免。而该跨国纳税人在国外应纳而减免的部分所得税税款,由于国外已缴税额减少,明显低于按居住国税法规定计算的抵免限额,所以可抵免税额也就会相应减少,而应补缴居住国政府的差额税款则相应增加。

### 案例 5-12

【**背景**】 甲国总公司在乙国设立一个分公司,2016 纳税年度该分公司来自乙国所得 100 万元,乙国所得税税率为 40%,为鼓励外来投资,乙国政府对该分公司按税法规定予以减半征税的优惠。

【**分析**】 该分公司在乙国本应纳税 40 万元(100×40%),但实际上只纳税 20 万元(100×40%÷2)。假定甲国所得税税率为 40%,在抵免方法下,甲国政府对该总公司征收所得税时,对其分公司在乙国缴纳的所得税不按乙国税法规定的税率所计算的应纳税额 40 万元给予抵免,而按实际纳税数额 20 万元给予抵免。因而在抵免后,该总公司还要向甲国政府补缴差额税款 20 万元(100×40%-20),其总税负为 40 万元(20+20),与乙国未给予分公司减半征税优惠情况下的总税负相同。

【**评述**】 结果表明,发展中国家给予跨国纳税人减免的那一部分所得税税款,会转化为发达国家的国库收入(20 万元)。也就是说,发展中国家牺牲本国税收利益做出的减免税,将会变成投资者居住国(大多是发达国家)的税收收入,减少了发展中国家的财政收入并相应增加了发达国家的财政收入。

从跨国纳税人(投资者)角度来说,在国外因减免税优惠措施而得到的好处,回国后又丧失了,因而国外的这些减免税优惠措施也就没有任何意义了,实际上已起不到鼓励投资的积极作用。这不仅抵消了发展中国家对于投资者做出减免税优惠的实际意义,也妨碍了发展中国家进一步引进外资和先进技术。

*政策透视*

中国在改革开放初期(2008年以前),对一个新办的中外合资经营企业给予两年免征所得税、三年减半征收所得税的规定,当该合营企业的外国合营者将所得利润汇回本国后,其居住国如不采用饶让抵免,对该合营者在中国免税的前两年不给予任何税收抵免,在中国减半征税的后三年,每年只给予按中国优惠的15%税率所缴纳的所得税税款进行抵免,那么,中国在前两年中每年应征而未征的30%税款以及后三年中每年应征而未征的15%税款,并未使该外国合营者得到税收鼓励的实惠,反而转化成了该外国合营者居住国政府的财政收入了。

因此,为保证税收优惠措施不被抵消,真正惠及跨国纳税人,实行税收优惠的发展中国家以及跨国纳税人(投资者)纷纷向投资者居住国政府提出税收饶让问题,要求居住国政府对其居民在国外所获减免的税款,视同已经缴纳而准予冲抵居住国纳税义务。经过有关国家政府的协商、谈判,大多可以促成税收饶让的实现。

然而在20世纪60年代以及70年代,发达国家对税收饶让抵免不予承认,因为它的具体计算方法会影响到居住国的财政利益,但是后来,经过发展中国家政府的努力争取,税收饶让抵免应运而生,并为国际上多数国家所接受。在发达国家与发展中国家签订的许多税收协定中,基本上都有税收饶让的规定。

由此可见,一个国家为了鼓励外国投资,吸引外资和先进技术,给予外国投资者的税收减免优惠,必须要求投资者居住国政府给予税收饶让抵免。

### 案例 5-13

【背景】 同案例 5-12。

【分析】 甲国政府对总公司征税时,不仅要对其分公司在乙国实际缴纳的所得税税款20万元给予税收抵免,同时还要允许用其分公司在乙国享受的减免税优惠20万元抵冲甲国纳税义务。因而总公司的税负总额只为20万元,税后收益为80万元(100-20),乙国给予分公司减免的20万元所得税税款,全部好处都由该总公司真正获得。

【评述】 税收饶让抵免使乙国政府为鼓励外来投资所制定的税收优惠措施能够落到实处,从而发挥了积极作用。

严格说来,税收饶让是一种独特的鼓励投资的优惠政策措施。当然,这种税收饶让优惠措施的实行,通常需要通过有关国家间签订税收协定的方式予以确定,且只有在采用外国税收抵免方法下才有必要考虑。

## 二、税收饶让方式

税收饶让的方式主要有差额饶让抵免和定率饶让抵免两种。

### （一）差额饶让抵免

**差额饶让抵免**，是指一国政府对其居民在国外实际缴纳的税额与按外国税法规定税率计算的应纳税额之间的差额，视同已纳外国税款而予以抵免。

这种差额的产生，通常有两种不同的情形：一种是按税收协定限制税率缴纳的税额与按税法规定税率计算的应纳税额之间的差额；另一种则是享受减免税优惠后实际缴纳的税额与按税法规定税率计算的应纳税额之间的差额。这些差额与实缴税额同样可在居住国享受税收抵免待遇。

### 案例 5-14

【背景】 在某一纳税年度内，某公司支付国外利息 10 000 元，该公司所在国税法规定的预提所得税税率为 30%，与利息收益人所在国的税收协定限制税率为 10%，利息收益人所在国的所得税税率为 30%。

【分析】 这笔利息所得在利息收益人所在国的纳税情况是：

(1) 可饶让的差额税款：

$$10\,000 \times 30\% - 10\,000 \times 10\% = 2\,000(元)$$

(2) 抵免限额：

$$10\,000 \times 30\% = 3\,000(元)$$

(3) 可抵免税额：

由于已纳税额与可饶让的差额税款合计为 3 000 元（10 000×10%＋2 000），与抵免限额相等，所以该利息收益人可获得其居住国政府的税收抵免数为 3 000 元（1 000＋2 000）。

(4) 利息收益人实纳其居住国税额：

$$10\,000 \times 30\% - (1\,000 + 2\,000) = 0(元)$$

【评述】 该利息收益人共纳税 1 000 元（1 000＋0），实际净得利息 9 000 元（10 000－1 000），从而减轻了税负，得到了实惠。但是，如果没有差额饶让抵免办法，利息收益人所在国只允许其抵免税额 1 000 元，从而补征所得税 2 000 元（10 000×30%－1 000），共纳税 3 000 元（1 000＋2 000），实际净得利息 7 000 元（10 000－1 000－2 000），利息收益人并未得到对外投资税收减免的实惠。

### （二）定率饶让抵免

**定率饶让抵免**，是指一国政府对其居民在国外享受的减免税或按税收协定限制税率享受的差额税款，也视同已经缴纳，但只允许其按一固定税率计算的税额进行抵免。

对于为某种目的按低于这一固定税率征收的税款，同样按这一固定税率计算的税额抵免,将低于固定税率计算而少征的税款也给予抵免,从而将这种好处留给了跨国纳税人。不过,这一固定税率的确定,通常需要缔约国双方在税收协定中予以明确规定。

> **案例 5-15**
>
> 【背景】 在案例 5-14 中,利息收益人所在国与利息支付者所在国的税收协定规定的利息固定税率(抵免税率)为 20%。
>
> 【分析】 利息收益人在其所在国的纳税情况是:
> (1) 按协定规定可抵免的固定税额:
> $$10\,000 \times 20\% = 2\,000(元)$$
> (2) 利息收益人向其所在国实缴税额:
> $$10\,000 \times 30\% - 2\,000 = 1\,000(元)$$
> 纳税人在定率饶让抵免方式下共纳税 2 000 元(1 000+1 000),实际净得利息 8 000 元(10 000-2 000)。但是,这种方式在这个固定税率低于外国税法规定税率的情况下,纳税人并没有真正全部获得享受国外的减免税或按协定限制税率计算的差额税款的好处,而只是获得了其中一部分,即:
> 享受饶让抵免税额=国外所得额×(固定税率-限制税率)
> 该利息收益人享受饶让抵免的部分税额为 1 000 元[10 000×(20%-10%)]。而另有一部分税款纳税人根本就没有获得饶让抵免的好处,即:
> 未享受饶让抵免的税额=国外所得额×(国外税率-固定税率)
> 该利息收益人有 1 000 元[10 000×(30%-20%)]的税款没有获得饶让抵免待遇。
>
> 【评述】 这种方式在此情况下并未像差额饶让抵免那样,真正把纳税人在国外享受的减免税好处全部留给纳税人。采用这种方式,只有在固定抵免税率与外国税法规定的税率一致的情况下,这种好处才能全部留归纳税人。

在实践中,也有税法中的税率与税收协定中的限制税率以及固定税率一致的情况。在国家间签订的税收协定中,对投资所得的饶让抵免待遇,多数规定为定率饶让抵免。

### 三、税收饶让下的直接抵免和间接抵免

税收饶让与税收抵免具有密切的联系。税收饶让以税收抵免方法(包括直接抵免方法和间接抵免方法)为前提。如果没有税收抵免,也就没有必要考虑税收饶让问题。例如在免税方法下,跨国纳税人在收入来源国已缴的税额,无论有无减免税,都不存在居住国政府对其补征税款的问题。对于税收饶让方式下的直接抵免与间接抵免,在确定居住国总公司或母公司可以直接或间接抵免的已缴或已承担的外国所得税税额时,必须考虑包括两个方面的税额:一方面是在外国实际缴纳或承担的税额;另一方面则是视同已经缴纳或承担的减免税额。在按居住国税法规定计算的抵免限额内,可以将上述两方面的税额冲减居住国纳税义务。

## 案例 5-16

**【背景】** 在某一纳税年度内,甲国总公司来自国内所得 1 000 万元,来自其设在乙国的分公司所得 500 万元,甲国所得税税率为 35%,乙国税法规定的所得税税率为 30%,并给予该分公司减半征收公司所得税的优惠待遇。

**【分析】** 在饶让抵免下,该总公司应向甲国政府缴纳的所得税税额计算如下:

(1) 分公司实际缴纳的乙国所得税:
$$500 \times 30\% \div 2 = 75(万元)$$

(2) 可饶让的减免税额:
$$500 \times 30\% \div 2 = 75(万元)$$

(3) 抵免限额:
$$500 \times 35\% = 175(万元)$$

(4) 可抵免税额:

由于分公司实缴乙国税额与可饶让的减免税额共 150 万元(75+75),不足抵免限额,故可获全部抵免,即可抵免税额 150 万元。

(5) 总公司实缴甲国所得税:
$$(1\,000 + 500) \times 35\% - 150 = 375(万元)$$

**【评述】** 在税收饶让抵免下,分公司在乙国所获得的减免税优惠 75 万元,连同其实缴乙国所得税 75 万元,均已被甲国政府核准从总公司应缴税额中予以直接抵免。这样,总公司和分公司实际共纳税 450 万元(375+75),税后收益可达 1 050 万元(1 500-450)。乙国给予分公司的减免税 75 万元,已全部转化为总公司的税后利润,从而使总公司真正获得其分公司在乙国的税收优惠的好处。但是,如果没有饶让抵免,分公司所获得的乙国税收减免优惠 75 万元,就会转化为甲国的财政收入,即会被甲国政府补征。从而使总公司向甲国政府缴纳的所得税税额也相应增加,即实纳甲国税额为 450 万元(1 500×35%-75)。总公司实际纳税总额为 525 万元(450+75),税后利润为 975 万元(1 500-525),总公司并未获得任何好处。

## 案例 5-17

**【背景】** 甲国母公司在某一纳税年度内从本国获取所得 500 万元,从其设在乙国的子公司处取得股息 425 万元,甲国所得税税率为 30%。同年乙国子公司所得为 1 000 万元,并在乙国税法规定的所得税税率 30% 的基础上,享受减半征税的优惠。

**【分析】** 在税收饶让抵免下,该母公司应向甲国政府缴纳的所得税税额计算如下:

(1) 子公司实缴乙国所得税:
$$1\,000 \times 30\% \times 1/2 = 150(万元)$$

(2) 可视同子公司已纳的减免税额:
$$1\,000 \times 30\% \times 1/2 = 150(万元)$$
(3) 母公司应承担的子公司所得税:
$$150 \times [425 \div (1\,000 - 150)] = 75(万元)$$
(4) 母公司应分享的子公司减免税额(可饶让的减免税额):
$$150 \times [425 \div (1\,000 - 150)] = 75(万元)$$
(5) 母公司来自子公司的所得额:
$$425 + 75 = 500(万元)$$
(6) 抵免限额:
$$500 \times 30\% = 150(万元)$$
(7) 可抵免税额:

由于母公司已承担乙国子公司所得税与可饶让的减免税额共 150 万元(75+75),与抵免限额相等,故可获全部抵免,即可抵免税额 150 万元。

(8) 母公司向甲国政府实际缴纳的所得税:
$$(500 + 500) \times 30\% - 150 = 150(万元)$$

【评述】 在税收饶让抵免下,母公司承担的子公司实缴税额 75 万元,连同其应分享的子公司减免税优惠 75 万元,均已被甲国政府核准允许从其应缴税额 300 万元 [(500+500)×30%] 中予以间接抵免。这样,母公司实际共纳税 225 万元(150+75),税后收益可达 775 万元 [(500+500−225),或 (500+425−150)],乙国给予子公司的减免税 150 万元,其中 75 万元已全部转化为母公司的税后利润,从而使母公司真正获得了从其乙国子公司的税收优惠中应分享的好处。但是,如果没有税收饶让抵免,乙国政府给予子公司减免的 150 万元所得税中应由母公司分享的 75 万元部分,就会转化为甲国政府的财政收入,即被甲国补征。从而使母公司向甲国缴纳的所得税相应增加,其实纳甲国税额为 225 万元 [(500+500)×30%−75],实际纳税总额为 300 万元(225+75),税后利润为 700 万元 [(500+500−300),或 (500+425−225)],显然,母公司并未获得任何好处。

### 四、税收饶让的合理性

关于对税收饶让的评价及其合理性问题,各国的认识并不一致,甚至还存在较大的分歧,特别是在发达国家与发展中国家之间。发展中国家从有利于引进外资和先进技术出发,规定了一些减免税优惠措施,因而积极要求发达国家(投资者居住国)给予跨国纳税人税收饶让抵免待遇,以确保外国投资者能够真正得到实惠。多数发达国家为了支持发展中国家的经济发展,也同意通过双边税收协定的方式给予本国投资者税收饶让抵免待遇。例如,英国就是积极倡导并率先采用税收饶让抵免的发达国家之一,早在 1953 年就提议对外国税收实行饶让抵免政策,并于 1963 年对此做了明确规定。此外,日本、法国、德国、瑞典、丹麦、加拿大等国,在处理与有关国家的税收关系时,对税收饶让也采取了积极而灵活的态度,并在与有关国家签订的双边税收协定中,不同程度地列入了税收饶让条款。这些条款对税收饶让抵免范围的规定不尽一致,大体上有以下三种做法:

第一种,对投资所得预提税的减免税优惠予以税收饶让。

大多数国家只对其居民在国外取得的股息、利息、特许权使用费等投资所得所享受的预提所得税减免税优惠,同意给予饶让抵免待遇。具体做法又有两种:

(1) 对非居住国税法规定的预提所得税税率范围内所作的减免税视同已经缴纳,给予饶让抵免。

(2) 对在税收协定降低的预提所得税税率范围内所作的减免税视同已经缴纳,给予饶让抵免。

第二种,对营业利润所得税的减免税优惠给予饶让抵免。

一些国家对其居民公司在国外取得的经营所得所享受的减免税优惠,也同意给予饶让抵免待遇。但由于这类所得数额较大,在国家税收收入中占有很重要的地位,所以大多数国家一般都不同意给经营所得以税收饶让抵免待遇,只有少数国家愿意通过双边税收协定承担税收饶让义务。

第三种,一些国家对双边税收协定签订之后非居住国政府所做出的新的税收进行减免优惠,若经缔约国各方一致同意,也认可给予税收饶让抵免待遇。

但是,在发达国家中也有不同意税收饶让的国家,比如美国等。

✍国际视点✍

## 美国为何反对税收饶让

美国作为积极倡导税收抵免制度的国家,却对税收饶让一直持消极和反对态度。尽管美国众议院也曾于20世纪50年代和60年代多次提交过含有税收饶让条款的税收条约草案,但都屡遭参议院否决。美国从而成为世界上对税收饶让持否定态度最坚决的国家。美国反对税收饶让的理由主要是:有不少人反对用税收饶让改变资本流向,担心美国资金和技术的大量外流,影响美国经济的发展和减少财政收入。具体来说,美国反对税收饶让的理由主要有以下三点:

第一,认为税收饶让违背税收中性原则。对国外投资实行外国税收抵免制度,能够保持税收中性;而对国外投资的减免税优惠实行税收饶让,使国外投资的税负轻于国内投资的税负,相当于政府鼓励资本外流,这有悖于税收中性原则。

第二,认为税收饶让会影响美国经济的发展。过多地鼓励对国外投资,还会使就业机会向外国转移,影响国内经济的发展。

第三,认为税收饶让会影响美国财政收入。其一,美国实行的是属人主义原则,对其公民和居民纳税人的全球所得均有征税权。如果把发展中国家的大量减免税视同已纳税款给予抵免,将会使美国承受过多的损失。其二,美国实行综合抵免限额法,发展中国家大多为收入来源国,这样会使美国投资者从外国的减免税中受益,美国国库收入由此受损。

基于上述理由,美国政府认为,发展国际经济交往固然重要,但发展国内经济更不容忽视。对发展中国家的减免税优惠实行税收饶让,直接冲击了美国作为资本输出国的国库收入。因此,美国至今拒绝承担对发展中国家的减免税给予税收饶让的国际义务。实际上,美国政府以强调国家财政权益为核心拒绝税收饶让的上述理由,是值得仔细推敲的。

首先,美国政府夸大了税收因素在国际资本流动中的作用。其实,影响国际资本流动的因素是多种多样的,税收减免税优惠政策对资本流动也具有一定的吸引力,但并不是唯一的决定因素。况且,对那些看重企业长远发展目标的跨国投资者而言,更愿意选择市场潜力大、发展前景好的国家进行投资,而不是那些税率虽低但市场前景渺茫的国家和地区。

其次,美国反对税收饶让实际上是对税收中性原则的一种背离。国际资本由发达国家流向发展中国家,是市场基础配置功能在国际范围内的体现,任何限制国际资本流动的外在干预,都是对市场经济效率的损害,也是对税收中性原则的背离。如果居住国政府拒绝税收饶让,发展中国家放弃的财政收入就会白白地转化为发达国家的财政收入,减免税优惠的边际收益几乎为零。发展中国家与跨国投资者均无法从中受益,国际资本流向将偏离中性,偏向于在居住国投资。美国政府片面强调本国的财权利益,却忽视发展中国家亟须发展本国经济的客观事实,其拒绝税收饶让的实质是,以资本输出为主的国家为了限制资本外流,利用政府干预,在国内投资者和国外投资者之间达成的一种强制性的税收平等。这种强制性的税收平等,严重干扰了国际资本的自由流动,背离了税收中性的要求。

再次,对外国减免税实行饶让抵免不会损害居住国税收利益,而对其进行补征则是侵占他国税收利益的一种表现。减免税优惠是发展中国家为鼓励外来投资而放弃的财政收入,其所有权归属于发展中国家。实行税收饶让,实质上就是发达国家(居住国)对发展中国家(来源国)放弃的收入的一种认可与配合,也体现了居住国政府对来源国课税主权和税收制度的尊重,而不是以发达国家的国库收入去补助发展中国家,因为所饶让的税款本来就属于发展中国家的财政收入,于发达国家行使居民管辖权所应征之税收利益无损,这也是许多发达国家对税收饶让的配合持积极态度的原因之所在。税收饶让所要解决的问题,只是为了使发展中国家基于本国经济政策而放弃的收入,能够真正惠及外来投资者,而不应成为国间的财政收入转移,变为发达国家国库中的额外收入。

最后,从理论与实践意义上讲,税收饶让这种优惠是互惠的。尽管各国经济发展水平差异较大,但在当今世界经济紧密联系的历史条件下,各国在对外经济交往中,一般都兼有居住国和来源国的双重身份。发展中国家对外国投资者提供的各种税收优惠待遇,只不过是其对外国投资者在其境内投资所面临的不良的基础设施等投资环境的一种补修,具有暂时性。随着发展中国家基础设施的逐步改善,这种补偿将越来越小。所以,从发展趋势来看,世界经济越来越成为一个整体,税收饶让是广大发展中国家的正当要求,也是国际投资者应有的公正待遇。尽管在形式上它是居住国对来源国的一种让步,但实质上这种优惠是对等互利的。

中国实行对外开放,实施鼓励外国投资政策已经三十多年,给予外国投资者的税收减免优惠,投资者居住国政府一般也给予税收饶让抵免。例如,中英税收协定明确规定,中国按《企业所得税法》(2008年之前为《外商投资企业和外国企业所得税法》)给予英国投资者的营业利润的减税、免税以及再投资退税,英国政府应视同中国政府已征税款,给予税收抵免待遇。中国同日本等国的税收协定中也有税收饶让的规定。当然,这种税收饶让义务的承担是双方的,对中国投资者在对方国家按税法规定享受的减免税优惠,中国政府也要给予饶让抵免待遇。

综上所述,实行国际税收抵免,包括直接抵免和间接抵免,表面上看似乎仅涉及有关国家政府与跨国纳税人之间的利益关系(即征纳关系),但其实质不尽如此。因为跨国纳税人的纳税总额是基本不变的,反映在抵免的税款上的矛盾,是两个国家政府之间的利益矛盾。跨国纳税人在其居住国获得税收抵免,实际上是税收利益由居住国向来源国(非居住国)转移的过程,减少了某一国的税收收入并相应增加了另一国的国库收入,所以,税收抵免实质上又涉及国家与国家之间经济权益的转移问题。作为税收抵免方法的一种特殊方式——税收饶让,由于其独特的计算技术带来的结果,是给予跨国纳税人税收上的优惠,使收入来源国政府给予税收减免带来的好处,完全留给作为国际投资者的纳税人。因此,税收饶让所涉及的问题,也不仅是在一定程度上反映了国家政府与跨国纳税人之间的征纳关系,而由于税收饶让的实现,要以一国提出,另一国认可(即税收协定)为基础,所以,税收饶让的实质仍然在于处理国家与国家之间的税收分配关系。

## 本章小结

1. 在各国的涉外税法和国际税收协定中,普遍采用的避免国际双重征税的方法是抵免法,包括直接抵免与间接抵免。直接抵免适用于同一经济实体的跨国纳税人的税收抵免,是对跨国纳税人在国外直接缴纳或负担的所得税给予抵免。间接抵免适用于跨国纳税人母公司与子公司或多层母子公司之间的税收抵免,是对跨国纳税人在国外非直接缴纳的所得税给予抵免。

2. 在税收抵免的实际操作中,各国多采用抵免限额加以控制,即以不超过居民纳税人国外应税所得额按照本国税法的规定计算的应缴税额为限度。在此限度内,跨国纳税人在国外的已纳所得税税款可全额抵免,超过此限度,则只能按此抵免限额。

3. 在运用抵免法的过程中,为了鼓励国际投资,有时也往往增加一项税收饶让的内容,作为抵免法的内容附加。这种情况通常见于发达国家与发展中国家签订的税收协定之中。

## 本章重要术语

直接抵免;抵免限额;综合抵免限额;分国抵免限额;间接抵免;税收饶让

## 思考练习题

1. 什么是直接抵免？什么是间接抵免？
2. 与直接抵免计算方法相比，间接抵免计算方法有何特点？
3. 什么是抵免限额？其合理性何在？
4. 我国为何实行分国不分项抵免限额？
5. 什么是税收饶让？其合理性何在？
6. 某国 A 居民 2016 年来自国内的所得为 8 000 美元，来自国外的所得为 2 000 美元。居住国所得税税率为 30%，来源国为 20%。请用全额抵免法与普通抵免法分别计算居民 A 的外国税收可抵免数以及居住国的实征税款。如果来源国税率为 40%，其结果如何？
7. 某一纳税年度内，居住国甲国 M 公司来自国内的所得为 1 000 万美元，来自乙国分公司的所得为 100 万美元，来自丙国分公司的所得为 100 万美元。甲国的所得税税率为 50%，乙国为 60%，丙国为 40%。请用综合抵免限额法与分国抵免限额法分别计算甲国 M 公司所得的外国税收可抵免数以及甲国的可征税款。
8. 某中外合资经营企业有三个分支机构，2016 年度的盈利情况如下：

(1) 境内总机构所得 400 万元，分支机构所得 100 万元，适用税率为 25%。

(2) 境外甲国分支机构营业所得 150 万元，甲国规定适用税率为 40%；利息所得 50 万元，甲国规定适用税率为 20%。

(3) 境外乙国分支机构营业所得 250 万元，乙国规定适用税率为 30%；特许权使用费所得 30 万元，乙国规定适用税率为 20%；财产租赁所得 20 万元，乙国规定适用税率为 20%。

**要求**：计算该中外合资经营企业 2016 年度可享受的税收抵免额以及应纳中国所得税税额。

9. 甲国西蒙制药公司 2016 年国内所得为 1 000 万美元，该公司在乙国有一家子公司，年所得为 100 万美元；甲国公司所得税税率为 50%，乙国为 40%。西蒙制药公司拥有子公司 50% 的股票，乙国预提所得税税率为 20%。请计算甲国西蒙制药公司可享受的外国税收抵免额以及甲国可征税款。

10. 某一纳税年度内，甲国子公司所得为 1 000 万美元，公司所得税税率为 33%，该公司支付给乙国母公司股息 200 万美元，甲国预提所得税税率为 15%，乙国公司所得税税率为 45%。

**要求**：计算乙国母公司这笔股息收益的外国税款可抵免额以及乙国政府可征所得税税额。

11. 某一纳税年度，甲国母公司国内所得为 100 万美元，并拥有其乙国子公司 50% 的股票，该公司在乙国的子公司年所得额为 50 万美元。乙国公司所得税税率为 30%，预提所得税税率为 10%。甲国公司所得税税率采用三级超额累进税率，即：

| 级数 | 应纳税所得额级距 | 税率(%) |
|---|---|---|
| 1 | 所得50万美元以下(含)的部分 | 20 |
| 2 | 所得50万—100万美元的部分 | 30 |
| 3 | 所得100万美元以上的部分 | 40 |

**要求:** 计算甲国母公司可享受的外国税收抵免额以及甲国政府可征所得税税额。

12. 某一纳税年度,德国一家公司在国内无所得,但从其外国子公司处应得一笔毛股息收入100万马克,扣除应向外国政府缴纳的预提税15万马克后,净股息收入应为85万马克。该公司希望保留这笔股息收入,因此必须缴纳56%的公司所得税(德国对公司分给股东的利润按36%的税率征收公司所得税,而对保留在公司内的未分配利润则按56%的税率征收公司所得税)。子公司所在国公司所得税税率为40%。

**要求:** 计算德国公司可享受的税收抵免额以及德国政府的可征税款数。

13. 某一纳税年度,日本三洋电器公司来自日本的所得为2 000万美元,来自中国分公司的所得为1 000万美元。日本的所得税税率为37.5%,中国的所得税税率为25%,并按税法规定给予这家分公司减半征收所得税的优惠待遇。中日税收协定中有税收饶让规定。

**要求:** 计算日本三洋电器公司可享受的税收抵免数额以及应向日本政府缴纳的公司所得税税额。

14. 某一纳税年度,法国母公司国内所得为100万法郎,收到日本子公司支付的毛股息收入折合50万法郎,法国公司所得税税率为50%。日本子公司同年所得额折合为120万法郎,并在日本政府规定的所得税税率37.5%的基础上,享受减按30%征税的优惠。同时,子公司汇出股息时,又在日本政府规定的预提所得税税率20%的基础上享受减按税收协定限制税率10%征税的优惠。

**要求:** 用税收饶让抵免方法计算法国母公司可享受的外国税收抵免额以及应纳法国政府的公司所得税税额。

# 第六章

# 国际避税

## 本章导读

作为跨国税收负担的两个极端,国际避税与国际重复征税都是十分有趣的社会经济现象。本章主要阐述避税与偷税、节税等相关概念的联系与区别,分析国际避税的概念及其产生的原因,介绍跨国纳税人从事国际避税活动的基本手段和一般方式。

## 学习目标

通过本章的学习,读者应能够:

- 掌握避税与偷税、节税等相关概念的联系与区别
- 掌握国际避税的概念,并解释国际避税产生的原因
- 熟悉跨国纳税人进行国际避税的基本手段和方式
- 掌握转让定价的概念和特征
- 分析设立分支机构与子公司的利弊

众所周知,任何事物都有正反两个方面,国际税收负担也不例外。作为国际重复征税问题的对立面,国际避税问题同样也是一种普遍而有趣的社会经济现象,它是商品经济发展到一定阶段的必然产物。随着社会经济的高度发展,经济活动和政府行为要求商品生产者依据一定准则和规则从事生产经营活动,而这些规则和准则又很不完善,难以防止和杜绝生产经营者避开这些规则和准则的管制及约束,从而使其能够躲避各种应尽的义务和应承担的法律责任。本章将系统地阐述国际避税的基本理论与手段、方式等问题。

## 第一节 避税究竟合法还是违法

避税历来是各国税收征收管理工作中的一个重要问题,它与节税、偷税、漏税等活动(行为)不同,但又有一定联系。避税究竟是合法的还是违法的?要回答这个问题,还必须对避税和节税、偷税、漏税等有关问题进行全面分析和比较。

### 一、节税是合法的行为

**节税**(tax savings)也称税收筹划,在西方国家几乎早已家喻户晓,但在我国却鲜为人知。究竟什么是税收筹划,许多外国专家和学者都有独到的观点。其中最具权威的荷兰国际财政文献局(IBFD)认为:"税收筹划是指通过纳税人经营活动或个人事务活动的安排,缴纳最低的税收。"[1]印度税务专家 N. J. 雅萨斯威(N. J. Xawawwy)认为,税收筹划是"纳税人通过财务活动的安排,充分利用税收法规所提供的包括减免税在内的一切优惠,从而享得最大的税收利益"[2]。另一位印度税务专家 E. A. 史林瓦斯(E. A. Srinvas)则认为:"税收筹划是经营管理整体的一个组成部分……税务已成为重要的环境要素之一,对企业既是机遇,也是威胁。"[3]美国知名法官汉德曾有一段名言:"法院一再声称,人们安排自己的活动以达到低税负的目的是无可指责的。每个人都可以这样做,不论他是富翁还是穷光蛋。而且这样做是完全正当的,因为他无须超过法律的规定来承担国家赋税,税收是强制课征的,而不是靠自愿捐献。以道德的名义来要求税收,不过是侈谈空论而已。"美国南加州大学博士 W. B. 梅格斯(W. B. Meigs)在已发行多版的《会计学》一书中援引汉德上段名言之后,作了如下阐述:"人们合理而又合法地安排自己的经营活动,使之缴纳可能最低的税收。他们使用的方法可称为税收筹划。……少缴税和递延缴纳税收是税收筹划的目标所在。"[4]他接着说:"美国联邦所得税已变得如此复杂,这使为企业提供详尽的税收筹划成为一种谋生的职业。现在几乎所有的公司都聘用专业的税务专家,研究企业主要经营决策上的税收影响,为合法地少纳税收制订计划。"[5]另外他还

---

[1] 荷兰国际财政文献局,《国际税收辞汇》,国家税务总局税收科学研究所译,北京:中国财政经济出版社,1992年,第198页。
[2] 唐腾翔、唐向,《税收筹划》,北京:中国财政经济出版社,1994年,第13页。
[3] 同上。
[4] W. B. 梅格斯、R. F. 梅格斯,《会计学》,麦格劳-希尔出版公司,1996年,第738页。
[5] 同上书,第776页。

说:"在纳税发生之前,有系统地对企业经营或投资行为做出事先安排,以尽量少缴所得税,这个过程就是税收筹划。主要如选择企业的组织形式和资本结构,投资采取租用还是购入的方式,以及交易的时间等。"[1]

实际上,早在 1935 年以前,英国就曾发生过"税务局长诉温斯特大公"一案。1935 年英国上议院议员汤姆林爵士针对此案作了有关税收筹划的声明:"任何一个人都有权安排自己的事业,依据法律可以这样做以少缴税。为了保证从这些安排中得到利益……不能强迫他多缴税。"[2]汤姆林爵士的观点赢得了法律界的认同,英国、澳大利亚、美国等在以后的税收判例中,经常援引这一原则精神。足见汤姆林爵士的观点的正确性与时效性。

**税收筹划**(tax planning)是纳税人在法律规定许可的范围内,根据政府的税收政策导向,通过对经营活动的事先筹划与安排,进行纳税方案的优化选择,以尽可能减轻税收负担,获得正当的税收利益。

税收筹划的特点在于合法性、筹划性和目的性。此外,在社会化大生产的历史条件下,税收筹划还反映出综合性和专业性的要求。特别是 20 世纪 50 年代以来,税收筹划的专业化趋势十分明显。面对社会化大生产和日益扩大的国际市场以及错综复杂的各国税制,许多企业、公司都聘用税务顾问、税务律师、审计师、会计师、国际金融顾问等高级专门人才从事税收筹划活动,以节约税金支出。同时,也有众多的会计师、律师和税务师事务所纷纷开辟和发展有关税收筹划的咨询业务,因而作为第三产业的税务代理便应运而生了。由此可见,节税是一种合法的行为,在税务上不应反对,而应予以保护。

### 二、偷税、漏税是违法的行为

**偷税**(tax evasion)也称逃税,一般是指纳税人违反税法规定,不缴或少缴应纳税款的行为。

对于偷税的这一基本含义,人们已达成某些共识,即偷税是一种非法行为,是在以非法手段减轻纳税义务。但是,人们并没有说明使用非法手段时是否有意识。实际上,偷税可包括单纯或无意识违法行为和故意违法行为两种。前者主要是指纳税人因无知或无意识地违反税法规定而单纯不缴纳或少缴纳应纳税款的行为,即漏税。改革开放初期(1992 年之前),漏税即指纳税义务人无意识地发生漏缴或少缴应纳税款的行为。例如纳税人由于不熟悉税法规定和财会制度或工作粗心大意,漏报应税项目,少计应税产品数量,错算销售金额或经营利润,错用税种、税目、税率等原因,以及征收人员政策、业务知识水平等原因,发生的漏纳税款。而后者则是指纳税义务人以欺骗、隐瞒等手段,故意不缴或少缴应纳税款的行为,但要证明纳税人故意不缴或少缴应纳税款,有时也不是一件很容易的事情。所以,两者又可以统称为偷、漏税。

许多国家,如阿根廷、丹麦、卢森堡、加拿大、日本等,对偷税都有法律规定。在阿根廷,纳税人欺骗和故意逃税要受到偷税的指控。丹麦把纳税人有意采取错报或者假报的

---

[1] W. B. 梅格斯、R. F. 梅格斯,《会计学》,麦格劳-希尔出版公司,1996 年,第 711 页。
[2] 亚瑟,《香港税收》,北京:商务印书馆,1989 年,第 447 页。

手段逃避税收负担的行为认定为偷税。卢森堡将违反税收法规的行为区分为三种,其中第三种便属于有意偷税,包括收入不登账及匿报存货等。日本把纳税人以虚报或其他不正常手段避免税负或取得退税的行为认定为偷税。加拿大卡特委员会 1966 年的一份著名报告宣称:偷税是非法的,即偷税以非法手段减少纳税义务。荷兰国际财政文献局则对偷税作了比较完整和准确的表述:"偷税一词指的是以非法手段逃避税收负担,即纳税人缴纳的税收少于他按税法规定应纳的税收。偷税可能采取匿报应税所得或应税交易项目,不提供纳税申报,伪造交易事项,或者采取欺诈手段假报正确的数额。"①中国对偷税的法律规定也与国外大体一致,2001 年 4 月 28 日全国人大常委会修订通过的《中华人民共和国税收征收管理法》第 63 条对偷税作了比较明确的规定和解释:"纳税人伪造、变造、隐匿、擅自销毁账簿、记账凭证,或者在账簿上多列支出或者不列、少列收入,或者经税务机关通知申报而拒不申报或者进行虚假的纳税申报,不缴或者少缴应纳税款的,是偷税。"②

综上所述,偷税的基本特征是非法性和欺诈性,所以也可称为税收欺诈(tax frand)。偷税与节税相比,二者的区别是非常明显的,前者违反法律,后者是法律规定所许可的;前者是对已确立的纳税义务隐瞒作假,后者则是在纳税义务确立之前所作的经营、投资、理财的事先筹划与安排。

### 三、避税是不违法的行为

**避税**(tax avoidance)是个常常引起人们争议的概念。一般认为,避税是指纳税人以不违反税法规定为前提而减少纳税义务的行为。

荷兰国际财政文献局对避税下的定义是:"避税一词指的是用合法手段以减少税收负担。该词含有贬义,通常表示纳税人通过个人或企业活动的巧妙安排,钻税法上的漏洞、反常和缺陷,谋取税收利益。"③当代著名经济学家 P. A. 萨缪尔森(P. A. Samuelson)在分析美国联邦税制时指出:"比逃税更加重要的是合法地规避赋税,原因在于议会制定的法规有许多'漏洞',听任大量的收入不上税或者以较低的税率上税。"④

以上叙述表明:一方面,避税与偷税无论是从动机还是从最终结果来看,两者之间并无绝对明显的界限。但是,避税与偷税毕竟是两个不同的概念,其重要区别在于是否非法。避税是利用税法中的某些漏洞或税收鼓励,来达到减轻税负的目的,因而它并不违法。而偷税则是非法的,是违法犯罪行为。另一方面,避税是钻税法的空子,利用税收漏洞,有悖国家政府的税收政策导向,似乎有悖于道德上的要求。避税与节税相比,主要区别在于,前者虽不违法,但有悖于国家的税收政策导向和意图;而后者则是完全合法的,甚至是税收政策予以引导和鼓励的。

---

① 荷兰国际财政文献局著,国家税务局税收科学研究所译,《国际税收辞汇》,北京:中国财政经济出版社,1992 年,第 102 页。
② 财政部注册会计师考试委员会,《税法》,北京:经济科学出版社,2004 年,第 427 页。
③ 荷兰国际财政文献局著,国家税务局税收科学研究所译,《国际税收辞汇》,北京:中国财政经济出版社,1992 年,第 23 页。
④ 萨缪尔森,《经济学》,北京:商务印书馆,1979 年,第 160 页。

对于纳税人钻税法空子规避税收的行为,人们的看法和态度不尽一致。有的主张对税收不能以道德的名义提出额外要求。避税在当今世界经济活动中已是一种普遍现象,不仅在发展中国家有,而且在发达国家乃至国家之间也时有发生。避税的实例也举不胜举。纳税人钻不钻税法空子,只要合法或不违法一概是许可的,因而不必划分避税与节税。有的主张避税有广义与狭义之分,前者包含节税,后者不含。但广义的避税往往给税收实务带来困难,因为难以做出明确的反对或保护对策。我国台湾地区税务界则把避税分为"正当避税"与"不当避税"两类。所谓"正当避税",就是国际上流行的"节税"或"税收筹划"的概念。例如,有人针对政府课征烟税,采取了少吸烟多吃水果的行为,这在客观上是一种避税。但这种避税是正当的,因为限制吸烟本来就是国家法律的意旨所在,几乎所有的国家都曾做过"吸烟有害健康"的广告。少吸烟自然少负担税收,但少吸烟也符合政府的政策导向。像这样的例子在现实生活中可以说俯拾皆是,不胜枚举。所谓"不当避税",即上述的狭义避税。尽管纳税人乐此不疲,可是税务机构还是要通过完善税制和加强征收管理的途径加以堵塞。例如,某人针对政府课征遗产税,在生前尽量把财产分割出去,这是不正当的避税,因为这种行为背离了政府的政策导向和意图,所以许多国家在课征遗产税的同时课征赠与税,借以堵塞人们生前分割财产以规避税负的漏洞。

## 第二节 国际避税及其产生的原因与特征

### 一、国际避税是避税在国际范围内的延伸和发展

避税作为一种普遍的经济现象,是经济活动主体(纳税人)利用税法规定的缺陷和漏洞所引起的。在国际税收领域里,一方面,国际投资者在进行国际投资的可行性研究或选择最优投资方案时,总是要把有关国家政府所得税负的大小作为确定其资本投向的一个重要因素;另一方面,对于国际投资者的跨国投资经营活动,各国政府也多半是给予某些特殊税收优惠待遇的,因而各国在征税范围、税率高低以及征管水平上的差异,就有可能为国际投资者进行国际性的避税提供可乘之机,使跨国纳税人拥有选择纳税的条件和机会,从而实现跨国避税。所以,当国际投资者的避税活动超越一国的税收管辖范围时,这种避税活动也就具有了国际意义。

国际避税是避税活动在国际范围内的延伸和发展,是跨国纳税人利用各国税法规定的差别和漏洞,以种种公开的合法手段减轻国际税负的行为。很明显,它与跨国纳税人采取种种隐蔽的非法手段进行的国际逃税(偷、漏税)活动的性质是不同的。

### 二、国际避税产生的原因

避税最初产生的缘由是纳税人为抵制政府过重的税收负担、维护既得利益而进行各种偷、逃税受到严厉的法律制裁之后,寻求更为有效的躲避税负方法的结果。在现代经济生活中,特别是在国际经济活动中,避税问题,尤其是国际避税问题,已十分普遍。特别是在第二次世界大战以后,随着跨国公司的大量兴起和迅猛发展,国际避税活动更为

活跃,手段也更加复杂,问题日益突出。避税之所以能够广泛产生并在世界范围内得到迅猛发展,其原因不外乎有内在动机和外部条件两个方面,即国际避税存在主客观两方面原因。

(一)跨国纳税人追逐最大利润是产生国际避税的内在动机

从主观上说,利润最大化是所有从事生产、经营、投资活动的纳税人都追求的共同目标。跨国纳税人更是如此。通常情况下,即在所得一定的情况下,纳税越少,获利越多。所以,跨国纳税人企图通过减轻纳税义务来尽可能地增加其税后利润,这已成为实现其经营战略目标的一个重要方面。据美国联邦税务局1983年对1 034家公司企业(含生产企业、服务业企业和商业企业)就到税收优惠地区从事经营活动愿望所做的调查显示,有934家公司企业表示愿意前去从事其生产经营活动,且原因主要是税负轻、纳税少。同样,1987年我国对143家国有企业、集体企业和个体经营者所做的调查表明,有112家企业有到经济特区、开发区及税收优惠地区从事生产经营活动的愿望和要求,且主要原因也是税负轻、纳税少。可见,纳税人躲避纳税义务的愿望与要求是非常普遍和强烈的。而减轻纳税义务的方式很多,包括隐蔽式的非法偷税、逃税和公开式的避税。但是,如果跨国纳税人以偷税、逃税的方式来减轻税负,不免会招致有关国家政府当局的严厉打击,使其声誉扫地,钱财受损,结果得不偿失。因此,许多跨国纳税人都不愿以这种风险太大的方式来减轻税负,而乐意以避税的方式来实现这一目标,因为避税既不违反税法规定,不致遭到法律的严厉打击,又可获额外收益。可见,减轻税负最有效而又风险不大的方式莫过于避税了。所以说,国际避税产生的内在动机,或者说主观原因,就在于从事生产、经营、投资活动的跨国纳税人追逐最大限度的利润的动机。

一个国家的税收制度可能会比较完善,纳税也可能会公正、合理,但对纳税人来说,这毕竟是对其劳动的一种社会占有和经济利益的一种直接损失。"为什么要纳税?"这是许多纳税人常常提出和关心的问题。尽管政府对纳税的必要性与重要作用也作了充分的阐述和强调,尽管在税款利用过程中,纳税人利益的"返还"也占不小的比重,但是,纳税人往往又以自我为中心,特别是在市场经济条件下,市场经济活动的每一个"分子"几乎都非常关注其自身的经济利益,其行为活动也往往围绕着这一"中心"进行,而对税收给其带来的直接或间接社会经济利益等作用感觉不到或感觉不明显。许多纳税人埋怨向政府纳税已有10年、20年,甚至更多的时间,可就是得不到回报。所谓"回报",就是政府为纳税人提供相应的、充分有效的服务。在他们看来,税收意味着政府占有,是一种只取不予的行为。这种意识普遍存在于世界各国的一些纳税人头脑中,特别是在那些不惜动用大批财力、物力为少数人及某些特殊阶层大肆兴建豪华、奢侈场所以及对外"打肿脸充胖子"的国家,纳税人的这种感觉更为明显。由此可见,对政府来说,用什么方式、在多长时间内为纳税人提供有效服务,使纳税人感受到纳税能给其带来社会经济好处,才是有效防范或抑制纳税人躲避或逃避纳税义务的关键。政府在利用经济理论向纳税人宣传税收的作用、效果以及纳税的重要意义的同时,还应从实处,即从纳税人既得利益方面多加考虑。事实上,纳税人主观上的避税意识在很大程度上取决于政府运用税款究竟能给纳税人带来多少直接、间接利益。如果这种利益能为纳税人感受到(事实上这种利益往往不是很容易感受到的),并使纳税人在一个不太长的时间内感觉到并看到纳税的积极作用,纳税人的纳税意识就会加强,躲避税收的意识就会有所淡化,否则,避税意识就会加强。

### (二)各国税收制度的差别和缺陷是产生国际避税的外部条件

人们常说,内因是动力,外因是条件,只有内因和外因结合,才能有结果。避税也不例外。避税得以成功只有纳税人的主观愿望还不够,还须具有客观条件。从客观上说,造成避税的外部(客观)条件,或者说致使避税成功的客观原因,主要是税法及有关法律方面的不完善、不健全及各种法律和规章制度中的缺陷与漏洞。也就是说,当税法等规定纰漏过多或不够严密时,纳税人的主观避税愿望就有可能通过对这些税法不足之处的利用得以实现。在国际税收领域,这些漏洞和缺陷主要包括国家与国家之间税收制度的差异以及由此引起的税收负担轻重的差别。诸如纳税义务确定标准的差异、税率高低的差异、税基宽窄的差异、避免重复征税方法的差异、税收管理水平的差异等。正如《多国性企业通论》一书所指出的那样:"多国企业之经营,涉及多国政府之税法及税率,多国企业为整个公司权益计,自当尽量设法减低税收负担。故'政府的职务是拟订法令,我们的职务是找寻漏洞',似为所有多国企业财务人员之共同课题。"这种参差不齐的税收及其漏洞主要表现在以下几个方面:

1. 纳税义务确定标准的差异

应当看到,当今世界各国对跨国纳税人都有不同的纳税规定。几乎所有的国家都实行了收入来源地管辖权,即对来自本国境内的收入或发生在本国的经营活动行使征税权力;多数国家则在实行收入来源地管辖权的同时,还兼行居民管辖权,即兼对从事经营活动的本国居民企业、经济组织和居民个人来自本国境内和境外的全部收入一并行使征税权力;有些国家则在实行收入来源地管辖权的同时,兼行公民管辖权,即兼对本国公民来自各国的收入行使征税权力;有些国家或地区只实行收入来源地管辖权;还有少数国家则兼行上述三种税收管辖权。不仅如此,各国在行使税收管辖权时,对纳税义务的确定标准也有差异,除公民身份的认定是以是否拥有某国国籍来判定外,对收入来源地和居民的判别标准,各国税法均有自己的规定。所有这些不同的纳税规定,在客观上都常常成为跨国纳税人选择最有利于自己的纳税制度和法律规定,以回避跨国纳税义务的重要外部条件。

2. 税率的差异

众所周知,税率是税法的核心,它反映了税收负担的基本状况。在各国的所得税制度中,采用的税率大致可以划分为比例税率和累进税率两种,而税率高低的幅度和应税所得级距的大小,各国的规定又相差很大。因此,这种税率上的差异,客观上也为纳税人对纳税避重就轻的选择创造了前提条件。这种税率上的差异具体表现在以下两方面:

一是税率高低的差异。在一国的税率较其他国家的税率明显为低的情况下,居住在高税率国家的纳税人就会利用这种差异,设法将其所得转移到这个国家去,获取低税待遇的好处,避免了原所在国高税的压力。

二是税率结构的差异。当一个国家采用比例税率,其他国家采用累进税率时,即便后者的最高税率要较前者为高,但有可能实际税负较前者为轻。因此,采用不同的税率,对投资者有不同的吸引力,客观上也为纳税人选择避税场所提供了条件。

可见,各国税率上的差异,是避税行为形成的外部原因之一。如果各国均采用相同幅度的同种税率,则避税行为就会有相当程度的减少,然而,这几乎是不可能的。

3. 税基的差异

税基是指某一税种的课税依据。在所得税中,税基即为应税所得。各国税法对应税所得计算的规定差异很大,比如什么项目的所得应列入应税所得的范围、什么样的收入可以列入扣除的项目,各国的规定都有差异。一般来说,税收优惠越多,税基越小、越窄;反之,税收优惠越少,则税基越大、越宽。在税率确定的条件下,税基的大小、宽窄决定着税负的轻重。

因此,各国税法对税基的不同规定就意味着某一纳税人的某项所得在一国不能扣除,而在另一国却可能获得扣除的待遇,于是为纳税人避税提供了机会。

4. 避免双重征税方法的差异

跨国避税除上述原因外,各国税制或税收协定中规定的避免双重征税方法的差异,也是跨国避税行为产生的外部条件之一。为避免双重征税,许多国家都采取了一定方式,有的采用抵免法,有的采用免税法,有的在某些税收协定中规定了税收饶让。在适用免税法和税收饶让的前提下,就可能为纳税人创造避税机会。某些避税港提供的便利条件就是很好的证明。

5. 税收管理水平的差异

尽管各国对纳税人履行纳税义务作了各种规定,但这些规定贯彻实施的好坏,在很大程度上要取决于执法部门的理解、判断及执行情况。税务部门的工作效力、管理水平以及税务人员的素质、水平、能力的不同,客观上也为纳税人避税提供了外部条件。在实行少优惠、严管理的国家,纳税人通过缩小税基避税的可能性就会减少,而在实行多优惠、松管理的国家,即便名义税率较高,但由于管理水平的低下,也会使纳税人的实际税负低于名义税负,于是也客观地起到了鼓励纳税人利用松管理国家避税的作用。

6. 避税港的存在

在国际社会中客观存在的高税国(区)和低税国(区),已成为跨国纳税人避税的重要信号导向。近二十年来,低税国、低税区,特别是避税港的发展,充分表明它们具有磁铁般的吸引力和很强的诱惑性。许多国家纷纷效仿,它们为增加本国、本地区的投资和经济繁荣,不惜牺牲眼前利益,对本国已有的税收制度及税法规定进行调整,甚至确定一系列经济特区、开发区、投资优惠区等,以吸引众多的外国企业和个人,从而使跨国避税的条件和机会大大改善与增加。

上述种种差别,客观上都为跨国纳税人进行国际避税创造了前提条件。也就是说,在现代国际社会中,由于国家之间很难在税法及税收制度上实行完全一致的内容和标准,从而使跨国纳税人拥有选择纳税的条件和机会。当国内税负标准高于有关国家税负标准时,跨国纳税人就会利用这些差异设法回避国内纳税义务,而当有关国家税负标准高于本国税负标准时,跨国纳税人又会采取截然相反的措施。总之,跨国纳税人一旦拥有选择纳税的权利和机会,就会采取避重就轻的纳税抉择。

此外,跨国避税活动的形成,客观上还有一些非税原因。例如外汇管制方面的宽严程度以及公司法、移民法、银行保密条例、通货膨胀等方面的差异,也都会对跨国纳税人的国际避税行为产生重要影响,即可能引起纳税人或课税对象由一国向另一国转移。不过,这种转移与因税收因素引起的转移还有一定程度的区别。

### 三、国际避税的特点

避税作为商品经济社会的特有现象,是随着商品经济的发展而发展,随法制建设的不断健全、完善而逐渐演变的。战后,世界经济迅速恢复并持续在一个相当长的时期内以较高速度向前发展,国际经济一体化趋势逐步形成,跨国公司企业飞速发展。各国的企业家、商人在不断研究本国经济法和税法的同时,也倾注了大量精力研究各国税制和国际税收,避税活动迅速扩展到整个国际社会。从世界各国的避税活动来看,国际避税具有显著的特点或特征。

(一)国际避税与国内避税相互交织和促进,使得国际避税更为复杂

国际避税、逃税与国内避税、逃税是相互联系的,国际避税与逃税对于有关国家的财权利益和跨国纳税人的税收负担所带来的后果并没有什么区别,但两者的性质却和国内避税、逃税一样,都是通过公开的"合法手段"或隐蔽的非法手段来实现减轻税负的目的。所不同的是国际避税与逃税跨越了国家税收管辖范围,具有了国际的因素,而且一般都会涉及两个或两个以上国家的税收权益。所以,国际避税与逃税问题,较之一国国内的避税与逃税情况,也就更为复杂,矛盾也更加突出。这种复杂性,很重要的一点就是国际避税与国内避税相互交织和促进。

众所周知,在商品经济发展初期,人们的经济活动多限于一定的地域范围内,公司、企业间的跨国联系很少。因而企业的避税活动多局限于一国范围内的少数企业,即此时的避税基本上为国内避税。只是到了商品经济发达时期,国际经济贸易不断发展,公司、企业纷纷到海外投资、经营,跨国公司蜂拥而上,人们的经济活动以及避税活动才大量超越一国范围而进入国际范围,避税实践也就普及于多数企业,即此时的避税既有国内避税,也有国际避税。

---

✍国际视点✍

#### 国际避税与国内避税实践

20世纪20年代和30年代,英国的一些企业曾利用海外殖民地的某些特权生产、贩运某些产品来躲避英国当时开征的出口关税。法国、荷兰的一些企业也曾有过这样的记录。而50年代以后,特别是60年代和70年代,西方国家及一些发展中国家的企业已不再仅仅局限于躲避本国的关税或销售税了,而是在跨国经营及跨国所得等方面极力避免缴纳国内、国外税收,成为国际避税的极度追求者和受益者。而且,避税实践也已不再仅仅是少数纳税人偶然的经济行为,而成为许多纳税人特别是跨国纳税人的一项普遍的社

会经济活动了。很明显,国际避税虽然是国内避税在国际范围内的延伸和发展,但它与国内避税又是相互交织、相互促进的,并使国际避税问题更加复杂化。

### (二)避税港及低税区的存在和发展使避税具有国际普遍性

当今世界,各国的经济发展很不平衡,为更多地吸引外国资金和技术发展本国经济,许多国家特别是一些发展中国家,制定了各种税收优惠及鼓励政策,甚至不惜开辟自由港、免税区来吸引外国投资者。据统计,20世纪80年代初期,国际上共有自由港350多个,遍及75个国家和地区;低税区则多达数千个,几乎遍及世界各国。美国是世界上这类地区最多的国家。这些自由港、低税区为避税的国际化和普遍化创造了条件。到这些地方来投资经营的企业家、商人不仅获得了额外的收益,促进了当地经济的发展,更重要的是,其示范效应致使更多的国家和地区效法,从而使避税活动得以普遍扩展。

### (三)会计师、律师、税务师事务所的出现使国际避税具有专业性

现今世界避税活动的普及,已使避税由原来的偶然、自发的经营行为逐步演变成为经常、自觉、有意识的专业化经济活动。国际避税已不再仅由某个企业或某个人独立完成,而要借助社会专业力量和依靠专门从业者的知识、智慧。在许多国家,避税已成为一种职业,如20世纪90年代初期,美国有专门为企业服务的会计师、律师和税务专家多达1万人,我国税务咨询人员也有1万多人,在欧洲、南美洲及亚洲,已有越来越多的律师和会计师加入这一行列,成为避税专家。会计师事务所、律师事务所、税务师事务所的出现已成为企业避税的主要依靠力量,借助这些力量,企业可以轻而易举地躲避可纳可不纳的税收,而不需自我研究、分析税法中的不完善方面及缺陷。

### (四)运用财务和非财务手段实现避税已成为国际避税的又一重要特征

纳税人最初的避税活动,往往是通过财务手段,利用税法不及的方面实现少纳税或不纳税。随着避税条件的不断变化和税法、税收政策、税收征收管理等方面避税机会的日渐显露及广泛利用,原有的单一财务手段已为财务和非财务手段并用所替代,并成为名副其实的企业经营行为。在纳税人的避税活动中,非财务手段的运用已接近甚至超过财务手段的运用,并有继续发展的趋势。

总之,经过第二次世界大战后几十年的发展,国际避税已成为一种普遍的国际经济现象,并成为各国政府及经济界普遍关注的企业行为。

## 第三节 国际避税的基本手段

在国际经济活动中,国际避税的表现形式多种多样,跨国纳税人利用各国税收的差异进行避税的手法更是形形色色。他们可以通过迁出、虚假迁出或不迁出高税国,进行人员流动,以避免税收管辖,实现国际避税;通过把资金、货物或劳务转移或不转移出高税国,进行课税客体的流动,以实现国际避税;利用有关国家或国际税收协定关于避免国际重复征税的方法进行避税;利用国际避税地进行避税;等等。在这些千差万别的国际

避税手段中,跨国纳税人经常运用的手段就是"转移"和"控制"。

### 一、转移手段

转移手段的核心问题,就是设法将公司的财产和所得转移到税收待遇尽可能符合自己需要的地方去,其重要表现形式是转让定价。当然,在某些情况下,财产和所得的转移并不绝对与避税有关,而是与企业的经营管理活动发生联系,如为把赚到的钱汇回母国,要逃避所在国的外汇管制,仍需运用转移手段。同时,各国税务当局在某些情况下也认为公司内部关联各方的交易价格是正常且合法的,但前提条件是交易价格的确定必须以独立核算原则为标准。

### 二、控制手段

跨国纳税人还可运用控制手段,在国外设立控股公司、国外子公司和分支机构,并通过对这些经济组织的操纵和控制,进行有利于避税的活动安排。如尽量减少国内对营业利润或投资所得的征税;在所得总量不变的情况下尽量扩大外国来源所得,从而可以获得较多的外国税收抵免限额;尽量减少国外营业利润或投资所得的征税;等等。这些避税活动常与税收协定和避税港发生联系。

转移手段和控制手段是相互联系的,彼此没有绝对的独立界限。在某些情况下,转移手段之所以能实现,往往有赖于控制手段的作用,而运用控制手段的目的,又通常是为转移手段的顺利实现提供了前提条件。两大手段的共同作用,都是为实现国际避税目的服务的。

## 第四节 国际避税的一般方式

### 一、采取人员流动避税

在国际税收领域,以人员流动或转移方式躲避跨国纳税,具有极其广泛的内容,它不仅包括自然人和法人的跨国迁移,而且还包括一个人在一国中设法改变其居民身份,避免成为税收居民等做法。

#### (一) 转移住所

由于大多数国家规定对在本国拥有住所和居住达一定天数的人的一切收入拥有征税权,所以跨国纳税人可以采取将其居住地由高税国向低税国流动的方式来躲避高税国政府对其行使居民管辖权。其具体方法是:将个人住所或公司的管理机构真正迁出高税国;利用有关国家国内法关于个人或公司的居民身份界限的不同规定或模糊不清,实现虚假迁出,即仅仅在法律上不再成为高税国的居民;通过短暂迁出和成为别国临时居民的办法,以求得对方国家的特殊税收优惠。

1. 个人住所的转移

许多国家(如日本、德国等)把在本国拥有永久性住所或习惯性住所的人确定为本国居民,对其国内外的全部所得行使征税权。因此,纳税人可以通过迁移住所的方法避免成为某一国居民,从而可以躲避或减轻纳税义务。例如,居住在高税国家或高税区的人可以设法移居到低税国(区)或无税国(区),使其在住所的判定上,成为事实上的低税或无税国(区)居民,从而仅就其世界范围所得承担低税或无税国家的纳税义务,可以减轻所得税、遗产税和财产税的负担。

在国际上,出于避税目的的移居往往被视为"纯粹"的移民,躲避重税负也是各国所允许的。通常,采用住所迁移的人多是已离退休的纳税人和在一国居住而在另一国工作的纳税人。前者从原高税国(区)居住地搬迁到低税国(区)居住地,以便在支付退休金税收和财产、遗产税收方面获得好处,如将住所迁移到避税港或自由贸易区、经济开发区等;后者以躲避高税负的压迫为目的。这种以迁移居住地的方式躲避税收的行为,一般不会涉及过多的法律问题,只需具有一定的准约迁移手续即可。可见,以住所转移或移民方式实现避税的纳税人必须使自己成为(至少在形式上成为)"真正"的移民,避免给政府一个虚假移民或部分迁移的印象。但这种虚假迁移或部分迁移在现实生活中也是客观存在的。所谓虚假迁移是指纳税人为获得某些收入和某些税收好处而进行的短期迁移,如迁移时间仅有半年、1年或2年。对这种旨在回避纳税义务的短期迁移,许多国家都有一些相应的限制措施。譬如荷兰政府明确规定:凡个人放弃荷兰居住而移居国外,并在一年内未在国外设置住所而回荷兰的居民应属荷兰居民,在此期间发生的收入一律按荷兰税法纳税。所谓部分迁移是指纳税人并未实现完全迁移,而仍与原居住国保留某种社会和经济联系。譬如在原居住国仍留有住所、银行账户,并参与某些社会经济活动等。这些不彻底的迁移往往为政府留下课税的依据,使跨国避税流产,甚至冒双重课税的风险。因此,跨国避税必须防止短期迁居或部分迁移。

2. 公司居所的转移

就避免成为税收居民而言,公司避税与个人避税有相似之处。如前所述,在实行居民管辖权的国家里,判定公司企业居民身份的居所标准主要有注册登记所在地、总机构所在地、实际管理机构所在地等标准。这些不同的标准,以及这些标准的具体规定,为公司企业进行国际避税提供了前提条件。如在采用总机构或实际管理机构所在地标准国家的公司,可以将其董事会的开会地点移至低税或无税国,使之合法地不成为该国的居民公司,从而无须承担该国的无限纳税责任。又如,在采用登记注册所在地标准的国家,只消改变公司登记注册地点,即可不成为该国居民公司,而不必承担其无限纳税义务。譬如在美国,凡在该国登记注册的公司企业,均是该国居民公司企业,要就其世界范围所得向美国纳税。假定某企业在美国登记注册,每年从国外子公司处取得一笔股息,因而按规定要就这笔股息向美国纳税。为回避纳税,该企业可以变更登记注册地点,而不成为美国企业。这样,对该企业从国外子公司处取得的股息,美国税务当局就无法凭借居民管辖权或公民管辖权对之征税了。可见,公司企业利用居所转移躲避纳税义务的一个重要核心就是消除使其母国或行为发生国成为控制和管理地点的所有实际特征,实现公司居所"虚无化"。

✍国际视点✍

### 法国弗尔钢铁股份有限公司的避税实践

法国司弗尔钢铁股份有限公司避免在英国具有居所,从而躲避了英国纳税义务。该公司是以下列方式和手段避免成为英国纳税义务人的:一是公司中的英国股东不允许参与管理活动,英国股东的股份与影响和控制公司管理的权利分离,他们只享有收取股息、参与分红等权利;二是选择非英国居民做管理工作,如经理、董事会成员等管理人员;三是不在英国召开董事会或股东大会,所有与公司有关的会议、材料、报告等均在英国领土外进行,档案工作也不放在英国国内;四是不以英国电话、电信等有关方式发布指示、命令;五是为应付紧急情况或附带发生的交易行为等特殊需要,公司在英国境内设立了一个单独的"服务性"公司,并按照核准的利润率缴纳公司税,以免引起英国政府的极端仇恨。事实表明,法国司弗尔钢铁股份有限公司的这些做法十分有效。据报道,1973—1985年这12年期间,该公司成功地规避了英国应纳税款8137万美元。

对大型跨国公司企业来说,因为多数国家采用总机构或实际管理机构所在地标准判定居民公司身份,更由于其收入来源于世界各地,因而若将总机构设在高税国,就得付出承担高税负的代价;而若将总机构设在巴拿马、中国香港地区一类仅实行收入来源地管辖权的国家或地区,由于这类国家和地区对来自境外所得不征税,且来源于境内所得的税率定得也很低,那么整个公司企业的税收负担就可降到最低点。当然,公司企业住所设在何处,也不仅是税收一个因素所能决定得了的,但将住所由高税国转向低税国,可以减轻整个公司企业的税收负担,却是个不容置疑的客观事实。

(二)税收流亡

在实行居民管辖权的国家里,对个人居民身份的确立,除了采用上述的住所标准,不少国家还采用时间标准,即以在一国境内连续或累计停留时间达到一定标准为界限。而对居住时间的规定,各国也不尽一致,有的规定为半年(183天),有的则规定为一年(365天)。这就给跨国纳税人避税提供了可利用的机会。他们可以自由地游离于各国之间,确保自己不成为任何一个国家的居民,既能从这些国家取得收入,又可避免承担其中任何一个国家的居民纳税义务。例如,甲国规定凡在该国连续或累计逗留时间达一年以上者,为其居民。而乙国对这一居住时间的规定也为一年,丙国则规定为半年。这样,纳税人就可以通过在这些国家之间缩短居住时间,即把在这些国家停留的时间压缩到短于征税规定的天数,在甲国居住10个月,在乙国居住9个月,然后再到丙国逗留5个月或更短的时间,从而可以合法地避免成为这些国家的居民。甚至有些纳税人根本不购置住所,而通过旅游的方式,如在旅馆、船舶、游艇等场所,以躲避有关国家的居民税收管辖。

同样,在实行收入来源地管辖权的国家里,纳税人也可以设法避免承担非居民纳税义务。各国对临时入境者和非居民大多提供税收优惠,免税项目所占比重很大。所以当个人被派往其他国家从事临时性工作时,常常可以享受某些税收优惠待遇。而提供这些优惠税收待遇的国家,往往是根据这些被派出人的临时性和非居住性决定具体的优惠内容。许多国家对这种临时性和非居住性的确定是以人员在这些国家逗留的时间长短为标准,即对非居民取得收入的来源地的确定及征税,要以非居民在本国停留的时间达到有关征税起点时间为标准。而各国对这种停留时间的规定也不一致,有的规定为90天,有的则规定为183天。达到或超过这个时间起点规定,即可对之行使收入来源地管辖权,否则应免征其个人所得税。例如,美国政府规定,凡外来者在美国居住期不超过3个月的,对其获得的美国收入也免于征税。又如,巴基斯坦规定,凡在巴基斯坦居住期限小于9个月者一律免征其有关的收入所得税。我国也规定,外国人在中国境内居住时间不满90天的,对其境外雇主支付的所得免征个人所得税。此外,还有一些国家对未有本国正式公民或居民身份的人一概称为"临时入境者",这些人在被确认为"完全"的公民身份或居民身份之前一概不负有纳税义务。比如,美国对居民实行"绿卡"制,未获得"绿卡"者均为"临时入境者"。美国税法对"临时入境者"并没有规定任何纳税义务。所以凡以"临时入境者"进入美国境内的外国人,都可以不向美国纳税。可见,在这种条件下,若某个跨国纳税人不断变换其居住地点,不停地从这个国家流动到那个国家,在各国的停留时间均不超过该国规定对非居民征税的起点时间,则连有关国家的收入来源地管辖权也躲避了。

此外,对于跨国公司来说,也可以通过住所的改变,使其成为无居住国的公司,从而不必承担任何国家的无限纳税责任。例如,目前我国以总机构为标准判定公司的居民身份,而美国以登记注册地为标准判定公司的居民身份,若某公司利用两国税收上的这些差异,在我国登记注册(假定其总机构不设在我国境内),而将总机构设在美国(假定其不在美国注册登记),于是,该公司在法律上既不是我国税收上的居民公司,也不是美国税收上的居民公司,两国都只能按来源地管辖权对该公司取得的来源于本国的所得进行征税,而不能按居民或公民管辖权对其世界范围所得征税,从而该公司可以达到避税目的。

上述避税行为,在国际税收领域里通常被称为"税收流亡"或"税收难民"。

**税收流亡**是指为了躲避纳税而放弃居民身份,常年不断地从一个国家迁移到另一个国家的现象。

(三)利用税收协定避税

在国家间签订的税收协定或条约中,通常都有对缔约国双方居民所享有的优惠条款规定,如降低来源国对居住国居民投资所得的预提税税率、对某些所得项目的减免税等。并且在所有的国际税收协定中,都明确规定只有缔约国居民才有资格享受协定中规定的优惠待遇。作为缔约国的非居民(第三国居民),是不能享受协定优惠待遇的。然而,在当今的国际经济活动中,这种非居民跨国纳税人往往通过种种巧妙的手段,设法改变其居民身份,作为协定中规定的适用人之一享受有关条款的优惠待遇,从而达到减轻国际税负的目的。国际上人们一般把这种税收协定缔约国的非居民享受税收协定中优惠待遇的现象称为税收协定的滥用。

缔约国的非居民通过利用税收协定,主要是躲避来源国所征收的营业利润所得税以及股息、利息、特许权使用费的预提税。

在常设机构营业利润征税问题上,税收协定明确规定,一个营业场所被一国认定为常设机构后,该国即可按国内税法的规定对其营业利润征收所得税,否则,该项营业利润就应该仅由其所属公司的居住国征收公司所得税。为此许多跨国公司为避免缴纳过多的税收,常常利用税收协定中该类条款的规定,精心编制其税收计划,达到享受协定待遇的目的。

### 案例 6-1

【背景】 甲国 A 公司计划在乙国、丙国和丁国销售其产品,销售活动将交由一位独立代理人 B 进行,为能不失时机地接受订单,B 要求掌握部分现货。

【分析】 按理讲,该代理人 B 和其掌握的现货可以安排在乙国、丙国、丁国中的任何一个国家。但是,根据甲国与乙国签订的税收协定,能够经常接受订单并拥有库存的独立地位代理人,将构成常设机构,从而乙国可对 A 公司在乙国销售产品取得的利润征收所得税。而甲国与丙国、丁国签订的税收协定,并没有做出类似规定,从而使 A 公司的销售代理人 B 在丙国或丁国不具备常设机构的地位。因此,A 公司若希望 B 能代理其销售业务,拥有库存并经常接受订单,又能减少纳税,只消简单地将代理人 B 及部分产品安置在丙国或丁国,即可达到避税目的。

【评述】 在常设机构营业利润的征税问题上,利用税收协定可以达到避税目的。

在投资所得的征税问题上,利用税收协定也能达到避税目的。

### 案例 6-2

【背景】 美国某家公司计划在与美国没有签订税收协定的甲国组建一家子公司,并通过这家子公司在甲国从事营业活动。

【分析】 根据甲国的税法,凡甲国公司向外国股东支付股息,均要征收 40% 的预提所得税,因此该家美国公司获得来源于甲国的股息所承担的所得税就无法全部在美国获得抵免。但是,甲国与乙国缔结了税收协定,协定中规定甲国对本国公司向乙国股东支付的股息只按 15% 的税率征收预提所得税。而乙国税法规定对境外所得不征税,并且根据它与美国签订的税收协定,乙国公司向美国的母公司支付股息只需缴纳 5% 的预提税。因此,该美国公司就可以把在甲国组建的子公司的全部股票交由在乙国的子公司掌握,使甲国子公司在法律上成为乙国子公司的子公司,从而可以将税收负担由 40% 降至 19.25%[15%+(100%−15%)×5%]。

【评述】 在投资所得的征税问题上,利用税收协定也能达到避税目的。

同样,个人也可以通过利用税收协定的方式躲避应缴纳的所得税。

## 案例 6-3

【背景】 W是美国的非居民外国人,其居住国并未与美国签订税收协定。现W想在美国购买股票,但在没有税收协定的情况下,其取得的股息就要在美国缴纳30％的预提所得税。

【分析】 为躲避缴纳这项预提所得税,W在荷属安的列斯群岛建立一家公司,并由这家公司购买美国的股票,那么,根据美国与荷属安的列斯签订的税收协定,W通过这家公司取得的股息就只需缴纳15％的预提税。

【评述】 个人也可以通过利用税收协定的方式躲避应缴纳的所得税。

### 二、通过资金或货物流动避税

在国际税收领域,纳税人不仅可以通过人员的流动来实现跨国避税,而且还可以通过资金、货物或劳务等的跨国流动来达到国际避税的目的。一般来说,以人员流动的方式进行国际避税,有时会招来某些麻烦,因为这种流动方式似乎过分显眼和直接明了,往往被有关国家税务当局盯得很紧,而且有关国家对此还有种种严格的附加限制。相比之下,以资金、货物或劳务流动的方式进行国际避税,则具有错综复杂、无处不在的特点,其产生的避税效应往往也比人员流动产生的效应好。纳税人(主要是公司、企业)的国际避税,主要是通过把资金、货物或劳务等转移出高税国的方式,通常是利用常设机构和子公司以及所在国其他税法规定等进行流动。

(一)利用常设机构流动

对于"常设机构"的概念,各国的认识不尽一致。不过,许多国家已使用"常设机构"的概念来确定对在本国的非居民个人或非居民公司企业的利润进行征税。这个词不仅在有些国内税法中出现,而且在某些国家之间签订的避免国际重复征税的双边或多边税收协定中也时常可见。《经合发范本》对常设机构的概念做了实质性的说明,即"企业进行全部或部分经营活动的一个固定经营场所"。这种观点主要是基于发达国家中普遍流行的居住地优先的原则。而对常设机构规定更广泛的含义,已成为当今越来越多的遵循收入来源地原则的发展中国家所采取的做法。在这些国家,有进行经营活动的场所即可认为有常设机构,并对其利润征税。

一般说来,不论是按照《经合发范本》的定义,还是按照较广泛的定义,一个事实上的常设机构要想躲避其纳税义务,都是比较困难的。根据《经合发范本》的定义,判定跨国纳税人有无常设机构并确定其纳税义务,可以采用有形联系因素,如一处生产管理场所、一所办公室、一座工厂等。即使找不到这些有形物质联系因素,也可以采用法律等因素加以综合判定。只要一个人代表非居民纳税人在一国中行使签订合同、接受订单的权利,就可以认定非居民纳税人在该国有常设机构。尽管如此,许多国家的税法中,特别是在国家间的税收协定中,却规定了大量免税的常设机构经营活动,如货物仓储、存货管理、货物购买、广告宣传、信息提供或其他辅助性营业活动等。这些特殊的税收优惠规定,就为跨国纳税人通过建立常设机构来转移资金、货物或劳务,进行国际避税活动提供了各种渠道。

在我国分别与美国、加拿大、比利时、丹麦、泰国、新加坡等国签署的《关于对所得避免双重征税和防止偷漏税的协定》中明确规定,对下列内容不能视为常设机构:一是专为储存、陈列、交付本企业货物或商品的目的而使用的设施;二是专为储存、陈列、交付的目的而保存本企业货物或商品的库存;三是专为另一企业加工的目的而保存本企业货物或商品的库存;四是专为本企业采购货物或商品,或者搜集情报的目的所设的固定营业场所;五是专为本企业进行其他准备性或辅助性活动的目的所设的固定营业场所;六是专为第一项至第五项所述活动的结合所设的固定营业场所,如果由于这种结合使该固定营业场所全部活动属于准备性质或辅助性质。这些协定中还明确指出:缔约国一方企业仅通过经纪人、一般佣金代理人或者任何其他独立代理人,在缔约国另一方进行营业,如果这些人按常规进行其业务本身,不应认为该缔约国一方企业在缔约国另一方设有常设机构。同时缔约国一方居民公司控制或被控制于缔约国另一方居民公司或者在该缔约国另一方进行营业的公司,此项事实不能据以使任何一方公司构成另一方公司的常设机构。上述内容的规定为跨国纳税人提供了许多好处,他们可以根据所从事的一项或多项免税活动实现避税,有时也可以利用服务公司或与子公司一起转移货物、劳务、利息、特许权使用费、管理费用等,还可以利用常设机构转让营业财产和虚构财产租赁,以达到国际避税的目的,有时还可以利用常设机构亏损以及常设机构间的汇率变化,有效地减轻税收负担。

1. 转移货物

当一国的居民公司决定到另一国投资时,可以选择有利的企业组织形式,既可以建立常设机构,也可以建立子公司。从国际避税的角度出发,选择建立从事免税活动的常设机构,对跨国投资者来说是相当有利的。一个跨国公司进行跨国投资活动时,往往需要在若干地方建立常设机构,其中一部分常设机构是从事免税经营活动的。然而却有一些常设机构所在国出于防止滥用免税项目的想法,根本就未列举关于常设机构免税经营活动的项目。在这种情况下,这个跨国纳税人就可以利用常设机构所在国关于免税活动的不同规定,将需要储存或加工的货物从无免税项目规定的国家转移到有免税活动规定的国家的常设机构中去,以达到国际避税的目的。如果跨国纳税人的母公司是建立在避税港或一个没有税收协定的国家,这种做法的效果会更为明显。

✍国际视点✍

**西班牙利尔德纺织服装有限公司的避税实践**

1973年西班牙利尔德纺织服装有限公司在荷兰鹿特丹建立了一个机构,其作用是为该公司搜集北欧国家的纺织服装信息。根据西班牙政府与荷兰政府签署的双边税收协定,这种专门用于信息、情报搜集的办事机构不属于常设机构,因而不承担纳税义务。然而,该公司仅当年就根据荷兰纺织服装市场的供求信息为利尔德公司成交了两笔生意,价值2120万元的适销产品很快运达荷兰鹿特丹。在这个过程中,尽管利尔德公司驻鹿特丹办事处承担所有有关供货合同及确定订货单数量的谈判和协商,但是由于该办事机构最终没有在合同和订单上代表利尔德公司签字,荷兰财税部门也毫无办法,只得眼睁睁地让其避税。

### 2. 转移营业财产

一般来说,一个跨国公司在准备转让或转移其营业财产时,总是要考虑到转出机构所在国与转入机构所在国的不同税负和对营业财产的不同评估及计算方法。利用常设机构之间营业财产的转移,可以尽量减少现在的或将来的纳税义务。

### 3. 虚构财产租赁

跨国公司企业可以利用与常设机构所在国的不同税负,通过财产的虚构租赁,人为地转移其费用,以达到逃避税收的目的。有关这方面的具体内容请参阅本书第七章中"虚设避税港信托财产"部分。

### 4. 转移劳务

总机构向海外常设机构,或常设机构之间相互提供的劳务,如技术上的或一般的劳务服务、广告宣传或推销活动等,由于这些转移劳务支出一般不准许从被转入机构的所得中扣除,因此,可以被高税国的转出机构加以利用,以达到避税目的。

### 5. 转移利息、特许权使用费

对于总机构与常设机构之间或常设机构之间支付的利息、特许权使用费和其他类似的费用(指不包括特许权使用费在内的、为使用非专利技术和商誉等而支付的费用),在国际上通常不允许作为费用扣除,因为总机构与常设机构之间很容易利用相互间资金、技术的提供与使用转移成本和利润,禁止它们之间的这种"虚假"支付,对防止利息、特许权使用费等的不合理支付有重要作用。然而这种规定对银行和其他金融机构也有例外。如总机构向银行或其他金融机构借钱,再贷给其海外常设机构作为费用开支或投资,这个常设机构所承担的利息就能够从所得中进行扣除。不仅如此,与使用这笔贷款有关的利息支出也可以在这个常设机构利润中列支。常设机构对第三方所做的支付,只要有一部分与该机构活动有关,在计算利润时就可以按相关的比例做扣除。但是,这些原则性规定在实际工作中却很难准确把握。这种支付与常设机构活动究竟有无关系,相关性又有多大,所有这些规定,都有可能被跨国公司利用来在其海外常设机构之间入手,大做文章,把不予扣除的和允许扣除的混在一起打入成本,冲减利润,减少纳税。

✍国际视点✍

#### 新加坡银华热带植物加工有限公司的避税实践

新加坡银华热带植物加工有限公司在巴西、印度、印度尼西亚均设有常驻机构。1986年该公司通过印度尼西亚一家海外金融机构分别向这3个机构提供了11万美元、21万美元和17万美元的贷款,期限均为一年,利息分别为2.9万美元、7.2万美元和3.7万美元,分别超出正常利率78%、133%和48%。尽管该公司获得的利息收入在印度尼西亚按20%的税率缴纳了所得税,但该公司仍得到了避税的好处。

#### 6. 转移管理费用

一个跨国公司通常是把其总机构设于企业的母国,而把其分支机构或常设机构设于其他国家,而它们的主要管理活动,有时是全部集中在总机构进行的。然而,在多数情况下,总是或多或少有一些重要的决策自主权要给予设在其他国家的常设机构。于是,这就产生了一个有关管理费用如何在总机构和这些常设机构之间合理分配的问题。有关国家的税务当局往往也会对此过问,进行调查,了解总机构是否以及在多大程度上是真正为了或代表海外常设机构进行管理活动。如果这种管理活动是真实的,那么又有哪些费用应由海外常设机构负担,并从国外常设机构利润中扣除呢?要找到一个恰当的参与管理尺度是比较困难的。如果这些常设机构是独立于总机构的,它们还可能出于会计核算的要求,在费用之上要求一定的利润。比如,总机构仅对其国外常设机构做指导性工作,一般是不收取报酬的。但为了分配管理费用,可以假定常设机构向总机构支付报酬。如果是一个独立的第三方提供这类服务,其索要的报酬(价格)按一定的利润率肯定会高于实际成本。但这里的总机构与国外常设机构并不是相互独立的,而是有关联的。常设机构从其利润中应拿出多少钱支付给总机构才算合理,实际上很难找到一个完全适用的正常交易标准。这种总机构与其国外常设机构之间的内部交易活动,最容易发生利用常设机构所在国的税率不同进行管理费用的转移,即利用转让价格避税的问题。如向低税国的常设机构支付较高的管理费用,就可以减少在高税率国家的所得,并取得减轻其整个税收负担的好处。当这些活动发生在税负基本一致的国家之间,避税的可能性就会减少,但这种情况是极其少见的,多数国家的税收负担水平是不一致的,甚至相差悬殊,这样就会被跨国纳税人利用,进行管理费用的转移,避税的可能性就会很大。

#### 7. 利用常设机构亏损避税

通常,每个企业都必须计算盈亏。尽管一个跨国公司的高税国常设机构或低税国常设机构的营业损失都可以归入最终计算结果内,但是这两种亏损有时会产生很不一样的结果。这是由于每个国家对待企业亏损的规定(以营业损失冲抵利润)很不一致,所以通常在最有利国家的一个常设机构和在最有利的时候出现亏损,可以有效地达到减轻税负的目的。

#### 8. 利用常设机构之间的汇率变化避税

一个跨国公司的常设机构,可以分别设在其他若干国家,这些位于不同国家的常设机构很可能是以不同的货币进行结算的,而各种货币汇率的波动是变幻莫测的。一个企业或常设机构盈亏的计算,由于相应汇率经常而剧烈的变动,有时可以人为地得出盈利和亏损两种截然不同的结果,这也可以被跨国纳税人利用来有效地进行避税。

### (二) 利用子公司流动

一个跨国法人对外投资时,除了采取选择建立常设机构形式,还可以选择建立子公司形式。由于一些低税国可能对具有独立法人资格的投资者的利润不征税或只征收较低的税收,并和其他国家广泛签订了税收协定,对分配的税后利润(即股息红利)不征或少征预提税。跨国法人常乐于在这些低税国建立子公司,用来转移利润,躲避跨国纳税。低税国往往也为子公司提供免税期或其他投资鼓励。这样,跨国法人既可以避免在常设机构条件下被居住国补征其不足限额的税款,又可利用母公司所在国税法规定,通过暂不汇回股息,以取得延缓纳税的好处。

### 案例 6-4

【背景】 甲国 A 公司从其乙国常设机构处取得利润 100 万美元,乙国对这笔利润征收了 35% 的所得税,即 35 万美元税款。假定甲国的所得税税率为 40%,对 A 公司取得的这笔国外来源所得应征 40 万美元(100×40%)税款,那么,在抵免制度的情况下,A 公司除已缴纳的乙国税款可获得全部抵免外,还要补缴其不足限额的税款,即补缴 5 万美元(40-35)税款。

【分析】 A 公司从其乙国子公司处取得股息 100 万美元,就可避免上述结果了。常设机构一经取得利润,总机构在同一纳税年度内就要将此项利润在母国汇总纳税。这样,在国外税率低于母国税率的情况下,就无法获得延期纳税的好处。因为母公司所在国税法往往规定,对来自外国子公司的税后利润的股息暂不汇回国内的,可以延缓纳税,即只对汇回国内的股息征税,且多有间接抵免待遇。这样,上述 A 公司从其乙国子公司处取得的 100 万美元股息,如果子公司暂不汇给甲国 A 公司,则可获得延缓纳税的好处。

【评述】 这种避税方式又叫"不合理保留利润"。

### 三、选择有利的企业组织形式避税

当一国企业决定对外投资时,是选择建立常设机构或分支机构好,还是选择设立子公司好,往往需要经过反复权衡利弊,然后做出它们认为最有利的选择。事实上,前面已经讲过,分支机构(包括分公司和常设机构)与子公司往往在享受待遇方面差异很大,在跨国纳税方面也有许多差别,可以说各有利弊。

当一国企业对外投资设立分支机构时,一般可以产生以下好处:一是总机构(包括总公司、总管理机构)直接控制分支机构的经营活动,并负法律责任,在管理上比较方便。可以在分支机构所在地减少许多麻烦,诸如填报账表、审计账目和遵从公司法等,有关财务资料也不必非得公开。二是设立分支机构的法律手续简单,可以免缴当地政府的资本注册登记税和印花税。三是可以减少甚至没有员工参与其活动。在股份投资中,也不会像子公司那样要求外国参股的最低额和最高比例。四是有机会时可以较为容易地实现转让定价。五是可以避免对利息、股息、特许权使用费征收预提所得税。六是一般情况下可以将税后利润转移回母国。七是可以享用避免国际双重征税的有利形式,如免税法等。八是分支机构在初期发生营业亏损时,可以冲减总机构的总利润。

同样,利用分支机构也会产生一些不利条件,归纳起来主要有:一是在转让定价问题上往往会遇到较多麻烦,因为分支机构作为总机构的派出机构,与总机构同属一个法人实体,它们之间的转让产品、货物及劳务等活动更容易引起有关国家税务当局的关注或怀疑,而被列为调查审计对象;二是不能享受对参股所得免税的优惠;三是在某些情况下，可能承担公布合并资产负债表和损益表的义务，因而对一个分支机构账目的审查，往往会影响或牵涉总机构或其他分支机构；四是若分支机构转为子公司，可能要对由此产生的资本利得承担纳税义务，而且这种转变还要征得税务部门和其他部门的同意；五是分支机构一般不能享受当地政府为子公司提供的减免税优惠及其他投资鼓励；六是分支机构一旦取得利润后，总机构就须在母国纳税，如果分支机构位于低税国而总机构位于高税国，则该机构一般就无法获得低税国给予的减免税好处；七是总机构与分支机构之间支付的利息或特许权使用费不能从利润中扣除，缺乏灵活性；八是当一国通货膨胀、货币贬值时，对分支机构很不利，而子公司则可享受这方面的优惠。

当一国企业对外投资设立子公司时，所产生的利弊恰恰与分支机构相反。由此可见，在选择对外投资的组织形式时，有时的确是令企业决策者为难的。不过，有时两种形式可以交替使用。一种常见的选择方案是，在营业初期以分支机构形式进行经营，当分支机构转盈之后，再转变为子公司。当然，这种避税方案的实施，在某些国家制定了相应的防范措施后，确实有一定难度。下面举一实例来说明选择对外投资组织形式的避税策略。

### 案例 6-5

**【背景】** M 国一家跨国公司 20 世纪 90 年代初欲在我国投资兴建一家芦笋种植加工企业，该公司派遣了一名经济顾问来我国进行投资政策考察。这位顾问在选择中外合作还是中外合资形式投资时，向我国有关部门进行涉外税收政策方面的咨询。最后他个人认为这个项目应采用中外合作企业的形式，并认为不应由该公司投资，而应改由该公司设在 H 国的子公司投资。

**【分析】** 他的这种决定是基于这样的考虑：芦笋是一种根基植物，在新的种植区域播种，达到初次具有商品价值的收获期需 4—5 年，这样就使企业在开办初期面临大的亏损。如果采用中外合资企业的投资形式，在 M 国和 H 国视为股份有限公司，其亏损只能在中外合资企业内部弥补。但如果是中外合作企业，在 M 国和 H 国则被视为负有无限责任的合伙公司，其亏损可以在 M 国总公司内弥补。通过总公司弥补亏损的办法，不仅可以减轻企业开办初期的压力，同时还可以使总公司通过转让定价的办法，减轻总公司的税收负担。假定 M 国总公司 1992 年所得为 1 000 万美元，按 M 国公司税的规定应缴纳 34% 的公司税，即为 340 万美元。假设其投资的中外合作企业应由其负担部分的亏损额为 200 万美元，则 M 国总公司在其 1 000 万美元所得中弥补这部分亏损后，应纳税所得由 1 000 万美元降为 800 万美元，其应纳税款也由 340 万美元降为 272 万美元。也就是说，当总公司拨付给中外合作企业 200 万美元用来弥补亏损时，其中有 68 万美元是从 M 国税务当局得到的减税金额。

该项目改由在 H 国的子公司投资，是这位顾问的又一种避税策略。M 国的公司税税率为 34%，而 H 国的公司税税率则为 40%，假设子公司的所得为 500 万美元，其应纳税款为 200 万美元，如果为中外合作企业弥补 200 万美元的亏损，该子公司就可以少缴纳80万美元的税款。

**【评述】** 与在M国总公司弥补亏损相比，该项目改由在H国的子公司投资，可以多得到12万美元的减税金额。通过这种形式的避税，M国的这家跨国公司没有触犯M国、H国、中国任何一国的税收法律。

### 四、利用转让定价避税

转让定价是现代企业特别是跨国公司进行国际避税所借用的重要工具。在现代经济生活中，许多避税活动，不论是国内避税还是国际避税，都与转让定价有关。在我国，随着对外开放的进一步开展和社会主义市场经济的建立与发展，外商投资企业的避税现象也大量出现，利用转让定价进行避税则是其常见方式。

（一）转让定价及其一般规律

**转让定价**，也称划拨定价，即交易各方之间确定的交易价格。转让定价通常是指关联企业之间内部转让交易所确定的价格，这种内部交易价格通常不同于一般市场价格。

当然，这并不等于所有内部转移交易的作价全都不同于一般市场价格。国际上的许多避税活动都是利用国际联属企业之间的转让交易定价来实现的。这是由于世界各个国家的税收制度中的有关税种、税率和征免以及固定资产折旧摊提、交际费列支等规定都有很大的差异，母公司与子公司之间（包括各子公司之间）、总公司与分公司或总机构与常设机构之间（包括各分公司或常设机构之间），业务和财务联系的广泛性使它们有较大的余地实现产品、货物或劳务的转让。跨国公司利用转让定价方法转移利润进行避税，在很大范围内是利用各国税收差别实现的。

企业、经济实体之间进行的交易活动大致可以分为两类：一类是没有联属关系和经济利益联系的经济实体之间的交易买卖，另一类是有经济利益联系或联属关系的经济实体之间的交易买卖。两者的根本区别在于：在无联属关系的企业（非企业家族成员单位）之间进行交易时，依据的是买方的兴趣、需要、意愿、购买能力及市场供求状况等，由于买卖双方无联属关系，均属独立利益单位，其间交易并无利益纠葛，交易价格也遵从市场竞争原则，收入和费用分配必须合理，这些企业均有单个企业的利益得失，处理其间的日常交易和其他经济往来时任何一方都很难在这类交易活动中的作价方面做文章。因而，试图在这类交易活动中以转让定价方式避税是不可能的。而有联属关系（企业家族成员单位）和经济利益联系的企业经济实体，特别是跨国公司集团，往往受同一利益主体（集团）支配，其间交易有利益瓜葛。它们通常按照其专业分工和协作等方面的要求，在某个国家设立总机构或总部，在其他国家设立分支机构或子公司，实行全球性经营战略，以获得最佳经济效益。它们在对外交易往来时，由于是同非关联的独立企业之间进行的，因而自然会采取正常交易价格。但在其内部或在相互之间经常发生的大量转让交易的价格政策上，它们往往采取与传统市场价格不同的"内部转让价格"，即为确保双方或各方乃至整个集团利益的最大化而在其内部私下确定的价格，如产品价格、劳务价格、贷款利息、租金费、支付方式等。这种交易价格有时可能高于成本，有时可能低于成本，甚至与成本毫无必然联系。联属企业从整个集团的利益出发，处理其间日常交易和其他经济往来，特别是跨国联属企业可利用各国税率等差异，通过转让定价方式在国家之间转移应税所得以图避税。

国际关联企业的转让定价往往受跨国企业集团利益的支配，不易受市场一般供求关系的约束，对商品和劳务内部交易往来采取与独立企业之间的正常交易价格不同的计价标准。这样就有可能人为地扭曲收入和费用在有关国家之间的分配，实现所得的转移，导致关联企业的各个利润中心账簿上所反映的"会计所得"与按照各个所在国税法计算出来的"计税所得"严重偏离。它们往往通过从高税国向低税国或避税地以较低的内部转让定价销售商品和分配费用，或者从低税国或避税地向高税国以较高的内部转让定价销售商品和分配费用，使国际关联企业的整体税收负担减轻。

由此可见，关联企业特别是国际关联企业之间，商品和劳务内部交易的定价，不仅直接影响收入与费用的跨国分配，而且还会严重损害有关国家的税收权益，导致国家之间税收分配关系的矛盾。"利往低处流""费往高处走""税往低处流"是转让定价的一般规律。

值得注意的是，我国外资企业利用转让定价向境外转移利润避税，与上述转让定价的一般规律不相符合。

在中国涉外税负与一般国际平均水平相比较低的情况下，税收为何不往低处流反而往高处走呢？这是一个十分复杂而又值得深思的问题。然而，事实可以充分表明，合资企业进行利润转移对外方有利。因为外方转移出境的利润即使多缴了境外的所得税，却可以独吞税后利润。至于外商独资企业，尤其是母公司如果设在避税地，往往可以在境外虚报行情、捏造凭证、设立假账，使转移出境的利润不在境外如实申报纳税，以达到两头避税的目的。

（二）影响转让定价的因素

国际关联企业的跨国业务在价格制定方面的考虑，较之国内关联企业的国内业务，要更为广泛、复杂，也更有风险。因为一个企业在定价时至少要考虑到两种法律、两个竞争市场和对手的反应，以及两个国家的政府，不论是国内的还是国际的业务经营，定价是决定其盈利性的关键。而事实上任何企业的定价政策和过程又都是相当保密的。转让定价本身是一个中性词，它只不过是充当一般的工具而已。跨国公司利用转让定价可以实现其目的，诸如财务策划、经营策略、避税等，这些都使局外人更加难以取得定价的信息。

一般说来，无关联企业之间交易（如销售）价格的决定，主要是市场人员的责任，其定价时主要考虑诸如买方的需要、嗜好、购买力与偏爱、收益与需求价格弹性、当地所得税与流转税（周转税、销售税）、通货膨胀率以及竞争对手的行动等因素。而联属企业内部交易的定价则更直接地与企业会计和财务人员有关。事实上，企业内部价格经常是由企业组织的最高层领导会同财务会计人员的主要参加者来制定的。其效用是特定的，是其他一些方法所不具备的。其原因也是复杂的，既有内在动因，也有外在动因；既有税收动因，又有非税收动因。概括起来，转让定价主要有以下五个方面的因素：

1. 市场竞争要求关联企业利用转让定价改变资信形象

在市场经济条件下,竞争,特别是国际竞争,是相当激烈的。对于一个真正的关联企业特别是跨国公司来说,其综合国际竞争地位是它在决定价格时所考虑的主要因素。出于竞争的需要,它可能会通过转让定价使某个子公司显示出较高的利润率,以改变其资信形象。或者相反,将子公司的利润人为地压低。

跨国公司在分析其全球竞争地位时,不仅要考虑其国内外市场上销售和投资的可行性,而且要考虑它们相互影响的方式。利用转让定价把利润从高税率国家转移到低税率国家便是一个例子。因为公司内部价格不必等于内部成本,它可能远远低于或高于会计成本,在有些情况下它与实际成本无直接联系。母公司有时可能愿意在高税率国家内表现出亏损而把利润集中到低税率国家内的子公司账上。与这种整体贡献观念相关的定价考虑,首先必然涉及公司内部定价。

2. 逃避外汇管制

在一个完全竞争的市场中,政府对交易行为应是没有影响的,但事实上,今天的贸易与投资活动受到政府、银行的高度管理和控制。政府采取一系列贸易与投资政策来限制或鼓励国际交易的范围、性质和时间的选择。在相当数量的国家中,外汇管制还十分严重。跨国关联企业为了逃避所在国的外汇控管,尽量压低税后利润,走成本费用的渠道,把资金转移出境。因为价格转让可以起到货币转让的效果,跨国公司向境外关联企业转让产品或劳务时,也将得到境外的货币收入,从而就会使其所在国的外汇管制减效或失效。

3. 垄断市场

国际关联企业有时为了控制、垄断市场,会采取母公司向子公司低价供货的方式,使子公司能倾销产品,以打败贸易对手。例如,跨国商业公司可以通过诸如倾销、价格歧视和公司内部定价等做法,来利用其在国内和国际市场上的垄断优势。跨国银行集团也可以通过选择贷款政策、利息率以及有效的国际服务的种类和数量,来影响贸易和投资。当今不完全竞争和信息不对称的市场,为跨国公司的非统一定价提供了充分的机会和足够的刺激。

4. 消除风险

转让定价不仅使有利益关系的实体之间在利益满足上共同受惠,而且在风险方面也因风险随利益均摊而降低。也就是说,关联企业之间不仅愿意共同受益,也愿意共担风险,从而可使双方或多方承担风险的可能性减少了,而且在某些情况下还能有效地抑制竞争对手的竞争压力。

5. 躲避税收

尽管国际关联企业采取转让定价的动因是多种多样的,但其中最主要的可能是出于税收方面的动机。

一方面,转让定价可以使关联企业避免或延迟缴纳所得税,实现整体税负最小化。由于世界各国所得税制在计税依据、税率、税收征管水平等方面都存在差异,特别是所得税税率上的差异,不少国家都实行超额累进制并规定起征点,收入越多,税负越重。跨国关联企业往往在企业集团整体利益的支配下（特别是在某个主要股权者的把持下），精心安排收支项目及其计价标准，通过价格让渡实现利润让渡，降低应税所得额，使其收入降低到适用税率较低的档次或降至起征点以下，从而使价格转出方和接受方在实际税负水平方面趋缓、消失。也就是说，关联企业集团通过利用高税国（区）与低税国（区）的税收差别，把应税所得尽量从高税国（区）往低税国（区）或避税地转移，躲避高税国（区）的税收压力，在税收上避重就轻，达到企业集团总利润即使不变而其税后所得可以大量增加的目的。

另一方面，转让定价也可使关联企业减少从价计征的关税。因为当两个或多个有经济联系的实体有一方或多方发生进出口行为时，可以利用相互间特有的关系（联属关系），通过分包、拆装、增减比量等方式，使实纳关税减少。

综上所述，可以认定，关联企业内部转让定价是关联企业所控制操纵的一种有力工具，它可被用以躲避或实质性延缓缴纳公司所得税；用以减少关税；用以排斥、打击或（在某些情况下）淘汰竞争对手；用以逃避外汇管制以及用以减弱或消除政府货币和财政政策对关联企业的影响等。

（三）转让定价与跨国公司的避税

通常情况下，跨国公司利用转让定价转移利润，都是把利润从高税率国家转移到低税率国家。譬如，高税国母公司可以按低于市场价格甚至低于成本的价格向低税国子公司出售产品，而以高于市场价格的价格从低税国子公司那里购进产品。由此带来的母公司所在高税率国家内的亏损和低税率国家内子公司的巨大盈利，使跨国公司的全球整体所得税负担获得可观的减少。

### 案例 6-6

**【背景】** 某国 M 公司集团的三个公司 A、B、C 分别设在甲、乙、丙三国，三国的公司所得税税率分别为 50%、40%、25%。A 公司为 B 公司生产组装电视机用的零部件。

**【分析】** 现 A 公司以 100 万美元的成本生产了一批零部件，加上利润 30 万美元，本应按 130 万美元的价格直接卖给 B 公司，经 B 公司组装成品后按 160 万美元的总价格投放市场。然而事实上，A 公司却并没有直接把这批零部件卖给 B 公司，而是按成本价 100 万美元卖给了 C 公司，C 公司又转手按 150 万美元的高价卖给 B 公司，B 公司组装成品后仍以 160 万美元的价格售出。这样一来，各公司及 M 公司集团实现的利润、应纳税额及税收负担就会发生重大变化，具体变化如表 6-1 和表 6-2 所示。

表 6-1 转让定价转移利润前  (单位:万美元)

| 公司项目 | 利润额 | 纳税额 | 税负(%) |
|---|---|---|---|
| A 公司 | 30 | 15 | 50 |
| B 公司 | 30 | 12 | 40 |
| C 公司 | 0 | 0 | 0 |
| M 公司集团 | 60 | 27 | 45 |

表 6-2 转让定价转移利润后  (单位:万美元)

| 公司项目 | 利润额 | 纳税额 | 税负(%) |
|---|---|---|---|
| A 公司 | 0 | 0.0 | 0.0 |
| B 公司 | 10 | 4.0 | 40.0 |
| C 公司 | 50 | 12.5 | 25.0 |
| M 公司集团 | 60 | 16.5 | 27.5 |

很明显,M 公司集团在转让定价转移利润后要比转移利润前少纳税款:

$$27-16.5=10.5(万美元)$$

税负减轻:

$$45\%-27.5\%\times 45\%=38.89\%$$

【评述】 由此可见,跨国公司与转让定价关系相当密切。跨国公司可以借助转让定价这一工具,利用有关国家税负轻重的差异,对跨国收入和费用进行扭曲分配,进而实现利润由高税国向低税国的大量转移,达到减轻其全球税负之目的。

### 五、不合理保留利润避税

跨国公司可以通过不合理保留利润达到避税目的。当然,这种情况也可发生在国内公司里。通常,各国政府都允许公司企业保留一定的税后利润。这种合理的留利为企业发展提供了重要的内部资金来源,许多公司企业都乐于用内部资金作为生产发展的资金来源,这样做使它们可以或有可能避免股票净值被冲击和避免固定利息的负担。但是,这种利润的保留若超过了合理的界限(即政府规定的正常需要),就很容易被人视为不合理保留利润。

跨国公司往往以不合理保留利润的方式达到少纳税的目的,即把应分给股东的一部分股息暂时冻结起来,不予分配,而以公积金的形式积存起来,然后将这部分利润转化为股东所持有的股票价值的升值额。

### 案例 6-7

**【背景】** 某跨国公司 2015 年的全球销售收入为 1 000 万美元,销售成本为 500 万美元,经核定扣除额为 50 万美元,国外来源所得承担的外国税款可抵免额为 50 万美元,该公司所在国的所得税税率为 34%。

**【分析】** 该公司 2009 年的销售利润额为:

$$1\,000-500=500(万美元)$$

应税所得额为:

$$500-50=450(万美元)$$

应纳所得税税额:

$$450\times34\%=153(万美元)$$

实纳所得税税款:

$$153-50=103(万美元)$$

税后利润:

$$450-(103+50)=297(万美元)$$

按规定应分配股息为:

$$297\times80\%=237.6(万美元)$$

即应将 237.6 万美元作为股息在各股东之间按其掌握的股票数进行分配,并缴纳预提税(在股息汇出该公司所在国时),然后各股东又按其获得的股息数额依其所在国税法规定缴纳所得税。

**【操作】** 如果该公司出于避税目的,可以有意识地降低应分配股息的比例,甚至不予分配。

假定该公司决定分配股息的数额为:

$$297\times20\%=59.4(万美元)$$

这就意味着几乎只有应分股息零头的 59.4 万美元利润作为股息分到了股东手里,因而仅负担这部分利润的预提税,各股东缴纳的所得税也相应减少了,从而达到减轻股东税收负担的目的。

**【评述】** 少分配的那部分股息,并非意味着股东权益的损失,而是可以转化为股东持有股票的价值,当以后年度生产因之扩大、效益因之提高的时候,每股股息也会随之增加,从而股票行市也可随之上升。当股东需要用钱的时候,他们可以出售这些股票取得高额收入,而在一般情况下,出售股票取得收入所纳的资本利得税要比所得税少得多。或者,当以后年度股东所在国的税负有所降低的时候,再进行股息分配,也可以减轻股东的税收负担。

### 六、资本弱化(不正常借款)避税

**资本弱化**,又称资本隐藏、资本稀释、股份隐藏或收益抽取,是指企业投资者为了达到避税或其他目的,在企业融资方式的选择上,降低股本的比重,提高贷款的比重,以贷款方式替代募股方式进行的投资或者融资,从而引起资本金在资本结构中的地位相对下降和弱化的一种现象。它产生的经济动力源于各国税法上普遍规定的利息与股息的税收差别待遇。利息可以作为财务费用在税前扣除,这使得债务在一定程度上变成了一块"税收挡板",而这块"税收挡板"又被外资避税者不当利用以实现其避税目的。于是强化债务资本、弱化股权资本的资本弱化现象就应运而生了。

企业投资方式有权益投资和债权投资之分。由于以下两方面的原因,企业往往愿意采用债权投资,相应减少权益投资。首先,由于债务人支付给债权人的利息可以在税前抵扣,而股东获得的收益即股息却不能在税前扣除,选择借债的融资方式比权益的融资方式从税收的角度来说更具有优势;其次,许多国家对非居民纳税人获得的利息征收的预提所得税税率通常比对股息征收的企业所得税税率低,采用债权投资比采用股权投资的税收负担低。对于债务人和债权人同属于一个利益集团的跨国公司来说,就有动机通过操纵融资方式降低集团整体的税收负担。纳税人在为投资经营而筹措资金时,常常刻意设计资金来源结构,加大借入资金比例,扩大债务与权益的比率,人为形成"资本弱化"。

通过资本弱化达到避税目的,不仅可以发生在跨国公司,也可以发生在国内公司企业里。一般来说,一笔正常的借款利息可以作为费用从利息支付人的应税所得中扣除计算纳税,同时,纳税人还要扣缴利息收益人(境外)的预提所得税。一个跨国公司的借款来源往往是多方面的,有来自外国专业信贷机构的借款,有来自一般商业信用的借款,有来自本企业股东的借款,还有来自企业发行公司债的借款等。对这些不同来源借款所支付的利息,情况是不一样的,因而对利息支出正常与否的确认也不一样。跨国公司向本公司股东和其他公司借款,是筹措资金的渠道之一。在这类筹资过程中,比较容易发生"不正常借款"行为。

例如,子公司将其当年实现的利润少量或完全不作为股息分配,而是借给其国外母公司,并可以无限期使用。结果是:一方面,可以少缴纳子公司所在国的税收以及母公司所在国的税收(即不合理保留利润部分的避税);另一方面,对母公司支付给子公司的利息,虽然母公司所在国可以征收预提所得税,但母公司可以把已纳预提税作为一项费用扣除,而子公司收到的利息,也只需按较低的税率纳税。如美国曾规定对这类"可预定的按年或定期收入",只按30%的税率征税,和营业所得承担的税负比,按1986年税制改革以前的税率算,还是低了16%,即使与1986年税制改革后的税负比,也低了4%。所以母公司向其国外子公司借款是一种避税的好办法。

同样,总公司或总机构与其国外分支机构之间的利息支付,也会发生上述避税的情况,通常还借助于转让定价手段来实现。这种关联公司企业间的借款避税情况比较复杂,国际上称之为"不正常借款"。

至于公司企业向本企业个人股东的借款,可以区分为老企业向股东借款和新办企业向股东借款两类情况。一般情况下老企业向股东的借款属正常借款范围,因为这类企业从事经营活动已有多年,其股本已由股东认购满额,在这种情况下,若因一时资金周转不足或短缺而向外界或本企业股东举债,一般没有什么实质性的问题,其支付的借款利息可以作为费用列支。但是,一个新创办的公司向其股东借债,就有可能成为躲避缴纳投资所在国所得税的一种手段。因为一个企业新建成,其股东在未交足本企业所需资本的情况下,就向本企业提供贷款,是不合常理的。但也有一些新开办的大型企业,如石油开发公司,其股东已认股完毕,并在社会上有一定声望和信誉,在企业确需大批财力的情况下,又向本企业提供贷款,这也属正常借款范围。可见,这种新办企业向其股东的借款有时确实真假难分,从而给跨国公司利用这种借款进行避税打开了方便之门。

### 案例 6-8

**【背景】** 某家新办企业,2015 年全部所得为 1 000 万元,扣除项目数额为 50 万元,可抵免的外国税款为 10 万元,所在国企业所得税税率为 40%。则该企业 2015 年的应纳税所得额为:

$$1\,000 - 50 = 950(万元)$$

应纳所在国所得税税款为:

$$950 \times 40\% = 380(万元)$$

实际缴纳的所在国所得税税款为:

$$380 - 10 = 370(万元)$$

**【分析与操作】** 该企业为了减轻这笔税收负担,在股东未交足本企业所需资本的情况下,又向本企业海外股东借款,并发生 150 万元利息支出,假定该公司所在国预提税税率为 20%。则该企业 2015 年的应纳税所得额为:

$$1\,000 - (50 + 150) = 800(万元)$$

应纳所在国税款为:

$$800 \times 40\% = 320(万元)$$

实纳所在国税款为:

$$320 - 10 = 310(万元)$$

利息汇出境外预提税为:

$$150 \times 20\% = 30(万元)$$

**【评述】** 可见,在资本弱化的情况下,该企业可以少缴纳税款 30 万元[370 - (310 + 30)]。

### 七、利用税境差异避税

上述各种类型的国际避税常用方式,包括人员的流动和资金、货物或劳务的流动,在跨国经济活动和纳税人当中不同程度地存在。不过,在现实生活中,跨国纳税人为了最充分和最有效地避税,并不拘泥或局限于使用上述避税方法,而通常是以人员与资金、货物或劳务相结合为基础,多种方法交叉使用。主要有四种基本形式:在人员流动的同时,资金、货物或劳务也随之流动;人员流动,而资金、货物或劳务不移动;人员不流动,而资金、货物或劳务转移;人员与资金、货物或劳务都不流动。许多事实表明,这四种基本形式是纳税人实现跨国避税的重要途径和方式。

(一)税境、关境与国境的差异

应当指出,上述途径和方式中的所谓"流动"与"不流动",是指跨越或不跨越"税境"而言。所谓税境是指一国有效行使税收管辖权的界限。税收管辖权是指国家在税收领域中的主权,是一国政府行使主权征税所拥有的管理权力。"税境"与"国境"不同,它不像国境那样在地理位置上能够找到一个明显的具体标志或界线。在各国的现行税制中,由于所奉行的税收原则和政策不同,对于本国居民来源于境外的所得和外国居民来源于本国的所得,有的要予以征税,有的则不予征税,以体现本国税收管辖权的作用,从而使税境与国境具有不相一致的内容。有时可能会出现税境大于、等于或小于国境的不同情况。例如,在坚持属人主义原则,采用居民(或公民)税收管辖权的国家里,税境就会大于国境,因为本国居民到境外从事经营活动,也要受本国的税收管辖;在坚持属地主义原则,采用收入来源地税收管辖权的国家里,税境就等于国境,因为在本国境内从事经营活动,取得收入,就得受本国的税收管辖,承担本国的纳税义务,而在本国境外从事经营活动,取得收入,即使取得者是本国居民,也不受本国的税收管辖,无须承担本国的纳税义务;在完全免税的国家或地区,税境就会小于国境。一国税境的大小直接关系到跨国纳税人的切身利益。通常情况是,经济发达国家因其跨国公司、母公司的总机构多设在国内,资本输出多,人口流动快,经济、贸易往来十分频繁,来自世界各地的收入所得也比较多,因而往往采取税境大于国境的做法,即实行居民管辖权或公民管辖权,以确保较多的跨国纳税人向本国纳税;而大多数发展中国家则由于接受外国输入资本较多,外资企业在本国占有较重的地位,跨国纳税人的数量和拥有的应税收入也较多,因而通常采用收入来源地管辖权,以确保在本国发生的跨国所得和应税额向本国纳税。值得注意的是,发达国家在实行居民(或公民)管辖权的同时,也大多实行收入来源地管辖权,因为这些国家往往也会接受外来投资。同样,发展中国家在行使收入来源地管辖权的同时,也大多实行居民管辖权,因为这些国家往往也会对外投资,只是各国的侧重点有所不同而已。

各国对税收管辖权的规定在一定程度上造成了相互之间的税境差异,形成了某些重叠和躲避。此外,"关境"也与税境有关,但并不完全一致。很明显的一点就是税境可以大于国境,而关境则不可能超越国境。从一般意义上讲,关境是海关征收关税的领域,因而通常与国境相同。但是,当一国在其境内设置自由港、自由贸易区、海关保税仓库或保税区时,关境就小于国境。对跨国纳税人来说,自由港、自由贸易区是最为理想的避税地,也是当今国际避税的中心区域。就世界各国自由港、自由贸易区的情况而言,轻征税或者完全免税是一种非常普遍的现象。但这并不是说自由港、自由贸易区仅仅提供关税方面的减免优惠,相反,它是整个现存税收制度中的一块"飞地",在这里各种税都有许多不同程度的减免优惠。譬如菲律宾的巴凡工业区,印度尼西亚的巴坦岛自由港,以色列的埃拉特自由港和海法自由港,叙利亚的大马士革自由区等国际自由地和避税地,都有其税收减免规定:(1)免征各种有关机器设备、原材料、零部件等的进口关税;(2)免征购买国产设备税;(3)免征出口税及利润再投资税;(4)减免商品税;(5)免征地方税;(6)减免外资旅游企业税收;等等。所有这些规定,都从制度上和法律上为国际避税提供了最为有力的保障。可见,关境并不一定代表国境,且当关境小于国境时,对从事跨国经济活动的企业和个人来说是相当有益的。同样,税境也是如此,跨越税境即指从一国税收管辖权范围向另一国税收管辖权范围内的流动或转移,并不一定非得跨越国境不可。而非流动则意味着过去一段时间处于流动状况下的国际避税,现在处于凝结或相对静止状态,这种凝结和静止并不是减少或削弱避税活动,而是为了更有效地实现跨国避税。

（二）双项流动避税

双项流动法是指纳税人连同其全部或部分所得来源及资产一起由一国转移到另一国的避税方法,也就是指前面所讲的"四种基本形式"中的人员与资金、货物或劳务的流动。尽管人们认为资产就是所得源泉,但有些资产却并不能产生所得。同样,虽然收入的源泉就是资产,但有些所得却是来自无法转让且无法出售的权利。因此人员与资金等的流动在形式上也就有一定差别。

当纳税人连同其收入来源或资产一并转移到国外时,往往可以达到完全避税的目的,即可以完全躲避纳税人本国的税收。但是,如果纳税人本国按国籍课税（如在美国）,而该纳税人又拥有本国国籍时,该纳税人只能躲避部分国内税收。如某一美国企业在国外短期经营且其雇员均拥有美国国籍,该企业在美国登记注册,因而是美国的居民公司,尽管该企业在国外经营期间可以躲避美国的某些销售税、财产税,但在所得和收益方面就很难躲避美国的征税要求。在这种情况下,只有彻底改变国籍,移居国外,或符合美国有关豁免国内税的法律规定,才可免除其有关税负。

通常情况下,纳税人移居国外未能带走而遗留下来的所得源泉或资产,其母国可依税收协定办理或按国内税法规定,将其列为非居民,从而按非居民有关规定征税。可见,实行人员和资金等的双项流动避税,纳税人及其拥有的资本、财物等须有充分或一定的流动自由,要尽量减少限制因素,这个先决条件是非常重要的。在管制严密、自由度极低的国家,这种方法一般不宜使用,否则就有可能导致避税流产。

（三）单项流动避税

单项流动法是指人员和资金有一方在流动而另一方不流动的避税方法,即指"四种基本形式"中的人员流动而资金、货物或劳务不流动,以及人员不流动而资金、货物或劳务流动。

当纳税人游离于各国之间,而其财物和资产却保留在某一国境内时,就构成了人员流动和资金的非流动。这种方法的好处在于:纳税人可以将其财物或资产置放于某一低税国（区）,同时又可以将其活动安排在低消费区或低费用区。这样,纳税人不仅可以获得人员流动的好处,而且还可以获得资金、货物或劳务非流动的好处。譬如某人移居到国外,但他仍旧在原移出国工作,这样他就可以避免原移出国的税收管辖。尤其是当躲避这部分税收管辖十分必要时,这种做法比较有效。

人员不流动而资金流动是国际避税的一种重要方法。其主要途径有两种:一是通过转让定价的方式避税;二是通过建立"基地公司"的方式避税。其中以转让定价方式实现收入、利润、资本的跨国转移和流动是当今国际社会经济活动中一个十分普遍的现象。"基地公司"与跨国移动并不一样,它是在某个对国外收入不征税或少征税的国家或者地区设立公司,但其业务并不在这个国家(地区)进行,而是以公司分支机构或子公司的名义在国(区)外进行,当其国(区)外收入汇入该公司时,即可获得不纳税或少纳税的好处。

（四）相对静止避税

相对静止法是指纳税人连同其所得来源及资产都处于凝结和相对静止状态的一种避税方法,即指"四种基本形式"中的人员与资金的非流动。这种方式往往是多种因素巧合的结果。当纳税人当初临时流动到国外时,其母国因其收入来源不再流回国内而取消其母国的居民身份,该纳税人不再向其母国汇回收入和纳税时,便可获得一定的税收好处。

### 案例 6-9

【背景】 一个高税国甲国公司在低税国乙国原来建立有一个分公司,并向这个分公司借了一笔以甲国货币结算的债务。

【分析】 当乙国货币升值时,显然把乙国分公司改为子公司对这个跨国纳税人更为有利,因为作为总分公司,需要就其世界各地的所得在总公司所在国合并计算缴纳所得税,而作为母子公司,则是就各自的所得分别在其所在国计算缴纳所得税。

【评述】 高税国甲国公司通过把低税国乙国分公司改为子公司以后,再向乙国子公司偿还债务,这样就可利用乙国货币升值,无形之中把高税国甲国公司的更多利润转移到了低税国乙国的子公司,从而躲避了一部分所得税。

### 八、运用国际重复征税的免除方法避税

一个企业或个人从事国际经济、贸易、服务等活动,往往涉及两个或两个以上国家,受两个或两个以上国家税收管辖权的约束,因而很有可能负有双重的纳税义务,即不仅要向收入来源国政府纳税,而且还要向其居住国(母国)纳税。

国际上的重复征税,不仅会直接影响跨国纳税人的切身利益,而且极大影响着所涉及的国际经济活动。因此,各国政府纷纷采取措施避免或免除对跨国企业和个人的重复征税。

有些国家通过本国国内税法的规定,采取单方面免除双重征税的办法;有些国家通过两个或两个以上国家之间协商、谈判、签订税收协定或条约的做法,达到免除国际重复征税的目的。但无论是各国的国内税法规定,还是国家之间的税收协定,都采取了一定的措施和方法来避免或免除国际重复征税,如免税法、抵免法、税收饶让等。这些方法(特别是免税法和税收饶让)的实施和推广,在避免或消除跨国纳税人重复征税时,也为跨国纳税人实现"双重避税"提供了机会。

（一）运用免税法实现双重避税

免税法又称豁免法,是免除国际重复征税的基本方法之一。这种方法指一国政府对

其居民取得来自国外的所得,在一定条件下放弃行使居民管辖权,免予征税。即对本国纳税人的国外所得免税,以避免税收管辖权的交叉重叠,使得国际重复征税不致发生。通常,免税法是一国政府为鼓励本国资本输出或其他目的而采取的一项税收鼓励政策。不过,实行免税法的国家往往都在规定本国居民来自国外所得可以免税的同时,带有一些附加条件,如居民在国外的收入纳税后要全部汇回本国,否则不可享受免税的优惠待遇等。

免税法不仅可以避免或消除对跨国纳税人的国际重复征税,而且还有可能造成国际双重避税。对跨国避税人来说,这种方法是其从避税地、低税区获取收入自由地汇回本国,而又可享受免纳国内税收的重要途径。因为在采用免税法的国家里,其居民的国外收入若在国外已享受减税、免税等税收优惠待遇,回国后本国又给予免税待遇,这样,该居民不仅少承担甚至没有承担国外的税负,而且连本国的税负也合法地回避了。

(二) 运用税收饶让实现双重避税

税收饶让又称饶让抵免,是税收抵免方法的一种特殊方式。这种方式指一国政府对其居民在国外享受减免税而未缴纳的那一部分所得税税款,视同已经缴纳,连同在国外实际缴纳的税款一起,给予税收抵免待遇,即允许从该居民国内外所得应向本国缴纳的所得税税款中抵扣,但一般抵扣额不得超过其国外所得应向本国缴纳的税额。这种方式一般要通过有关国家间签订税收协定来加以确定,它实际上是为贯彻某种经济政策,承认和鼓励本国跨国纳税人在低税区、免税区和税收优惠地区投资和从事各种经营活动,而采取的一种特殊的优惠措施。同时,它也为跨国纳税人实现双重避税创造了条件。

## 案例 6-10

【背景】 在某一纳税年度内,甲国总公司来自国内所得 1 000 万元,来自其设在乙国的分公司所得 500 万元。假定甲国政府规定的所得税税率为 40%;乙国政府规定的所得税税率为 40%,并根据有关税法规定给予该分公司减半征收公司所得税的优惠待遇。甲乙两国税收协定中有税收饶让抵免条款。

【分析】 该总公司国内外总所得应向甲国政府缴纳的所得税为:

$$(1\,000+500)\times 40\% = 600(万元)$$

分公司应向乙国政府缴纳的所得税为:

$$500\times 40\% = 200(万元)$$

分公司实际向乙国政府缴纳的税款为:

$$500\times 40\% \times 50\% = 100(万元)$$

抵免限额(分公司所得应向甲国政府缴纳的税额)为:

$$500\times 40\% = 200(万元)$$

可抵免税额为：

$$100+(200-100)=200(万元)$$

总公司实际向甲国政府缴纳的所得税为：

$$600-200=400(万元)$$

【评述】可见,该跨国公司来自乙国的所得 500 万元部分并未承担其本国(甲国)的税收负担(其向甲国缴纳的 400 万元税款实际上是其国内所得 1 000 万元部分承担的,即 1 000 万元×40%＝400 万元),而最多只承担了乙国的 100 万元税款的负担,实际税负只有 20%。如果乙国给予该分公司免税待遇,则实际税负就为零,因而避税效果最佳。

上述分析表明,避免和消除国际重复征税的方法,尤其是免税法和税收饶让抵免,不仅能够消除对跨国纳税人的国际重复征税,而且还可以给跨国纳税人带来丰厚的税收利益。跨国纳税人为了追逐更多的额外利润,有时还可以通过转让定价等方式将其利润或收入尽量转移到免税区、低税区和税收优惠地区,经税务处理后,再汇回本国享受免税或饶让抵免待遇,从而可以实现"双重避税"的目的。

### 九、利用避税地避税

当今世界是竞争十分激烈的世界,国际经济、贸易、劳务、资金、税务也不例外。许多国家或地区为吸引外国资本流入,繁荣本国或本地区的经济,弥补自身的资金短缺不足和改善国际收支状况,或为引进外国先进技术,提高本国或本地区技术装备水平,吸引国外民间投资,在本国或本地区划出部分甚至全部区域和范围,允许并鼓励外国政府和民间投资者在此投资及从事各种经济、贸易等活动,投资者和从事经营活动的企业可以享受不纳税或少纳税的优惠待遇。这种区域和范围,在国际上一般被称为避税地。避税地可以是港口、岛屿、沿海地区或交通方便的城市,也可以是内陆城市,因而也称"避税港"。由于在这种地方投资和从事各种经营活动不用纳税或只需缴纳一小部分税收,税负很低,收益很高,因而往往又被跨国投资者和跨国经营者称为"税务天堂""避税乐园""避税天堂""税收避难所"等。

### 十、利用税收优惠避税

一般说来,世界各国都有各种税收优惠政策规定,诸如加速折旧、投资抵免、差别税率、专项免税、亏损结转、减免税期、延缓纳税等。跨国公司、企业往往可以利用税收优惠从事国际避税活动。

### 案例 6-11

【背景】某玻璃工业有限公司打算更新一套供水装置。具有循环或节水功能的,每套需要 100 万美元;普通功能的,每套需要 80 万美元。

【分析】 表面看购买前一种要多花钱,但税法规定,节水装置可享受40%的投资抵免。另外,由于节约水耗,每年还可以节省水费开支2万美元。对比之后,这家公司决定购买有节水功能的供水装置。

【评述】 利用投资抵免可以避税。

**案例 6-12**

【背景】 日本居民公司甲拟在避税地设立一家子公司,并拥有该子公司40%的股份。另外60%的股权由日本乙企业、韩国企业和新加坡企业各拥有20%。

【分析】 依据日本税法规定,设在避税地的公司企业,如50%以上的股权由日本居民所拥有,这家公司则视为基地公司,其税后利润即使没有作为股息汇回日本,也要申报合并计税。为此,日本乙企业将20%的股权转为非居民公司所拥有,结果享受到了延缓纳税的优惠待遇。

【评述】 利用延缓纳税可以避税。

再如,利用减免税期限分设企业,也可以避税。众所周知,许多国家对外国投资者在本国境内开办的某些企业规定了一定期限的减免税优惠,如中国税法(2008年以前)曾规定,生产性的外商投资企业,经营期在10年以上的,从盈利开始的年度起,可享受2年免征、3年减半征收所得税的优惠。当减免税即将期满时,外商往往把原来的企业摇身一变成为新办企业,从中再次获取减免税优惠待遇。

规避税收的行为,从表面上看并没有违反新办企业免税、减税等税法规定,但实质上是钻税法对新办企业等缺乏严密界定的漏洞。

## 本章小结

1. 国际避税是避税活动在国际范围内的延伸和发展,是跨国纳税人利用各国税法规定的差别和漏洞,以种种公开的合法手段减轻国际税负的行为。很明显,它与跨国纳税人采取种种隐蔽的非法手段进行国际逃税(偷、漏税)活动的性质是不同的。跨国纳税人追逐最大利润是产生国际避税的内在动机,而各国税收制度的差别和缺陷则是产生国际避税的外部条件。

2. 在国际经济活动中,国际避税的表现形式多种多样,跨国纳税人利用各国税收的差异进行避税的手法也变化各异。他们可以通过迁出、虚假迁出或不迁出高税国,进行人员流动,以避免税收管辖,实现国际避税;通过把资金、货物或劳务转移或不转移出高税国,进行课税客体的流动,以实现国际避税;利用有关国家或国际税收协定关于避免国际重复征税的方法进行避税;利用国际避税地进行避税等。在国际避税活动中,跨国纳税人经常运用的手段就是"转移"和"控制"。转移手段的核心问题,就是设法将公司的财产和所得转移到税收待遇尽可能符合自己需要的地方去,其重要表现形式是转让定价。

利用转让定价进行避税是最主要的国际避税方式。

## 本章重要术语

节税；税收筹划；避税；偷税；国际避税；税收流亡；税收难民；转让定价；资本弱化

## 思考练习题

1. 什么是国际避税？它与国际逃税的性质和处理方法有何不同？
2. 国际避税的实现条件是什么？
3. 影响国际人员流动避税效果的因素有哪些？
4. 什么是转让定价？它与市场价格的区别是什么？
5. 为什么说转让定价是跨国公司实现多种目的的手段？
6. 转让定价避税有何规律？如何理解某些低税国中向外转移利润的现象？
7. 什么是资本弱化？为何说资本弱化可以避税？

21世纪经济与管理规划教材
税收系列

# 第七章

# 避税港及其避税模式

## 本章导读

跨国纳税人从事国际避税活动,通常都要借助于国际上某些特定的国家或地区,这些国家或地区能够为外来投资者提供无税或低税等特别的税收优惠。因而国际避税地已引起了跨国公司和有关国家的广泛关注。本章首先介绍了避税港的概念和类型,然后分析了避税港的特征、形成原因及其经济地理状况,以及避税港的作用,最后着重介绍了避税港的三种避税模式。

## 学习目标

通过本章的学习,读者应能够:

- 掌握避税港的含义和类型
- 解释避税港的特征、形成原因及其作用
- 掌握虚构避税港营业的基本途径和方法
- 掌握虚设避税港信托财产的基本途径和方法
- 解释利用避税港进行转让定价的一般规律

在转让定价的讨论中,我们已经明白,在跨国投资和经营活动中,跨国公司企业通过内部交易作价方式将利润所得从一国转向另一国,有可能导致跨国公司企业与政府部门(如税务当局)之间的矛盾,还会产生有关国家之间因税收分配关系引起的矛盾,这些矛盾在很大程度上是由有关国家的税收政策和跨国公司的避税行为造成的。

事实上,在现实社会经济生活中,有相当一部分国家和地区出于一定经济目的,采取以无税或低税为基本特征的税收政策,制定特殊的税收优惠措施,为国际投资经营者提供合法逃避国际税收的便利条件。这些国家和地区对国际投资经营者有着十分强烈的吸引力。跨国投资经营者为了减轻税收负担,经常利用这些国家和地区从事国际避税活动。本章将着重介绍国际著名的避税港以及跨国纳税人利用避税港进行国际避税的常见方法和模式。

## 第一节 避税港的基本概念和特征

当人们谈论避税港时,还有自由港、和平港以及安全港之说。在这种情况下,所谓的"港"字往往可以泛指某一国家或某一地区,超出了"港口"或"港区"原有的狭窄含义。本节准备扼要讨论一下有关避税港的含义、类型、特征、形成原因、作用等方面的内容。

### 一、避税港的概念

**避税港**(tax haven)亦称国际避税地或避税乐园、税务天堂、税收避难所。一般来说,避税港是指国际上轻税甚至无税的场所。从实质上说,避税港就是指外国人可以在那里取得收入或拥有资产而不必支付高税率税款的地方。

避税港可以是一个国家,也可以是一个国家的某个地区,如港口、岛屿、沿海地区、交通方便的城市等。有时避税港还包括自由港、自由贸易区、自由关税区等。美国是国际上这类地区最多的国家。

其实,到目前为止,人们对避税港的认识尚未取得一致。事实上,在当今世界已出现为数众多、形形色色的避税港的情况下,也很难用一个简单的定义来加以表述、概括。从不同角度来看避税港,既有狭义的解释,也有广义的解释。狭义的解释是,避税港是指那些不课征某些所得税和一般财产税,或者虽课征所得税和一般财产税但税率远低于国际一般负担水平的国家和地区。广义的解释则是,避税港是指那些能够为纳税者提供某种合法避税机会的国家和地区。人们一般认为避税港是个广义的概念。

### 二、避税港的类型

按照避税港的广义概念,世界上大体有三种类型的避税港。

第一种类型的避税港,是指没有所得税与一般财产税的国家和地区。人们常称之为"纯粹的""标准的"或"准"避税港。在这些国家和地区中,既没有个人所得税、公司所得税和资本利得税,也没有财产净值税、继承税、遗产税和赠与税。例如,英国殖民地开曼群岛就属于这一类型的避税港。外国人如果到开曼设立公司或银行,只要向当地有关部门注册登记,并每年缴纳一定的注册费,就可以完全免缴其个人所得税、公司所得税和资本利得税。除开曼群岛外,属于这一类典型避税港的国家和地区还有巴哈马、百慕大、瑙鲁、瓦努阿图、特克斯和凯科斯等。此外,像格陵兰、索马里、法罗群岛、新喀里多尼亚岛、圣皮埃尔岛、密光隆岛等国家和地区,也基本上属于此类避税港。

第二种类型的避税港,是指那些虽开征某些所得税和一般财产税,但税负远低于国际一般负担水平的国家和地区。在这类避税港中,大多数国家和地区对境外来源的所得和营业活动提供某些特殊优惠的税收待遇,如安圭拉、安提瓜、巴林、巴巴多斯、英属维尔京群岛、坎彭、塞浦路斯、直布罗陀、格恩西岛、以色列、牙买加、泽西岛、黎巴嫩、列支敦士登、摩纳哥、蒙塞拉特岛、荷属安的列斯群岛、圣赫勒拿岛、圣文森岛、新加坡、期批匹次卑尔根群岛、瑞士、中国澳门等。还有些国家和地区对境外来源所得免税,只对来源于境内的收入按较低税率征税,如阿根廷、埃塞俄比亚、哥斯达黎加、利比里亚、巴拿马、委内瑞拉、中国香港等。

第三种类型的避税港,是指在制定和执行正常税制的同时,提供某些特殊税收优惠待遇的国家和地区。其特点是总体上实行正常税制,征收正常的税收,只是在正常征税的同时,有较为灵活的税收优惠办法,对于某些投资经营给予特殊的税收优惠待遇。属于这一类型的避税港有希腊、爱尔兰、加拿大、荷兰、卢森堡、英国、菲律宾等国家和地区。

### 三、避税港的特征

综观国际上大大小小、形形色色的避税港,一般都具有以下三个特征:

(一) 有独特的"低税"结构

低税负是避税港的基本特征。不仅占国民生产总值的税收负担低,更重要的是,直接税的负担轻。直接税的征收对象是一般财产、资本、利润、所得。一般来说,直接税的负担难以转嫁。直接税负担轻这一基本特征,可以像磁铁一样吸引外部的资源。

(二) 以所得税为主体的税制结构

避税港国家和地区除了对少数消费品,一般不征流通税,商品的进出口税收也放得很宽。

(三) 有明确的避税区域范围

大多数避税港都是很小的国家或地区,甚至不少是很小的岛屿。这些地区往往曾是殖民地,甚至有的至今还是殖民地。避税港的地区分布也很具特征,目前,主要分布在靠近南北美洲的大西洋和加勒比海地区、欧洲地区以及远东和大洋洲地区这三大区域。通常,那些重要的避税港,不是靠近美国就是靠近西欧、东南亚和澳大利亚。避税港之所以有其区域范围,是因为许多国际避税者并不希望生活在远离故乡的地方,或者经常进行劳累的长途往返。此外,大多数经验丰富的国际税务顾问,一般都在美国和西欧,他们也会尽力劝阻国际避税者去远离欧美的避税港。

### 四、避税港形成的原因和条件

避税港之所以能够形成,是与它本身的历史、地理、政治、经济等方面的因素密切相关的。其主要原因有以下四个方面。

(一) 历史因素

一些国家和地区过去是殖民地,有的至今仍是殖民地。政治上不能独立,就意味着失去了一切依附于政治的自主权,因此也就完全丧失了税收自主权。即使独立后,也由于经济基础较差,尚未形成现代工业体系,这类国家和地区要求政治独立与稳定,并保持中立,因而容易过渡为避税港。

(二) 地理因素

一些国家和地区,大多数是较小的岛屿,交通方便,通信发达,气候宜人,常常是旅游胜地。在地理位置上又大多靠近实行高税政策的经济发达国家,因而便于形成脱离高税管辖的避税地。

(三) 政治因素

一些国家和地区,政治比较稳定,尤其是投资经营的保障政策稳定。在制度上,某些国家和地区一向严格奉行税收的属地原则。因此,有了一个比较安全稳定的政治环境,人们可以安心工作,而政治动荡必然会引起经济资源的转移。

(四) 经济因素

一些国家和地区的财政预算支出不太沉重,财政收入不必依靠重税,因而所得税负轻,而且市场开放,资源丰富,原材料供应条件好,价格便宜,产品销路好,尤其是内销市场有潜力,另外,这些地区的人民勤劳,劳动力价格便宜等,所有这些因素,再加上一些发展中国家和发达国家出于振兴本国工业的要求,积极鼓励引进外资或输出资本,都有可能促使避税港的形成。

可见,一个国家或地区若想成为避税港,仅靠提供某种税收优惠、实行低税或无税政策是不够的,这只是成为避税港的最基本条件。实践证明,一个成功的避税港还必须具备另外两个条件:一是政治上必须相对稳定;二是法律必须允许跨国投资经营者自由出入境,并满足其社会公共设施、良好的生活和工作环境等方面的需求。这两个条件连同上面的最基本条件缺一不可,缺少其中任何一个条件,任何国家和地区要想成为避税港都是不可能的。

当然,要成为一个避税港,还要同步实行有利于发展自由贸易的海关条例、银行管理条例、工商企业管理办法、外汇管理办法等。难怪人们常把避税港的税收环境形容成"风和日丽""气候宜人"。

**五、避税港的作用**

对跨国投资经营者来说,避税港可为他们提供许多方便和好处,如减轻税收负担、规避外汇管制、便利筹措资金、保守金融秘密等。其中,减轻税负对纳税人最具有吸引力。具体来讲,主要有以下几个方面的好处:

(一) 避税港为公司财产、经营活动提供避税条件

跨国公司企业在避税港的财产和投资经营活动都可享受优惠待遇,获得减轻税负的

好处。譬如,外国公司到巴哈马投资、兴办企业、银行及其他业务,可以免缴公司所得税,当局也不审查公司开业经营的账目,不干预和过问公司的经营活动和经营方向。投资者只需向当地有关部门登记注册,逐年缴纳一定的注册费即可。

(二) 避税港为非协定国家投资者从事投资活动提供减免预提所得税条件

避税港所在国政府在与其他国家签订税收协定时,要求允许非税收协定国家的投资者将其持股总部设在避税港国家,对这些投资者从与避税港国家签有税收协定的国家里取得的股息、利息、特许权使用费收入减征或免征预提所得税。

(三) 避税港为金融组织和机构从事金融活动提供特别的便利条件

在避税港,外国银行开展业务不受当地政府监督。当地政府对银行之间及与银行有往来业务关系的经济实体所需保密的信息、文件等予以严格保密。此外,避税港的银行管理条例比较宽松,大多没有外汇管制规定,所提供的金融服务包括金融市场交易活动的整个内容,如资金市场管理、欧洲债券和货币市场以及资本市场与管理良好的股票市场。在避税港从事金融活动,银行开支费用低,因而许多金融组织和机构愿意到避税港设置机构、发展业务。

此外,避税港在保险、信托投资、商业贸易等方面,也可为跨国投资者的全球经营管理活动提供良好的便利条件。

### 六、部分避税港简介

(一) 巴哈马共和国

巴哈马 1973 年独立于英国,是北美洲一个很著名的避税地。巴哈马一直没有开征个人所得税、公司所得税、资本利得税、预提税等各种所得税,也没有开征遗产税、继承税和赠与税。在直接税中巴哈马只对不动产征税。另外,巴哈马还课征印花税、营业税(对保险公司的保费收入)和关税。

巴哈马的主要财政收入来自对银行、公司征收的年注册费和许可证费。

除了没有直接税,巴哈马还具有吸引外资的一些优势。例如,巴哈马拥有大量的律师事务所、会计师事务所、银行、金融公司等中介机构,能为投资者提供良好的法律金融服务;此外,在巴哈马注册成立公司的注册费也较低,一般仅为 2 500 美元。

但巴哈马的外汇管制较严。尽管如此,仍吸引了众多投资者来这里组建公司。目前,巴哈马有人口 23 万,注册的公司近 3 万家。

(二) 百慕大群岛

百慕大是北大西洋中的一个岛国,也是一个非常著名的避税地。除工薪税(社会保险税)以外,不对任何所得征税。百慕大也没有财产税,只是对境内的遗产征收一些遗属认证费。百慕大政府还向豁免公司保证不会对其课征所得税和资本利得税。

所谓豁免公司,就是不必按公司法所要求的至少有 60% 的资产由百慕大当地居民持有。豁免公司不受当地外汇管制的限制。但是,豁免公司在经营上受以下限制:

(1) 不能购买、出租或销售土地以及利用土地作担保的抵押单据、债券等;

(2) 不能购买当地公司的股票；

(3) 未经允许不得在当地销售公司生产的产品。

在百慕大注册一家公司只需支付 2 000—2 500 美元,此外,每年还要支付相同金额的年检费。百慕大目前有人口约 6 万,豁免公司 6 000 多家。

（三）开曼群岛

开曼群岛位于加勒比海,是一个部分自治的英国殖民地。目前岛上不征收任何所得税和财产税。开曼群岛对于外国投资者在岛上注册但不在岛上经营的豁免公司提供 20 年内不征收所得税的保证,豁免信托公司可得到 50 年内不课征所得税的保证。

作为避税地,开曼群岛在许多方面都与巴哈马和百慕大有相同之处,但相比之下更具特色。首先,在开曼注册公司非常快捷便利,没有烦琐的调查程序；其次,公司的注册费用和年检费用也较低,一般仅为 1 500 美元；最后,豁免公司还可以发行无面值的股票,可以不必每年召开一次股东大会,甚至股东的名字也可以保密。由于这些优点,近年来有大量的公司从巴哈马和百慕大迁到开曼群岛。

开曼群岛只有居民 1.8 万人,而在岛上注册的公司多达 1.8 万多家。其中各类银行和信托公司有 500 多家,豁免公司 2 000 多家。

（四）列支敦士登

列支敦士登是瑞士和奥地利之间的一个小国,人口只有 2.5 万。但列支敦士登在欧洲一向以低税的避税地而著称,居民公司仅需缴纳 7.5%—20% 的所得税。控股公司和离岸公司取得的所得还可以免缴所得税,这类公司每年只需按注册资本和资本公积金缴纳 0.1% 的资本税。另外,列支敦士登的股息和利息预提所得税税率也很低,只有 4%。

列支敦士登的低税政策吸引了大量的外国公司来这里投资组建公司。目前各类公司已经发展到 5 万多家,公司数量是居民数量的 2 倍。

（五）巴拿马

巴拿马在拉丁美洲国家中是一个所得税税率较高的国家,公司所得税最高的边际税率为 50%。但巴拿马素有避税地之称,原因是迄今实行单一的地域管辖权,对境外一切所得均不征税。另外,巴拿马拥有一个著名的自由贸易区——科隆自由贸易区,在该区取得的来料加工再出口的利润超过 10 万美元以上的部分税率最高,也仅为 8.5%。另外,如果居民公司向非居民股东支付来源于巴拿马境外的股息,也可以不缴纳预提所得税。

除税收优势外,在巴拿马注册公司的成本也很低,注册费为 1 000—1 200 美元,年检费为 100—200 美元。特别是在巴拿马注册的公司如果只从事离岸业务,则不必向巴拿马税务当局提供财务报表,只要有一个记录注册资本的股权记录本和股东会议记录本,各种财务记录都无须保留。公司的保密性很高。此外,巴拿马没有外汇管制。

在巴拿马注册的公司目前已达 4 万多家,其中大部分是外国公司在巴拿马成立的子公司。

（六）卢森堡

卢森堡是欧盟最小的成员国,而且在欧洲大陆也是一个有名的避税地。卢森堡同时实行居民管辖权和地域管辖权,而且公司所得税的税率也较高,中央政府课征的所得税税率为33.3%,加上地方政府征收的所得税,总税率接近40%。由此看来,卢森堡似乎不能为一个避税地。但卢森堡对控股公司规定有特殊的免税政策。

根据1929年通过的《控股公司税收优惠法》,卢森堡对符合条件的控股公司不征收所得税,这些有权享受免税的控股公司可以持有国内外公司的股票和债券、政府债券、现金、外国货币、银行和金融机构存款、专利(不包括商标),但不能从事其他工商业活动,也不能从事银行业务。这一政策吸引了许多外国公司。目前卢森堡已有控股公司4 000多家。

## 第二节 避税港的避税模式

在国际经济活动中,国际避税的表现形式多种多样,千差万别,涉及范围和内容也极其广泛。跨国纳税人利用避税港进行避税的手法更是形形色色,而且花样不断翻新,层出不穷。其避税活动的基本模式或常用方式可以归纳为三种,即虚构避税港营业、虚设避税港信托财产和转让定价。

### 一、虚构避税港营业

跨国纳税人利用避税港从事避税活动的方式是多种多样的,其最终目的都是想方设法使其全球税收负担减少到最低限度。但是,对于那些真正为了某些业务上的需要而在避税港境内进行的活动,必须严格地区别于那些主要目的在于减轻税收负担的避税活动。例如,有些设在避税港的企业,为了满足国际和国内市场的需要,进行生产和销售的货物,虽然它们也因避税港税收法规的某些规定而获得好处,但它们的业务在避税港境内都是实实在在的。这和那些专门为躲避跨国纳税而虚设的业务是不同的。

跨国纳税人利用避税港从事避税活动的一个常用方式,就是虚构避税港营业。某些设在避税港境内的公司,其经营活动很少甚至完全没有真正在避税港内进行。虚构避税港营业的基本途径,是通过总公司或母公司将销售与提供给其他国家和地区的商品、技术及各项劳务服务,虚构为设在避税港受控公司的转手交易,从而将所得的全部或一部分滞留在避税港,或者通过贷款和投资方式再重新回流,以躲避原应承担的高税率国家的税收负担。

**案例 7-1**

【背景】 高税国母公司在避税港设有受控公司,并在甲、乙两国各有一子公司。

【分析】 甲国子公司的产品实际上是直接运送给乙国子公司对外销售的,并没有通过避税港国家或地区的领土,但出于避税的目的,在账面上却造成一种假象,即虚构为由甲国子公司将产品出售给避税港受控公司,再由受控公司销售给乙国子公司,把这笔业务人为地作为避税港受控公司的业务处理,从而这笔业务的销售收入也就转移到了设在避税港受控公司的账上,达到免税或减税的目的。其基本模式参见图 7-1。

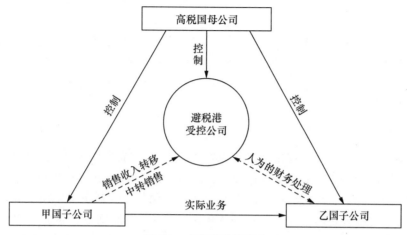

图 7-1　虚构避税港营业

道理上讲,乙国子公司从甲国子公司处买进一批货物,这笔业务实际是发生在甲、乙两国之间,甲国子公司是这笔销货收入的获得者,因而按甲国税法在扣除生产费用后,要就所得缴纳甲国所得税。但为了躲避缴纳甲国税收,位于避税港的受控公司就发挥了作用。它们可以人为地造成通过避税港中转销售的假象,即甲国子公司将产品出售给避税港受控公司,再由受控公司出售给乙国子公司。

【评述】　在这两次虚假的出售中,通过转让定价的手段,就可将这笔销售收入转记入受控公司的账上,而在甲国子公司的账上却没有反映这笔销货收入,或只表现为部分销售收入,因而销售利润也就转向避税港受控公司,甲国子公司无所得就不必缴纳所得税,从而逃避了税收。同时,如果避税港国家或地区不开征产品税,则通过该方式连流转税也逃避了。

跨国纳税人通过虚构避税港营业躲避跨国纳税的活动比较普遍,为取得最佳避税效果,纳税人往往还将转让定价的避税手段结合使用。譬如在案例 7-1 和图 7-1 中,甲国子公司将货物以低于市场价格或按成本或低于成本的价格卖给避税港受控公司,受控公司再以高于市场价格的价格卖给乙国子公司,从而使甲国子公司和乙国子公司的利润都往避税港转移。跨国纳税人的这种常用避税方式在我国三资企业中也很常见。

✍资料卡 7-1 ✍

某外商独资企业根据港方总公司通知,把产品卖给中国香港某家公司(关联企业),该产品售价仅为国际市场价格的 50%,而且总公司又通知该产品不必报关出口,直接运往位于该独资企业附近的另一家公司(关联企业),并由中国香港的某家公司加价一倍卖给该另一家公司。这样,通过虚构中国香港销售,实行就近交易转让,中国香港这家公司获得了 300 多万港元价差的好处。

✍资料卡 7-2 ✍

中国某经济特区有一家电子有限公司,其母公司设在中国香港。中国香港母公司还在特区内设立了另一家子公司,中国香港母公司向该电子有限公司购进 2 万台录音机,但没有出境,直接加价 20% 转销给特区的另一家子公司,把本应由电子公司取得的利润转移到了境外。

避税港受控公司并不仅被用于持有筹集来的收入,它常常是介于最终控股母公司与子公司(甚至孙公司)之间的中转站。利用有利的免税条件,它可以发挥一种"转盘"作用,通过把筹集来的资金再投资,可以赚取到新的免税收入。甚至可以用贷款的形式,把资金置于控制受控公司的个人或公司的支配之下,因而在原则上,"借款人"能够享受可以把支付给受控公司的利息从应税所得中扣除的这一额外好处。即便收入由受控公司做了正式分配,也不能担保这种收入在其领取人的手头一定会被课税,因为有的国家没有预提税或其他适用税种存在。在母公司所在国没有实行反避税法的情况下,通过建立避税港受控公司进行虚构营业活动还有许多好处,如可以起到推迟母公司所在国对外国子公司股息和出售外国子公司的利得征税的作用,在一定情况下,还可以起到逃避外汇管制的作用等。

应当指出,此类虚构避税港营业,必须是发生在关联企业之间。如图 7-1 所示,甲国子公司、避税港受控公司以及乙国子公司必须是关联企业,这样才能实现人为的财务处理,如果甲国子公司与该受控公司之间并不是关联企业的关系,则上述所谓虚构避税港营业就不能成立。

在虚构避税港营业中起中介作用的,是以避税港为基地的各种性质的受控公司。跨国纳税人常利用建立各种公司以及它们之间转让价格的制定,转移资金、货物或劳务,借以逃避税收。这些公司通常有:纯属虚设的信箱公司,以及为了躲避股息、利息、租赁、运输、保险、特许权使用费与营业等各项所得的所得税和资本利得税而设立的各种专业性公司,包括控股公司、投资公司、金融公司、租赁公司、航运公司、保险公司、专利公司、贸易公司和其他劳务服务公司等。其中有不少是属于外国基地公司性质的。

**外国基地公司**是指以避税港为基地而建立的,为了从事转移和积累与第三国营业或投资而产生利润的公司。例如甲国公司希望向丙国投资,它首先在避税港乙国建立外国基地公司,然后通过乙国基地公司向丙国投资,这是典型的从事"第三国营业"的外国基地公司。现实生活中还有非典型的外国基地公司。例如甲国公司希望在本国进行再投资,但它先在避税港乙国建立公司,然后通过乙国公司向本国进行再投资。这个乙国公司也称为外国基地公司。在我国三资企业的避税活动中,有不少是属于这类性质的,如前面列举的两个例子。

下面着重介绍各种受控公司的建立及其避税特点。

### （一）"信箱"公司

**"信箱公司"** 是指那些仅在所在国完成必要的注册登记手续、拥有法律所要求的组织形式的各种"文件公司"。

这种公司往往只存在于文件之中，只拥有一个信箱和一个常务董事。公司应该从事的商业、制造、管理等活动，都是在别处进行的。这些公司一般都设在避税港，是典型的避税港公司，也是外国基地公司最重要的形式。

国际投资经营者利用避税港的主要方式就是设立"信箱公司"。他们把在其他地方经营的大量收入归在"信箱公司"的名下，以达到避税之目的。例如，像百慕大群岛，土地面积仅 53.3 平方公里，人口仅 6 万，如果要真正设立工商企业，仅美国一国的百余亿美元投资也是容纳不下的，可见，真正在百慕大群岛的只不过是投资的"户头"而已。这类"信箱公司"并不真正从事营业的另一个更明显的例子，是澳大利亚所属的诺福克岛。该岛曾为避税港，1972 年，在岛上注册的公司有 1450 家，同岛上的居民人数几乎相等，基本上是一个居民就有一家公司，在这么一个小地方集中这么多的公司，怎么可能真正开展实际的营业活动呢？

通过"信箱公司"把其他地方（尤其是高税率国家）的利润转移到避税港的具体做法很多，其中之一就是如图 7-1 所示，把"信箱公司"作为虚假的中转销售公司，通过虚假的中转销售和转让定价的手段，可以把高税率国家公司的利润转到"信箱公司"的账上，从而达到避税之目的。虚构避税港营业，大多数是通过"信箱公司"进行的。但是，为了避税，也有把"信箱公司"设在高税率国家的，这主要是想利用某些税收协定中提供的特别利益。

### （二）控股公司

**控股公司** 是指在一个或多个子公司里控制着大量股份和拥有举足轻重的表决权的公司。

这种公司参股可以拥有高达 100％或低至 50％以下的股本或表决权。控股公司的收入主要是股息和出售股份的资本利得。在避税港建立控股公司是避税手法之一，因为在那里可能对股息收入和资本利得不征税或只征很少的税。事实上，许多避税港都为控股公司提供特别优惠的税收待遇，如荷兰、荷属安的列斯群岛、卢森堡、新加坡和瑞士等。

例如，某个高税率国家的母公司在若干个低税率国家拥有子公司。母公司想用这些子公司的利润在其他国家再设立一些子公司。但现有的子公司在向母公司支付股息后，母公司所在的高税率国家要对之征收所得税。因此，在国外再成立公司，就要设法避免缴纳过高的所得税，否则就得付出高额费用的代价。假定母公司所在国（居住国）并未就利用避税港问题在其税法中做出反避税规定，那么事情就好办了：只需建立一个避税港子公司来控制那些外国子公司的股权。结果是，由于股权转移到避税港子公司，母公司就无须就股息向其所在国缴纳所得税了。

### （三）投资公司

**投资公司** 是指专门从事有价证券投资的公司。

这些有价证券包括股票、公司债券或其他证券，通常是由证券交易所标价出售的，它们在某个公司的股份中只占很少或极少的比重,在企业经营决策中,并不拥有任何重要的表决权。这是投资公司与控股公司的不同之处。但其目的都是消除或减轻在股息、利息、租金、运输、保险、特许权使用费和营业等所得项目上的税负,以及在处理财产取得的资本利得上的税收负担。另外,有些国家之间的税收协定中关于对投资所得不征或少征预提税的规定,也给投资公司提供了重要的利用条件。

投资公司的组建有三种不同的方式:第一种是公司集团在避税港建立投资公司,以躲避或减轻对股息、利息、租金等所得征收的所得税和资本利得税,而在其中发挥重要作用的是金融公司;第二种是私人在避税港建立投资公司,像列支敦士登、荷属安的列斯群岛等类似的避税港,都是私人建立投资公司最理想的地方;第三种就是所谓的"离岸基金"。

**离岸基金**,即高税率国家的公司企业和个人在避税港建立的一种互助投资的基金,换言之,公司企业和个人在避税港建立的发行随时可兑换成现款的股票的投资公司。

同避税港其他领域的活动一样,银行在离岸基金上也发挥着重要作用。通常,银行集团是离岸基金的母公司,因此也叫离岸银行,其所从事的经营活动又称离岸经营。可见,在国际税收领域里,对于"基金"一词的含义,人们决不应仅从货币的狭隘角度去理解,而应充分认识到它既代表一定数量的资金和财产,同时又是具有一定独立法人资格的实体。离岸基金是一种流动性很大的、非常灵活而又相当复杂的机构。其最常见的结构是:投资者是国际资本市场上典型的投资者,当他们选择并建立离岸基金后,就会通过基金直接或再通过中间机构间接地把资金投向公司、信托机构或其他实体。这种基金实体一般都在像巴哈马、荷属安的列斯群岛、中国香港这样的避税港建立。例如,荷兰的劳伦多基金就是建立在荷属安的列斯群岛的库拉索,以逃避荷兰对基金可能分配给其成员的财务利益征收股息预提税。

### (四)金融公司

**金融公司**是指在一个企业或公司集团里充当借贷中介人或向第三方提供资金的机构。

跨国纳税人为了不缴纳或少缴纳利息所得税,或取得高税国对公司集团支付利息进行税收扣除的许可,或利用有利的税收协定不缴纳或少缴纳利息支付国对利息的预提税,通常可在避税港设立金融公司,既充当公司集团内部借款与贷款的中介人,为其不同成员从一国向另一国转送资金,又可为第三方筹措款项,以此达到上述目的。所以一个企业或公司集团在进行证券投资或购置不动产时,暂时需要的大量资金往往可以通过其设在避税港的金融公司解决,而不是通过投资公司解决。

通常情况下,跨国纳税人都可能将金融公司设在某些避税港国家或地区,然后经过精心策划,利用当地提供的税收条件,进行减轻税负的最佳方案设计。例如,美国公司常常把金融子公司设立在荷属安的列斯群岛,这是因为,美国与荷属安的列斯群岛签有税收协定,并规定荷属安的列斯群岛对其公司支付给美国债券持有人的利息免征预提税。而金融公司的居住国又不开征所得税,在这种情况下,就可以将大量利息集中到金融公司的账上,可以获得少纳或不纳税的好处。又如,德国的公司常在卢森堡建立金融公司;

荷兰企业则常利用荷属安的列斯群岛建立金融公司;而像巴拿马、利比里亚、新加坡、中国香港等这类避税港也都常被利用来建立金融公司,以逃避税收。

(五)租赁公司

**租赁公司**是指专门从事租用、租赁贸易和租购等项活动的机构。

由于许多国家和地区为跨国纳税人提供特别优惠的税收待遇,如快速折旧和投资税收减免,以鼓励实业家取得和拥有工业设备或财产。根据一般规定,这些税收好处将由那些保留对财产的所有权的纳税人获得,而那些很快就要出售这些设备的人是不能获得这些好处的。因此,当一个纳税人利用信贷资金购进一批设备,并立即将设备转让给另一个纳税人时,确认该项转让契约是销售合同还是租赁合同,就是相当重要的了。若是租赁合同而不是销售合同,则转让者才有权获得上述税收优惠。可见,将设备向国外出租比出售更会使纳税人获得税收上的好处。正因为如此,跨国纳税人就可以利用这些规定,在避税港设立租赁公司,通过租用、租赁贸易和租购定价进行避税。

例如,甲国母公司在丙国和避税港乙国分别设立子公司,现由甲国母公司用借来的钱按照契约购买一批设备,然后以尽可能低的价格租赁给乙国子公司,乙国子公司又以尽可能高的价格再转租赁给丙国子公司。在这一过程中,甲国母公司作为法律上的租赁财产所有者,可以对出租设备提取折旧;而避税港乙国子公司作为经济上的租赁财产所有者,也可以对租入设备提取折旧。除了租赁定价和设备折旧,租赁公司还可以享受税务当局有关投资鼓励的好处,并把这些好处分给租赁者(乙国子公司)。如此一来,就达到了避税目的。

在这里,跨国纳税人是利用了租用、租赁贸易和租购定价以及有利的有关国内税法和国际税收协定,在避税港建立租赁公司实现了其避税目的。但租用、租赁贸易和租购定价毕竟是一个比较复杂的领域,如何判定纳税人交易活动的性质,有时是个相当麻烦的事。事实上,许多国家对出租的税收待遇规定是不一样的,如金融性出租和营业性出租的待遇就有区别。某些国家,如美国、德国、荷兰和加拿大等国认为,如果租赁合同的目的仅仅在于为承租者取得财产而提供购买资金,这种做法在实质上不存在所有权与使用权相分离的问题,因而不允许租金(而不是利息)获得减税待遇,但允许承租者获得资本和投资的快速折旧待遇。而英国、法国、瑞士、瑞典等国却认为必须以所有权占有者为依据,即仅向法律上的租赁财产所有者提供资本和投资的快速折旧等待遇。

(六)航运公司

跨国纳税人躲避税收的另一种手段,是在避税港建立国际航运公司,包括国际船舶运输公司和飞机公司等。由于这类航运公司的所有权和经营权可以不在同一国内,总管理机构可以位于第三国(通常是避税港),与此同时,其船舶还可以在别处重新注册,使船舶或飞机逃出高税国的管辖圈,从而可以躲避或减轻所得税和资本利得税。

从历史的角度看,影响航运公司向避税港转移的因素有两个:一为避免限制性法规的管制;二为减轻税收负担。

✍ 资料卡 7-3 ✍

第二次世界大战刚结束时,美国、英国、荷兰和瑞典都是世界上主要的造船大国。当时,工业企业面临来自强有力的工会委员会的压力,有关工作方式和生活条件的规定限制了盈利能力,于是船运公司开始到巴拿马和利比里亚注册,这就是所谓的"方便旗"的起因。这些国家不仅是避税港,而且为公司躲避各自原居住国法律和贸易工会对经营活动的限制提供了条件。以上面提到的利比里亚为例,该国是西非西南部的一个小国,人口只有170万,生产橡胶。由于实行低税政策,吸引外国公司在那里办了许多种植园,目前橡胶产量居非洲首位。另外该国还凭借濒临大西洋的地理优势,对外国商船征税低微,国际商船悬挂利比里亚国旗的总吨位数居世界前列。

从减轻税负的角度考虑,跨国纳税人往往还可以通过高税国船舶运输公司或飞机公司的大量亏损,或船舶、飞机等运输工具的租赁、出租和转租等,达到躲避所得税之目的。巴拿马、利比里亚、巴哈马、百慕大、开曼群岛、荷属安的列斯群岛、中国香港等避税港,都有许多国际船舶运输公司或飞机公司。希腊、塞浦路斯等避税港也是国际避税者乐于前往建立航运公司的好地方。

(七)保险公司

**保险公司**主要是指为包括其自身在内的公司集团成员提供经营活动的风险保险和分保,并完全由该集团控制的一种公司组织。

通常,在企业的经营活动中,每年都会发生大量的保险费支出,而且有时一般的(独立的)保险公司不太愿意接受跨国集团公司所需的保险项目,因而跨国集团公司有必要成立自己的受控保险公司,并由其承担集团公司经营活动的风险保险。在这方面,避税港又能为保险公司提供许多方便,所以近二十年来,许多跨国公司集团纷纷在避税港建立了自己的受控保险公司。与支付给独立的保险公司的保险费支付成本相比,在避税港建立自己的受控保险公司有许多好处:一方面,可以减少要缴纳的保险费用;另一方面,有时还可以承担第三方保险公司所不能承担的损失,甚至承担全部损失。而受控保险公司自己则可以在外部再保险市场上取得足够的补偿。此外,受控保险公司还常常被认为是利润积累中心,它可以调节母公司的经营成本。例如,受控保险公司可以对母公司的资产像其他独立的保险公司一样进行正常保险,但索取的保险费率却低于或高于其他独立的保险公司,从而减少或增加母公司的经营成本。

内部受控保险公司形式多样。一个纯受控保险公司是封闭的,它不对外而只为集团内部服务。其他形式的受控保险公司,包括单一所有权承保和多个所有人承保多种风险的保险公司,以及共同保险公司。如百慕大石油保险有限公司,由31家石油公司为石油溢漏提供保险。有时受控保险公司独自承担全部风险,但一般遇有重大风险也进入分保市场进行分保。

由于母公司的许多营业是在国外进行的,所以受控保险公司也可以设在母公司所在国,但最常见的还是在避税港设立受控保险公司。跨国公司通过在避税港建立自己的受控保险公司,可以实现其避税目的。像巴哈马、百慕大、开曼群岛、格恩西岛、荷属安的列斯群岛、巴拿马、中国香港等避税港,就成了受控保险公司的"乐园"。其中,百慕大已成为世界上保险公司和再保险公司最集中的避税港。

(八) 专利公司

**专利公司**是指专门从事专利、商标、版权、牌号或其他工业产权的取得、利用或使用特许和局部使用特许等项活动的公司。

由于一些国家(如低税国或避税港)在与其他国家签订的税收协定中对特许权使用费的支付所征收的预提税有优惠的规定,如免征或少征预提税,跨国纳税人为了不缴或少缴特许权使用费等收入的预提所得税,就可以在具备上述特征的国家中建立专利公司,从事专利等的取得、利用或使用特许等项活动。而从事这些活动最好的"乐园",莫过于避税港了。

例如,某国甲公司拥有一项价值高昂的专利技术,并准备通过许可证贸易方式将该项专有技术转让给中东某国的使用者,而该中东国家对支付给外国企业的特许权使用费不征收预提税或其他类似税收。为避免就出让专有技术而取得的所得缴纳所在国的税收,该公司可以在某避税港内设立专利公司,并指使其与中东的使用者签订转让合同,形成转让活动并不发生在该公司所在国的假象,于是可以避免缴纳其所在国的税收。

(九) 贸易公司

**贸易公司**主要是指从事货物和劳务交易的公司,它只不过是为其所进行的购买、销售和其他(如租赁等)交易活动开张发票而已。跨国纳税人往往通过在避税港建立贸易公司,进行虚假营业,把高税国公司的利润转移到避税港贸易公司。这种虚构避税港贸易,前面的图 7-1 已经分析得很清楚了。然而,跨国纳税人并不把有税收协定的避税港作为其建立贸易公司的最佳选择。这是因为,其购销交易等活动常涉及进出避税港,税收协定的情报交换条款往往给其带来麻烦,所以,从保密性角度考虑,跨国纳税人往往选择那些没有税收协定的避税港作为建立贸易公司的好地方,如巴哈马、百慕大、巴拿马、中国香港等。

(十) 服务公司

**服务公司**是指从事部分管理、卡特尔协定组织、离岸基金管理或其他类似劳务的公司。这种公司的作用相当于一个企业的总机构,有时也相当于一个持股公司。跨国公司往往通过在避税港建立服务公司,进行费用分配,即通过向避税港服务公司支付劳务费用等,把高税国公司的利润转移到避税港服务公司中去,从而可以逃避高税国公司的所得税。而高级管理人员还可以通过在避税港服务公司工作逃避个人所得税。

跨国公司为了尽量减轻税负,充分利用避税港,有时为某项临时交易或业务也会在避税港组建除上述公司以外的其他公司。其临时交易或业务一经完成,躲避税收的目的已经实现,这种公司的使命就完成了,因而也就不复存在了。

综上所述,跨国纳税人为躲避税收而在避税港建立的各种公司,有许多属于外国基地公司。通过基地公司,特别是信箱公司进行国际避税活动,是形成一个介于收入(或所得)来源同收入(或所得)最终获得者(或受益者)之间的积累中心。通过积累股息、利息、特许权使用费收入或来自不动产、证券的所得,可以在不纳税或尽量少纳税的情况下进行再投资,从而逃避了税收。

## 二、虚设避税港信托财产

跨国纳税人利用避税港进行避税的惯用手法,除上述虚构避税港营业外,还有虚设避税港信托财产,通过建立信托财产或各种信托关系进行避税。有些国家对财产转让课以重税,在转让的财产中,公司股票和不动产举足轻重。面对沉重的税负,跨国纳税人必然要想方设法躲避或减轻这些税负,而常常借用一个十分有效的特殊工具,就是信托。

关于信托,各国的认识和规定不尽一致。在某些国家,如美国、英国、澳大利亚、新加坡、巴拿马、巴哈马、列支敦士登、墨西哥、加拿大和直布罗陀等,信托是个法律用语。

一般来说,信托是指某人(委托人)将其资产或权利(信托财产)托付给另一个人(受托人),并由受托人按照委托人的要求加以管理和使用,以利于受益人的行为。这个受益人可以是委托人所指定的第三者,也可以是委托人自己。

信托基本是一种法律关系而不是一个像公司之类的法人实体。但是,信托在有的国家或一定情况下,也作为法人出现。信托的存在通常有一定的时间限制,但在避税港,由于允许建立信托而又无信托法规约束,所以,信托实际上也可以无限期地存在下去,如在海峡群岛等。建立信托有许多好处,诸如为继承财产提供条件、为财产保密、便利投资和从事经营风险活动、免除或降低财产和所得的税收负担,等等。所以,许多避税港国家和地区都允许外国人在其境内成立信托组织,同时,跨国纳税人也都乐于利用信托方式从事避税活动。

虚设避税港信托财产的基本途径,就是跨国纳税人通过在避税港设立一个受控信托公司,然后把高税国财产转移到避税港,借以躲避有关税收。例如,高税国甲国纳税人在避税港乙国设立一家信托子公司,然后把自己远离避税港的所得和财产委托给这家子公司,并通过契约或合同使受托人按自己的旨意行事。这样,信托财产与委托人的分离,就成为一种纯属的虚构,而受托人与信托财产又常常是相互分离的,委托人与受益人也不是避税港的居民,但信托财产的经营所得却归在避税港乙国信托子公司的名下,从而可以免于纳税或减少纳税。并且,在因委托人逝世而将财产转归受益人时,还可以逃避全部或大部分遗产税。

由于信托具有种类多、方式灵活和自由的特点,跨国纳税人利用避税港不征或少征所得税和遗产税的条件,虚设避税港信托财产的方法也较多,主要有:

### (一) 设立个人持股信托公司

根据某些国家的法律,受托人有权自由支配受益人的信托所得,可合法地将积累下来的所得转变为信托资本,在将来分配这些积累下来的钱财时,可获得信托资本的待遇,即不作为信托所得对待,受益人不必就此缴纳所得税。此外,受托人还有权自由处置信托资本,由于不存在销售、交换等活动,所以对所分配的款项也不作为资本利得处理,即不必缴纳资本利得税,受益人不必为其财产缴纳遗产税。跨国纳税人常利用在具有上述特征的国家和地区(通常为避税港)设立个人持股信托公司,从事消极投资,并以委托人为受益人，借以躲避资本利得税，或者以亲属为受益人，同时借以躲避遗产税。

个人持股信托公司，是指消极投资收入占总收入60％以上、股份的50％以上被五个或五个以下的个人所持有的公司。

由于这种公司被五个或五个以下的个人控制，所以很容易被跨国自然人利用其亲属的化名来顶替，因而实际上就是他一个人控制的公司。这样就可以利用避税港不征所得税和遗产税的特殊条件进行避税活动。例如，一个高税国甲国的跨国自然人，通过在避税港乙国设立一个个人持股信托公司，把其在甲国或远离避税港乙国千里之外的财产，虚设为避税港的信托财产，委托给这家个人公司经营管理，然后，把这部分财产及其经营所得以及在甲国或其他任何地方积累下来的财产及其经营所得，都挂在该个人公司的名下，并逐步转移到避税港乙国。这样就可以首先躲避掉这部分财产的经营所得原应承担的所得税税款的全部或大部分。继而，该公司运用这部分转移来的信托资本，在当地进行股票买卖等，从事消极投资牟利，又可以获得不缴资本利得税的好处。而且，当这个甲国跨国自然人死后，该公司就可以按死者生前事先确定好的办法，把这笔财产或信托基金分给他指定的受益人（如其亲戚、朋友等），这样还可以再躲避掉原应承担的巨额遗产税的全部或大部分。

（二）设立受控信托公司

跨国纳税人不仅可以利用在避税港建立信托财产从事消极投资的避税活动，而且还可以利用建立信托财产来掩盖股东在公司的股权，从事积极投资的避税活动。譬如，一个高税国的跨国纳税人，可以在避税港乙国设立一个受控信托公司和一个受控持股公司，通过持股公司进行投资活动，然后把持股公司委托给信托公司。这样，持股公司的股权就合法地归信托公司所有，并由信托公司管理持股公司。而这些公司财务利益的真正所有者却是委托人兼受益人的高税国甲国的跨国纳税人。这是一种典型的虚设避税港信托财产的方法。

例如，新西兰朗伊桥公司为躲避本国的所得税，将其年度利润的70％以信托形式转移到巴哈马群岛的某一岛上，由于巴哈马群岛是一个自由岛，税率比新西兰低35％—50％，因此，朗伊桥公司每年可以有效地躲避300万—470万美元的税款。

（三）订立信托合同

跨国纳税人除了利用建立信托财产从事避税活动，还可以运用订立各种形式的信托合同从事避税活动。这是因为，在国际避税活动中，许多公司企业总想通过在海外建立自己的办事机构和分支机构的办法实现避税。但是，事实表明，相当一些海外办事机构和分支机构在行政管理上有许多不便，耗资多且效率低。因此，不如在海外中转国或其他地方找一个具有居民身份的银行来帮助其处理业务。利用银行居住国与借主和最终贷主双方所在国签订的税收协定，为双方提供方便。例如，高税国甲国某一公司与避税港乙国某一银行签订信托合约，该银行受托替该公司收取利息。当乙国与利息支付国签订有税收协定，并规定对利息减征或免征预提所得税时，甲国该公司就可获得减免税的好处。

在信托活动的实践中，利用合同形式进行避税的现象是大量存在的。不仅可以利用避税港的银行,还可以利用其他有减免利息预提税税收协定国家的银行实现有效避税。

### 案例 7-2

【背景】 日本和美国签有互惠双边税收协定,日本银行从美国居民手中获取利息支付可以减少50%的税款(美国规定利息税率为20%,日本银行可以按10%支付)。中国某家公司与美国某一公司发生借贷关系:中国公司是贷款提供方,美国公司是贷款需要方。

【分析】 中国公司可委托日本某一银行代替中国公司向美方公司收取贷款利息。

【评述】 上述做法可实现少纳50%税款的好处。

### 三、转让定价

人为地扭曲跨国收入和费用在国家之间的分配,以实现跨国所得的转移,是国际避税的常用方式之一。而跨国关联企业内部转让定价,则是这一避税方式借以实现的基本途径。

通过从高税国向避税港以较低的内部转让定价销售商品和分配费用,或者从避税港向高税国以较高的内部转让定价销售商品和分摊费用,跨国关联企业的整体税负都将得以减轻。譬如,当高税国母公司向避税港子公司转让交易时,可以把卖给子公司的原材料价格定得低一些,或者对贷给子公司的款项不收或少收利息,或者对转让给子公司的技术收取较低的特许权使用费等,以减少母公司的利润,增加子公司的利润,从而达到不缴纳或少缴纳税款的目的。相反,当避税港子公司对高税国母公司进行上述交易时,子公司就把上述各项转让的价格提高,人为地增加子公司利润,减少母公司利润,同样可以达到避税目的。

### 案例 7-3

【背景】 美国福特汽车公司为了利用中国香港地区对外国企业少征所得税、免征财产税以及不征资本利得税等特殊优惠,在中国香港设立子公司,现福特公司把成本为1000万美元,原应按1400万美元作价的一批汽车,压低按1100万美元(有时可压低到公司无盈利甚至亏损的程度)作价,销售给中国香港子公司,中国香港子公司最后以1500万美元的价格售出这批汽车。

【分析】 我们可以比较一下福特公司及其中国香港子公司原应负担的税款同它们压低转让定价后实际负担的税款。

压低转让定价前两公司原应承担的税负如表7-1所示(美国公司所得税税率为34%,中国香港公司所得税税率为16.5%)。

表 7-1  压低转让价格前

| 公司项目 | 利润额(万美元) | 纳税额(万美元) | 税负(%) |
|---|---|---|---|
| 福特公司 | 400 | 136.0 | 34.0 |
| 中国香港子公司 | 100 | 16.5 | 16.5 |
| 合计 | 500 | 152.5 | 30.5 |

压低转让定价后,就把这批汽车的部分销售利润甚至全部所得转移到中国香港,并全部体现在中国香港子公司的账上。因此,福特公司就表现为只取得小额的利润甚至亏损,只需缴纳少量税款甚至不用纳税。而中国香港子公司仍按正常市场价格把这批汽车再出售给最终的顾主,并取得巨额利润,所有利润只需按较低税率纳税,甚至根本不需纳税。压低转让价格后两公司的实际纳税情况如表 7-2 所示。

表 7-2  压低转让价格后

| 公司项目 | 利润额(万美元) | 纳税额(万美元) | 税负(%) |
|---|---|---|---|
| 福特公司 | 100 | 34 | 34.0 |
| 中国香港子公司 | 400 | 66 | 16.5 |
| 合计 | 500 | 100 | 20.0 |

从表 7-1 和表 7-2 对压价前后各公司的纳税情况的比较中可以看出,福特公司及其中国香港子公司通过利用转让定价,可以少纳所得税税款:

$$152.5-100=52.5(万美元)$$

税负减轻:

$$(30.5\%-20\%)\div 30.5\%=34.43\%$$

【分析】 只要中国香港子公司暂时不把福特公司应得的股息汇往美国,美国福特汽车公司的避税目的就达到了。接着,中国香港子公司用这部分所得在中国香港购置房地产,供公司营业和股东居住使用,又可以免除全部财产税。而且,等到这些财产卖出以后,还可以逃避掉出售这些财产利益原应缴纳的资本利得税。

【评述】 这个例子是以设在高税率的美国的福特公司作为卖方,其采用的转让定价手法是压价卖出。

相反,如果以设在避税港中国香港的子公司为卖方,其采用的转让定价手法则将是抬价卖出。其结果同样都是跨国公司避了税。

## 案例 7-4

【背景】 中国香港子公司把成本为 800 万美元原应按 1 000 万美元作价的一批货物,抬高按 1 400 万美元作价,卖给美国福特公司(母公司)。美国福特公司最后以

1 600 万美元的价格卖出这批货物。

【分析】 我们同样可以比较一下这两个公司原应承担的税负同它们抬高转让价格后实际承担的税负,分别见表 7-3 和表 7-4。

表 7-3 抬高转让价格前

| 公司项目 | 利润额(万美元) | 纳税额(万美元) | 税负(%) |
|---|---|---|---|
| 福特公司 | 600 | 204 | 34.000 |
| 中国香港子公司 | 200 | 33 | 16.500 |
| 合计 | 800 | 237 | 29.625 |

表 7-4 抬高转让价格后

| 公司项目 | 利润额(万美元) | 纳税额(万美元) | 税负(%) |
|---|---|---|---|
| 福特公司 | 200 | 68 | 34.000 |
| 中国香港子公司 | 600 | 99 | 16.500 |
| 合计 | 500 | 167 | 20.875 |

很明显,抬高转让定价后比抬高前可减少纳税:
$$237-167=70(万美元)$$
税负减轻:
$$(29.625\%-20.875\%)\div 29.625\%=29.54\%$$

【评述】 避税港中国香港子公司抬价卖出同样可以使跨国公司避税。

在费用的分配问题上,跨国公司也会通过转让定价的手段,在公司内部进行不合理的费用分配,从而一样逃避了有关国家的税收。

## 案例 7-5

【背景】 在与案例 7-4 同样的税率差别条件下。

【分析】 福特公司又把中国香港子公司为其垫付的原为 300 万美元的利息费用,抬高 400 万美元,即按 700 万美元向中国香港子公司支付这笔利息。这里,其所抬高的费用,恰巧同案例 7-4 其所抬高的销货收入 400 万美元金额一样。

【评述】 利用抬高中国香港子公司分配给福特公司的利息费用的方式,可以少缴的税收也正好是 70 万美元[(700-300)×34%-400×16.5%]。

可见,内部转让定价是国际投资经营者利用避税港进行避税时最常见的一种手法,也是避税港活动发展得最快的一种方式。中国的三资企业也不例外。譬如,某中外合资鞋业有限公司,其母公司设在日本,该母公司在中国台湾地区也设有一家子公司,这家子公司又在中国香港设有一家子公司。鞋业公司的原材料采购和产成品销售均按照中国香港这家子公司提供订单载明的数量、价格,采取委托加工的方式结算。而鞋业公司的工缴费收入远远低于加工成本支出,年年亏损,其应有的制鞋利润全部被转到了中国香港这家子公司账上,同时逃避了所得税。

总之,跨国纳税人通过利用避税港采取上述三种避税手法,可以实现其避税的目的。应当指出的是,跨国纳税人在国际经济活动中,常常是把上述三种模式结合使用,以最大限度地减轻其总体税负。

## 本章小结

1. 避税港的存在,是当今世界经济中一个十分引人注目的现象,并为跨国纳税人从事国际避税活动提供了重要舞台。避税港之所以能够形成,是与其历史、地理、政治、经济等方面的因素密切相关的。在吸引外国资金、加快本国或本地区的资金集中和生产社会化、引进先进技术与促进技术革命、调整产业结构和扩大就业等方面,避税港都发挥了一定的积极作用。同时,避税港也有可能在导致输出国资金过多外流和输入国经济不稳定等方面产生消极作用。

2. 对于从事跨国经营活动的跨国纳税人来说,通常都将如何利用避税港作为其跨国税务筹划的重要组成部分,对避税港的利用,几乎涉及国际避税的方方面面。跨国纳税人利用避税港进行避税的基本模式,可以归纳为三种:虚构避税港营业、虚设避税港信托财产和转让定价。

## 本章重要术语

避税港;金融公司;外国基地公司;控股公司;投资公司;信箱公司;离岸基金;信托;个人持股信托公司

## 思考练习题

1. 什么是国际避税地?它有哪几种类型?
2. 一个国家要想成为避税地应当具备哪些条件?
3. 作为国际避税地,有何利弊?
4. 跨国纳税人是怎样利用避税地从事国际避税活动的?
5. 如何利用避税地信托财产进行避税?

21世纪经济与管理规划教材

税 收 系 列

# 第八章

# 防范国际避税的措施

## 本章导读

本章着重介绍在长期的税收实践工作中,各国采取的防范国际避税的措施。通过完善税收立法和加强征收管理等单边措施,以及加强双边或多边防范措施,阻止纳税人进行避税活动。特别是针对具体避税活动采取的防范措施,如转让定价税收制度、受控外国公司课税制度、反资本弱化和反滥用税收协定等。

## 学习目标

通过本章的学习,读者应能够:
- 全面理解和领会防范国际避税的重要意义
- 了解各种国际避税的防范措施
- 掌握各国对运用避税港的税务处理
- 掌握各国对运用转让定价的税务处理
- 掌握各国对运用资本弱化的税务处理

随着国际经济的不断发展,以及跨国公司的大量出现,国家之间的税收问题已越来越为各国政府、经济界、企业界等方面高度重视。一方面,各国政府为了促进国际经济、贸易、技术和文化的合作与交流,鼓励对外投资经营或引进外资和先进技术,采取了一系列有效措施来避免或消除国际重复征税,使跨国纳税人的税收负担公平合理。另一方面,国际经济活动中存在的大量避税等问题也困扰着各国政府。近几十年来,避税活动十分频繁,手法、花样不断翻新,规模有增无减,特别是形形色色的避税港的存在,更肥沃了避税土壤,使避税活动沃野千里。纳税人广泛利用各国税收的差别、漏洞以及避税港,把资金、财产和业务经营所得大量地从高税率国家转移到低税率国家或避税港,以最大限度地减轻其税收负担,这种情况必然会造成竞争条件和税收负担的不公平,引起资本的不正常流动,并对有关国家的财权利益产生不利影响。所以,近年来,避税问题已日益为各国政府所密切关注。许多国家纷纷采取对策,不断总结经验,通过完善税收立法和加强征收管理等单边反避税措施,以及加强双边或多边反避税措施,来阻止纳税人进行避税活动。特别是对某些避税港活动,不少国家采取了强硬措施,使众多原来对纳税人避税活动"绿灯大开"的坦途,变成了"黄灯闪烁"甚至"红灯长明"的禁路。

在长期的税收实践工作中,国际社会已逐渐形成了一套值得借鉴的反避税措施,如转让定价税收制度、受控外国公司课税制度、反资本弱化和反滥用税收协定等措施,其重点是:运用法律手段,在立法和执法上狠下工夫;扩大和加强政府间的双边合作,酝酿和探索在更大的国际范围内进行反避税多边合作。

## 第一节 完善税收立法

如前所述,由于避税是纳税人利用了有关国家的税收差别和税收漏洞与缺陷,或钻税法空子,因此它并不违法。所以,要防范避税,必须首先完善税收法规,特别是要制定反避税措施或法规。许多国家制定了防范避税的单边措施,试图通过诉诸新的立法和完善税收法规的途径来改变不利的局面。

### 一、规定一般报告义务

各国政府制定的单边反避税措施中,一般都规定纳税人对与纳税义务相关的事实负有某种报告义务。这些报告义务都是通过一定的法律形式加以明确规定的。通常主要有两种立法形式:一种是在单独税法的每一独立条款中规定纳税人的报告义务,如在个人所得税税法、公司税税法、财产税税法等税法的条款中做出规定;另一种是在税收总法典中,增设对整个税制或至少对税制中几个部分有效的一项或多项综合报告义务条款。这种方式从理论上讲更为系统化和综合化,因而实际上它对纳税人也显得更为严厉,它导致了十分广泛而普遍的规则,即凡是与某项税法中某一特殊条款规定相关的所有事实都应报告给税务当局。

事实上,采用单独税法规定的方式容易给纳税人更多的机会去依赖特别法律措辞来为自己的活动辩解。有时,这会使税务当局在要求纳税人提供特殊事实,以及宣称某个事项与纳税问题相关等问题上,几乎得不到什么回旋余地。因为以此方式规定的报告义务具有很强的针对性,若要扩大报告范围会受法律条文的约束,纳税人进行的活动若不落入规定的范围,就不负有报告义务。相比之下,采用总税法规定的方式就像撒大网一样,将报告义务扩大到整个税制或税制若干部分相关的全部事实,大大扩展了税务当局的处理权限。为了使这种对纳税人过分强硬的方式"软化",一般是通过在税法条文中,采用"合理"之类的字眼来限制税务当局的处理权限,即要求税务当局在核定与纳税相关的事实时,应"合理使用权限"。对涉及纳税人切身利益的商业秘密和营业秘密,税务当局应加以安全保护和保密。

一般来说,与纳税有关的事实,多数可能处于某国境内,但也有处于某国境外的,它是由经济活动的范围决定的。原则上,纳税人的报告义务可以限制在"国内"事实上,但由于许多国家都要求其居民纳税人就全球范围内的所得或财产履行纳税义务,因而税务当局也就有权要求纳税人报告国外纳税事实。

由于各国政府所管辖的范围具有严格的地域性,因而对于纳税人国外纳税事实的越境调查就显得十分困难。也就是说,各国税务当局一般不能直接得到其居民纳税人在国外活动的资料,也不能进行实地调查。为了解决这个问题,可以通过国内税法规定,属于本国管辖的纳税人本人,或与纳税人本人有关的其他纳税人(第三方),有义务向税务当局主动报告或提供其在国外从事的经营活动情况。这些情况一般包括与居民纳税人境外纳税义务有关的情况,以及与非居民纳税人境内纳税义务有联系的必要的国外情报。也就是说,通过单边反避税措施,可以规定跨国纳税人有延伸提供税收情报的义务。

**二、将举证责任转移给纳税人**

通常在刑事诉讼中,根据各国民法的一般原则,原告若指控被告有罪,举证责任落在原告一方。也就是说,原告必须提供充足的证据,法院才能判被告有罪,否则被告将被无罪开释。在实践中,民法的这一原则同样适用于税务争端。在这一原则的指导下,税务当局在一些税务争端中,往往由于证据不足而败诉。这是因为:一方面,税务当局很难准确地了解纳税人的经营活动内幕,特别是在当今国际税收事务中,一国的税境往往大于国境,一国税务当局不可能到国外进行实地调查,了解详情,所有这些都给税务当局的举证造成了难以克服的困难;另一方面,税务当局与纳税人的争议,毕竟不同于一般的民事纠纷,税务当局更多地代表国家的利益。鉴于这种情况,很多国家在税收立法中背离了民法的这一传统原则,通过国内税法条文的规定,将举证的法律责任转嫁到纳税人或受益人身上。这样,税务当局可以根据税法及时、尽快地正确处理那些缺乏确凿证据的涉嫌国际避税的案件,可以迫使纳税人提供更多的真实情况。所以,有些国家通过税法规定,纳税人有事后向税务当局提供证据的义务。例如,比利时《所得税法》第46条和法国《税收法典》第238条A,就曾有过这样的法律规定:除非纳税人能够提供相反的证据,否则,对他(它)的某些支付,特别是对避税港的支付,被认为是虚构的,并且不能从应税所得中予以扣除。这种法律规定,就把为某些跨国经营正常状态提供证明的责任转移给了纳税人,从而有利于税务当局的立法想象,摆脱被动局面。

### 三、制定反避税条款

针对已出现的各种特定避税方式,以及预计可能发生的所有避税行为,可以通过制定相应的反避税具体条款和一般条款,继而逐步整理出一部完整系统的反避税法典,以完善单边反避税立法。由于各国的国情不同,必然导致反避税措施的多样化。

#### (一)一般反避税条款

制定反避税一般条款,就是在税法条款中对避税的防范做出广泛的经济性规定,它带有一定的概括性。一般来说,税法对课税客体的表述,既可以完全或大部分以民法的概念为基础,也可以按经济意义加以明确阐述,即以广义和一般的经济概念来表达课税客体。前者,如一项制度,据此可以按其独立的法律形式来明确可扣除营业成本;后者,如明确规定可扣除成本为正常营业过程中发生的全部成本。显然,法律用语虽可准确严密,但以法律概念来表达课税客体,会束缚税务当局反避税的能力,在法律措辞上纠缠不清。而使用经济概念来表达课税客体,则扩大了税务当局对国际避税习惯做法采取行动的机会,因而显得比法律概念的表达具有更大的灵活性和适应性。

制定反避税的一般条款,可以把某些领域已经发生和可能发生的避税问题大体考虑或概括进去。但这种条款不够具体,执行中难免存在某种不确定性,需要更多的实施细则和补充说明。

#### (二)具体反避税条款

制定反避税具体条款,就是在税法条款中对避税的防范做出具体的、明确的、可操作性的规定,如对各种征税对象和征税方法做出相当具体明确的规定。在实践中,由于纳税人不断使用与更新正式的法律手段和解释方式,通过防止导致纳税义务的实际基础的存在,来避免落入税收法令的范围内,所以各国最常见的反避税法规形式,是在法律上把某些活动和所得明确具体规定为征税对象,并明确规定对之征税的具体方法,因而在法律解释上,不给纳税人留下模棱两可的空子。美国、法国、比利时和英国的税法或税收法令中的许多条款,都是以这种方式制定的。

制定反避税的具体条款,一般可以做到用词具体、判断准确、方便执行,因而可以较好地堵塞税法漏洞。但这种条款只能对过去和现在的税法漏洞加以弥补,对将来可能出现的漏洞则无济于事,也就是说,它只能在立法预见到的纳税人活动范围内奏效,很容易产生新的税收漏洞。因此,总是要随着新的避税方式的产生而不断修改补充条款,做出新的规定,这在实际上又意味着税法会更加复杂。

#### (三)一般与具体相结合的反避税条款

制定一般与具体相结合的反避税条款,就是在税法的某一条款中,针对某一项交易行为加以具体描述,并同时附加一般性的规定。在美国的《国内收入法典》中便可见到此类立法惯例。譬如,该法典第367节,对公司以股份所有权与财产相交换以及其他交易,作了具体规定。同时,对应用这条法律也规定了附加条件,其中一个条件是:公司做出的规定必须令税务当局接受,即必须向税务当局证实"这类交易不是根据其主要目的在于避免联邦所得税的计划进行的",换句话说,逃避联邦所得税并不是这种交换的主要目的。又如,该法典第482节,对跨国公司内部转让定价的规定,也属于一般结合具体的反避税条款。

(四)全面的反避税条款

制定全面的反避税条款,就是对所有主要的国际避税习惯做法制定全面和系统的反避税。例如,美国和德国都已制定了针对国际避税主要习惯做法或手段的非常全面而复杂的反避税税法。美国《国内收入法典》第482节、法国《税收总法典》第57条、比利时《税法》第24条关于跨国公司间转让定价的规定,法国《税收总法典》第238条A、比利时所得税法第46条对避税港的某些支付不可扣除性的规定等,都属于此类条款。加拿大卡特委员会把这些以普通词汇定义的条款称为"猎枪条款",亦称"猎枪方法"。

如前所述,跨国纳税人进行避税活动,与一些国家税制中的某些漏洞是有密切联系的。世界上一些主要对外的投资国,如美国、加拿大、德国、日本、英国、意大利等,都允许本国公司通过在国外的子公司所取得的利润在汇回本国以前可以不缴所得税,即所谓延期纳税或延缓纳税。这就吸引着许多公司到避税港国家去设立国外个人持股公司,以便在免税或低税条件下积聚收入。只要这些规定继续有效,这种避税方式和活动就会发展下去。因此,为了制止这种避税趋势的继续发展,有些国家从维护自身的财权利益出发,曾经针对避税港的特殊优惠规定以及本国的税法漏洞,采取了一些相应的反避税措施。在过去的二十多年中,美国、德国、加拿大、英国、比利时、利比亚、日本、澳大利亚等国已在力图取消上面所说的某些规定,取缔积聚收入、延期纳税的条款,实行应收应付制或权责发生制。但为了缓和对那些出于正常业务原因且不是为了避税而在低税率课税权下积聚收入的公司的冲击,这些国家制定的反积聚条款主要以百分比标准为基础,这在一方面有其客观优点,然而在另一方面又留给纳税人以广阔的弄虚作假的余地。这种反积聚条款的规定,通常只适用于设在低税国或避税港但为高税国居民控制的子公司。"控制"一词的含义是指拥有在外国的附属公司的股权超过50%。在美国,对美国的国际投资经营者在避税港投资开设公司、企业,只要其掌握该公司、企业的股票总额一半以上,这个公司、企业就被认为是受美国投资者控制的避税港子公司。在这种情况下,根据美国税收法典"下分部"的有关规定,这个美国投资者就要把该受控避税港子公司的主要经营活动,依照美国税法和会计制度的规定,每年向联邦政府国内收入局申报,必要时还须附送当地公证律师和会计师的检查报告。对这种受控制的避税港子公司,如果它所购入的商品是来自设在避税港以外的股权有交叉的联属企业制造的,同时,它所销售的该商品的最后消费地点又不在避税港,那么,这种购销活动显然是具有虚构避税港营业、逃避美国税负的性质。美国税法规定,把由此发生的避税港公司收入称为"基地收入",在这种基地收入占该避税港公司总收入10%以上时,必须将这部分基地收入甚至该避税港公司的全部总收入,合并在美国投资者的所得内一起计征税款。此外,对以相互提供劳务、消极投资等往来的形式,向避税港公司转移利润,并暂不汇回股息,借以逃避美国税负的美国投资者,美国税法还规定,不论受控制的避税港公司是否将股息分配给美国股东,在一定条件下,美国政府税务当局都有权决定,将应收股息合并在美国股东的总所得内一起征税。

为了防止跨国纳税人利用转让定价转移利润，逃避税收，许多国家（如美国、德国、印度等）都实行"独立核算"原则，采用按正常交易的市场价格计算关联企业内部各方进行的交易所得，并对之进行征税。关于对跨国公司转让定价的税务处理，详见本章第三节。

（五）预审反避税条款

制定**预审反避税条款**，是在单边反避税立法中规定对某些与境外进行交易的行为，纳税人要事先向税务当局报告，并取得同意，否则就是违章行为，并予以处罚。这类条款的规定一般比较严格，通常人们称之为"预审制度"。

例如，英国税法规定，英国公司迁移出境须事先征得政府当局同意，否则，将要受到以下惩罚：第一，公司将继续负有缴纳英国公司税的义务；第二，可能受到刑法中附加条款的制裁。这种条款规定不仅使纳税人面临双重征税的威胁，而且还要纳税人负一定的法律责任。

美国的税收立法包括许多类似上述规定的条款，例如：纳税人必须向税务当局证实某些交易的主要目的或唯一目的不是避税，或证实其具有足够的商业目的。

（六）核定纳税条款

制定**核定纳税条款**，是在税收立法中针对某些避税活动做出核定或估计纳税事实的条款规定，如核定应税所得或利润率、估价财产价值等，以确定应纳税额。一般来说，制定税法的依据或基础，可能是实际交易、契据或其他法律文件以及实际发生的经济活动，也可能是把税收方法基于假设或估计之上。例如，由于对某些活动的实际所得征税难度较大而采用核定纳税方法则比较可行。在法国和比利时，对某些只有少量或中等收入的纳税人就是如此处理的。这种办法通常被人们认为不仅是一种对制度的简化，而且还是防范或控制避税的一种手段。

在比利时也有类似的规定。例如，该国《所得税法》第360条和第361条规定，对不动产实行单项征税制度，不论不动产是为私人或公司、非公司营业企业所有，一律按估计的年均所得课税。估价工作由税务管理部门的一个专门机构进行。每个城市都以某一类最有代表性的不动产（如某一种住宅）为标准，在平均和正常租金以及其他收入的基础上加以估价。价值一经确定，将保持多年不变。又如该税法的第248条规定，对小营业人或个体户也实行核定利润征税的办法。该办法以至少3个可以比较企业的正常和平均利润为基础，对具有某些种类的利润的纳税人进行利润核定，以确定应纳税额。

各国在制定和完善单边反避税措施的过程中，除上述各项条款或措施以外，还有一种称为**税收判例法规**的做法，即法院或税务法院和税务官员就有关税收事宜做出裁定。例如，美国就采取案例法规这种做法，税务官员或法院对某些特定纳税人或特定纳税事实进行裁决后，就具有法律效力，同类或相类似的纳税人或纳税事项都可以援引使用。但这样做出的裁决往往只对一个纳税年度或某一时期有效。因此也常常有一些特殊判例法作为这种灵活处理的法律基础。这种案例法规实际上也给反避税措施赋予了特殊意义。

## 第二节　加强税务管理与国际合作

反避税法的实施以及国际避税的防范，还必须依靠有效的税务行政管理和国家政府间的密切配合。许多国家在制定单边反避税措施的同时，还特别注重税务行政管理的加强和双边或多边反避税措施的完善。这些国家正在通过提高税务人员素质，建立一支训练有素、经验丰富的税务干部队伍，实现征管手段现代化，加强凭证账册管理，进行税收调查与税务审计，以及争取银行的合作等措施，来加强税务行政管理。如美国、德国、法国、英国、日本、加拿大、澳大利亚等国都已开始行动起来。同时，通过加强政府间的双边合作和开展更广泛的国际多边合作，来完善双边或多边反避税措施。

### 一、税收调查

税收调查涉及的对象和范围很广，包括其他有关税务部门和有关纳税人，以及其他有关部门和人员，如审计师、会计师和税务顾问等。为了有效防范避税，税务官员必须做到心中有数，像如何取得所需要的纳税人状况的真实情报等一些问题都要引起重视。与税收相关的情报，其信息量大且又分散，因而必须通过像纳税申报这样的特殊形式使信息系统化和简化。此外，纳税人自愿合作的种种方法，也是税务官员获取最基本情报的一个先决条件。这类合作是通过纳税人履行填写纳税申报单的义务或者为当期纳税年度的临时税款查定估计自己的纳税义务来实现的。税务当局在对具体项目做出查定前，常常需要得到附加情报。税务官员在收到纳税申报单后，互通情况可以提供这类情报，也可以从常常是由税务当局专门机构进行的特别查账过程中取得这类情报。

在国际税收领域里，情报收集过程相当重要。事实上，一个国家的税务当局要想获得处于另一国家中的有关财务资料，是相当困难的，因为在一般情况下，没有在他国领土上进行调查的可能性。所以，只能依靠其他情报来源，如审计师、会计师、税务顾问、银行高级职员等。然而，通过这一渠道获得的税收情报也往往不尽如人意。各国税务当局往往根据本国的具体情况，边实践边摸索，选择适当的解决方法。

在实践中，各国税务当局不断改进调查技术，积累了许多经验，形成了不少税收调查方法。通过这些方法，可以查明或发现使用不正当申报或不正确账簿和账目所进行的种种财务骗局或避税计划。例如，在美国，通过判例法已经发展了一种"净值法"，这种方法是将资产负债表上的年初所得净值与年末估计所得增减净值进行比较，扣除一定的生活费用和其他费用，推算出这个时期的应税所得，然后再把纳税人申报的所得与这一推定所得进行比较，即可检查纳税人是否隐瞒了应税所得。此外，在美国还使用第二种方法，即"银行存款法"，这种方法是参照银行账户的存取记录，对纳税人实际的收入和费用与估计的收支进行比较，以检查纳税人是否有少报所得的行为。

此外，税务调查人员的素质也是决定税收调查工作成效的重要因素。对税务稽查员来说，要跟上跨国公司财务日渐复杂的发展，是一项艰苦的工作，而瞬息万变的汇率又使这一工作更加复杂化。因此，各国税务当局都十分重视对税务人员的培训工作，他们已充分认识到，加强税务人员的培训是保证税收调查行之有效的有力措施。例如，美国国内收入局针对跨国公司使用的基本避税手段,为其税务检查人员开设了特别课程,传授用以发现避税的大量技术方法,其中包括如何与离任的和在职的公司高级职员特别是那些被解雇的职员进行谈话;怎样与公司企业的领导人交谈;如何检查董事在实行严格银行保密的旅行中途停留地(主要是避税港)的活动等。

## 二、税务审计

税务当局在经过一番税收调查之后,可能会决定加强它们对某些类型的国际避税或偷、漏税的调查,即进行税务审计。由于税务人员有限,不可能对所有的纳税人和避税手段进行彻底的调查和审计,所以实际上一般是有选择地进行重点调查与审计。税务审计也包括雇用私人的国际会计师事务所专业人员来对纳税人提供的情况进行审核。往往也是有重点地集中在某几种主要的国际避税和偷、漏税手法上。审计对象一般也是选择问题比较突出的私人企业和较大的跨国公司。这在西方一些主要工业化国家中已经成为税务审计的一种确定的选择方式。

各国的实践表明,通过税务当局调查审计所查补的偷、漏税款,要大大高于税务当局为检查审计所花费的金钱。而且更重要的是,通过税务当局的税务调查和审计,有力地打击了国际偷、漏税活动,对国际避税活动也起了有效防范的作用。

## 三、争取银行的合作

许多国家,尤其是一些避税港国家和地区的银行有着严格的保密制度。银行为客户严格保密,并且相互信任,这几乎是所有国家的法律所允许的,事实也是如此,有些国家(如瑞士)对泄露客户银行秘密的银行职员要给予刑事制裁。银行秘密的存在,使得税务当局的某些调查取证工作难以深入下去。为此,一些国家的税务当局积极争取银行的合作,以共同对国际偷、漏税者进行查处,防范国际避税。

例如,瑞士银行有着极其严格的保密制度,但是美国国内收入局还是通过美国与瑞士签订的双边税收条约,享受特殊待遇,争取到了瑞士银行的合作,在一定的情况下(或案件中),如发生伪造有关财务文件的骗局时,该条约允许美国国内收入局查阅瑞士银行账户。除此之外,瑞士一般不允许各国税务当局接近瑞士银行的账簿。此外,美国与瑞士针对有组织的犯罪,于1973年5月25日签订了反对有组织犯罪的条约,这一特别条约已于1977年生效,在某些事件中允许瑞士代表美国国内收入局对银行账目进行调查。通过这样的合作,美国国内收入局已查出了一些重大的国际偷、漏税案件,给了国际偷、漏税活动以一定的打击。

在美国,如果发生纳税骗局,税务当局通常可以接近银行账簿,多半是通过一份特别的法院决议进行的。当怀疑一项纳税骗局时,实际上也可以发出银行自觉服从法院的一个非正式传票的要求。但是,如果银行的客户没有受到有意隐瞒所得或谎报纳税扣除方面的怀疑,而仅仅是采用不正当手段避税,对此在多大程度上可运用上述手段尚无定论。例如,判例法在这种情况下规定实质重于形式。这一原则也可以用于对通过避税港进行的虚构国外营业的处理。为了澄清这种情况和弄清为犯罪目的而使用避税港,美国于1979年颁布了《通货和外国交易报告法》,该报告法规定,对跨越国境以本国通货进行的大宗交易,以及与外国银行或其他金融机构进行的交易必须报告,并且还规定了某些簿记义务。

有些避税港也有严格的银行保密惯例,以保护其客户隐姓埋名,例如列支敦士登、巴拿马、大多数加勒比避税港和瓦努阿图等。由于这些避税港很少有税收条约或协定,对高税率国家的税务当局来说,要接近在那些地方持有的银行账户是相当困难的。

### 四、加强国际合作

由于一国的税务当局原则上不能在另一国领土上进行调查,所以在收集情报的过程中就需要国际合作,争取有关国家政府的配合。通常,这种合作是通过政府间签订双边或多边税收条约或协定,采取双边或多边防范避税措施,互相交换税收情报的形式进行的。目前,许多国家之间已经或者正在通过双边或多边税收协定中的反避税条款,或专门的双边或多边反避税协定,分别就滥用协定进行避税的行为制定相应的防范措施,以及就情报交换与保密提供合作进行协商和承担义务,如规定相互交换本国税收立法和征管制度的有关资料,非居住国向对方国家提供本国非居民的纳税申报和有关报表数据,应对方请求配合进行跨国税务调查等,以加强政府间的双边合作和开展更广泛的国际多边合作,有效地实现国际避税的防范。

在防范避税的国际合作方面,国际社会能够相互支持。例如,经济合作与发展组织的 24 个成员国于 1963 年制定并公布了《关于对所得和资本避免双重征税的协定草案》,后经过修订,于 1977 年又发表了《关于对所得和资本避免双重征税的协定范本》。1968 年由联合国经济和社会理事会设立的联合国税收条约专家小组制定了《关于发达国家与发展中国家间避免双重征税的协定范本》(草案),1979 年,联合国税收条约专家小组也公布了这一范本。这两个范本的产生,对各国的反避税工作及双边或多边合作,起到了重要的示范和推动作用。

到目前为止,世界上已有 187 多个国家和地区相互缔结了有关避免双重征税的协定 3 500 多个,其中多半是发展中国家同发达国家之间签订的。英国是对外缔结税收协定最早、数目最多的国家,目前已同近 120 个国家签订了避免双重征税的双边协定。我国也同 100 多个国家或地区签订了双边税收协定或安排。可以预见,随着第三世界国家在国际经济生活中的地位和作用的日益提高,国与国之间缔结税收协定的进度还会加快,数量还会大大增多,而发展中国家对外缔约的增加将会更快。

一些国家在进行反避税双边合作的同时,还努力寻求和加强这方面的多边合作,欧洲经济共同体于 1977 年 12 月 19 日发布的关于加强反避税合作的指令就是一例。由瑞典、丹麦、芬兰、爱尔兰、挪威等斯堪的纳维亚五国于 1972 年年底签订的《关于税务协助协定》(以下简称"北欧公约"或"北欧协定"),就是实行多边合作的一个典型实例。

除了上面所述的在国际上具有重要影响的国际税收协定范本、欧洲经济共同体指令和北欧公约,具有较大影响的区域性或一国性协定文件还有《南美印第安税收协定范本》《美国所得税条约范本》《德国税收条约范本》等。随着国际经济的不断发展,可以预测,税收协定由双边向多边发展将是历史的必然结果,国家之间的反避税多边合作也是大势所趋。

在防范避税的国际合作领域方面,税收情报的交换具有非常重要的意义。税务当局往往把它看作"协定中的协定"。就情报交换的方式来说,一般有日常交换和专门交换两种。日常交换是指缔约国双方或各方定期交换从事国际经济活动的对方居民纳税人的收入和经济往来资料。通过这种情报交换,缔约国各方税务当局可以了解本国居民纳税人在对方国家的收入和经济往来方面的变化,正确核定应税所得,确保各方税收无遗漏。专门交换是指缔约国一方提出需要调整核实的内容,由另一方帮助调查。例如,某日本人在中国居住已满5年,按中国个人所得税法规定,该日本人为中国税收居民,应就其从中国境内和境外取得的全部收入向中国政府纳税。中国政府为了妥善处理对该日本人的征税事项,必须通过日本政府或日本税务当局了解他的收入情况。根据中国与日本缔结的双边税收协定要求,日本政府和税务当局有责任为中国政府了解核实该日本人的收入情况提供情报资料。就情报交换的内容而言,主要有三个方面:一是交换为实施税收协定所需要的情报。如纳税人在居住国或收入来源国的收入情况,关联企业之间的交易作价,利息和特许权使用费的支付人与收益人之间的关系,分公司或子公司的开业、营业、歇业、关闭,以及市场价格、商业活动等。二是交换与税收有关的国内法律。如各有关税种的税法及实施细则,为防止国际偷、漏税和国际避税而单方面采取的法律措施等。通过法律情报的交换与协调,使缔约国各方执行法律时不致与协定的要求冲突。三是交换防止税收欺诈和偷、漏税的情报。该项情报交换的重点是有关国家共同开展反对国际偷、漏税的斗争,解决核实征税和依法处理偷、漏税案件的问题。

应当指出的是,税收协定明确了缔约国双方或各方的税务当局(或主管当局)可以通过协商,创造有关交换情报的适当条件,研究解决办法和技术手段,并及时交换有关防止欺诈或偷、漏税收的情报,这是对有关当局实现情报交换和税务调查目标的充分授权。但是,只有有关当局对这一问题采取严肃认真的态度,税务机关在履行其职责时才能获得有效的帮助。

## 第三节 建立转让定价税收制度

利用转让定价转移利润是关联企业纳税人(特别是跨国公司)从事避税活动最常见的手段之一,它严重影响了国家的税收权益。因此,许多国家为了防止和纠正关联企业内部采用转让定价手段对收入和费用进行不合理的分配,维护国家的税收权益,制定或正在努力地探索转让定价税收制度。不过,对转让定价实施税务处理,建立转让定价税制,通常需要有关国家政府间的配合,甚至要通过国家政府间的协商,达成协议,即通过税收协定的方式加以实施。

### 一、关联企业的确认

转让定价的税务处理的关键是对转让定价的确认。由于转让定价是依附于关联企业之间的内部交易而产生的一种特殊经济现象,离开了关联企业这一组织形式,也就不存在转让定价问题。所以,要对转让定价做出处理,首先要对交易双方是否构成关联企业的关系做出明确的规定。

联合国和经济合作与发展组织分别制定的"国际税收协定范本"对关联企业的确认已做出一致的原则规定,即凡符合下述两个条件之一者,便构成关联企业的关系:

(1) 缔约国一方企业直接或间接参与缔约国另一方企业的管理、控制或投资;

(2) 同一人直接或间接参与缔约国一方企业和缔约国另一方企业的管理、控制或投资。

虽然上述两点规定是针对税收协定的缔约国做出的,但这一定义解释的原理同样适用于非缔约国的一般跨国企业。从各国的税收实践看,对关联企业的确认主要有以下三种方法:

一是股权测定法,即看企业之间相互控股的比例,达到规定控股比例的,便构成关联企业,如美国、瑞士、新西兰、新加坡、韩国、日本、挪威、德国、西班牙等。

二是实际控制管理判定法。许多国家更加注重实质,从企业之间相互控制管理的实际情况进行判定,如日本、加拿大、南非、美国等。

三是避税地特殊处理法。少数国家对境内企业与设在避税地的企业进行交易也按关联企业对待,如美国、日本、西班牙等。

**二、应税所得的调整**

由于国际关联企业的转让定价扭曲了收入与费用在有关国家之间的正常分配,不仅导致了关联企业利益与有关国家权益的矛盾,而且也使有关国家之间因税收分配关系产生了矛盾。对此,国际社会强烈呼吁要对跨国公司的行为做出规范,对转让定价做出税务处理。1982年5月,联合国跨国公司委员会制定了《跨国公司行为守则(草案)》,明确规定跨国公司必须尊重东道国的国家主权,接受东道国的管理和监督。国际社会公认,如因企业之间存在特殊关系(即指关联企业)而会计核算没有正确反映发生在一国的应税所得额时,为了正确计算税收,该国的税务主管当局可对该企业的应税所得进行调整,并据以征税。许多国家在税法中都明确规定,关联企业之间的交易往来应当按照独立企业之间的交易定价。由于转让定价的税收动机是错综复杂的,界限也难以划分,加之市场价格的多变性、复杂性,所以在进行应税所得的调整时,各国税务当局一般只认定要补回因利润转移而少缴的税款,而不是具体指明其应属于何种性质。

对关联企业转让定价所造成的应税所得不实,调整的依据应是独立企业之间交易的正常价格标准,即所谓"正常交易原则"或"独立核算原则"。任何交易事项,都应当按顺序或允许选择采取可比的非受控价格、再销售减利价、成本加利价、成本标准等其他合理核定价。我国最早于1991年在《外商投资企业和外国企业所得税法》中引入了转让定价税制,并采用了上述传统的税务处理方法。

**(一) 可比的非受控价格**

所谓**可比的非受控价格**也称市场标准,是指以转出企业或转出企业所在地的同类货物、工业产权和劳务的市场价格或资金借贷的市场利率作为跨国联属企业之间交易往来价格制定的标准。简单地说,可比的非受控价格就是按当时当地的独立竞争市场价格来确定跨国联属企业之间各交易的价格。

在市场独立竞争的基础上,谋求以市场价格解决跨国收入和费用分配的问题,正是独立核算原则之本来目的和要求。所以,以可比的自由竞争市场价格作为跨国联属企业之间交易价格制定的标准,是最符合独立核算原则本意的一项基本的跨国收入和费用分配标准。

按照独立核算原则,实行可比的非受控价格,在跨国联属企业之间发生的交易往来中,必须把由相互进行控制而起作用的因素(如特殊的商业和财务关系等)完全排除在外。即完全以无关联独立竞争企业在市场上相互进行类似交易的市场价格,作为联属企业之间交易价格制定的标准。这种市场价格,首先应该是转出企业提供给其他并非处于共同控制下的独立企业的同类货物、专利和技术等特许权、咨询服务以及贷款等的市场价格或市场利率;其次,如果该转出企业本身并无此同种市场价格或市场利率,也可以是转出企业所在地当时的一般市场价格或市场利率。

可比的非受控价格适用于跨国联属企业之间的各种交易,如企业间内部的有形财产销售、贷款、劳务提供、财产租赁和无形资产转让等。实行可比的非受控价格的国家税务当局,对跨国联属企业相互间的交易定价,包括销货收入、特许权使用费收入、劳务收入以及利息收入等各项主要业务收入的分配,都要以市场价格标准检验、衡量。凡检验结果不符合市场标准的,即跨国联属企业间交易的定价高于或低于市场价格,不管是转出企业因超过市场标准(即交易定价高于市场价格)而使转出国政府增加了财政收入,还是转入企业因低于市场标准(即交易定价低于市场价格)而使转入国政府增加了财政收入,转出国政府和转入国政府的税务当局都要按照市场标准对跨国收入和费用进行重新调整分配。拿销售收入的分配来说,在国际上跨国联属企业通过内部销售人为转移跨国收入的问题,已成为各国税务当局矛盾的焦点。对于销售收入的分配,可采用市场标准进行适当的调整。

## 案例 8-1

**【背景】** 假如 A 国制造业母公司在 B 国设立一子公司,A 国公司所得税税率为 50%,B 国则为 20%。现在,A 国母公司把其生产的一批产品以 120 万美元的转让价格销售给 B 国子公司。A 国税务当局检查发现,当时市场上同样数量的这种产品的成交价格是 170 万美元。

**【分析】** 这时,A 国税务当局就可以按照市场标准加以调整纠正,向 A 国母公司就调整后所增加的 50 万美元(170−120)所得补征公司所得税 25 万美元(50×50%)。

**【评述】** 可比的非受控价格适用于跨国联属企业之间的各种交易,适用性广,而且操作简单。

(二)再销售减利价

再销售减利价,是市场标准的一种延伸,是一种运用倒算价格法推算出来的市场价格标准,即通过进销差价倒算出来的市场价格。它是以转入企业的这批产品的市场销售价格,减去当时它本身的产品进销差价(即合理销售毛利)后的价格,作为跨国联属企业之间工业产品销售收入分配的标准。

再销售减利价一般适用于跨国联属企业之间工业产品销售收入的分配。在转出企业和转出企业所在地当时都没有同类产品的市场价格作为分配标准的情况下,可以采用再销售减利价。其计算公式可以为:

$$再销售减利价 = 转入企业市场销售价格 \times (1 - 合理毛利率)$$

其中,合理毛利率是以转入企业所在地无关联企业同类产品销售毛利占其销售价格的比例计算出来的。

## 案例 8-2

【背景】 某一纳税年度,A 国 M 汽车制造公司在 B 国设立一子公司,A 国公司所得税税率为 34%,B 国则为 17%,M 公司的汽车制造成本为每辆 10 万美元,在 A 国市场上还未销售过,现以每辆 12 万美元作价销售给 B 国子公司一批汽车,B 国子公司最后以 19 万美元的价格在当地售出这批汽车。

这样,这个企业集团内部 A 国 M 公司销售这批汽车的每辆所得为:

$$12 - 10 = 2(万美元)$$

B 国子公司取得的每辆汽车的利润为:

$$19 - 12 = 7(万美元)$$

但是,这种企业集团内部作价分配是不符合独立核算原则的。根据 B 国税务当局调查证明,当地无关联企业同类汽车的销售毛利率为 20%。

【分析】 按照再销售减利价,这个企业集团内部 A 国 M 公司向其 B 国子公司销售汽车的每辆价格应调整为:

$$19 \times (1 - 20\%) = 15.2(万美元)$$

有关税务当局按照再销售减利价,即可认定 A 国 M 公司这批汽车的销售收入,每辆应按 15.2 万美元进行分配。

经过调整分配后,A 国 M 公司取得的每辆利润为:

$$15.2 - 10 = 5.2(万美元)$$

B 国子公司取得的每辆利润为:

$$19 - 15.2 = 3.8(万美元)$$

现在,我们不妨对调整前后母、子公司的每辆汽车所获利润及纳税情况作一比较,见表 8-1 和表 8-2。

表 8-1 按再销售减利价调整前

| 公司项目 | 应税所得额(美元) | 所得税税率(%) | 应纳税额(美元) |
|---|---|---|---|
| 母公司 | 20 000 | 34 | 6 800 |
| 子公司 | 70 000 | 17 | 11 900 |
| 合计 | 90 000 | — | 18 700 |

表 8-2　按再销售减利价调整后

| 公司项目 | 应税所得额(美元) | 所得税税率(%) | 应纳税额(美元) |
| --- | --- | --- | --- |
| 母公司 | 52 000 | 34 | 17 680 |
| 子公司 | 38 000 | 17 | 6 460 |
| 合计 | 90 000 | — | 24 140 |

【评述】 再销售减利价一般适用于跨国联属企业之间工业产品销售收入的分配,是通过进销差价倒算出来的市场价格。其核心是转入企业的这批产品的市场再销售价格和合理销售毛利率的确定。

(三)成本加利价

**成本加利价**是指用成本加利润的方法组成一种相当于市场价格的标准,以此来确定跨国联属企业之间某种交易的价格,并进行分配。它要求联属企业首先要遵循正常的会计制度规定,记录有关成本费用,然后加上合理的利润作为联属企业间内部产品销售收入分配的依据。其中的合理利润(率)是从国内和国际贸易的情报资料中取得的。成本加利价是一种运用顺算价格法计算出来的市场价格。

成本加利价是市场标准的继续延伸。它一般适用于在既无市场标准,又无再销售减利价的情况下,跨国联属企业之间缺乏可比对象的某些工业产品销售收入和特许权使用费收入的分配。尤其是当联属企业之间发生有关专利、专有技术和商标等无形资产的转让和特许使用时,必须收取一项符合独立核算原则的特许权使用费收入(此项收入通常按年度计算)。由于无形资产种类很多,而且所涉及的技术、性能、成本费用和目标效益等的差异也比较大,从而常常缺乏有可比性的同类产品市场价格或再销售减利价作为分配的依据。也很难对其收费依据做出统一的规定。因此,必须更多地采用成本加利价。

具体说来,成本加利价对跨国联属企业之间工业产品销售收入的分配,要求以转出企业生产该产品的有关直接成本和间接成本,加上一个适当的利润,作为销售收入分配的依据。其计算公式如下:

$$\text{工业产品组成市场价格} = \left(\text{转出企业加工该产品的直接成本} + \text{间接成本}\right) \div \left(1 - \text{合理毛利率}\right)$$

其中,1－合理毛利率＝合理生产费用率。

## 案例 8-3

【背景】 在既无市场标准,又不能采用再销售减利价的情况下,A 国 M 汽车制造公司将汽车以成本价格(每辆 10 万美元)销售给 B 国子公司,B 国子公司还是以 19 万美元的价格在当地出售。

这样,这个企业集团内部经过人为地作价分配,使 A 国 M 公司销售这批汽车的每辆利润为:

$$10-10=0(万美元)$$

B 国子公司取得的每辆利润为：

$$19-10=9(万美元)$$

但是，A 国税务当局认为，根据 A 国的市场资料，A 国 M 公司的这批汽车的一般生产费用率为 64%。

**【分析】** 那么，按照成本加利价，对 A 国 M 公司销售这批汽车的收入（价格）每辆应调整为：

$$10\div 64\% = 15.625(万美元)$$

有关税务当局按照成本加利价就可以认定 A 国 M 公司这批汽车的销售收入，每辆应按 15.625 万美元进行分配。

经过调整分配后，A 国 M 公司取得的每辆利润为：

$$15.625-10=5.625(万美元)$$

B 国子公司取得的每辆利润则为：

$$19-15.625=3.375(万美元)$$

下面对调整分配前后的母、子公司的每辆汽车所获利润及纳税情况进行了比较，见表 8-3 和表 8-4。

表 8-3　按成本加利价调整前

| 公司项目 | 应税所得额（美元） | 所得税税率（%） | 应纳税额（美元） |
| --- | --- | --- | --- |
| 母公司 | 0 | 34 | 0 |
| 子公司 | 90 000 | 17 | 15 300 |
| 合计 | 90 000 | — | 15 300 |

表 8-4　按成本加利价调整后

| 公司项目 | 应税所得额（美元） | 所得税税率（%） | 应纳税额（美元） |
| --- | --- | --- | --- |
| 母公司 | 56 250 | 34 | 19 125.0 |
| 子公司 | 33 750 | 17 | 5 737.5 |
| 合计 | 90 000 | — | 24 862.5 |

**【评述】** 从表 8-4 中可以看出，按成本加利价对该跨国公司这批汽车的销售收入进行调整分配后，与前面按再销售减利价所进行调整分配后的结果基本一致，趋于市场价格，比较合理。可见，成本加利价的核心是要求转出企业的产品成本核算准确。

对于跨国联属企业之间在转让专利技术等无形资产时，成本加利价同样要求以转出企业研究和发明该项技术的成本费用，加上一个合理的利润，作为转让收入分配的依据。也可以用转出企业的成本费用，除以市场的一般费用率（或 1－合理利润率），作为无形资产的组成市场价格。其计算公式为：

无形资产组成市场价格 ＝ 转出企业研究和生产的成本费用 ÷ 合理费用率

如果是同时转让给几个企业,那么还需要进一步将成本费用对几个转入企业进行分摊。其计算公式为:

$$\begin{matrix}\text{无形资产组}\\\text{成市场价格}\end{matrix} = \left(\begin{matrix}\text{转出企业研究和}\\\text{生产的成本费用}\end{matrix} \times \text{分摊率}\right) \div \begin{matrix}\text{合理}\\\text{费用率}\end{matrix}$$

如果是专利技术等无形资产的特许使用费,那么应该以转出企业研究和生产该项技术的成本费用,除以有效年限,乘以转让使用年限,再加上合理的利润,作为转让收入分配的依据。其计算公式为:

$$\begin{matrix}\text{无形资产组成}\\\text{市场价格}\end{matrix} = \left(\begin{matrix}\text{转出企业研究和}\\\text{生产的成本费用}\end{matrix} \times \begin{matrix}\text{转让使用}\\\text{年限}\end{matrix}\right) \div \left(\begin{matrix}\text{合理}\\\text{费用率}\end{matrix} \times \begin{matrix}\text{有效}\\\text{年限}\end{matrix}\right)$$

如果是同时特许几个企业使用,那么还需要进一步将成本费用对几个转入企业进行分摊。其计算公式为:

$$\begin{matrix}\text{无形资产组成}\\\text{市场价格}\end{matrix} = \left(\begin{matrix}\text{转出企业的}\\\text{成本费用}\end{matrix} \times \begin{matrix}\text{转让使用}\\\text{年限}\end{matrix} \times \text{分摊率}\right) \div \left(\begin{matrix}\text{合理}\\\text{费用率}\end{matrix} \times \begin{matrix}\text{有效}\\\text{年限}\end{matrix}\right)$$

### 案例 8-4

【**背景**】 A 国 M 汽车制造公司在 B 国和 C 国都设立有子公司,A 国公司所得税税率为 34%,B 国为 17%,C 国为 15%。M 公司把一项新研究的专利产品——FM-120H 型汽车的生产技术转让给 B 国子公司和 C 国子公司。

A 国 M 汽车制造公司研制该项技术的成本费用是 150 000 美元;技术的有效年限为 12 年;转让使用年限为 6 年;收取的特许权使用费各为 30 000 美元。

根据 A 国税务当局掌握的有关情报,该项技术的合理研究生产费用率为 80%,成本费用分摊率为 50%。

【**分析**】 按照成本加利价,A 国 M 汽车制造公司转让 FM-120H 型汽车生产技术的使用费收入应各调整为:

$$(150\ 000 \times 6 \times 50\%) \div (12 \times 80\%) = 46\ 875(\text{美元})$$

【**评述**】 可见,对无形资产的特许权使用费一般要求包含利润的因素。另外,对于上式计算结果,必要时还可参考转让的地理位置和范围、转让对象的替代可能性和承让人通过再转让可能取得的利润等因素加以适当修正,尤其是要参酌承让人(转入企业)的预期利润。

#### (四) 成本标准

**成本标准**是按实际发生的费用作为分配标准。这是一种性质完全不同的分配标准。它并不包括利润因素,只是反映了跨国联属企业之间的某种业务往来关系,而不是一般的商品交易关系。所以,成本标准一般只适用于跨国联属企业之间非主要业务的费用分配,以及一部分非商品业务收入的分配。非商品业务包括贷款、劳务提供和财产租赁等。这些非商品业务的相应收入是利息收入、劳务收入和租赁收入等。联属企业之间主要业务的收入分配,以及商品销售收入和与商品生产有密切联系的特许权使用费等收入的分配,则不适用成本标准,而只能适用可比的非受控价格、再销售减利价、成本加利价等包含利润因素的分配标准。

成本标准要求转出企业必须把与该项交易对象有关的成本费用正确地记载在账册上,并以此为依据进行分配。而该项交易又必须与转入企业的生产经营有关,并使转入企业真正受益。

---

**案例 8-5**

【背景】 A 国 M 汽车制造公司在 B 国设立一子公司。2015 年 M 公司为其 B 国子公司专门垫付的有关成本费用如下:

(1) M 公司为其 B 国子公司培训业务技术人员和财会人员费用 50 000 美元;

(2) 广告费 7 000 美元;

(3) 购买器材用品支付的运杂保险费用 1 000 美元;

(4) 调查原材料采购和产品销售的国际市场行情支付的调查费用 8 000 美元;

(5) 为审计 B 国子公司的会计报表聘请高级会计师花费 3 000 美元;

(6) 向联属企业集团外的银行借入一笔贷款,年利为 2 000 美元,再转贷给 B 国子公司作为其流动资金;

(7) 为 B 国子公司与其他外国公司的合同纠纷支付 15 000 美元诉讼费。

【分析】 按照成本标准,所有上述 A 国 M 汽车制造公司为 B 国子公司垫付的这些费用,都可以按账面上实际记载的成本费用额分配给 B 国子公司承担。

【评述】 成本标准要求转出方准确记载与该项交易对象有关的成本费用,并以此为依据进行分配。

---

对于总公司或母公司的一般跨国管理费用,可否按照成本标准分配给它的外国分公司或子公司承担的问题,有关国家政府的观点不尽一致。因为,跨国管理费用包括公司的董事与监事的酬劳金和差旅费、公司职员的薪金工资和差旅费以及科研支出等。从总公司或母公司所在国政府的角度看,认为这些管理费用的受益者,不仅限于总公司或母公司本身,而且还包括它的外国分公司或子公司在内,从而应由总公司或母公司与其外国分公司或子公司共同承担。而分公司或子公司所在国政府则认为,这些管理费用与设在其国内的公司并不直接相关,这些管理费用应由总公司或母公司单独承担,而不应分摊给分公司或子公司。所以,对于跨国管理费用,多通过有关国家政府间的协商,或由转入国政府单方面做出规定,在符合一定条件的情况下,准许按成本标准进行分配。联合国专家小组也曾指出,对于母公司或总公司的一般跨国管理费用,一般只能按成本进行分摊,但必须满足以下条件:

一是转出管理费用的母公司或总公司,应纯属管理性质机构,而并不是直接对外营业的机构;

二是转出的管理费用,必须与转入企业的生产经营有关;

三是其他单独为转入企业提供服务所发生或垫付的管理费用。

对于母公司作为整个企业集团的控制机构，以及对外国子公司有控制权的股东所进行的与其职能有关的活动而产生的费用，应属母公司的费用，不得向其子公司计取劳务收入，也不得以补偿成本的名义把费用分摊给子公司。对于母公司向子公司提供某项劳务而计取劳务收入后，要防止它在向子公司销货时又把此项劳务费用分摊给子公司。对于母公司从事的有利于联属企业集团和各个单位的一些劳务，如母公司的研究和开发活动，母公司对整个企业集团的财务、生产、销售以及与当地居民与政府关系等所进行的研究和计划工作所花费的劳务费用，由于各联属企业集团的结构不同，企业之间的关系不同，以及各联属企业集团内部所采用的费用分摊方法不同，应该由各有关国家税务当局协商解决。

至于对跨国联属企业之间所发生的某些非商品业务往来的收入，则需要区别不同情况，以确定是否适用成本标准进行分配。例如，A国母公司将本身所有的机器设备等有形财产出租给它的B国子公司所收取的租赁收入，如果出租者（母公司）或承租者（子公司）有一方是专业租赁公司，那么，必须按照可比的非受控价格进行分配，即按照含有利润的市场价格计取租赁收入。否则，一般仍应按成本标准分配。又如，A国母公司向B国子公司提供咨询服务等劳务所收取的劳务收入，如果提供的劳务是该项劳务提供企业（A国母公司）或接受企业（B国子公司）的主要经营业务，那就必须按含利润的价格计算劳务收入，即必须按照市场标准进行分配。如果该母公司主要不是经营劳务业务，那么它就可以按照成本费用确定向其B国子公司的收费，即按照成本标准进行分配。

上面我们侧重分析阐述了调整转让定价的一般标准与方法。然而由于国际市场的多变性，各种商品也因品种、规格、牌号不同，即使在同一市场其价格也是千差万别的。再加上各个经营者由于各自的经营方式和市场竞争等需要，其价格也是多变的。所以，在现有的技术条件下，要完全掌握国际市场瞬息万变的行情也是十分困难的，税务当局在调整关联企业的应税所得时往往力不从心。为了更好地防范关联企业利用转让定价进行国际避税，许多国家都是根据本国的实际情况做出各自的具体规定，概括起来，一般有以下三种做法：

一是按交易项目调整。即对关联企业之间的交易事项进行逐笔审查，符合正常交易价格的不调，不符合的要调到正常交易价格的水平。

二是对某些交易项目的收付定价标准实行"安全港规则"，比如贷款利率允许按市场平均利率上下浮动20%，非专业劳务允许按成本收费，加工订货规定工缴费统一比率等。

三是按总利润进行合理分配。即从企业集团的整体利润的分配水平进行考察，低于合理平均利润率的予以调高，即所谓"总利润原则"。许多国家在实践中都采用"合理的利润率"核定应税所得。由税务机关采取核税的办法来调整应税所得已成趋势。此外，有一些国家，如美国、日本等，还试行转让定价的预审制度。关联企业可将内部定价政策及作价标准事先向税务当局申报，经批准后可免去事后的检查调整。

### 三、应税所得的相应调整

在关联企业的集团整体利润既定的情况下，如果转出国（关联企业利润转出方所在国，即利润虚减方所在国）调增了应税所得，而转入国不相应调减应税所得，就有可能出现一笔所得两头征税,企业集团整体利润有一部分落空(虚增),导致国际双重征税。所以,当转出国调增应税所得时,转入国应相应调减应税所得,以避免国际重复征税。但相应调减应税所得又会使转入国的税收收入减少,实施起来难度较大。

联合国和经济合作与发展组织对应税所得的相应调整明确了以下几点意见:

第一,要求跨国公司遵循正常交易原则来安排其关联企业之间的交易定价,以尽量减少转移利润现象的发生。

第二,为了避免国际重复征税,转出方政府对应税所得的一次调整之后,转入方政府应该做出相应的调整,但要在双方协商的基础上进行,而不能把一方的意志强加给另一方。

具体可通过以下几个途径来解决:

(1)转出国按正常交易原则调整联属企业转出方的利润,转入国重新相应计算联属企业转入方已被重复征收的利润额;

(2)转入国虽不相应调整转入企业的利润额,但对转出企业的转出国因调整利润而补缴的所得税税款,转入国允许在转入企业缴纳的所得税中抵免;

(3)转出国和转入国调整并相应调整转出企业与转入企业的利润,转出企业和转入企业在账务处理上允许以支付股息、特许权使用费或借贷款项的科目结算,并根据不同的收入项目,按照协定课征适当的税收。

第三,在相互协商无法解决的情况下,有必要采取强制性的国际仲裁手段。

第四,转让定价的首次调整、相应调整以及行政诉讼要有时限的规定。

### 四、预约定价协议

(一)预约定价协议的概念

**预约定价协议(APA)**,是指纳税人事先向税务机关提出未来年度可能发生的关联交易的定价原则和计算方法,经过税务机关审核同意后,双方就定价原则和计算方法达成的协议。其目的主要是解决未来年度的转让定价问题。

预约定价协议包括单边预约定价和双边预约定价两种。单边预约定价是纳税人与一个税务当局之间的协议,双边预约定价是关联公司所在的两个国家的税务当局与纳税人之间的协议。涉及两个或两个以上国家的双边或多边协议通常包含在所涉及国家的相互协商程序中,有时被称为相互协商程序下的预约定价协议。从预约定价协议的发展趋势来看,双边预约定价协议将会成为其发展的一个重大趋势。

(二)预约定价协议的产生

转让定价税务处理是目前各国税务管理中的一个重大课题。对转让定价的调整,各国一般采用上述的可比非受控价格法、再销售价格法、成本加利法等传统方法,尽管各国税务当局不断强化转让定价税务管理,但在实践中还是暴露了许多弊端,诸如税企矛盾增多、税务部门在转让定价审计中难以搜集到有效证据、纳税人在向税务部门提供资料方面也遇到难题等,从而使转让定价审计久拖不决,费时费力,既给税务部门工作造成压力,又会影响纳税人的生产经营。在这种情况下,就需要找到一种征纳双方都能够接受的解决办法,于是预约定价制度应运而生。

美国是最早(1991年)推行预约定价制度的国家。之后,预约定价制度很快得到了一些国家的效仿。加拿大、墨西哥、澳大利亚、西班牙、德国、荷兰、英国、法国、新西兰、日本、韩国等国都随后实行了预约定价制度。我国是从1998年开始引入预约定价的,并在2008年新的《企业所得税法》中加以明确。1995年,经济合作与发展组织推出的《转让定价指南》承认了预约定价制度。在过去的十多年中,许多国家已经引入了预约定价制度,而且越来越多的纳税人愿意以此解决或事先避免转让定价问题。

✍国际视点✍

### 预约定价协议的起源

美国是一个转让定价法规很严格的国家,但美国却是世界上首先实行预约定价协议的国家,原因有二:首先,美国《国内收入法典》第482节的内容经过一系列的修订,虽然更加强化了税务部门对跨国公司转让定价的管理,但新的转让定价法规仍然不能解决所有有关转让定价的争议。另外,进入20世纪80年代以后,全球经济一体化进程加快,跨国资本流动的规模日益加大,在这种情况下,跨国公司利用转让定价在各国之间转移利润的现象越来越严重,国与国之间在转让定价问题上的矛盾不断激化,从而要求有关国家尽快达成双边或多边预约定价协议。1989年日本宣布实行预先确定制度(PCS),即税务部门事先向纳税人进行保证,它们的转让定价将可以通过税务官员的审查。这种预先确定制度是单边的,即税务部门只向纳税人保证其与外国公司进行交易使用的某一价格是正常交易价格。日本的这种制度已经具有预约定价协议的雏形。1991年3月1日,美国税务局公布了《税收收入程序91-22》,其中包含一项称为预约定价协议(APA)的官方程序,即纳税人与税务部门可以事先就跨过关联交易的转让定价问题达成协议,如果本国企业与境外关联企业从事业务往来所使用的交易定价方法与预约定价协议一致,则税务部门就给予认可,否则税务部门就要对转让定价进行调整。

(三)预约定价协议的优点及其局限性

通过预约定价协议这种方法可以给各方带来利益,例如纳税人可以确切地知道今后税务部门对自己经营活动中的转让定价行为会作何反应;预约定价协议可以提供一种非常好的环境,纳税人、税务局及主管税务部门可以相互合作,以确定纳税人的转让定价活动适用于哪种转让定价方法;它还可以大大减轻纳税人保留原始凭证、文件资料的负担,而且能使纳税人避免一些没完没了的诉讼程序。

尽管预约定价协议可以给纳税人带来一定利益,但其申请的复杂程度之高,信息披露的要求之严,给纳税人带来的成本之高,确实使许多纳税人望而生畏。据美国1996年的一项调查,在受访的美国跨国公司中,只有10%签订了或准备签订预约定价协议。众多公司不愿涉足预约定价协议的原因主要是担心预约定价协议申请材料要求填报的内容过于详细从而很容易泄露公司的机密,另外预约定价协议申请的成本过高,而且费时费力。国际商会(ICC)在 1995 年出版的《国际商会对预约定价协议的评论》中认为,预约定价协议是一种对未来进行约束的协议,但未来是不可预知的,所以在任何时候这种协议与独立企业同意的协议都会不一致。

尽管预约定价协议存在一些问题,但随着纳税人和税务部门在达成预约定价协议方面经验的不断积累以及使用方法上的更加灵活,相信预约定价协议今后会有更加广阔的前景。

### 五、转让定价税收制度的完善

近年来,许多国家在进一步修正转让定价税收制度,以完善与规范转让定价的税务处理。

美国早在 1968 年即发布了《国内收入法典》第 482 条,实施转移定价税收制度。又于 1990 年 6 月公布了《预约定价协议草案》,并从次年开始推行预约定价制度。

2006 年 7 月 31 日美国公布了修正的转移定价法规,主要修订内容有:提供有关受控技术服务交易及《国内收入法典》第 482 条关于无形资产技术服务交易所得分配的课税指南,将衡量受控服务价值的 6 种方法中的成本加价法废除,改为技术服务成本法;在签订书面协议后,活动开始前所做的附条件协议应当符合实质经济交易;股东活动费用支出列支仅限于保护受控集团资本或遵守相关法令,规定股东活动费用支出的唯一效果,是用以保护受控集团资本或为遵守相关法令或管理规定,方可视为股东活动,将过去注重行为的企图和目的转为产出与结果;修正无形资产所有人的认定标准,规定除非名义所有人与交易经济实体不一致,原则上将拥有合法名义者推定为所有人,若无明确的法定名义所有人,则以掌控无形资产者为所有人,取代原适用的"开发者"或"赞助者"规定等。

日本、英国等国家也都在近年来修订或加强了转让定价税务处理方面的规定。

总之,转让定价的税务处理是一个很复杂的问题,国家间的协调固然重要,但解决问题的关键还在于跨国公司应当自觉地按照独立企业的公平原则处理与其关联企业之间的交易与财务往来。

## 第四节 建立受控外国公司课税制度

利用在外国建立受控公司特别是运用避税港进行避税,是跨国纳税人减轻税负常用的手段之一。一国纳税人经常通过在国外设立控股公司,并对这些经济组织实行操纵和控制,进行有利于避税的活动安排。这些避税活动常与税收协定和避税地发生联系。其基本手段是在避税地建立一个受控外国公司(controlled foreign corporation,CFC)[①],通过转让定价等手段将尽可能多的利润转移到受控外国公司账上,并利用部分居住国政府对未分配或只分配不汇回的利润有推迟课税的规定,将利润长期滞留在避税地受控外国

---

① 在这种情况下,避税地受控外国公司实际上充当了跨国纳税人进行国际避税的基地,所以人们通常将这种建在避税地的外国子公司称为"基地公司"。

公司,从而达到长期规避居住国税收负担的目的。

而维持税收制度在筹措国家财政资金方面的有效性,又是各国税务当局面临的重要任务之一。在跨国纳税人不断运用避税港的情况下,国家的税收权益不断遭到损害,税收收入受到影响,税收的公平原则也相应遭到破坏。各国税务当局要对这笔利润征税,那么跨国纳税人利用避税地基地公司进行避税的计划就不能得逞。这种取消推迟课税的规定以阻止跨国纳税人利用避税地基地公司进行避税的立法,被称为对付避税地的法规或受控外国公司法规(简称 CFC legislation)。①

因此,许多国家尤其是发达国家特别注意如何防止跨国投资经营者运用避税港从事避税活动。在这方面,美国是走在最前面的。美国国会为了应对美国纳税人在避税地设立"受控外国公司"进行避税,自 1962 年 12 月 31 日起在《国内收入法典》第一章第 N 分章增订了 F 分部,增加了针对受控外国公司的相关课税规定。后来施行 CFC 税制的其他国家基本上都是在借鉴美国 CFC 税制的基础上将其本土化,其后德国、加拿大、日本、法国等二十多个国家先后制定了自己的 CFC 税制。我国也于 2008 年在《企业所得税法》反避税条款中首次引进了对受控外国公司的税制监管条例,明确了"并非由于合理的经营需要而对利润不作分配或者减少分配的"这部分利润同样负有相应的纳税义务,限制了本国居民公司利用避税地进行"延期纳税",从法律的高度赋予了税务机关对受控外国公司不合理保留利润的行为依法进行审查并按特定方法归属所得的权力。

可见,各国对运用避税港的税务处理,主要是进行反运用避税港立法,建立其 CFC 税制,其目的在于对付本国居民通过在建立避税港受控外国公司拥有一定数量的股权来躲避本国税收的行为。它是通过将受控外国公司的所得按持股比例划归本国股东并按本国税率课税(一般可以扣除在国外所纳税款)来实现的。考察各国 CFC 税制,虽然各自的具体规定存在差别,但是其基本框架相同。立法或避税港税制的内容一般主要包括以下几个方面:

## 一、受控外国公司的定义

这一方面的内容包括界定纳税主体、"控制"的标准和确认时间等。

就各国 CFC 税制来看,大多数国家和地区是根据持股比例来判定是否受控。这个持股比例一般包括两方面:一是包括本国居民对外国公司的共同持股比重;二是大多数国家规定的每一个股东直接或间接单一持有的最小股权比重。比如美国《国内收入法典》F 分部法规将外国受控公司美国全部股东控制权标准规定为 50%,并且每个股东还要拥有该外国公司 10%或 10%以上的股份才受限于 CFC 税制,而某外国子公司一旦被判定为外国受控公司,延期付税制可能在某些程度上对它就不适用了。日本立法规定,日本居民必须直接或者间接地拥有外国公司所发行股票总额的 50%以上,且每一个日本股东必须至少直接或间接地拥有外国公司所发行股票总额的 5%,才负有纳税义务。英国要求全部英国居民持股比例达到 40%以上,而且英国的居民公司必须拥有外国公司 10%以上或更多的股权才会被征税。德国和法国规定的本国居民持股比重为 10%,但并不要求

---

① 朱青,《国际税收》,北京:中国人民大学出版社,2016 年,第 209 页。

每个本国股东的最低持股比例。此外,为了防止本国居民通过外国公司间接控制CFC进行避税,很多国家在规定CFC标准时都加上了间接控制。

目前我国CFC法规中包含法律控制标准和实质控制标准。法律控制标准指由居民企业,或者由居民企业和居民个人(以下统称"中国居民股东",包括中国居民企业股东和中国居民个人股东)在纳税年度任何一天单层直接或多层间接单一持有外国企业10%以上有表决权的股份,且共同持有该外国企业50%以上的股份;实质控制标准是指中国居民股东持股比例没有达到法律控制标准,但在股份、资金、经营、购销等方面对该外国企业构成实质控制,这种情况下,该居民企业或者中国居民仍被认定为CFC纳税主体。但对于什么行为、何种性质构成"实质控制",我国目前的CFC法规里并没有加以说明。

此外,国际上的CFC规则中通常都有对"控制"确认时间的界定。如日本《特别征税措施法》里规定控股标准和所有权标准在该外国公司财政年度最后一天必须同时满足。法国《法国税法典》则规定在外国公司实体财政年度末应满足所有权标准,或适用一个税收年度中拥有时间超过183天的标准。美国规定CFC必须在一个纳税年度中不间断的30天内成为CFC。新西兰法律中规定CFC的控制或所有指一年中的任何时间,但计算控制利益和所有权都是基于外国公司税收年度特定的测试日期(公历年每个季度的最后一天)。我国要求在纳税年度任何一天同时满足控股标准和所有权标准。

### 二、避税地的确定标准

这一部分内容主要是确定CFC条款适用的地域范围。各国对避税地的界定各有不同,概括起来主要有列表法、税负比较法和混合法等三种做法。

#### (一)列表法

美国国内收入局列举了巴哈马、巴拿马、荷兰、新加坡等国家和百慕大、英属维尔京群岛、开曼群岛、海峡群岛、列支敦士登、中国香港等地区为避税地。日本在其立法中也规定了一个指定避税地(黑名单),该表分为三部分,包括对所有所得、对外源所得、对来自特定经营业务的所得征收低税率的国家或地区。新西兰的立法提案也列有黑白两个表,黑表列出了所得税税率低于新西兰公司税的国家;白表则列出了例外国家,包括美国、英国、德国、加拿大、法国、日本和澳大利亚。

#### (二)税负比较法

法国规定,拥有优惠税制的、其公司税税率低于正常法国公司税税率2/3的国家和地区,就是避税地或低税区。德国规定,凡公司税低于30%的低税率国家和地区都是低税管辖权地区。

#### (三)混合法

混合法即兼用列表法和税负比较法两种方法。澳大利亚在其外汇管制中列出了一个指定避税地表,包括巴哈马、百慕大、列支敦士登、英属维尔京群岛、利比里亚、卢森堡、开曼群岛等国家和地区;此外,还由其财政部部长指定了低税区表,A表列出了税率低于25%的国家,B表列出了运用税收优惠后税负低于25%的国家。英国的规定比较特别,低税区是指外国公司在某一期间在该地区的纳税额低于同一所得应纳英国公司所得税一半的国家和地区,即要根据实际纳税额来比较确定,但为了避免计算麻烦,英国国内税务局还公布了一个例外国家的表格,包括两部分:一是外国公司在此居住和经营而直接被认为不适用于立法的国家,如澳大利亚、加拿大、法国、德国、意大利、日本和南非等;二是外国公司在此居住和经营如果没有得到税收优惠则不适用于立法的国家。

值得注意的是,有些国家(如日本、法国等)规定,只有设在避税港的外国公司才受CFC税制的管制;另一些国家(如美国、澳大利亚等)规定,不论是位于哪一个国家或地区的受控外国公司,只要其所得符合适用条件,就要适用CFC法律。

我国的CFC税制采用的是实际税负标准,并辅以列举名单,规定实际税负低于企业所得税税率50%(即实际税率低于12.5%)的国家或地区的外国子公司就有可能被税务当局认定为受控外国公司。采用实际税负标准,有利于堵塞对非避税地公司避税行为的监控漏洞,因为即使在高税国,企业也可能因享受税收优惠待遇而实际税负很低。但是,同时考虑到我国税务部门对CFC税制执行和实施尚缺乏经验,国家税务总局发布了《国家税务总局关于简化判定中国居民股东控制外国企业所在国实际税负的通知》(国税函〔2009〕37号),通知规定中国居民企业或居民个人能够提供资料证明其控制的外国企业设立在美国、英国、法国、德国、日本、意大利、加拿大、澳大利亚、印度、南非、新西兰和挪威的,可免于受CFC税制的约束。在实际税负法下同时参考使用白名单列表法,可以使得我国税务机关开展反受控外国公司避税工作时,更加有针对性,降低了征管难度和征管成本。

当然,并非所有受控外国公司都要受到CFC税制的约束和调整,只有同时符合受控外国公司的定义和具备"并非出于合理经营需要对利润不作分配或减少分配"这一行为要件时,才会启动CFC税制对其进行约束和调整。

### 三、CFC条款适用的所得范围

目前,国际上通常采用交易法和实体法来确定适用CFC税制的所得范围。

#### (一)交易法

交易法是指对CFC所得进行分类,并对每一项交易产生的所得进行分析,以确定该所得是否应适用CFC税制。大多数实行CFC税制的国家将归属于居民股东的消极所得、基地公司所得纳入CFC税制的约束范围,而对积极的营业利润免于按CFC税制征税。目前,美国、德国、加拿大、澳大利亚、丹麦、西班牙、阿根廷、南非等8个国家采用交易法。[①] 例如美国根据受控外国公司取得所得的性质来确定是否征税,只要是消极所得,不论受控外国公司是否位于避税港,该所得都必须归入美国股东并对其征税。采用交易法的好处在于既可保证CFC税制有效地防止纳税人的避税活动,又不妨碍纳税人的正常生产经营活动;缺点是采用交易法会给税务机关带来较高的征管成本,因为税务机关需要对受控外国公司的各项交易活动进行逐一审查。

#### (二)实体法

与交易法相反,实体法规定只要受控外国公司位于避税港,不论其所得属于消极所

---

① 朱炎生,"完善我国受控外国公司税制",《涉外税务》,2008年第3期。

得还是积极所得,全部所得(英国不包括资产所得)都被归属于本国股东,并对其征税;不在避税港的受控外国公司则可免于适用受控外国公司法律。目前,英国、日本、法国、韩国、意大利、芬兰、墨西哥、瑞典、新西兰、挪威、葡萄牙、匈牙利等12个国家选择采用实体法。采用实体法的优劣恰好与交易法相反,其耗用的征管成本较低,但却存在"一刀切"的问题,将受控外国公司开展的积极性所得也归入纳税调整的范围,不利于本国企业开展境外竞争。

显然,交易法更具合理性但征管成本较高,实体法节省行政成本但要牺牲一定程度的公正性。

鉴于当前我国税收管理水平的现状,为了节约征管成本,我国原则上采取实体法确定可调整利润的范围,同时又以交易法作为补充,即允许企业将经营性业务活动产生的利润排除在可调整利润的范围之外。"并非由于合理的经营需要"往往是避税地受控子公司形成非正当保留的特征,因此可以作为是否将其纳入调整的判断标准。对于非合理经营需要而仅仅是出于避税目的而不做或少做利润分配的受控外国公司,应将其全部所得作为征税对象,该中国居民企业就其应从子公司按股权比重分得的利润向中国税务局申报纳税。

### 四、CFC所得的计算、归并及亏损处理

大多数反避税比较成功的国家对CFC所得的计算都有具体明确的规定。如法国规定,就税收年度内CFC收入和各种收益按比例予以征税,收入是否已经分配并不影响征税。该比例是税收年度末直接拥有的资产比例,或拥有时间超过半年的资产比例,以高者为准。日本法律规定CFC所保留的收入可在符合条件的股东中确定其归属。在税收年度进行分配的利润不予确定其归属。收入数额按日本税收规则进行计算,本年度应税收入按比例作为纳税人收入进行征税。

同时,CFC税制较为健全的国家也包含CFC亏损的处理。如新西兰规定CFC损失可以用来冲抵该国CFC当年或未来的收入;葡萄牙规定CFC损失可以无限期向后结转;南非规定CFC损失不能从国内收入中扣除,但CFC利润可以用来冲抵国内的损失,未使用的CFC损失可以向前结转以冲抵公司未来的利润。

目前,我国CFC税制规定,计入中国居民企业股东当期的视同受控外国企业股息分配的所得,应按以下公式计算:

$$\frac{\text{中国居民企业}}{\text{股东当期所得}} = \text{视同股息分配额} \times \frac{\text{实际持股天数}}{\text{受控外国企业纳税年度天数}} \times \text{股东持股比例}^{①}$$

受控外国企业与中国居民企业股东纳税年度存在差异的,应将视同股息分配所得计入受控外国企业纳税年度终止日所属的中国居民企业股东的纳税年度。

### 五、免税规定

为防止打击面过大,限制资本输出,国际上主要发达国家对符合一定条件的受控外

---

① 中国居民股东多层间接持有股份的比例按各层持股比例相乘计算,中间层持有股份超过50%的,按100%计算。

国公司适用 CFC 税制时,一般都规定有免税(或称豁免)条款,如小额豁免、积极营业行为豁免、无避税动机、股票公开上市、避税地营业场所和人员要求等。

例如,美国税法中规定 CFC 的总收入(不包括与石油有关的收入)的例外情况:外国税率是美国联邦公司最高税率的 90% 以上(目前是 35%×90%=31.5%),或者如果某些利润不超过总收入数额的 5%,且不超过每年 100 万美元("最低数额规则")。同时,CFC 支付的税款将以外国税收抵免的方式授予公司纳税人。

英国立法中有关免税的规定有五个方面:一是在某一期间外国公司被认为是从事免税活动;二是对其所得对应的股息分配比例至少为 90%;三是进行"动机检测",表明其动机不是为了逃避英国税收;四是在某一期间受控外国公司所得没有超过每年 2 万英镑的最高限额;五是受控外国公司在其居住的海外国家认可的股票交易所报价,并且一般还要求满足外国公司至少有 35% 的投票权为公众掌握。[①]

日本立法中的免税条款有三个方面:一是外国公司至少有 50% 的经营收入来自在其居住的避税地从事的经营活动,或者如果外国公司从事批发、银行、信托等业务则要求 50% 以上的业务是与非关联企业进行的;二是外国公司在避税地有从事经营活动的固定场所,如办公室、商店或工厂等;三是外国公司在避税地有独立管理其业务的当地职员。

澳大利亚的立法提案适用于外国公司的全部所得,因而没有对从事真正商业活动的免税规定。

无论从简化执行程序的角度看,还是合理公平的角度看,制定 CFC 条款豁免规定都是十分及时而必要的。这会在保护本国税基不受侵蚀的同时,起到防止广泛打击积极的对外投资行为的作用,并且方便税收管理,节省税收成本。

我国借鉴国际上的通行做法,也制定了专门的免税条款。其规定中国居民企业股东能够提供资料证明其控制的外国企业满足以下条件之一的,可免于将外国企业不作分配或减少分配的利润视同股息分配额计入中国居民企业股东的当期所得:(1)设立在国家税务总局指定的非低税率国家(地区);(2)主要取得积极经营活动所得;(3)年度利润总额低于 500 万元人民币。

### 六、重复征税的处理

很多国家都有对税收抵免的规定,用以解决国际税收上重复征税的问题。例如,美国规定 CFC 支付的税款将以外国税收抵免的方式授予公司纳税人;日本规定公司股东有权享受外国税收抵免,但个人股东只能就 CFC 缴纳的外国税要求费用扣除;法国规定在国外已经缴纳的直接或间接外国税,可给予税收抵免或作为费用从 CFC 税收中予以减除,如果外国税与法国公司所得税相当,则给予优先税收抵免;新西兰则规定 CFC 已经或将要缴纳的外国税款可予税收抵免,未使用的税收抵免优惠可以向前结转以将来使用,或用于同一税收管辖地的另一个公司的收入,对于已确定归属的收入征税后所得股息给予税收抵免。这些政策在很大程度上避免了重复征税的问题。

我国目前也有对重复征税问题的规定,如规定计入中国居民企业股东当期所得已在

---

① 杨志清,《国际税收教程》,北京:经济科学出版社,2001 年。

境外缴纳的企业所得税税款,可按照所得税法或税收协定的有关规定抵免;CFC实际分配的利润已根据所得税法第45条规定征税的,不再计入中国居民企业股东的当期所得。可以看出,我国在CFC的国际税收抵免,以及对CFC公司利润、股东个人所得的双重征税问题上有了具有法律效力的条文。

## 第五节 建立资本弱化税收制度

### 一、资本弱化的定义

**资本弱化**是指企业和企业的投资者为了最大化自身利益或其他目的,在融资和投资方式的选择上,通过降低股本的比重,提高贷款的比重而造成的企业负债与所有者权益的比率超过一定限额的现象。根据经济合作与发展组织的解释,企业权益资本与债务资本的比例应为1∶1,当权益资本小于债务资本时,即为资本弱化。

企业资本由权益资本和债务资本构成。权益资本是所有者投入的资本,包括投入的资本金、资本公积金、盈余公积金和未分配利润等;债务资本是从资本市场、银行、关联企业的融资及正常经营过程中形成的短期债务等。在企业的生产经营所用资金中,债务资本与权益资本比率的大小,反映了企业资本结构的优劣状况。这种比率如果合理,债务资本适当,可以保证企业生产经营和防范市场风险的资金需求,并获得财务上的良性效应,即资本结构的优化;如果债务资本超过权益资本过多,比例失调,就会造成资本弱化。

企业通过加大借贷款(债权性筹资)而减少股份资本(权益性筹资)比例的方式增加税前扣除,可以降低企业税负。借贷款支付的利息,一般可以作为财务费用税前扣除,而为股份资本支付的股息一般不得税前扣除,因此,有些企业为了加大税前扣除而减少应纳税所得额,在筹资时多采用借贷款而不是募集股份的方式,以此来达到避税的目的。

### 二、资本弱化税收制度

资本弱化有很多危害,它破坏了税收中性原则,导致了企业之间的不公平竞争,更是对被投资企业所在国税法的规避。然而,资本弱化最主要的危害表现为在国际融资交易中对所得来源国税收权益的损害。跨国投资人通过资本弱化安排,将本来应该归属于来源国的税收利益向居住国进行转移。因为,当作为借款人的被投资企业和作为贷款人的投资股东并非同一个国家的税收居民时,被投资企业一方发生的超额的利息扣除将减少其本身的应税所得额,从而减少了其在所在国(即利息所得的来源国)的应纳所得税义务。而作为利息所得受益人的境外贷款投资人由于不是来源地国的居民纳税人,来源地国无法通过对其主张居民税收管辖权征收所得税来弥补这部分税收利益的损失。

因此,为了管制纳税人利用资本弱化进行避税的行为,世界各国根据实际情况建立资本弱化税制具有十分重大的意义。

各国为了保护本国税基和防止避税,纷纷建立了资本弱化税制。例如英国早在1970年就建立了资本弱化税制,经合组织早在1987年就推出了《资本弱化政策》报告,以加强对成员国建立资本弱化制度的指导。美国早在1976年就制定了资本弱化税制(IRC第

385条),并于1989年增加了第163条J款使之更加完善。接着,法国、德国、日本、澳大利亚、加拿大等国也相继建立了自己的资本弱化税制。资本弱化税制已成为西方国家反避税税制的重要组成部分。发展中国家如印度、南非也纷纷建立了自己的资本弱化税制。

由于资本弱化带来的东道国和资本输出国的税收影响,针对资本弱化进行避税行为,经合组织在1987年推出的《资本弱化政策》报告中提出了固定债务/股本比率模式(又称"安全港规则")和正常交易模式(又称"独立企业原则"),以加强对成员国制定资本弱化税制的指导。世界各国也在此基础上先后建立了资本弱化税制。

综观这些国家的资本弱化税制,相通的主要有以下两点:

第一,适用对象为关联企业或特定的非居民股东。关联关系是跨国集团进行资本弱化安排的重要条件。一般说来,只有在一定关联关系的基础上,跨国公司才能从中操纵,利用资本弱化来获取额外的经济利益与税收利益,并实现集团整体利益的最大化。因此,资本弱化税制的调整对象,除美国不考虑贷款提供人是否为关联企业外,一般都限于关联企业或特定的非居民股东。

第二,调整方式为限制居民公司的利息税前扣除。资本弱化避税其实就是居民公司以债务融资方式虚增利息支出,减少应纳税所得额。因此,各国在制定资本弱化税制时,均采用限制居民公司利息税前扣除的方式来保护本国的所得税税基。

目前各国采取的方法具体有固定比例法、正常交易法、利润剥离法和汇总集团资本结构法等。在资本弱化税制的具体实践中,最常见的还是固定比例法和正常交易法。

(一) 固定比例法

1. 债务范围的确定

固定比例法即对适用于固定比率法的债务范围做出规定,债务范围规定越宽,说明资本弱化法规越严格,反之则越宽松。在美国,债务范围包括一般性投资贷款、期限超过90天的短期贷款、无关联第三方提供的对股东有追索权的贷款、混合融资工具等。在澳大利亚,债务范围包括一般性投资贷款、期限超过30天的短期贷款、混合融资工具等。

2. 贷款资本金的税收确认时间

企业各种贷款的期限不同,贷入的时间也不同,贷款总是处于动态,何时将贷款余额计入安全港计算公式的分子,各国对此有不同的规定。

3. 贷款提供人的身份和安全港规则的适用对象

美国在计算债务与股本比率时,以公司全部债务为基础,不考虑贷款提供人是否与公司存在关联关系。其余实行资本弱化税制的国家都规定,只有贷款提供人为公司股东时,其所提供的贷款才要计入贷款资本金,来确定是否超过安全港界限;与公司无关联关系的独立第三方(如无关联关系的银行)提供的贷款不计入贷款资本金,无论其数额多大都不适用资本弱化税制。

4. 股本的确定

作为计算安全港固定比率的分母,股本一般根据企业会计报表的数据加以确定,其内容包括:法定股本(已付款认购)、保留公积金、上年结转的保留收益、准备金等。

股本的确定一般以账面价值为准,也有国家(如新西兰)规定以资产的市场价值为准。多数国家规定股本的计算时点与上述贷款资本金的计算时点要相互一致。不过也有国家(如德国)规定股本计算以上一年的年末数为准,而贷款资本金则以当年最大额为基础。

固定比例法下纳税人的遵循和税务机关的管理都显得相对容易、简单。而且,它提供了确定性,有助于减少税务争议的发生。从这个意义上说,它有助于提高经济效率,有刚性强、透明度高、操作容易等特点,对税务当局和打算向外国子公司提供贷款的跨国公司来说都有较强的确定性,因此,目前实行资本弱化税制的国家,大部分采用安全港规则模式。

然而由于独立企业有许多不同的债务/权益比率,债务/权益比率有时并不是一个合适的衡量指标,即使是在债务/权益比率可以作为确定企业借款能力的合适方法的部门,安全港可能也无法确认企业间不同的资产质量。另外,固定债务/权益比率法较容易被回避,最普遍的回避方法是通过使用背靠背贷款或担保贷款等资金运作方法,将关联企业间的贷款伪装成独立的第三方贷款。

### (二)正常交易法

正常交易法即在确定贷款或募股资金的特征时,要看关联方的贷款条件是否与非关联方的贷款条件相同,如果不同,则关联方的贷款可能被视为隐蔽的募股,要按有关法规对利息征税。企业向关联方收支的利息,应按照没有关联关系、非受控和独立的企业间的正常利率水平支付利息。凡不按照独立企业原则提高利率、多支付利息从而转移利润的,税务机关将把利息视为股息,按照股息的规定征收所得税。实行正常交易法资本弱化税制的最有代表性的国家是英国。英国法律对适用资本弱化税制的关联企业的标准做出了规定,不区别对待居民和非居民关联方。

正常交易法的主要优点是在确定母公司向子公司所分摊的费用实质时,它从非关联企业之间的角度考虑了每个个案的特别因素和环境,力图排除任何由于关联企业之间的关联关系所导致的对市场力量的扭曲。此外,使用该法可以降低两国税务当局发生争执的概率,即使发生了争执也易于解决。

然而,考虑到获得金融市场状况和可比公司负债规模信息的高额成本以及在不同市场条件下企业可能面临多种融资方式选择时产生确定标准的多样性,此方法在实践中并不是非常可行的。此外,独立银行家的观点并不都是相似的,其贷款决定可能受其商业政策和财务状况的影响,且往往建立在跨国集团而不是独立子公司的财务状况基础之上。

由上述分析可知,固定比例法和正常交易法各有利弊,不能简单地相互替代,各国应根据自己的实际情况,制定最合适的资本弱化税制以防范国际避税。

我国是吸引外资的大国,改革开放以来,国外资本的大量流入为我国经济的发展注入了强大的动力。然而,由于跨国公司在中国同样会运用资本弱化避税的手段来减少在中国的纳税义务,以貌似合法的手段争夺中国的税收利益。迄今为止,我国并没有非常系统的手段来对付这种资本弱化,但是在很多方面,也采取了一些方法来防范资本弱化对我国税基的侵蚀。同时，借鉴国际经验，新的《企业所得税法》中也引入了资本弱化税制，这些规定在客观上起到了抑制资本弱化的效果。

我国新的《企业所得税法》第46条规定，企业从其关联方接受的债权性投资与权益性投资的比例超过规定标准而发生的利息支出，不得在计算应纳税所得额时扣除。新《企业所得税法实施条例》第119条已对债权性投资和权益性投资的概念予以明确，准确区分了股权性投资和债权性投资。企业从其关联方接受的债权性投资，是指企业直接或间接从关联方获得的，需要偿还本金和支付利息或以其他具有支付利息性质的方式予以补偿的融资。企业间接从关联方获得的债权性投资包括：(1) 关联方通过无关联第三方提供的债权性投资；(2) 无关联第三方提供的、由关联方担保且负有连带责任的债权性投资；(3) 其他间接从关联方获得的且有负债实质的债权性投资。

国家税务总局2009年1月8日公布的《特别纳税调整实施办法（试行）》（以下简称《办法》），可以说是我国资本弱化税制建设的一个里程碑。根据《办法》的规定，我国防范资本弱化采用了固定比率法，固定比率法的一个重要内容就是对适用该法的债务资本进行界定。《办法》第85条规定，关联债权投资包括关联方以各种形式提供担保的债权性投资。根据《企业所得税法实施条例》的规定，债权性投资是指企业直接或间接从关联方获得的，需要偿还本金和支付利息或以其他具有支付利息性质的方式予以补偿的融资。因金融工具日益繁多，实施条例无法对债权性投资进行具体细致的界定，因此企业应更关注投资的实质。

但是也应看到，我国的资本弱化税制规定存在一定弊端：(1) 在资本弱化税制中，笼统地界定债务资本，虽然可以避免因列举不全而出现遗漏的可能，但在实际操作中，因缺乏针对性，可能导致资本弱化税制的反避税功能略打折扣；(2) 在关联方的规定上，我国的限制水平为25%，而且还有一些其他要求，应当说是比较严格的，甚至超过了美国、日本等多数发达国家的限制标准，这对资本的流动产生了不小的限制，有悖于我国目前经济大环境下引进大量外资的需求；(3) 由于资本弱化避税的隐蔽性及其合法性难以认定，实践中对税收人员的素质和征管手段提出了较高的要求，尤其是对跨国企业经营信息和财务信息的掌握难度极大，但目前税务系统内外各部门间、国家之间的信息协调与沟通较弱，能从事国际性税收征管的人员不足，征管技术手段也还未能跟进；(4) 其他立法(经济法)仅对公司注册资本有静态控制，缺乏对资本流向的监管及对不正当利益输送行为的动态规制。

从以上分析可知，我国在不该严格的方面规定得过于严格，抑制了资本向我国的流动，而在需要严格的方面规定得过于宽松，造成了税收流失。我国有必要借鉴发达国家的经验，整理零散的法规，建立一套系统的资本弱化税收制度。

## 第六节 防范滥用税收协定的措施

国际税收协定的滥用使协定缔约国特别是收入来源地国家的税收权益严重受损。许多国家针对税收协定的滥用，采取了措施以保护正当税收利益。就目前情况看，在国际税收实践中，各国主要采取下列方法来判定外国公司的身份以制止第三国居民纳税人滥用税收协定。

### 一、禁止法

禁止法要求一国应避免与低税国家或易于建立"导管公司"①的国家签订税收协定，尤其是应尽量避免与那种被认为是避税地的国家签订税收协定。这是因为，协定滥用往往是借助于在这类国家建立"导管公司"来实现的。鉴于此，几乎没有或很少有同列支敦士登、摩纳哥或巴拿马等国签订税收协定的国家。

### 二、排除法

排除法把被课以低税的居民公司（如控股基地公司）排除在享受协定优惠待遇的范围之外，从而使这类公司虽然身为缔约国另一方的居民，却无资格享受协定优惠，无法被第三方居民利用。

### 三、详查法

详查法规定，一个公司能否享受税收协定优惠，不仅取决于公司所在的居住国，而且要看其股东的居住国。详查法的一种变体，是不考虑公司的名义股东，而是考虑其受益人，即最终接受股息者居住何处，故又被称为"受益所有人法"。

### 四、征税法

征税法规定，享受税收协定优惠，是以获自一国的所得在另一国要实际承受起码的税负为基础。这是为了避免跨国公司的同一笔所得在缔约国双方均不征税，从而形成双重免税。这种方法能最好地体现互惠原则，保证缔约国双方利益牺牲的均衡。

### 五、渠道法

渠道法规定，如果公司一定比例的毛所得被用来支付不居住在缔约国任何一方的个人或公司所收取的费用，那么，对该公司付出的股息、利息、特许权使用费，不给予协定优惠。这是针对"导管公司"的一种防范办法，它可以制止将中介公司的所得以营业费用的形式支付给相关联的公司或个人。

### 六、真实法

真实法规定，那些不是出于真实的生产经营目的，而只是为了谋求税收协定优惠的纳税人，不得享受协定优惠。按照真实法，要满足享受协定优惠的条件包括：建立公司的动机、公司在居住国经营的交易额和纳税额以及公司股份是否在批准的股票交易所登记等。否则，不给予该公司税收协定优惠。

当然，税收协定滥用的规制不应影响正当的商业经营，或者说要考虑到规制措施对

---

① "导管公司"是指通常以逃避或减少税收、转移或累积利润等为目的而设立的公司。这类公司仅在所在国登记注册，以满足法律所要求的组织形式，而不从事制造、经销、管理等实质性经营活动。

国际投资和经济往来的影响。需要注意的是,税收协定的基本功能是避免国际双重征税,而国际双重征税的产生与各国普遍行使征税权有关。在一些国家签订有税收协定而某些国家尚没有签订时,针对协定国居民和非协定国居民的不同税收待遇必将导致税收协定的滥用。因此,从根本上解决税收协定的滥用还需要各国税制的国际协调。

综上所述,国际社会针对跨国纳税人的避税活动,已经行动起来,采取了一系列的防范措施。应当指出的是,上述各种国际反避税措施虽然可以从不同角度起到防范作用,但是,并不能完全消除国际避税,有时甚至收效不大。其原因主要在于:一是国际避税对各国造成的财政利益损失不平衡,有些国家或地区还可能因此获得好处,因而各国对反避税的态度不尽一致;二是反避税的国际合作目前主要采取双边形式,而世界上还无任何一国同所有国家均签订双边税收协定,这就使得跨国纳税人绕过协定签订国而避税成为可能,即使多边税收协定,也仅限于某一国际性或区域性组织内部,仍然存在避税孔隙;三是有些反避税条款在原则确定与运用上存在距离,实践中难以贯彻。因此,如何防范国际避税,改善征纳关系,处理国家之间的税收分配关系,推动国际经济向前发展,仍然是世界各国迫切需要研究和解决的重要课题。

## 本章小结

1. 跨国纳税人广泛利用各国税收的差别、漏洞以及避税港,把资金、财产和业务经营所得大量地从高税率国家转移到低税率国家或避税港去,以最大限度地减轻其税收负担,这不仅造成了竞争条件和税收负担的不公平,引起资本的不正常流动,而且也对有关国家的财权利益产生不利影响。

2. 避税问题已日益为各国政府所密切关注,许多国家纷纷采取对策,不断总结经验,通过完善税收立法和加强征收管理等单边反避税措施,以及加强双边或多边反避税措施,来阻止纳税人进行避税活动。

3. 在长期的税收实践工作中,国际社会已逐渐形成了一套包括转让定价税收制度、受控外国公司课税制度、反资本弱化和反滥用税收协定等值得借鉴的反避税措施,其重点是运用法律手段,在立法和执法上狠下工夫,扩大和加强政府间的双边合作,酝酿和探索在更大的国际范围内进行反避税多边合作。这些措施,对我国实施和完善反避税措施具有重要的借鉴与参考意义。

## 本章重要术语

可比的非受控价格;预约定价协议;再销售减利价;成本加利价;成本标准

## 思考练习题

1. 防范国际避税有何重要意义?
2. 如何通过制定和完善税收立法来防止国际避税?
3. 各国对跨国纳税人利用避税港的防范措施包括哪些内容?

4．转让定价税制包括哪些内容？

5．反资本弱化避税措施的主要做法有哪些？

6．反滥用税收协定避税措施主要有哪些？

7．如何完善我国的反避税立法以进一步防范国际避税？

8．某一纳税年度，某外资企业在中国境内生产高档西服，其实际生产成本为每套800元，现以成本价格销售给中国香港地区的母公司，共销售20 000套，母公司最后以每套1 600元的价格在市场上售出这批西服。根据中国香港地区税务当局的调查，当地无关联企业同类西服的销售毛利率为30％。中国香港地区公司的所得税税率为16.5％，中国内地企业的所得税税率为25％。

**要求**：用再销售减利价调整这批西服的销售价格以及中国中央政府和中国香港特区政府的税收收入。

9．某一纳税年度，某外资企业在中国境内生产高档家庭小轿车，其制造成本为每辆10万元，现以成本价格销售给日本母公司，共销售2 000辆，日本母公司最后以每辆20万元的价格在市场上售出这批小轿车。根据中国税务当局掌握的市场资料，该外资企业的这批小轿车的生产费用率一般为64％。日本公司所得税税率为37.5％，中国为25％。

**要求**：用成本加利价调整这批小轿车的销售价格以及中、日两国政府的税收收入。

# 第九章

# 国际税收协定

### 本章导读

本章系统介绍了国际税收协定的概念、种类以及国际税收协定范本的产生过程与作用,并对两个国际税收协定范本的差别、内容和签订程序进行了比较分析。最后介绍了我国对外税收协定的基本情况和谈签税收协定的原则及基本内容。

### 学习目标

通过本章的学习,读者应能够:
- 掌握国际税收协定的概念和种类
- 了解国际税收协定范本的产生过程与国际税收协定的作用
- 把握两个国际税收协定范本之间的差别、国际税收协定的内容和签订程序
- 了解我国对外税收协定的基本情况
- 掌握我国对外谈签税收协定的原则和基本内容

一国政府对跨国纳税人的跨国所得或收益进行征税,将会涉及与其他有关国家政府之间的税收分配关系。对于这种税收关系,在有关主权国家之间经济往来不多的情况下,可以根据各自的经济和税收状况,参照其他国家的做法,分别做出单方面的处理。但是,如果有关主权国家之间的经济交往比较频繁,涉及的国际税收问题较多,那么,仍旧采取单方面的处理方法显然已不再适应客观情况的需要,甚至还可能因彼此对税收分配关系处理得不够协调,阻碍相互间经济交往的进一步发展。因此,通过缔结国际税收协定的办法来加以解决就显得十分必要和迫切。

## 第一节 国际税收协定概述

### 一、国际税收协定及其分类

**国际税收协定**是指两个或两个以上的主权国家为了协调相互间在处理跨国纳税人征税事务和其他有关方面的税收关系,本着对等原则,经由政府谈判所签订的一种书面协议或条约,亦称"国际税收条约"。税收协定既是国际税收理论的全面概括与最终应用,也是国际税收实践的最高成果。

早在19世纪初,欧洲就出现了一种以关税为主要内容的国际税务协调,20世纪以来,出现了以所得税和一般财产税为中心的全面性国际税收协定。

按照参加缔约国家的多少,国际税收协定可划分为:由两个国家参加缔结的双边税收协定和由两个以上国家参加缔结的多边税收协定。国际税收协定的主要形式是双边税收协定,其缔约的国家从发达国家之间发展到发达国家与发展中国家之间以及发展中国家之间。到20世纪90年代初期,各国签订的各种双边税收协定的数目已超过2 000个。多边税收协定是在双边税收协定的基础上发展起来的,也是国际经济高度发展的结果。但由于涉及的国家较多、涉及的范围较广,协调起来较为困难,因而到20世纪90年代初缔结的多边税收协定还不多,主要有1971年的《印第安集团内避免双重征税的协定》、1972年北欧五国签订的《税务行政协助的协定》、1975年欧共体与发展中国家签订的《洛美协定》等。

国际税收协定亦可按其涉及范围的大小分为:缔约各方所签订的处理相互间某一特定税收关系或问题的特定税收协定、缔约各方所签订的广泛涉及处理相互间各种税收关系的一般税收协定。特定税收协定亦称"单项税收协定",如缔约国之间关于税收关系原则的协定、关于避免海运和空运双重征税的协定、关于避免遗产税双重征税的协定、关于社会保险税双重征税的协定、关于国家间领地税收仲裁的协定等。一般税收协定也称"综合税收协定"或"全面税收协定",它是在单项税收协定的基础上逐步发展起来的。早在20世纪初期,综合税收协定主要用于协调缔约国之间边界地区居民的税收制度,如法国与卢森堡1906年签订的税收协定。后来,随着国际经济交往的迅速发展和对人税的增加,综合税收协定发展到包括缔约国之间所有有关各种所得税和一般财产税的国际税收问题在内的国际税收协定。

## 二、国际税收协定的产生与发展

国际税收协定是适应国际经济技术合作与交流需要的产物,它的产生已有一个半世纪的历史,并从单项到综合,从双边向多边,从随机性到模式化逐步演进。

世界上最早的国际税收协定是1843年比利时与法国签订的互换税收情报的双边协定。其后,1845年比利时又同荷兰签订了同样内容的税收条约。1899年,奥匈帝国与德国也签订了租税条约。自20世纪20年代开始,免除双重征税和防止偷、漏税的国际合作得到了迅速发展,成为当今国际上的普遍现象,并由特定税收协定发展到一般税收协定。迄今为止,仍在执行中的税收协定中最早缔结的是奥地利与意大利于1925年10月31日签订的双边税收协定。

早期的国际税收协定比较简单,涉及内容也较少,条文也不够规范,而且随机性和盲目性很大。随着国际经济活动的发展,一些国家和国际组织逐步认识到,仅依靠自发地缔结国家间的税收条约,很难适应形势发展的要求,迫切需要规范国际税收协定,提供一个可供缔约国参考或参照的税收协定范本。为此,成立于1920年1月的国际联盟率先为国际税收协定的规范化做出了贡献,由该组织起草的双边税收协定草案为以后的国际税收协定范本奠定了基础。1921年,国际联盟根据1920年布鲁塞尔国际财政会议的要求,委托4位专家研究国际双重征税和偷、漏税问题。后来参加研究的人数逐渐增加,并于1925年2月7日向国际联盟提交了一份关于国际双重征税和防止偷、漏税的报告。1929年,国际联盟根据专家小组的建议,任命了一个常设的财政委员会具体研究国际税收协定及有关问题。该财政委员会于1940年和1943年先后两次在墨西哥召开会议,最后通过了一个对所得防止双重征税的双边协定及其议定书范本。

1946年3月,财政委员会在伦敦召开了第十次会议,重新起草了一个双边税收协定范本,即"伦敦范本",并把有关国际税收问题的工作移交给新成立的联合国。"伦敦范本"的内容比较全面,既包括避免双重征税,也包括国家之间的税收协作,它为以后出台并风行于世的《经合发范本》定下了基调。

联合国在接管国际税收问题的工作以后,其经济及社会理事会于1949年10月成立了财政委员会,专门研究有关财政税收的问题,但由于种种原因,于1954年停止了工作。而欧洲经济合作组织从20世纪50年代就已经开始着手草拟国际税收协定范本。1961年9月,该组织改为由24个发达国家组成的经济合作与发展组织,并由其设立的财政事务委员会继续工作。1963年制定、公布了《关于对所得和资本避免双重征税的协定范本》(以下简称《经合发范本》)。由于该范本较多地照顾了发达国家的利益,所以不利于发展中国家对外签订税收协定。为此,联合国经济及社会理事会于1967年通过了一项决议,要求秘书长成立一个由发达国家和发展中国家代表组成的专家小组,研究制定一个能够广泛适用于所有国家或地区的国际税收协定范本。这个专家小组于1968年正式成立,并由8个发达国家和10个发展中国家的代表组成。到1979年12月,该专家小组先后召开了8次会议,最后形成和正式公布了《关于发达国家与发展中国家间避免双重征税的协定范本》(以下简称《联合国范本》)。该范本兼顾了发达国家与发展中国家的利益,可使发达国家对发展中国家的看法有更清楚的理解,以便更公平地划分来源国与居住国之间的税收管辖权,同时有助于发展中国家理解发达国家的意见,既维护源泉征税,又能吸引外国投资。所以,这个范本已成为发达国家与发展中国家缔结国际税收协定的重要依据。

两个国际性税收协定范本产生以后,国家间缔结税收协定的活动十分活跃,并且不断扩大。在1963年《经合发范本》草案发表不久,发达国家之间签订的税收协定就有22个,其中有6个全文照抄,12个基本仿抄。据联合国统计,除关税外,截至1983年,国际上的各种税收协定已有1316个,约有一半是发展中国家与发达国家之间签订的,发展中国家之间签订的只是少数。英国是对外缔结税收协定数目最多的国家,已有79个,法国有53个,德国有50个,日本有40个,加拿大有32个,美国有40多个,新加坡、马来西亚、罗马尼亚均有20多个。目前,国际上已签署的税收协定已超过4000个。

自从世界上出现区域性经济集团和大国政治集团,继双边税收协定后,又产生了多边税收协定。两个国际税收协定范本已经成为国际上签订双边或多边税收条约的蓝本。20世纪90年代以来,国际经济发生了重大变化,为了更好地指导各国处理相互税收关系的实践,经合组织先后于1992年、1994年、1995年和1997年四次修订并公布了《经合发范本》。联合国也于1997年年底成立专家核心小组专门修改《联合国范本》,并于2001年公布了修改后的协定范本。①

### 三、国际税收协定的任务和作用

国际税收协定所要解决的主要问题,首先是要处理国家之间的双重征税问题,这也是国际税收协定的基本任务,各类协定的主要条款内容,都是围绕解决这一问题而订立的,即通过采取一定的措施(如免税法、抵免法等)来有效地处理对跨国所得和一般财产价值的双重征税问题;其次是要实行平等负担的原则,取消税收差别待遇;最后是要互相交换情报,防止或减少国际偷、漏税。

国际税收协定是各国处理相互税收关系的实践总结,它体现了主权国家之间的相互尊重和平等协商,并赋予跨国纳税人以履行跨国纳税义务的安全保障,有利于解决有关国家之间的财权利益矛盾,促进国际经济技术的合作与交流,防止跨国纳税人利用跨国条件进行国际避税。

## 第二节　国际税收协定范本比较

自国际税收协定产生以来,在国际上影响最大的《经合发范本》和《联合国范本》确实起到了国际税收协定的样板作用,绝大多数国家对外谈签避免双重税收的协定都以这两个范本为依据,其中发展中国家多以《联合国范本》为依据。本节将对这两个具有国际意义的税收协定范本的结构形式及主要内容进行概略的对比分析。

---

① http://www.taxinfo123.com/gjss/ssxd.asp。

## 一、协定范本的总标题

《联合国范本》标明协定范本涉及发达国家与发展中国家,是针对《经合发范本》基本上代表发达国家税收观点的局限性而提出的。

## 二、协定范本的结构形式

两个范本在结构上基本一样,只是《经合发范本》全文 30 条,《联合国范本》全文 29 条,在协定名称和序言之后,各分 7 章,由 5 个部分组成。第 1 部分是协定适用者的范围和税种范围(共 2 条);第 2 部分是协定用语的定义(共 3 条);第 3 部分是对所得和财产征税权的划分(共 17 条);第 4 部分是避免双重征税的方法(共 1 条);第 5 部分是税务行政管理特别规定和协定生效与终止的程序规定(《经合发范本》共 7 条,《联合国范本》共 6 条)。除了《经合发范本》多了一个第 28 条"区域的扩大"条款,其他所有条款的名称和顺序也完全一样。这是因为《经合发范本》发表在前,《联合国范本》定稿在后。联合国专家小组的原意是要制定一个"国际税收公约",采用各国都能接受的观点,因而在形式上沿用了《经合发范本》的结构,只是在内容上改动了那些有原则区别的地方,但由于种种原因,并未形成"公约",而仅以《联合国范本》的形式公布。较之《经合发范本》,《联合国范本》在许多方面确有质的进展。但也不可否认,《经合发范本》从公布草案到最后定稿,前后经历了 14 年时间,经合发组织做了大量的研究和协调工作,文本的结构是严谨和规范的,内容有许多可取之处。《联合国范本》的结构形式实际源于《经合发范本》。由于两个范本采用相同的结构,并分别为大多数国家所接受,所以两者实质上都在不同范围内起着"准多边协定"或"条约网"的作用,并将为今后"国际税收公约"的形成奠定了基础。

## 三、征税权的划分

两个范本在指导原则上都承认收入来源国拥有优先的但并非独占的税收管辖权,同时主张居住国在行使居民(或公民)税收管辖权时,对跨国纳税人在来源国缴纳的税收予以抵免或者免除。但从总体上看,《经合发范本》较多地要求扩大居民(或公民)管辖权,限制收入来源国的地域管辖权,从而倾向于维护发达国家的利益;而《联合国范本》则较为注重来源国的税收管辖权,强调兼顾发达国家和发展中国家双方的利益。这种分歧,散见于一些具体征税的条文中。

## 四、对常设机构的约定

限于经济发展水平,常设机构绝大多数是由发达国家设在发展中国家,因此,对于常设机构标准认定的宽窄直接关系到居住国与收入来源国之间的税收分配。两个范本对常设机构的含义及其处理都作了约定,但《经合发范本》倾向于把常设机构的范围划得窄一些,这样有利于发达国家;而《联合国范本》则相反,倾向于把常设机构的范围划得宽一些,有利于发展中国家征税。如以建筑工地、建筑装配或安装工程为例,《经合发范本》规定连续存在 12 个月以上的列为常设机构,而《联合国范本》则规定 6 个月以上的就视为常设机构。又如,《联合国范本》主张实行"引力原则",这样可以把设有常设机构但又不通过该常设机构经营相类似业务而取得的利润牵引到常设机构中合并征税。一些发达国家并不接受这一原则,《经合发范本》对此未作明确规定。

### 五、预提税的税率限定

对股息、利息、特许权使用费等投资所得征收预提税,通常做法是限定来源国的税率,使居住国也能征到税,排除任何一方的税收独占权。对于预提税率的限定幅度,两个范本有明显的区别。《经合发范本》要求税率限定很低,这样,收入来源国征收少量的预提税,居住国给予抵免后,还可以补征到较多的税收。如该范本第10—12条规定,对直接控股不少于25%的母子公司的股息,预提税税率不能超过5%;对其他证券投资的股息,税率不能超过15%;利息收入的税率不能超过10%;特许权使用费税率为0%。发展中国家普遍认为,预提税税率如果限定得这样低,收入来源国将蒙受很大的税收损失,故《联合国范本》提出预提税的限定税率要由缔约国双方谈判确定。

### 六、对独立个人劳务所得的征税

对独立个人劳务所得的征税,《经合发范本》主张比照常设机构的做法,即只对在非居住国设有固定基地的那一部分所得可以由非居住国征税,而《联合国范本》则相应扩大了非居住国的征税范围,除以上规定外,还规定对在一个年度中停留期累计达到183天的,或其所得是由非居住国居民支付或者由设在该国的常设机构或固定基地负担,并且在一个年度中超过一定数额的(具体数额由缔约国双方谈判确定),也可以由非居住国征税。

两个范本除上述区别以外,在有些条款的文字表述上也有一些不同之处,如有关税收无差别待遇、防止偷漏税及情报交换等条款。在其他文字表述上,两个范本亦有某些差异,但所要表达的内容还是基本一致的。

## 第三节 国际税收协定的内容

### 一、协定适用范围

国际税收协定必须首先明确其适用范围,包括缔约国双方或各方的人和税种的范围。这是协定执行的前提条件。

鉴于世界上绝大多数国家按照属人主义原则确立的税收管辖权都是采取户籍标准,因此,国际税收协定都把适用的纳税人限制在缔约国一方或同时为双方居民这个范围以内。但对于少数采取法律标准的国家,一般可在协定所附的议定书中申明,保留对其公民征税的权力。对于协定适用税种的范围,税收协定通常都限于能够足以引起缔约国各方税收管辖权交叉的,属于所得税或一般财产税类的税种。只要属于这两类税种,不论课税主权是缔约国各方的中央政府还是地方政府,也不论其征收方式是源泉课征还是综合课征,都可按照协定的有关条款执行。但为明确起见,协定对税种的适用范围,除上述的原则性条款外,还要列出缔约国各方国内税法规定并现行征收的有关所得税和一般财产税的各税种。

## 二、基本用语的定义

对于在税收协定各条款中经常出现的基本用语的定义,必须经过缔约国各方协议,在协定内容中引入专门条款加以明确,以保证对协定的正确理解和执行。这些基本用语主要为"人""公司""缔约国一方企业""缔约国另一方企业""国际运输""主管当局"以及"居民""常设机构"等,对未下定义的用语,则按各国税法的规定解释。

## 三、对所得和财产的课税

根据各类所得和一般财产价值的不同性质,对缔约国各方行使居民管辖权和来源地管辖权的范围分别做出对等的约束性规定,是国际税收协定的主要内容之一。

通常只有对所得和一般财产价值的征税才会引起国际重复征税问题。但是,由于所得和一般财产价值种类繁杂,特别是各国对所得的理解不同,对每一种所得征税的办法也不尽一致。所以,各缔约国在协定中必须明确各方都认可的所得的概念以及各类所得的内容和范围,避免在执行协定时发生争议。在国际税收协定中,国际认可的所得主要有经营所得、劳务所得、投资所得和财产所得等四大类,其中经营所得(营业利润)是税收协定处理重复征税问题的重点项目,所以,一般在协定中单独规定常设机构营业利润的归属问题,确定哪些营业利润可以归属于常设机构,哪些利润应归属于总机构。

由于双重征税主要是由各国政府同时行使居民(公民)和来源地管辖权引起的,所以,为避免国际双重征税,必须在协定中明确各缔约国行使税收管辖权的范围,以协调缔约国之间的税收管辖权。首先,要从地理和人员概念上明确各缔约国行使税收管辖权的领域范围,一般明确为缔约国各方有效行使其税收法令的所有领域;其次,协定中也要确认在上述范围内,对哪些所得允许优先行使来源地管辖权,对哪些所得限制行使来源地管辖权等问题。

## 四、避免双重征税的方法

国际双重征税的免除,是签订国际税收协定的重要内容,也是国际税收协定的首要任务。缔约国各方对避免或免除国际双重征税所采取的方法和条件,以及同意给予饶让、抵免的范围和程度,都必须在协定内容中明确规定,而不论缔约国各方在其国内税法中有无免除重复征税方法的规定。一般的方法有免税法、抵免法等,使用哪种方法要在协定中明确,并保持双方协调一致。

## 五、税收无差别待遇

税收无差别待遇是税收协定内容中特别规定的一项。根据平等互利原则,在缔约国的国内税收上,一方应保障另一方国民享受到与本国国民相同的待遇,包括国籍无差别、常设机构无差别、支付无差别、资本无差别等待遇。税收无差别待遇反对任何形式的税收歧视,它是谈签税收协定所要达到的目标之一,也是处理国际税务关系的一项重要原则。

### 六、防止国际偷漏税和国际避税

避免或防止国际偷税、逃税和避税,是国际税收协定的主要内容之一。其采取的措施主要有情报交换和转让定价。

相互交换税收情报,包括交换为实施协定所需的情报,与协定有关税种的国内法律资料,防止税收欺诈、偷漏税以及反国际避税的情报等。这是绝大多数国家之间签订税收协定中的一项特别规定条款,对于防止国际避税和逃税具有十分重要的意义,许多国家的税务当局把它看作"协定中的协定"。就情报交换方式而言,分日常情报交换与专门情报交换两种。日常交换是缔约国各方定期交换从事国际经济活动的纳税人的收入和经济往来资料。通过这种情报交换,缔约国各方可以了解跨国纳税人在收入和经济往来方面的变化,以正确核定应税所得。专门交换是由缔约国一方提出需要调查核实的内容,由另一方帮助调查核实。

为了防止和限制国际逃避税收,缔约国各方必须密切配合、协调一致,并在协定中确定各方都同意的转让定价方法,一般都规定关联企业之间的转让定价以当地市场价格为标准,以避免跨国纳税人以价格的方式转移利润、逃避税收。

此外,在税收协定内容中,还有相互协商以解决协定实施中的疑义,相互给予对方外交官以应有的财政特权,以及协定生效和终止日期等特别规定和最后规定。

## 第四节  国际税收协定的签订

### 一、协定签订前的准备

国际税收协定签订前,必须做好充分的准备工作,这些准备工作主要包括:

(一)研究对方国家有关税法规定,掌握双方居民相互在对方国家纳税中所反映出来的问题

国际上现有的协定范本只是为各国提供了一个示范,并不能全部代替缔约国与各国签订税收协定的内容。因此,缔约国必须对对方国家的国内税法有关税种、税率、实施细则、税收管理体制以及征收管理办法等加以认真研究,充分掌握双方居民相互在对方国家纳税中所反映的问题和意见,做到心中有数,有的放矢。

(二)熟悉对方国家签订税收协定的历史和内容

每个国家都有权选择最适合本国权益的办法来确定和行使其税收管辖权,而不会轻易放弃某些本国最基本的原则立场。所以,必须分析对方国家在哪些问题上可以做出让步,在哪些问题上不会轻易让步甚至从不妥协;对哪些问题同意优先行使来源地管辖权,对哪些问题强调要独占行使居民管辖权,对哪些问题要求两种税收管辖权分享;以及对方国家历史上曾经给予任何第三国的税收优惠待遇等。要做到知己知彼,以求在谈判中为本国取得最大可能获取的利益。

### (三）分析双方经贸关系的现状及发展前景

由于各国的国情不同，有的国家多处于资本和技术的输入国地位，有的则基本上是资金和技术的输出国，其他一些经济交往缔约国双方也往往并不处于完全对等的地位。所以，在签订税收协定时，不能只满足于字面上的对等关系，还必须从双方经贸关系的现状出发，求得实质上的相互对等。同时还要考虑到双方经贸关系的发展前景，有针对性地提出一些预备性条款，才能真正促进双方经济的共同发展。

### (四）对协商过程中可能出现的困难做出估计

一般说来，缔约国双方在如何对待不同税收管辖权的行使和分享税收条款的制定等一系列问题上往往会出现一些分歧。因此对于困难应有充分的估计，认真研究对方可能做出的让步和本国能做出妥协的最大限度，以及本国打算在什么问题上让步，用以换取对方国家在哪些问题上对本国做出承诺。这样，就能加快协商进度，使协定的签订更加顺利。

## 二、协定签订的程序

国际税收协定的签订，在平等互利的原则下，大体要经过以下四个程序：

### (一）谈判

谈判是国家间为了就协定的内容及有关事项达成一致所进行的交涉过程。通常由当事国的财政部税务主管部门派出代表（谈判全权代表必要时必须提交全权证书或授权文本），目的是各方面就拟定的协定形式和内容达成协议，最后订立一个完整的文本。

### (二）签字

缔约国各方代表就协定文本向本国政府请示，获得同意后即可正式签字。由于这是具有重要或决定性法律效果的关键程序，所以通常在庄严的仪式下进行，并且要体现国家主权平等的轮换制度。如双边协定签字，应是左右相对，左方为首，右方为次。每一国全权代表都在本国保存的一份文本首位签字，另一国全权代表则在同一份文本次位签字，并以此交换。

### (三）批准

批准是国家（元首或其他权力机关）对其代表所签署的协定的确认，其意义在于使协定发生约束力。若拒绝批准，则协定无效或对拒绝批准国无效。但一般都会予以批准。我国与别国签订税收协定，须经全国人民代表大会常务委员会批准。

### (四）交换批准书

交换批准书即缔约国各方互相交换各自国家权力机关批准该协定的证明文件，它通常由序文（声明国家权力机关已审查了该协定）、主文（写明协定名称、序言等）、结尾（声明该协定已生效，正式宣布协定将予以执行）三部分组成。如果协定在缔约国一方签字，则批准书应在缔约国另一方首都交换。

## 第五节 我国的对外税收协定

### 一、我国对外税收协定概述

(一) 我国对外税收协定的简况

我国政府同外国政府缔结全面性的避免双重征税协定工作,是自1978年我国实行对外开放政策以后才开始的。1978年以前,我国与其他国家一般只是通过税收换文或在某些经济活动的协定中写上税收条款,达到对某项特定经济活动的收入或所得实行税收互免的目的。1978年以后,我国对外缔结双边税收协定的工作,是从签订单项税收协定开始的。最早签订的单项税收协定是1979年1月23日在巴黎签订的《中华人民共和国政府和法兰西共和国政府关于互免航空运输企业税捐的协定》。为了适应对外开放,引进外资和先进技术,以及对外发展经济合作的需要,更好地维护国家主权和经济利益,从1981年起,我国对外开始进行缔结对所得(有时还包括对财产)避免双重征税和防止偷、漏税的全面性税收协定的谈判工作。最早签订的全面性税收协定是1983年9月6日在北京签订的《中华人民共和国政府和日本国政府关于对所得避免双重征税和防止偷漏税的协定》。经过30多年的努力,到2015年年底,我国已先后同日本、美国、法国、英国、比利时、德国、马来西亚、挪威、丹麦、新加坡、芬兰、加拿大、瑞典、新西兰、泰国、意大利、荷兰、捷克、斯洛伐克(适用于斯洛伐克)、波兰、澳大利亚、南斯拉夫、保加利亚、巴基斯坦、科威特、瑞士、塞浦路斯、西班牙、罗马尼亚、奥地利、巴西、蒙古、匈牙利、马耳他、阿拉伯联合酋长国、卢森堡、韩国、俄罗斯、巴布亚新几内亚、印度、毛里求斯、克罗地亚、白俄罗斯、斯洛文尼亚、以色列、越南、土耳其、乌克兰、亚美尼亚、牙买加、立陶宛、冰岛、拉脱维亚、乌兹别克斯坦、孟加拉、南斯拉夫联盟(适用于塞尔维亚和黑山)、苏丹、马其顿、埃及、葡萄牙、爱沙尼亚、老挝等104个国家或地区正式签署了避免双重征税协定、协议或安排(详见附录)。

我国对外签订的税收协定,除了同德国的协定,都是政府之间的协定,由政府代表签字,没有层次划分。对于代表缔约国政府的签字人,我国采取由双方按照对等原则商定的办法,如我国与日本的税收协定,代表中国政府在协定上正式签字的是我国国务委员兼外交部长吴学谦,日方代表是日本外务大臣安倍晋太郎。在对其他国家签订的税收协定中,我方的签字人有总理、副总理、外交部长和副部长、财政部长和副部长、国家税务总局局长等。随着我国对外开放的不断深入和社会主义市场经济的发展,我国还将陆续同其他国家缔结全面性的双边税收协定。

(二) 条文结构和工作文本

我国对外签订税收协定的条文结构,基本上是参照国际上通行的两个国际税收协定范本,即《经合发范本》和《联合国范本》,并略加调整补充形成我国对外谈签税收协定的工作文本,其全称是《中华人民共和国政府和××国政府关于对所得避免双重征税和防止偷漏税的协定》。由于《联合国范本》能够较多地照顾到来源地征税权益,所以我国比较倾向于参照《联合国范本》,但也有所取舍。例如,《联合国范本》对营业利润的征税提出了引力原则,虽有防范避税的意义,但考虑到我国幅员辽阔,不易实施,而没有采用。《经合发范本》也具有相当高的参考价值,但对其有些条文过于限制来源地征税权则持保留态度。例如,该范本对特许权使用费提出仅由受益人为其居民的国家征税,我国在对外签订的税收协定中,都没有采纳,而是坚持来源地国家应当拥有征税权。总之,我国对外谈签税收协定的工作文本参考了上述两个范本,相比之下,更多地吸取了《联合国范本》中的规定,兼顾了双方的税收权益。

(三)谈签税收协定的原则

我国对外谈签税收协定是完善对外开放有关经济法规的一个重要方面,究竟应本着什么原则和指导思想对外谈签协定,从客观上要取决于我国的对外开放的大政方针和政策。众所周知,我国是在独立自主、平等互利的原则下,积极利用外资,开展对外经济合作的,因此,在对外谈签税收协定工作中,既要有利于维护我国的经济权益,又要有利于吸引外资,引进先进技术,有利于本国企业走向世界。在此基础上,我国在实践中注重研究借鉴国际上的一些通常做法,结合双方国家的经济发展和税制状况,认真坚持了以下原则:

1. 坚持平等互利和对等协商的原则

独立自主、平等互利的原则,是所有国家或国际经济组织处理相互间国际经济关系都应当遵循的基本原则。就国家间的税收关系而言,它要求有关国家都处于完全平等的地位,相互对等,反对一方只享有权利,另一方只负有义务;也反对一国强加于另一国的某些不平等条款。在签订税收协定的过程中,要切实保证各方都有实际的经济利益,真正做到各方都有利可得,而不能只利于己,不利于人,或只利于人,不利于己。同时,也应当要求各方利益相当,不能益损悬殊。协定中所有条款规定都要体现对等,对缔约国双方具有同等约束力。我国在对外签订的税收协定中,本着平等互利的精神,要求承认双方国家都拥有征税权,反对仅由一方独占征税权,既维护我国的税收权益,又充分考虑对方国家的税收利益。

2. 坚持收入来源国优先征税的原则

坚持收入来源国优先征税的原则,即从我国对外交往多处于资本输入国的地位出发,坚持和维护收入来源地国家的优先征税权。我国是一个发展中国家,正处在大量吸引外资和引进技术的过程中。特别是与发达国家的经济交往,在相当一个时期内,主要是外商来华投资和提供劳务,其所得大多来自我国境内,坚持收入来源国优先征税的原则,能够在合理合法的基础上充分保障我国的税收权益。

3. 坚持税收饶让的原则

坚持税收饶让的原则,即坚持对方国家对我国的减免税优惠要视同已征税额给予抵免,以便使我国的税收优惠措施切实有效。我国政府在配合吸引外资和引进技术的工作中,实行了大量的税收优惠政策。为了让投资者从我国的税收优惠措施和签订税收协定实行限制税率征税中得到实惠,切实起到鼓励投资的积极作用,避免形成国库收入的转移,在对外谈签税收协定的实际工作中,我国把税收饶让列入了协定。除了美国等少数国家,一般都不同程度地将税收饶让列入了协定。

**二、我国对外税收协定的内容**

我国对外签订税收协定采用了《联合国范本》和《经合发范本》的条文结构,其内容一般包括:用语定义、对各项所得和财产分类确定征税的规范原则和限定、税收无差别待遇、消除双重征税方法、相互协商程序、税收情报交换以及协定的生效和终止等。重点是按照所得的不同类型,分别做出了一些有利于缔约国之间资金流动、贸易往来和科学文化交流的规定,为缔约国居民相互到对方国家投资和从事劳务等,提供一些优于国内税法规定的税收协定待遇。主要有以下几个方面的内容:

(一) 对营业利润的征税以是否设有常设机构为限

常设机构是企业进行全部或部分营业活动的固定营业场所。对建筑、装配或安装工程和与工程项目有关的监督管理活动,一般是限于连续 6 个月以上的,视为设有常设机构。其起止日期,应从实施合同(包括准备活动)之日起,至作业(包括试运转作业)全部结束交付使用之日止进行计算。对为同一工程项目或相关联的工程项目提供劳务(包括咨询劳务)的活动,一般是限于在任何 12 个月中连续或累计超过 6 个月的,视为设有常设机构。

但是,对于专为本企业进行准备性或辅助性活动的场所,可以不视为设有常设机构。其范围一般包括:专为储存、陈列或者交付本企业货场或商品的目的而使用的设施;专为另一企业加工的目的而保存本企业货物或商品的库存;专为本企业采购货物或商品,或者搜集情报的目的所设的固定营业场所以及专为本企业进行其他准备性或辅助性活动的目的所设的固定营业场所等。

凡是按照税收协定规定,构成或者视为设有常设机构的,其营业利润都可以由常设机构所在的缔约国征税。没有构成或者可以不视为设有常设机构的,其营业利润都可以仅由取得者为其居民的缔约国征税。

(二) 对投资所得的征税实行限制税率

投资所得一般包括股息、利息和特许权使用费等项所得。从我国对外签订的税收协定看,有关投资所得的征税规定,一般都专门为其设立了股息、利息、特许权使用费等 3 个条款,并且在这 3 个条款中规定的征税原则是基本一致的,即双方国家都不应谋求独占征税权,而应按照平等互利原则,使缔约国双方能够有适当的税收分享,在以来源地国家拥有优先征税权的基础上,实行限制税率,减低征税。但同每个国家确定的限制税率不尽相同,一般是分别不超过股息、利息、特许权使用费总额的 10%。

(三) 对财产及其所得和收益的征税以不动产所在地为准

在我国的对外税收协定中,对财产、财产所得和财产收益,都规定由不动产的所在缔约国征税。对不动产的定义解释,原则上遵从财产所在缔约国法律规定,但都应包括附属于不动产的财产、不动产的用益权以及开采或有权开采矿藏和其他自然资源取得收入的权利。转让常设机构的营业财产或从事个人独立劳务的固定基地财产,以常设机构或固定基地的所在地为所得的来源地,由所在缔约国征税。

### (四) 对个人劳务报酬和薪金所得的征税限定条件

我国同其他国家谈签税收协定时,考虑到个人劳务所得的种种不同情况,参照国际税收的通常做法,分两种情况处理。

第一,对个人从事专业性劳务取得的独立个人劳务所得,原则上可以仅由该个人居民地国家征税,但具有下列两种情况之一的,可以在来源地国家征税:一是受雇企业在来源地国家设有经常使用的固定基地;二是在有关历年中在来源地国家连续或累计停留超过 183 天。

第二,对个人受雇取得的薪金、工资和其他类似报酬(即非独立个人劳务所得),应由受雇活动所在国家征税,但对同时具备以下三个条件的可以例外处理,即允许仅由该个人居民地国家征税:一是该个人在有关历年中在缔约国另一方停留连续或累计不超过 183 天;二是其报酬不是由缔约国另一方居民的雇主支付或代表该雇主支付;三是该报酬不是由雇主设在该缔约国另一方的常设机构或固定基地所负担。

### (五) 消除双重征税方法和税收饶让

我国对外签订税收协定中有关消除双重征税方法的条文,采取双方分别书立的方式。在我国,采取税收抵免方法,并对拥有支付股息公司股份不少于 10% 的,给予间接抵免待遇。在对方,有些国家,如法国、比利时、德国、挪威、瑞典、捷克、斯洛伐克、瑞士、西班牙、匈牙利、奥地利等国采用免税法,一般都规定对其居民在中国取得的营业利润(有时还包括拥有的财产),按照税收协定可以在中国征税的,该国就不再对其居民征税;有些国家,如日本、美国、英国、马来西亚、丹麦、新加坡、芬兰、加拿大、新西兰、泰国、澳大利亚、巴基斯坦、科威特、巴西、罗马尼亚、蒙古等国,采用税收抵免法。其中,有些国家准许间接抵免,如美国、日本,其限定条件是:美国为拥有中国居民公司的选举权股份不少于 10%;日本为拥有支付股息公司选举权股份或者该公司发行的总股票不少于 25%。

在采用税收抵免方法消除双重征税的国家中,除了美国、巴西、罗马尼亚、蒙古等少数国家,一般都不同程度地订有税收饶让的条文规定,可以分为两种情况:

一种是对营业利润的减、免税视同已征税抵免。其范围,有的国家,如同日本、英国、马来西亚、丹麦、芬兰等国家签订的税收协定,限于税法和实施细则规定的减税、免税和再投资退税;有的国家,如同加拿大、新西兰、巴基斯坦、新加坡、澳大利亚、科威特等国家签订的协定,除了列有税法和实施细则有关减税、免税和再投资退税的条文规定,还列有行政法规有关减税、免税、减低税率征税和再投资退税的条文规定;还有的国家,如同意大利、泰国、南斯拉夫等国家签订的协定,不列减、免税的法律和行政法规条文,只是原则上规定按照法律和规定得到的减税、免税和退税,可以视同已全额征税抵免。

另一种是对投资所得实行定率给予税收抵免。具体实施办法是,缔约国一方居民从缔约国另一方取得的投资所得,不论该缔约国另一方按照国内法规定给予减、免税,还是按照税收协定规定的限制税率征税,该缔约国一方在对其居民征税时,都要按照税收协定所规定的比例视同已全额征税给予税收抵免。但同每个国家具体商定的比例不尽一致,如同日本定为:合营企业支付的股息按 10%,其他股息按 20%,利息按 10%,特许权使用费按 20%,给予税收抵免;同丹麦定为:股息和利息均按 10%,特许权使用费按

20%,给予税收抵免。

在我国对外签订的税收协定中,有关税收饶让的规定,大多数为缔约国对方承担的协定义务。但也有些税收协定,如同意大利、泰国、南斯拉夫、马来西亚签订的税收协定,则是由双方各自承担对其居民从对方国家得到的减、免税,给予税收饶让抵免待遇。

### 三、税收协定的执行和管理

国际税收协定是以国家间税收管辖关系为主要调整对象的法律规范。税收协定在正式签订生效之后,就是缔约国双方认真贯彻执行和加强管理的问题了。既是双方国家制订的法律规范,缔约国双方自然要受其约束。税收协定同任何法律一样,都是国家意志的体现。只不过国家间的税收协定不只是单方面的国家意志,而是缔约国双方的国家意志。这是缔约双方国家意志之间的协议。因此,税收协定具有足够的法律效力,对缔约国双方国家既有约束力也有强制力。

同涉外税收法规一样,如果仅有法规而无一定的贯彻法规的征管程序和措施,则法规也难以得到很好的贯彻落实。我国对外签订的50多个税收协定是我国对外开放政策的一个重要组成部分,必须认真贯彻执行。但是,如果对税收协定不注意建立执行协定的基本程序和有关的管理制度,那么要执行好协定也只是一句空话。建立执行协定的程序和制度,重点应是如何认定居民的身份问题,只有解决好这个问题,才能谈得上协定条款的执行。而居民身份的认定又是双方面的:一方面是对外国个人、外国企业以及其他经济组织取得来源于我国的所得,我国如何识别其是否为对方国家居民和能否享受税收协定待遇;另一方面是对我国个人、企业以及其他经济组织取得来源于其他国家的所得,我国如何证明其身份以督促对方国家给予其税收协定的待遇。

#### (一) 执行税收协定的法律问题

按照国际惯例,税收协定在执行中可以超越国内税法,但不能代替国内税法。两者之间是彼此联系和相互补充的关系。税收协定通常只是做出某些原则规定,这就需要有国内税法的具体规定相配合才能贯彻执行。特别是在税收协定的实际执行中会有一些问题需要具体地加以明确,这些问题都需要通过国内税收法规加以补充,使税收协定的原则规定具体化。否则,就很难保障税收协定能够得到准确而有效的贯彻执行。因此,在税收协定的执行和管理过程中,必须认真处理好税收协定与国内税法的关系。重点要注意以下几个方面的问题:

第一,对税收协定所确定的原则和所做出的规定,缔约国应当严格遵守,不能用国内税法的规定加以改变或否定,不能以本国法律规定为由拒绝履行缔约国应承担的涉外义务。

第二,税收协定不能干预缔约国制定、补充和修改国内税法。但是,缔约国双方主管当局应将各自税法做出的实质变动,按照税收协定的规定通知对方。因此,税收协定的签订和执行,并不影响缔约国双方充分行使制定和修改国内税法的自主权。

第三,在处理税收协定与国内税法不一致的问题时,税收协定应处于优先地位,以不违反协定的规定为准。凡是国内税法规定的征税条件、待遇或负担,严于或高于税收协定的规定的,即应按协定执行。但是,如果国内税法规定的征税条件、待遇或负担,优于或低于税收协定的规定,则一般仍应按国内税法处理,不能完全把税收协定作为国内税法来执行。

第四,在遇到双方国家的民法和商法相互冲突或不一致的问题时,应当考虑并注意解决好适用对方国家法律的必要性与可能性的问题。合理地解决这个问题,不仅有利于税收协定的签订和避免因缔约国双方法律规定的不同(如对确定居民身份的标准规定不同等)而影响税收协定的执行,而且有利于促进缔约国之间的经济技术合作与科学文化交流。

第五,对执行税收协定时所发生的困难和疑义,缔约国主管当局之间应当直接联系或进行磋商,以便尽快解决问题。同时,缔约国主管当局之间应当加强业务交流与合作,应建立税收情报交换制度,防止逃税、避税。

第六,税收协定以居民为适用人的范围,只有为缔约国居民的人才能享受税收协定的待遇。所以要防止跨国纳税人滥用税收协定,并采取切实可行的措施,加强对税收协定的管理,特别是对协定滥用行为的处理,以便维护缔约国的经济权益,确保跨国纳税人正常的市场竞争。

(二) 我国税收协定的适用范围

参照国际通常做法,我国对外税收协定的适用范围是从两个方面限定的:一是适用于人的范围,限于缔约国居民。对居民的认定,原则上遵从缔约国的法律规定。除了税收无差别待遇、税收情报交换和政府职员等个别条款,不是缔约国居民的人,不能享受协定待遇。判定法人居民的标准,我国以总机构所在地为准。如果对方国内法规定以实际管理机构所在地或者以注册地为准,也同意列入协定。二是适用的税种,主要是所得税。由于我国还没有实行全面性的财产税制,所以列入协定的税种是企业所得税、地方所得税和个人所得税,没有列入财产税。但并不排除对方国家开征有财产税并对其居民境外财产征税的情况下,列入财产税为协定的适用税种。在我国对外签订的税收协定中,大部分协定的税种范围只包括所得税,只有中德协定等少数协定中包括财产税。

此外,我国在对外签订的税收协定涉及地理概念时,一般都明确是指实施税收法律的所有领土,包括领海,以及根据国际法,拥有勘探和开发海底、底土资源和海底以上水域资源的主权权利的领海以外的区域。我国对外签订的税收协定,不适用于中国香港、澳门、台湾地区。

## 本章小结

1. 国际税收协定既是国际税收理论的全面概括与最终应用,也是国际税收实践的最高成果,是各国处理相互税收关系的实践总结。

2. 国际税收协定需解决的主要问题,首先是要处理国家之间的双重征税问题,这也是国际税收协定的基本任务,各类协定的主要条款内容,都是围绕解决这一问题而订立的,即通过采取一定的措施(如免税法、抵免法等)来有效地处理对跨国所得和一般财产价值的双重征税问题;其次是要实行平等负担的原则,取消税收差别待遇;最后是要互相交换情报,防止或减少国际的偷、漏税。

3. 我国对外谈签税收协定是完善对外开放有关经济法规的一个重要方面。在对外谈签税收协定工作中,既要有利于维护我国的经济权益,又要有利于吸引外资,引进先进技术,有利于本国企业走向世界。我国在实践中注重研究借鉴国际上的一些通常做法,结合双方国家的经济发展和税制状况,坚持了平等互利和对等协商的原则、收入来源国优先征税的原则、税收饶让的原则以及国际惯例。

## 本章重要术语

国际税收协定;《经合发范本》;《联合国范本》

## 思考练习题

1. 什么是国际税收协定?国际税收协定有何重要作用?
2. 《经合发范本》和《联合国范本》有哪些主要区别?
3. 国际税收协定与国内税法有什么关系?
4. 我国对外缔结税收协定应当坚持哪些原则?
5. 我国对外签订的税收协定有哪些主要内容?
6. 北京某大学化工学院环境生物工程课题组,于2011年9月24日至9月28日,聘请德国汉堡大学J教授、G教授,两位博士生M和U为其课题组的教师、博士生、硕士生等进行学术交流与业务指导。该大学一次性给付劳务报酬每人6000元,四人共计人民币24000元。

2011年10月14日,该大学为上述外籍人员代扣代缴税款,按照劳务报酬所得,缴纳营业税及其附加税1010元,并根据《中华人民共和国和德意志联邦共和国关于对所得和财产避免双重征税的协定》,申请免于征收外籍教师的个人所得税。

请问该案例中外籍人员能否享受税收协定待遇?

# 第十章

# 国际税收管理与合作

## 本章导读

本章着重分析国际税收管理体制的最新发展,包括国际税收协定执行的法律问题、我国对非居民税收管理与居民境外税收管理的基本程序、国际税收合作与情报交换等。

## 学习目标

通过本章的学习,读者应能够:
- 把握国际税收协定执行的法律问题
- 了解我国对非居民税收管理与居民境外税收管理的基本程序
- 了解国际税收情势交换、征管互助以及参与国际税收治理的组织

如前所述，国际税收协定是以国家间税收管辖关系为主要调整对象的法律规范。税收协定在正式签订生效之后，就是缔约国双方认真贯彻执行和加强管理的问题了。既是双方国家制订的法律规范，缔约国双方自然要受其约束。税收协定同任何法律一样，都是国家意志的体现。只不过国家间的税收协定不是单方面的国家意志，而是缔约国双方的国家意志。这是缔约双方国家意志之间的协议。因此，税收协定具有足够的法律效力，对缔约国双方国家既有约束力也有强制力。

同税收法规一样，如果仅有法规而无一定的贯彻法规的征管程序和措施，则法规也难以得到很好的贯彻落实。我国对外签订的 100 多个税收协定是我国对外开放政策的一个重要组成部分，必须认真贯彻执行。但是，如果不注意建立执行税收协定的基本程序和有关的管理制度，那么要执行好协定也只是一句空话。建立执行税收协定的程序和制度，重点应是如何认定居民的身份问题，只有解决好这个问题，才能谈得上协定条款的执行。而居民身份的认定又是双方面的：一方面是对外国个人、外国企业以及其他经济组织取得来源于我国的所得，我国如何识别其是否为对方国家居民和能否享受税收协定待遇；另一方面是对我国个人、企业以及其他经济组织取得来源于其他国家的所得，我国如何证明其身份以督促对方国家给予其税收协定的待遇。

我国国际税收管理体制的建立和完善经历了几个阶段。1978—1993 年为初步建立阶段，开始学习和处理国际税收问题，坚持和维护所得来源地的征税权，国际税收管理的基本方针为"促进改革开放、维护国家利益"。1994—2007 年为改革完善阶段，为了应对涉外税收管理的需要，我国从国家税务总局到各省市地方税务局陆续成立各级涉外税收管理机构，对涉外税收进行特殊管理，同时反避税工作逐渐受到关注。2008 年新《企业所得税法》实施后，国际税收管理更加规范化。2015 年国家税务总局国际司再次进行了机构调整，建立了涵盖非居民税收管理、居民境外所得税收管理、反避税、税收协定、征管互助在内的完整国际税收管理架构。

## 第一节 税收协定的执行问题

### 一、执行税收协定的法律问题

按照国际惯例，税收协定在执行中可以超越国内税法，但不能代替国内税法。两者之间是彼此联系和相互补充的关系。税收协定通常只是做出某些原则规定，这就需要有国内税法的具体规定相配合才能贯彻执行。特别是在税收协定的实际执行中会有一些问题需要具体地加以明确，这些问题都需要通过国内税收法规加以补充，使税收协定的原则规定具体化。否则，就很难保障税收协定能够得到准确而有效的贯彻执行。因此，在税收协定的执行和管理过程中，必须认真处理好税收协定与国内税法的关系。重点要注意以下几个方面的问题：

第一，对税收协定所确定的原则和所做出的规定，缔约国应当严格遵守，不能用国内税法的规定加以改变或否定，不能以本国法律规定为由拒绝履行缔约国应承担的涉外义务。

第二，税收协定不能干预缔约国制定、补充和修改国内税法。但是，缔约国双方主管当局应将各自税法做出的实质变动，按照税收协定的规定通知对方。因此，税收协定的签订和执行，并不影响缔约国双方充分行使制定和修改国内税法的自主权。

第三，在处理税收协定与国内税法不一致的问题时，税收协定应处于优先地位，以不违反协定的规定为准。凡是国内税法规定的征税条件、待遇或负担，严于或高于税收协定的规定，即应按协定执行。但是，如果国内税法规定的征税条件、待遇或负担，优于或低于税收协定的规定，则一般仍应按国内税法处理，不能完全把税收协定作为国内税法来执行。

第四，在遇到双方国家的民法和商法相互冲突或不一致的问题时，应当考虑并注意解决好适用对方国家法律的必要性与可能性的问题。合理地解决这个问题，不仅有利于税收协定的签订和避免因缔约国双方法律规定的不同（如对确定居民身份的标准规定不同等）而影响税收协定的执行，而且还有利于促进缔约国之间的经济技术合作与科学文化交流。

第五，对执行协定所发生的困难和疑义，缔约国主管当局之间应当直接联系或进行磋商，以便尽快解决问题。同时，还应建立税收情报交换制度，防止逃税、避税，缔约国主管当局之间应当加强业务交流与合作。

第六，税收协定以居民为适用人的范围，只有为缔约国居民的人才能享受税收协定的待遇。所以要防止跨国纳税人滥用税收协定，并采取切实可行的措施，加强对税收协定的管理，特别是对协定滥用行为的处理，以便维护缔约国的经济权益，确保跨国纳税人正常的市场竞争。

### 二、我国税收协定的适用范围

参照国际通常做法，我国对外税收协定的适用范围是从两个方面限定的：一是适用于人的范围，限于缔约国居民。对居民的认定，原则上遵从缔约国的法律规定。除了税收无差别待遇、税收情报交换和政府职员等个别条款，不是缔约国居民的人，不能享受协定待遇。判定法人居民的标准，我国以总机构所在地为准。如果对方国内法规定以实际管理机构所在地或者以注册地为准，也同意列入协定。二是适用的税种，主要是所得税。由于我国还没有实行全面性的财产税制，所以列入协定的税种是企业所得税、地方所得税和个人所得税，没有列入财产税。但并不排除对方国家开征有财产税并对其居民境外财产征税的情况下，列入财产税为协定的适用税种。在我国对外签订的税收协定中，大部分协定的税种范围只包括所得税，只有中德协定等少数协定包括财产税。

此外，我国在对外签订的税收协定涉及地理概念时，一般都明确是指实施税收法律的所有领土，包括领海，以及根据国际法，拥有勘探和开发海底、底土资源和海底以上水域资源的主权权利的领海以外的区域。我国对外签订的税收协定，不适用于中国香港、澳门、台湾地区。

## 第二节　非居民税收管理

根据我国现行税法的规定，非居民企业是指依照外国(地区)法律成立且实际管理机构不在中国境内，但在中国境内设立机构、场所的，或者在中国境内未设立机构、场所，但有来源于中国境内所得的企业。为了规范和强化对非居民企业的税收征收管理，财政部与国家税务总局制定和发布了一系列专门的税收法规，从登记备案、税款计算、核定征收、源泉扣缴以及对外支付外汇资金等多方面不断完善我国非居民企业税收管理制度。

### 一、外国企业常驻代表机构

为了规范外国企业常驻代表机构税收管理，国家税务总局制定并印发了《外国企业常驻代表机构税收管理暂行办法》，对外国企业常驻代表机构的税务登记管理、账簿凭证管理、企业所得税、增值税、营业税的计算和申报等涉税事项进行了明确规范。

外国企业常驻代表机构，是指按照国务院有关规定，在工商行政管理部门登记或经有关部门批准，设立在中国境内的外国企业及其他组织的常驻代表机构(以下简称"代表机构")。

(一) 税务登记管理

(1) 代表机构应当自领取工商登记证件(或有关部门批准)之日起 30 日内，持以下资料，向其所在地主管税务机关申报办理税务登记：

① 工商营业执照副本或主管部门批准文件的原件及复印件。

② 组织机构代码证书副本原件及复印件。

③ 注册地址及经营地址证明(产权证、租赁协议)原件及其复印件；如为自有房产，应提供产权证或买卖契约等合法的产权证明原件及其复印件；如为租赁的场所，应提供租赁协议原件及其复印件，出租人为自然人的还应提供产权证明的原件及复印件。

④ 首席代表(负责人)护照或其他合法身份证件的原件及复印件。

⑤ 外国企业设立代表机构的相关决议文件及在中国境内设立的其他代表机构名单(包括名称、地址、联系方式、首席代表姓名等)。

⑥ 税务机关要求提供的其他资料。

(2) 代表机构税务登记内容发生变化或者驻在期届满、提前终止业务活动的，应当按照《税收征管法》及相关规定，向主管税务机关申报办理变更登记或者注销登记；代表机构应当在办理注销登记前，就其清算所得向主管税务机关申报并依法缴纳企业所得税。

(二) 账簿凭证管理

代表机构应当按照有关法律、行政法规和国务院财政、税务主管部门的规定设置账簿，根据合法、有效凭证记账，进行核算。

(三) 企业所得税

代表机构应当就其归属所得依法申报缴纳企业所得税，其企业所得税由国家税务局管理。代表机构应按照实际履行的功能和承担的风险相配比的原则，准确计算其应税收入和应纳税所得额,并在季度终了之日起 15 日内向主管税务机关据实申报缴纳企业所得税。

对账簿不健全,不能准确核算收入或成本费用,以及无法按照规定据实申报的代表机构,税务机关有权采取以下两种方式核定其应纳税所得额:

(1) 按经费支出换算收入。这种方式适用于能够准确反映经费支出但不能准确反映收入或成本费用的代表机构。其计算公式为:

收入额 = 本期经费支出额 /(1 − 核定利润率 − 营业税税率);

应纳企业所得税额 = 收入额 × 核定利润率 × 企业所得税税率

上述公式中代表机构的经费支出额包括在中国境内、外支付给工作人员的工资薪金、奖金、津贴、福利费、物品采购费(包括汽车、办公设备等固定资产)、通信费、差旅费、房租、设备租赁费、交通费、交际费、其他费用等。

① 购置固定资产所发生的支出,以及代表机构设立时或者搬迁等原因所发生的装修费支出,应在发生时一次性作为经费支出额换算收入计税。

② 利息收入不得冲抵经费支出额;发生的交际应酬费,以实际发生数额计入经费支出额。

③ 以货币形式用于我国境内的公益、救济性质的捐赠、滞纳金、罚款,以及为其总机构垫付的不属于其自身业务活动所发生的费用,不应作为代表机构的经费支出额;

④ 其他费用包括:为总机构从中国境内购买样品所支付的样品费和运输费用;国外样品运往中国发生的中国境内的仓储费用、报关费用;总机构人员来华访问聘用翻译的费用;总机构为中国某个项目投标由代表机构支付的购买标书的费用;等等。

(2) 按收入总额核定应纳税所得额。这种方法适用于可以准确反映收入但不能准确反映成本费用的代表机构。其计算公式为:

应纳企业所得税额 = 收入总额 × 核定利润率 × 企业所得税税率

根据税法规定,代表机构的核定利润率不应低于 15%。采取核定征收方式的代表机构,如能建立健全会计账簿,准确计算其应税收入和应纳税所得额,报主管税务机关备案,可调整为据实申报方式。

(四) 其他税种

代表机构发生增值税应税行为,应就其应税收入按照增值税的相关法规计算缴纳应纳税款。

根据我国现行税法的相关规定,城市维护建设税、教育费附加和地方教育费附加以实际缴纳的增值税、消费税为计征依据,并分别与增值税、消费税同时缴纳。因此,代表机构在计算缴纳增值税的同时还需要计算应缴纳的城市维护建设税、教育费附加和地方教育费附加。

(五) 税务申报要求

代表机构以机构、场所所在地为纳税地点。采取据实申报方式的代表机构应在季度终了之日起 15 日内向主管税务机关申报缴纳企业所得税。

发生增值税应税行为的代表机构应按照《增值税暂行条例》及其实施细则规定的纳税期限,向主管税务机关据实申报缴纳增值税。

## 二、承包工程作业和提供劳务

为了规范对非居民(包括非居民企业和非居民个人)在中国境内承包工程作业和提供劳务的税收征收管理,国家税务总局于2009年1月20日正式发布了《非居民承包工程作业和提供劳务税收管理暂行办法》。

承包工程作业,是指在中国境内承包建筑、安装、装配、修缮、装饰、勘探及其他工程作业;提供劳务是指在中国境内从事加工、修理修配、交通运输、仓储租赁、咨询经纪、设计、文化体育、技术服务、教育培训、旅游、娱乐及其他劳务活动。

(一)登记备案管理

(1)非居民企业在中国境内承包工程作业或提供劳务的,应当自项目合同或协议(以下简称"合同")签订之日起30日内,向项目所在地主管税务机关办理税务登记手续。

依照法律、行政法规规定负有税款扣缴义务的境内机构和个人,应当自扣缴义务发生之日起30日内,向所在地主管税务机关办理扣缴税款登记手续。

境内机构和个人向非居民发包工程作业或劳务项目的,应当自项目合同签订之日起30日内,向主管税务机关报送《境内机构和个人发包工程作业或劳务项目报告表》,并附送非居民的税务登记证、合同、税务代理委托书复印件或非居民对有关事项的书面说明等资料。

(2)非居民企业在中国境内承包工程作业或提供劳务的,应当在项目完工后15日内,向项目所在地主管税务机关报送项目完工证明、验收证明等相关文件复印件,并依据《税务登记管理办法》的有关规定申报办理注销税务登记。

(3)境内机构和个人向非居民发包工程作业或劳务项目合同发生变更的,发包方或劳务受让方应自变更之日起10日内向所在地主管税务机关报送《非居民项目合同变更情况报告表》。

(4)境内机构和个人向非居民发包工程作业或劳务项目,从境外取得的与项目款项支付有关的发票和其他付款凭证,应在自取得之日起30日内向所在地主管税务机关报送《非居民项目合同款项支付情况报告表》及付款凭证复印件。

境内机构和个人从境外取得的付款凭证,主管税务机关对其真实性有疑义的,可要求其提供境外公证机构或者注册会计师的确认证明,经税务机关审核认可后,方可作为计账核算的凭证。

境内机构和个人不向非居民支付工程价款或劳务费的,应当在项目完工开具验收证明前,向其主管税务机关报告非居民在项目所在地的项目执行进度、支付人名称及其支付款项金额、支付日期等相关情况。

(5)境内机构和个人向非居民发包工程作业或劳务项目,与非居民的主管税务机关不一致的,应当自非居民申报期限届满之日起15日内向境内机构和个人的主管税务机关报送非居民申报纳税证明资料复印件。

(二)账簿凭证管理

非居民企业应当按照《税收征管法》及有关法律法规设置账簿,根据合法、有效凭证记账,进行核算。

### (三) 企业所得税

**1. 应纳税所得额的确定**

非居民企业应当按照其实际履行的功能与承担的风险相匹配的原则,准确计算应纳税所得额,据实申报缴纳企业所得税。

非居民企业因会计账簿不健全,资料残缺难以查账,或者其他原因不能准确计算并据实申报其应纳税所得额的,税务机关有权采取以下方法核定其应纳税所得额:

(1) 按收入总额核定应纳税所得额。这种方法适用于能够正确核算收入或通过合理方法推定收入总额,但不能正确核算成本费用的非居民企业。其计算公式如下:

$$应纳税所得额 = 收入总额 \times 经税务机关核定的利润率$$

(2) 按成本费用核定应纳税所得额。这种方法适用于能够正确核算成本费用,但不能正确核算收入总额的非居民企业。其计算公式如下:

$$应纳税所得额 = \frac{成本费用总额}{(1-经税务机关核定的利润率)} \times 经税务机关核定的利润率$$

(3) 按经费支出换算收入核定应纳税所得额。这种方法适用于能够正确核算经费支出总额,但不能正确核算收入总额和成本费用的非居民企业。其计算公式如下:

$$应纳税所得额 = \frac{经费支出总额}{(1-经税务机关核定的利润率-营业税税率)} \times 经税务机关核定的利润率$$

**2. 核定利润率**

(1) 税务机关可按照以下标准确定非居民企业的利润率:

① 从事承包工程作业、设计和咨询劳务的,利润率为15%—30%;

② 从事管理服务的,利润率为30%—50%;

③ 从事其他劳务或劳务以外经营活动的,利润率不低于15%。

税务机关有根据认为非居民企业的实际利润率明显高于上述标准的,可以按照比上述标准更高的利润率核定其应纳税所得额。

(2) 采取核定征收方式征收企业所得税的非居民企业,在中国境内从事适用不同核定利润率的经营活动,并取得应税所得的,应分别核算并适用相应的利润率计算缴纳企业所得税;凡不能分别核算的,应从高适用利润率,计算缴纳企业所得税。

**3. 其他事项**

(1) 非居民企业与中国居民企业签订机器设备或货物销售合同,同时提供设备安装、装配、技术培训、指导、监督服务等劳务,其销售货物合同中未列明提供上述劳务服务收费金额,或者计价不合理的,主管税务机关可以根据实际情况,参照相同或相近业务的计价标准核定劳务收入。无参照标准的,以不低于销售货物合同总价款的10%为原则,确定非居民企业的劳务收入。

(2) 非居民企业为中国境内客户提供劳务取得的收入,凡其提供的服务全部发生在中国境内的,应全额在中国境内申报缴纳企业所得税。凡其提供的服务同时发生在中国境内外的,应以劳务发生地为原则划分其境内外收入,并就其在中国境内取得的劳务收入申报缴纳企业所得税。税务机关对其境内外收入划分的合理性和真实性有疑义的,可以要求非居民企业提供真实有效的证明,并根据工作量、工作时间、成本费用等因素合理划分其境内外收入;如非居民企业不能提供真实有效的证明,税务机关可视同其提供的服务全部发生在中国境内,确定其劳务收入并据以征收企业所得税。

(3) 拟采取核定征收方式的非居民企业应填写《非居民企业所得税征收方式鉴定表》(以下简称《鉴定表》),报送主管税务机关。主管税务机关应对企业报送的《鉴定表》的适用行业及所适用的利润率进行审核,并签注意见。

对经审核不符合核定征收条件的非居民企业,主管税务机关应自收到企业提交的《鉴定表》后15个工作日内向其下达《税务事项通知书》,将鉴定结果告知企业。非居民企业未在上述期限内收到《税务事项通知书》的,其征收方式视同已被认可。

(4) 税务机关发现非居民企业采用核定征收方式计算申报的应纳税所得额不真实,或者明显与其承担的功能风险不相匹配的,有权予以调整。

(四) 其他税种

(1) 按照现行增值税的相关规定,境外单位在境内承包工程作业和提供劳务属于增值税应税劳务或应税服务范围,且在境内设有经营机构的,应当按照规定适用一般计税方法或者简易计税方法计算并自行申报缴纳增值税。如果境外单位在境内未设有经营机构的,则以其境内代理人为增值税扣缴义务人;在境内没有代理人的,则以购买方或者接受方为增值税扣缴义务人,扣缴义务人应当按照下列公式计算应扣缴税额:

$$应扣缴税额 = 接受方支付的价款 /(1+税率) \times 税率$$

增值税扣缴义务发生时间为纳税人增值税纳税义务发生的当天。

(2) 根据我国现行税法的相关规定,城市维护建设税、教育费附加和地方教育费附加以实际缴纳的增值税、消费税为计征依据,并分别与增值税、消费税同时缴纳。因此,非居民企业或扣缴义务人在计算缴纳或扣缴增值税的同时还需要计算应缴纳或扣缴的城市维护建设税、教育费附加和地方教育费附加。

(五) 税务申报要求

1. 企业所得税

(1) 非居民企业在中国境内承包工程作业或提供劳务项目的,企业所得税按纳税年度计算、分季预缴,年终汇算清缴,并在工程项目完工或劳务合同履行完毕后结清税款。

非居民企业进行企业所得税纳税申报时,应当如实报送纳税申报表,并附送下列资料:

① 工程作业(劳务)决算(结算)报告或其他说明材料;

② 参与工程作业或劳务项目外籍人员姓名、国籍、出入境时间、在华工作时间、地点、内容、报酬标准、支付方式、相关费用等情况的书面报告;

③ 财务会计报告或财务情况说明;

④ 非居民企业依据税收协定在中国境内未构成常设机构,需要享受税收协定待遇的,应提交《非居民企业承包工程作业和提供劳务享受税收协定待遇报告表》(以下简称"报告表"),并附送居民身份证明及税务机关要求提交的其他证明资料。

非居民企业未按上述规定提交《报告表》及有关证明资料,或因项目执行发生变更等情形不符合享受税收协定待遇条件的,不得享受税收协定待遇,应依照企业所得税法规定缴纳税款。

(2) 非居民企业在中国境内承包工程作业或提供劳务项目,并在境内设立机构、场所的,以机构、场所所在地为纳税地点。非居民企业在中国境内设立两个或者两个以上机构、场所的,经各机构、场所所在地税务机关的共同上级税务机关审核批准,可以选择由其主要机构、场所汇总缴纳企业所得税。

非居民企业经批准汇总缴纳企业所得税后,需要增设、合并、迁移、关闭机构、场所或者停止机构、场所业务的,应当事先由负责汇总申报缴纳企业所得税的主要机构、场所向其所在地税务机关报告;需要变更汇总缴纳企业所得税的主要机构、场所的,依照前款规定办理。

所称主要机构、场所,应当同时符合以下两个条件:

① 对其他各机构、场所的生产经营活动负有监督管理责任;

② 设有完整的账簿、凭证,能够准确反映各机构、场所的收入、成本、费用和盈亏情况。

(3) 工程价款或劳务费的支付人所在地县(区)以上主管税务机关根据《境内机构和个人发包工程作业或劳务项目报告表》及非居民企业申报纳税证明资料或其他信息,确定符合以下所列指定扣缴的三种情形之一的,可指定工程价款或劳务费的支付人为扣缴义务人,并将《非居民企业承包工程作业和提供劳务企业所得税扣缴义务通知书》送达被指定方。

① 预计工程作业或者提供劳务期限不足一个纳税年度,且有证据表明不履行纳税义务的;

② 没有办理税务登记或者临时税务登记,且未委托中国境内的代理人履行纳税义务的;

③ 未按照规定期限办理企业所得税纳税申报或者预缴申报的。

(4) 指定扣缴义务人应当在申报期限内向主管税务机关报送扣缴企业所得税报告表及其他有关资料。

(5) 扣缴义务人未依法履行扣缴义务或无法履行扣缴义务的,由非居民企业在项目所在地申报缴纳。主管税务机关应自确定未履行扣缴义务之日起15日内通知非居民企业在项目所在地申报纳税。

2. 其他税种

(1) 非居民企业在中国境内发生增值税应税行为,在中国境内设立经营机构的,应按税法规定自行申报缴纳增值税。

(2) 非居民企业在中国境内发生增值税应税行为而在境内未设立经营机构的,以代理人为增值税的扣缴义务人;没有代理人的,以发包方、劳务受让方或购买方为扣缴义务人。

工程作业发包方、劳务受让方或购买方,在项目合同签订之日起30日内,未能向其所在地主管税务机关提供下列证明资料的,应履行增值税扣缴义务:

① 非居民纳税人境内机构和个人的工商登记和税务登记证明复印件及其从事经营

活动的证明资料；

② 非居民委托境内机构和个人代理事项委托书及受托方的认可证明。

(3) 扣缴义务人应当在规定的期限内向其机构所在地或者居住地的主管税务机关申报缴纳其扣缴的税款。

(4) 非居民企业进行营业税或增值税纳税申报，应当如实填写报送纳税申报表，并附送下列资料：

① 工程（劳务）决算（结算）报告或其他说明材料；

② 参与工程或劳务作业或提供加工、修理修配的外籍人员的姓名、国籍、出入境时间、在华工作时间、地点、内容、报酬标准、支付方式、相关费用等情况；

③ 主管税务机关依法要求报送的其他有关资料。

### 三、股息、利息、租金、特许权使用费和财产转让所得

我国现行税法规定，对非居民企业取得来源于中国境内的股息、红利等权益性投资收益和利息、租金、特许权使用费所得、转让财产所得以及其他所得应当缴纳的企业所得税，实行源泉扣缴，以依照有关法律规定或者合同约定对非居民企业直接负有支付相关款项义务的单位或者个人为扣缴义务人。按照《企业所得税法》及其实施条例的规定，非居民企业取得的上述所得，减按10%的税率征收企业所得税。

所称非居民企业，是指依照外国（地区）法律成立且实际管理机构不在中国境内，但在中国境内未设立机构、场所且有来源于中国境内所得的企业，以及虽设立机构、场所但取得的所得与其所设机构、场所没有实际联系的企业。

股息、红利等权益性投资收益，是指企业因权益性投资从被投资方取得的收入。

利息收入，是指企业将资金提供他人使用但不构成权益性投资，或者因他人占用本企业资金取得的收入，包括存款利息、贷款利息、债券利息、欠款利息等收入。

租金收入，是指企业提供固定资产、包装物或者其他有形资产的使用权取得的收入。

特许权使用费收入，是指企业提供专利权、非专利技术、商标权、著作权以及其他特许权的使用权取得的收入。

转让财产收入，是指企业转让固定资产、生物资产、无形资产、股权、债权等财产取得的收入。

(一) 登记备案管理

(1) 扣缴义务人与非居民企业首次签订与股息、红利等权益性投资收益和利息、租金、特许权使用费所得、转让财产所得以及其他所得有关的业务合同或协议（以下简称"合同"）的，扣缴义务人应当自合同签订之日起30日内，向其主管税务机关申报办理扣缴税款登记。

(2) 扣缴义务人每次与非居民企业签订与股息、红利等权益性投资收益和利息、租金、特许权使用费所得、转让财产所得以及其他所得有关的业务合同时，应当自签订合同（包括修改、补充、延期合同）之日起30日内，向其主管税务机关报送《扣缴企业所得税合同备案登记表》、合同复印件及相关资料。文本为外文的应同时附送中文译本。

股权转让交易双方均为非居民企业且在境外交易的，被转让股权的境内企业在依法

变更税务登记时,应将股权转让合同复印件报送主管税务机关。

(3) 扣缴义务人应当设立代扣代缴税款账簿和合同资料档案,准确记录企业所得税的扣缴情况,并接受税务机关的检查。

(二) 应纳税额计算

根据税法规定,扣缴义务人按照以下公式计算应扣缴企业所得税应纳税额:

$$\text{扣缴企业所得税应纳税额} = \text{应纳税所得额} \times \text{实际征收率}$$

其中,应纳税所得额是指依照《企业所得税法》规定计算的下列应纳税所得额:

(1) 股息、红利等权益性投资收益和利息、租金、特许权使用费所得,以收入全额为应纳税所得额,不得扣除税法规定之外的税费支出。

(2) 转让财产所得,以收入全额减除财产净值后的余额为应纳税所得额。

(3) 其他所得,参照前两项规定的方法计算应纳税所得额。

实际征收率是指《企业所得税法》及其实施条例等相关法律法规规定的税率,或者税收协定规定的更低的税率。

收入全额,是指非居民企业向支付人收取的全部价款和价外费用;财产净值,是指有关资产、财产的计税基础减除已经按照规定扣除的折旧、折耗、摊销、准备金等后的余额。

在计算扣缴企业所得税应纳税额时,还需注意以下几点:

(1) 扣缴义务人对外支付或者到期应支付的款项为人民币以外货币的,在申报扣缴企业所得税时,应当按照扣缴当日国家公布的人民币汇率中间价,折合成人民币计算应纳税所得额。

(2) 扣缴义务人与非居民企业签订与股息、红利等权益性投资收益和利息、租金、特许权使用费所得、转让财产所得以及其他所得有关的业务合同时,凡合同中约定由扣缴义务人负担应纳税款的,应将非居民企业取得的不含税所得换算为含税所得后计算征税。

(3) 营业税改征增值税试点中的非居民企业,取得股息、红利等权益性投资收益和利息、租金、特许权使用费所得、转让财产所得以及其他所得应缴纳增值税的,在计算缴纳企业所得税时,应以不含增值税的收入全额作为应纳税所得额。

(三) 扣缴税款要求

(1) 扣缴义务人在每次向非居民企业支付或者到期应支付股息、红利等权益性投资收益和利息、租金、特许权使用费所得、转让财产所得以及其他所得时,应从支付或者到期应支付的款项中扣缴企业所得税。

其中,支付包括现金支付、汇拨支付、转账支付和权益兑价支付等货币支付和非货币支付。到期应支付的款项,是指支付人按照权责发生制原则应当计入相关成本、费用的应付款项。

(2) 扣缴义务人每次代扣代缴税款时,应当向其主管税务机关报送《中华人民共和国扣缴企业所得税报告表》(以下简称"扣缴表")及相关资料,并自代扣之日起 7 日内缴入国库。

(3) 按照《企业所得税法》及其实施条例和相关税收法规规定,给予非居民企业减免税优惠的,应按相关税收减免管理办法和行政审批程序的规定办理。对未经审批或者减免税申请未得到批准之前,扣缴义务人发生支付款项的,应按规定代扣代缴企业所得税。

(4) 非居民企业可以适用的税收协定与国内税收法律法规有不同规定的,可申请执行税收协定规定;非居民企业未提出执行税收协定规定申请的,按国内税收法律法规的有关规定执行。

(5) 非居民企业已按国内税收法律法规的有关规定征税后,提出享受减免税或税收协定待遇申请的,主管税务机关经审核确认应享受减免税或税收协定待遇的,对多缴纳的税款应依据《税收征管法》及其实施细则的有关规定予以退税。

(6) 因非居民企业拒绝代扣税款的,扣缴义务人应当暂停支付相当于非居民企业应纳税款的款项,并在1日之内向其主管税务机关报告,并报送书面情况说明。

(7) 扣缴义务人未依法扣缴或者无法履行扣缴义务的,非居民企业应于扣缴义务人支付或者到期应支付之日起7日内,到所得发生地主管税务机关申报缴纳企业所得税。

股权转让交易双方为非居民企业且在境外交易的,由取得所得的非居民企业自行或委托代理人向被转让股权的境内企业所在地主管税务机关申报纳税。被转让股权的境内企业应协助税务机关向非居民企业征缴税款。

扣缴义务人所在地与所得发生地不在一地的,扣缴义务人所在地主管税务机关应自确定扣缴义务人未依法扣缴或者无法履行扣缴义务之日起5个工作日内,向所得发生地主管税务机关发送《非居民企业税务事项联络函》,告知非居民企业的申报纳税事项。

(8) 非居民企业依照前述第7条规定申报缴纳企业所得税,但在中国境内存在多处所得发生地,并选定其中之一申报缴纳企业所得税的,应向申报纳税所在地主管税务机关如实报告有关情况。申报纳税所在地主管税务机关在受理申报纳税后,应将非居民企业申报缴纳所得税情况书面通知扣缴义务人所在地和其他所得发生地主管税务机关。

(9) 非居民企业未依照前述第7条的规定申报缴纳企业所得税,由申报纳税所在地主管税务机关责令限期缴纳,逾期仍未缴纳的,申报纳税所在地主管税务机关可以收集、查实该非居民企业在中国境内其他收入项目及其支付人(以下简称"其他支付人")的相关信息,并向其他支付人发出《税务事项通知书》,从其他支付人应付的款项中,追缴该非居民企业的应纳税款和滞纳金。

其他支付人所在地与申报纳税所在地不在一地的,其他支付人所在地主管税务机关应给予配合和协助。

(10) 对多次付款的合同项目,扣缴义务人应当在履行合同最后一次付款前15日内,向主管税务机关报送合同全部付款明细、前期扣缴表和完税凭证等资料,办理扣缴税款清算手续。

(四) 其他相关规定

1. 关于股息、红利等权益性投资收益扣缴企业所得税处理问题

中国境内居民企业向未在中国境内设立机构、场所的非居民企业分配股息、红利等权益性投资收益,应在做出利润分配决定的日期代扣代缴企业所得税。如实际支付时间先于利润分配决定日期的,应在实际支付时代扣代缴企业所得税。

(1) 根据《企业所得税法》及其实施条例的规定,2008年1月1日起,非居民企业从我国居民企业获得的股息按照10%的税率征收预提所得税,但是我国政府同外国政府订立的关于对所得避免双重征税和防止偷漏税的协定以及内地与香港、澳门间的税收安排与国内税法有不同规定的,依照协定(安排)的规定办理。

(2) 在中国境内外公开发行、上市股票(A股、B股和海外股)的中国居民企业,在向非居民企业股东派发2008年及以后年度股息时,应统一按10%的税率代扣代缴企业所得税。非居民企业股东需要享受税收协定待遇的,依照税收协定执行的有关规定办理。

(3) 中国居民企业向境外H股非居民企业股东派发2008年及以后年度股息时,统一按10%的税率代扣代缴企业所得税。非居民企业股东在获得股息之后,可以自行或通过委托代理人或代扣代缴义务人,向主管税务机关提出享受税收协定(安排)待遇的申请,提供证明自己为符合税收协定(安排)规定的实际受益所有人的资料。主管税务机关审核无误后,应就已征税款和根据税收协定(安排)规定税率计算的应纳税款的差额予以退税。

(4) 合格境外机构投资者(以下称"QFII")取得来源于中国境内的股息、红利收入,应当按照《企业所得税法》规定缴纳10%的企业所得税,由派发股息、红利的企业代扣代缴。QFII取得股息、红利收入,需要享受税收协定(安排)待遇的,可向主管税务机关提出申请,主管税务机关审核无误后按照税收协定的规定执行;涉及退税的,应及时予以办理。

(5) 对香港市场投资者(包括企业和个人)通过沪港通①投资上海证券交易所上市A股取得的股息、红利所得,在香港中央结算有限公司不具备向中国结算提供投资者的身份及持股时间等明细数据的条件之前,暂不执行按持股时间实行差别化征税政策,由上市公司按照10%的税率代扣所得税,并向其主管税务机关办理扣缴申报。对于香港投资者中属于其他国家税收居民且其所在国与中国签订的税收协定规定股息红利所得税税率低于10%的,企业或个人可以自行或委托代扣代缴义务人,向上市公司主管税务机关提出享受税收协定待遇的申请,主管税务机关审核后,应按已征税款和根据税收协定税率计算的应纳税款的差额予以退税。

2. 关于利息扣缴企业所得税处理问题

(1) QFII取得来源于中国境内的利息收入,应当按照《企业所得税法》规定缴纳10%的企业所得税,由境内居民企业在支付或到期支付时代扣代缴。QFII取得利息收入,需要享受税收协定(安排)待遇的,可向主管税务机关提出申请,主管税务机关审核无误后按照税收协定的规定执行;涉及退税的,应及时予以办理。

(2) 自2008年1月1日起,我国金融机构向境外外国银行支付贷款利息、我国境内外资金融机构向境外支付贷款利息,应按照《企业所得税法》及其实施条例规定代扣代缴企业所得税。

我国境内机构向我国银行的境外分行支付的贷款利息,应按照《企业所得税法》及其实施条例规定代扣代缴企业所得税。

3. 关于融资租赁和出租不动产的租金所得税务处理问题

(1) 在中国境内未设立机构、场所的非居民企业,以融资租赁方式将设备、物件等租

---

① 沪港通是指上海证券交易所和香港联合交易所有限公司建立技术连接,使内地和香港投资者可以通过当地证券公司或经纪商买卖规定范围内的对方交易所上市的股票。下同。

给中国境内企业使用，租赁期满后设备、物件所有权归中国境内企业（包括租赁期满后作价转让给中国境内企业），非居民企业按照合同约定的期限收取租金，应以租赁费（包括租赁期满后作价转让给中国境内企业的价款）扣除设备、物件价款后的余额，作为贷款利息所得计算缴纳企业所得税，由中国境内企业在支付时代扣代缴。

(2) 非居民企业出租位于中国境内的房屋、建筑物等不动产，对未在中国境内设立机构、场所进行日常管理的，以其取得的租金收入全额计算缴纳企业所得税，由中国境内的承租人在每次支付或到期应支付时代扣代缴。

如果非居民企业委派人员在中国境内或者委托中国境内其他单位或个人对上述不动产进行日常管理的，应视为其在中国境内设立机构、场所，非居民企业应在税法规定的期限内自行申报缴纳企业所得税。

4. 关于财产转让所得征收企业所得税处理问题

(1) 土地使用权转让所得。非居民企业在中国境内未设立机构、场所而转让中国境内土地使用权，或者虽设立机构、场所但取得的土地使用权转让所得与其所设机构、场所没有实际联系的，应以其取得的土地使用权转让收入总额减除计税基础后的余额作为土地使用权转让所得计算缴纳企业所得税，并由扣缴义务人在支付时代扣代缴。

(2) 股权转让所得。非居民企业取得来源于中国境内的股权转让所得，应按照相关规定缴纳企业所得税。所称股权转让所得，是指非居民企业转让中国居民企业的股权（不包括在公开的证券市场上买入并卖出中国居民企业的股票）所取得的所得。其中，在公开的证券市场上买入并卖出中国居民企业的股票，是指股票买入和卖出的对象、数量和价格不是由买卖双方事先约定而是按照公开证券市场通常交易规则确定的行为。

股权转让所得按照以下公式计算：

$$股权转让所得 = 股权转让价 - 股权成本价$$

其中，股权转让价是指股权转让人就转让的股权所收取的包括现金、非货币资产或者权益等形式的金额。如被持股企业有未分配利润或税后提存的各项基金等，股权转让人随股权一并转让该股东留存收益权的金额，不得从股权转让价中扣除。

股权成本价是指股权转让人投资入股时向中国居民企业实际交付的出资金额，或购买该项股权时向该股权的原转让人实际支付的股权转让金额。

在计算股权转让所得时，以非居民企业向被转让股权的中国居民企业投资时或向原投资方购买该股权时的币种计算股权转让价和股权成本价。如果同一非居民企业存在多次投资的，以首次投入资本时的币种计算股权转让价和股权成本价，以加权平均法计算股权成本价；多次投资时币种不一致的，则应按照每次投入资本当日的汇率换算成首次投资时的币种。

扣缴义务人未依法扣缴或者无法履行扣缴义务的，非居民企业应自合同、协议约定的股权转让之日（如果转让方提前取得股权转让收入的，应自实际取得股权转让收入之日）起7日内，到被转让股权的中国居民企业所在地主管税务机关（负责该居民企业所得税征管的税务机关）申报缴纳企业所得税。非居民企业未按期如实申报的，依照《税收征管法》有关规定处理。

非居民企业直接转让中国境内居民企业股权，如果股权转让合同或协议约定采取分期付款方式的,应于合同或协议生效且完成股权变更手续时,确认收入实现。

(3) QFII 和 RQFII 股票等权益性投资资产转让所得。从 2014 年 11 月 17 日起,对合格境外机构投资者(以下称"QFII")、人民币合格境外机构投资者(以下称"RQFII")取得来源于中国境内的股票等权益性投资资产转让所得,暂免征收企业所得税。在 2014 年 11 月 17 日之前 QFII 和 RQFII 取得的上述所得应依法征收企业所得税。

所称 QFII、RQFII 是指在中国境内未设立机构、场所,或者在中国境内虽设立机构、场所,但取得的来源于中国境内的股票等权益性投资资产转让所得与其所设机构、场所没有实际联系的 QFII、RQFII。

(4) 对香港市场投资者(包括企业和个人)通过沪港通投资上海证券交易所上市 A 股取得的转让差价所得,暂免征收所得税。

5. 关于到期应支付而未支付的所得扣缴企业所得税问题

中国境内企业和非居民企业签订与利息、租金、特许权使用费等所得有关的合同或协议,如果未按照合同或协议约定的日期支付上述所得款项,或者变更或修改合同或协议延期支付,但已计入企业当期成本、费用,并在企业所得税年度纳税申报中作税前扣除的,应在企业所得税年度纳税申报时按照《企业所得税法》有关规定代扣代缴企业所得税。

如果中国境内企业上述到期未支付的所得款项,不是一次性计入当期成本、费用,而是计入相应资产原价或企业筹办费,在该类资产投入使用或开始生产经营后分期摊入成本、费用,分年度在企业所得税前扣除的,应在企业计入相关资产的年度纳税申报时就上述所得全额代扣代缴企业所得税。

如果中国境内企业在合同或协议约定的支付日期之前支付上述所得款项的,应在实际支付时按照《企业所得税法》有关规定代扣代缴企业所得税。

6. 关于担保费税务处理问题

非居民企业取得来源于中国境内的担保费,应按照《企业所得税法》对利息所得规定的税率计算缴纳企业所得税。所称中国境内的担保费,是指中国境内企业、机构或个人在借贷、买卖、货物运输、加工承揽、租赁、工程承包等经济活动中,接受非居民企业提供的担保所支付或负担的担保费或相同性质的费用。

## 第三节 居民境外所得税收管理

随着我国"走出去"战略的实施,我国居民企业和个人对外投资的规模与范围越来越广泛,加强对居民境外所得的税收管理也显得越发重要。

### 一、居民税收身份的认定

居民企业境外所得的纳税主体判定主要包括国内母公司或总机构、境外子公司或分支机构。其中母公司或总机构的纳税主体判定为中国的税收管辖权,境外子公司或分支机构的纳税主体判定为投资东道国的税收管辖权。需要强调的是,我国企业如果按照中国法律注册在境外但实际管理机构在境内,仍然判定为我国的居民纳税人。

与注册地相比,实际管理机构所在地在征管实践中比较难以识别和判断。我国新《企业所得税法实施条例》遵循了国际惯例,即明确企业的实际管理机构所在地是指对企业的生产经营、人员、财务、财产等实施实质性全面管理和控制的机构。2009年4月,国家税务总局下发《关于境外注册中资控股企业依据实际管理机构标准认定为居民企业有关问题的通知》(国税发〔2009〕82号),对《企业所得税法》中的判定"四要素"给了更为细化的规定,明确同时符合下列条件的境外注册的中资控股企业为实际管理机构在中国境内的居民企业:

(1)境外中资企业是指由中国境内的企业或企业集团作为主要控股投资者,在境外依据外国(地区)法律注册成立的企业。

(2)境外中资企业同时符合以下条件的,根据《企业所得税法》第二条第二款和实施条例第四条的规定,应判定其为实际管理机构在中国境内的居民企业(以下简称"非境内注册居民企业"),并实施相应的税收管理,就其来源于中国境内、境外的所得征收企业所得税。

① 企业负责实施日常生产经营管理运作的高层管理人员及其高层管理部门履行职责的场所主要位于中国境内;

② 企业的财务决策(如借款、放款、融资、财务风险管理等)和人事决策(如任命、解聘、薪酬等)由位于中国境内的机构或人员决定,或需要得到位于中国境内的机构或人员批准;

③ 企业的主要财产、会计账簿、公司印章、董事会和股东会议纪要档案等位于或存放于中国境内;

④ 企业1/2(含1/2)以上有投票权的董事或高层管理人员经常居住于中国境内。

从82号文件看出,在对"实际管理机构"的判定中,需要把握如下几点:一是要遵循实质重于形式的原则,关注对企业的经营活动能够起到实质性影响的机构。由于公司的董事往往掌握着经营管理的重要权力,因此,许多国家都以公司的董事居住地或公司董事会的召开地点作为公司的实际管理和控制地点。但随着经济社会的发展和科技手段的进步,纳税人通过人为改变公司董事的居住地或董事会召开地点,就可以轻易逃避居民纳税人的身份和纳税义务,从而增加了认定实际管理机构的难度。因此,在征管实践中,应根据国际私法对法人所在地判断所采用的"最密切联系地"标准,寻找和识别企业在利用资源和取得收入时与之联系最密切的实际管理和控制中心。二是实际管理机构应是对企业实行全面管理和控制的机构,而不是仅对企业的某一部分(如某一市场)或某些环节(如某些车间)的生产经营活动进行影响和控制的机构。三是管理和控制的内容是企业的生产经营、人员、财务、财产等,这些要素是判断实际管理和控制地的关键。也就是说,如果一个外国企业只是表面上由境外机构对企业实施实质性全面管理和控制,但企业的生产经营、人员、财务、财产等重要事务实际上是由在中国境内的一个机构来做出决策的,就应当认定该企业的实际管理机构在中国境内。只有当上述三项条件同时满足时,才能被认定为实际管理机构。

**二、境外投资和所得信息申报**

2014年6月,国家税务总局《关于居民企业报告境外投资和所得信息有关问题的公告》(〔2014〕38号公告),对居民境外所得的信息申报进行了规范。

(1) 居民企业成立或参股外国企业，或者处置已持有的外国企业股份或有表决权股份，符合以下情形之一，且按照中国会计制度可确认的，应当在办理企业所得税预缴申报时向主管税务机关填报《居民企业参股外国企业信息报告表》（见表 10-1）：

① 居民企业直接或间接持有外国企业股份或有表决权股份达到 10%（含）以上；

② 居民企业在被投资外国企业中直接或间接持有的股份或者有表决权股份自不足 10% 的状态改变为达到或超过 10% 的状态；

③ 企业在被投资外国企业中直接或间接持有的股份或有表决权股份自达到或超过 10% 的状态改变为不足 10% 的状态。

(2) 居民企业在办理企业所得税年度申报时，还应附报以下与境外所得相关的资料信息：

① 有适用《企业所得税法》第四十五条情形或者需要适用《特别纳税调整实施办法（试行）》（国税发〔2009〕2 号文件印发）第八十四条规定的居民企业填报《受控外国企业信息报告表》（见表 10-2）；

② 纳入《企业所得税法》第二十四条规定抵免范围的外国企业或符合《企业所得税法》第四十五条规定的受控外国企业按照中国会计制度编报的年度独立财务报表。

(3) 在税务检查（包括纳税评估、税务审计及特别纳税调整调查等）时，主管税务机关可以要求居民企业限期报告与其境外所得相关的必要信息。

(4) 居民企业能够提供合理理由，证明确实不能按照本办法规定期限报告境外投资和所得信息的，可以依法向主管税务机关提出延期要求。限制提供相关信息的境外法律规定、商业合同或协议，不构成合理理由。

(5) 主管税务机关应当为纳税人报告境外投资和所得信息提供便利，及时受理纳税人报告的各类信息，并依法保密。

(6) 居民企业未按照本办法规定报告境外投资和所得信息，经主管税务机关责令限期改正，逾期仍不改正的，主管税务机关可根据税收征管法及其实施细则以及其他有关法律、法规的规定，按已有信息合理认定相关事实，并据以计算或调整应纳税款。

表 10-1　居民企业参股外国企业信息报告表

| 一、报告人信息 | | | |
|---|---|---|---|
| 企业名称： | | 纳税识别号： | |
| 二、被投资外国企业信息 | | | |
| 外国企业名称： | | 所在国纳税识别号： | |
| 成立地： | | 主营业务类型： | |
| 报告人持股比例： | | | |
| 持有外国企业 10% 以上股份或有表决权股份的其他股东情况 | | | |
| 持股股东名称 | 居住地或成立地 | 持股类型 | 持股比例 | 达到 10% 以上权益份额的起始日期 |
|  |  |  |  |  |
|  |  |  |  |  |
|  |  |  |  |  |

(续表)

| 中国居民个人担任外国企业高管或董事情况 | | | | |
|---|---|---|---|---|
| 中国居民个人姓名 | 中国境内常住地 | 身份识别号 | 职务 | 任职起止日期 |
| | | | | |
| | | | | |
| | | | | |

### 三、外国企业股份变动信息

| 报告人收购外国企业股份情况 | | | | |
|---|---|---|---|---|
| 被收购股份类型 | 交易日期 | 收购方式 | 收购前报告人在外国企业持股份额 | 收购后报告人在外国企业持股份额 |
| | | | | |
| | | | | |

| 报告人处置外国企业股份情况 | | | | |
|---|---|---|---|---|
| 被处置股份类型 | 处置日期 | 处置方式 | 处置前报告人在外国企业持股份额 | 处置后报告人在外国企业持股份额 |
| | | | | |
| | | | | |

### 四、报告人声明

我谨在此声明:以上呈报事项准确无误,如有不实,愿承担相应的法律责任。

报告人签字和盖章:          报告日期:    年 月 日

经办人:          联系电话:

| 以下由主管税务机关填写 | |
|---|---|
| 受理人: | 税务机关(盖章) |
| 联系电话: | 年 月 日 |

填表说明:

1. 按照《国家税务总局关于居民企业报告境外投资和所得信息的公告》(以下称公告)第一条规定应该填报本表的企业为本表报告人。报告人直接或间接投资多家外国企业,并符合规定条件的,应该分别按每个符合条件的被投资外国企业填报本表。

2. 持股股东名称栏仅填报在被投资外国企业直接持有10%以上股份或有表决权股份的所有股东。

3. 持股类型栏、被收购股份类型栏和被处置股份类型栏按照有表决权股份和无表决权股份填报。

4. 持股比例栏按《特别纳税调整实施办法(试行)》第七十七条第二款规定计算填报。

5. 中国居民个人姓名栏应该填报担任被投资外国企业高管和董事,且按照个人所得税法规定构成在中国有住所,或者在中国无住所但在中国境内居住满一年的所有个人。

6. 身份识别号栏按中国居民个人所持身份证件的识别号填报。

7. 交易日期栏和处置日期栏按中国会计制度确认的相关交易或处置行为完成的日期填报。

8. 收购外国企业股份情况仅填报导致公告第一条规定情形的一次或多次收购交易及其相关情况。

9. 外国企业股份处置情况仅填报导致公告第一条规定情形的一次或多次股份处置交易及其相关情况。

10. 本表相关栏目应填报的名称为外文的,应同时填报中文译文名称。

表 10-2　受控外国企业信息报告表

| 一、报告人信息 | | | |
|---|---|---|---|
| 企业名称 | | 纳税人识别号 | |
| **二、受控外国企业信息** | | | |
| 企业名称 | | 纳税人识别号 | |
| 注册地址 | | 法定代表人 | |
| 成立时间 | | 纳税年度起止 | |
| 记账本位货币 | | 折合人民币汇率选用 | |
| 主营业务范围 | | | |
| **三、受控外国企业构成条件** | | 持股比例 □ | 实质控制 □ |

| 四、持有受控外国企业股份的中国居民股东持股信息 | | | | | |
|---|---|---|---|---|---|
| 股东名称 | 持股数量 | 持股比例 | 直接持股数量和比例 | 起止时间 | 间接持股数量和比例 | 起止时间 |
| | | | | | | |
| | | | | | | |
| | | | | | | |
| | | | | | | |

| 五、例外适用情况 | | | |
|---|---|---|---|
| 1. 受控外国企业是否在国家税务总局指定的非低税率国家(地区)实际税负 | | 是 □ | 否 □ |
| 2. 受控外国企业年度利润是否不高于 500 万元人民币 | | 是 □ | 否 □ |
| 3. 受控外国企业主要取得积极经营活动所得 | | 是 □ | 否 □ |

| 六、受控外国企业利润分配 | | | |
|---|---|---|---|
| 可分配利润总额 | | 可抵免外国税额 | |
| 以前年度已视同分配额 | | 可抵免外国税额 | |
| 本年度分配额超出以前年度已视同分配额的数额 | | 可抵免外国税额 | |
| 未分配利润额 | | 可抵免外国税额 | |
| 视同分配给报告人股息 | | 可抵免外国税额 | |
| 视同分配给其他中国居民股东的股息 | | 可抵免外国税额 | |
| 备注 | | | |

(续表)

| 七、报告人声明 | |
|---|---|
| 我谨在此声明：以上呈报事项准确无误，如有不实，愿承担相应的法律责任。 | |
| 报告人签字和盖章： | 报告日期：　　年　月　日 |
| 以下由主管税务机关填写 | |
| 受理人：<br>联系电话： | 税务机关(盖章)<br>年　月　日 |

填表说明：

1. 按照《特别纳税调整实施办法(试行)》第七十六条规定构成中国居民企业股东的企业为本表的报告人。由报告人投资的多家外国企业构成《特别纳税调整实施办法(试行)》第七十六条规定的受控外国企业的，报告人应分别各受控外国企业填报本表。

2. 企业名称或股东名称为外文的，应同时填报中文译文名称。

3. 股东名称栏仅填报符合《特别纳税调整实施办法(试行)》第七十六条规定的所有中国居民股东。

4. 折合人民币汇率选用栏按本表所用汇率确定方法填报，如按受控外国企业年度平均汇率或年末汇率确定。

5. 未分配利润栏按可分配利润栏减以前年度已视同分配额以及本年度分配额超出以前年度已视同分配额的数额之差填报。

6. 视同分配给报告人股息栏和视同分配给其他中国居民股东的股息栏以未分配利润栏为基础，按照《特别纳税调整实施办法(试行)》第八十条规定计算填写。

7. 本表视同分配给报告人股息栏及对应可抵免外国税额栏数额计入居民企业年度申报表相关栏目。

8. 本表中货币金额一律使用人民币填写。

## 第四节　国际税收情报交换

税收情报交换是我国作为税收协定缔约国承担的一项国际义务，也是我国与其他国家(地区)税务主管当局之间进行国际税收征管合作以及保护我国合法税收权益的重要方式。为了加强国际税务合作，规范国际税收情报交换(以下简称"情报交换")工作，根据我国政府与外国政府签订的关于对所得(或财产)避免双重征税和防止偷漏税的协定(以下简称"税收协定")、《税收征收管理法》及其实施细则(以下简称《税收征管法》)以及其他相关法律法规规定，国家税务总局制定《国际税收情报交换工作规程》(以下简称《规程》)。

### 一、情报交换概述

《规程》所称情报交换，是指我国与相关税收协定缔约国家(以下简称"缔约国")的主管当局为了正确执行税收协定及其所涉及税种的国内法而相互交换所需信息的行为。

情报交换应在税收协定生效并执行以后进行，税收情报涉及的事项可以溯及税收协定生效并执行之前。

情报交换在税收协定规定的权利和义务范围内进行。我国享有从缔约国取得税收情报的权利，也负有向缔约国提供税收情报的义务。

情报交换通过税收协定确定的主管当局或其授权代表进行。我国主管当局为国家税务总局(以下简称"总局")。省以下税务机关(含省)协助总局负责管理本辖区内的情报交换工作,具体工作由国际税务管理部门或其他相关管理部门承办。我国税务机关收集、调查或核查处理税收情报,适用《税收征管法》的有关规定。

## 二、情报交换的种类与范围

### (一) 情报交换的种类

情报交换的类型包括专项情报交换、自动情报交换、自发情报交换、同期税务检查、授权代表访问和行业范围情报交换等。

1. 专项情报交换

专项情报交换是指缔约国一方主管当局就国内某一税务案件提出具体问题,并依据税收协定请求缔约国另一方主管当局提供相关情报,协助查证的行为。包括获取、查证或核实公司或个人居民身份,收取或支付价款、费用,转让财产或提供财产的使用等与纳税有关的情况、资料、凭证等。

2. 自动情报交换

自动情报交换是指缔约国双方主管当局之间根据约定,以批量形式自动提供有关纳税人取得专项收入的税收情报的行为。专项收入主要包括利息、股息、特许权使用费收入;工资薪金,各类津贴、奖金、退休金收入;佣金、劳务报酬收入;财产收益和经营收入等。

3. 自发情报交换

自发情报交换是指缔约国一方主管当局将在税收执法过程中获取的其认为有助于缔约国另一方主管当局执行税收协定及其所涉及税种的国内法的信息,主动提供给缔约国另一方主管当局的行为。包括公司或个人收取或支付价款、费用,转让财产或提供财产使用等与纳税有关的情况、资料等。

4. 同期税务检查

同期税务检查是指缔约国主管当局之间根据同期检查协议,独立地在各自有效行使税收管辖权的区域内,对有共同或相关利益的纳税人的涉税事项同时进行检查,并互相交流或交换检查中获取的税收情报的行为。

5. 授权代表访问

授权代表访问是指缔约国双方主管当局根据授权代表的访问协议,经双方主管当局同意,相互间到对方有效行使税收管辖权的区域进行实地访问,以获取、查证税收情报的行为。

6. 行业范围情报交换

行业范围情报交换是指缔约国双方主管当局共同对某一行业的运营方式、资金运作模式、价格决定方式及偷税方法等进行调查、研究和分析,并相互交换有关税收情报的行为。

### (二) 情报交换的范围

除缔约国双方另有规定外,情报交换的范围一般为:

(1) 国家范围应仅限于与我国正式签订含有情报交换条款的税收协定并生效执行的国家。

(2) 税种范围应仅限于税收协定规定的税种,主要为具有所得(和财产)性质的税种。

(3) 人的范围应仅限于税收协定缔约国一方或双方的居民。

(4) 地域范围应仅限于缔约国双方有效行使税收管辖权的区域。

(三)我国从缔约国主管当局获取的税收情报可以作为税收执法行为的依据,并可以在诉讼程序中出示

### 三、税收情报的保密

(一)税收情报的处理

税收情报应作密件处理。制作、收发、传递、使用、保存或销毁税收情报,应按照《中华人民共和国保守国家秘密法》《中共中央保密委员会办公室、国家保密局关于国家秘密载体保密管理的规定》《经济工作中国家秘密及其密级具体范围的规定》以及有关法律法规的规定执行。

(二)确定税收情报密级的原则

确定税收情报密级的原则如下:

(1)税收情报一般应确定为秘密级。

(2)属以下情形的,应确定为机密级:

① 税收情报事项涉及偷税、骗税或其他严重违反税收法律法规的行为;

② 缔约国主管当局对税收情报有特殊保密要求的。

(3)税收情报事项涉及最重要的国家秘密,泄露会使国家的安全和利益遭受特别严重的损害,应确定为绝密级。

(4)税收情报的内容涉及其他部门或行业的秘密事项,按有关主管部门的保密范围确定密级。

对于难以确定密级的情报,主管税务机关应逐级上报总局决定。

(三)税收情报保密期限的确定

在确定税收情报密级时,应该同时确定保密期限。绝密级情报保密期限一般为30年,机密级情报保密期限一般为20年,秘密级情报保密期限一般为10年。

对保密期限有特殊要求或者需要变更密级或保密期限的,主管税务机关应报送上一级税务机关批准,并在税收情报密件中标明。

(四)税务机关在调查、收集、制作税收情报时,遇有纳税人、扣缴义务人或其他当事人申明被调查的事项涉及国家秘密并拒绝提供有关资料的,税务机关应要求其提供由国家保密主管部门出具的国家秘密鉴定证明

税务机关在上报税收情报时,应对上述情况做出说明。

（五）税务机关可以将收集情报的目的、情报的来源和内容告知相关纳税人、扣缴义务人或其他当事人，以及执行税收协定所含税种相应的国内法有关的部门或人员，并同时告知其保密义务。

但是，有下列情形之一的，未经总局批准，税务机关不得告知：

（1）纳税人、扣缴义务人或其他当事人有重大税收违法犯罪嫌疑，告知后会影响案件调查的。

（2）缔约国一方声明不得将情报的来源和内容告知纳税人、扣缴义务人或其他当事人的。

（六）税收情报在诉讼程序中作为证据使用时，税务机关应根据行政诉讼法等法律规定，向法庭申请不在开庭时公开质证。

### 四、情报交换的其他规定

《规程》同时适用于《内地和香港特别行政区关于对所得避免双重征税的安排》和《内地和澳门特别行政区关于对所得避免双重征税的安排》。

## 第五节 国际税收征管互助

随着国际交往的逐步加深，跨国经济活动日益频繁，税务机关执行税收政策同样受到全球化的挑战，因此，各国之间加强国际税收征管合作便成为在这一背景下的必然趋势。

### 一、国际税收征管互助的作用

首先，国际税收征管合作是应对经济全球化的必然要求。

在经济全球化的背景下，一方面，随着各国逐步消除了对跨国投资等各类经济活动的限制，纳税人在全球范围内开展经济活动越来越便利；而另一方面，在国家主权原则下，国家执法权往往被限制于一国领土范围以内，税务机关只能在各国主权范围内行使征管权力，难以获得位于他国的征税所需信息，调查取证、追征欠税等执法活动也无法延伸至国土以外。基于这一原因，跨国间的征管协作显得尤为重要。

其次，国际税收征管合作是维护各国税收主权的重要手段。

税收主权是国家主权的重要组成部分。在资本全球化流动的背景下，国际税收征管合作的有效机制既可以使国家的税务检查和信息搜集的触角延伸至境外，也可以通过相互借鉴和合作，提高应对各种避税手段的能力。对一国加强跨境税源的管理、提高执法覆盖范围具有举足轻重的作用。

再次，国际税收征管合作是虚拟经济高度发展的应对措施。

在信息化不断发展的今天，以金融交易为代表的虚拟经济高度发达，电子商务欣欣向荣。据统计，"十一五"期间，我国电子商务交易总额增长近 2.5 倍，2010 年达到约 4.5 万亿元。商务部、发改委、工信部和财政部等部门预计，到 2020 年，我国电子商务交易额将达到 43.8 万亿元。虚拟经济与电子商务的发展使交易方便跨越国界、变得更加隐蔽。加强国际税收领域的合作,是应对这一现象的不可或缺的手段。

最后,国际税收征管合作是打击利用避税地进行恶意筹划的有力武器。

20 世纪开始,各类避税地的不断涌现对世界经济产生了不小的冲击。避税地大量的非正常金融业务和虚构经济业务,扭曲了市场对资源的基础配置作用,偏离了税收中性原则,导致了税收流失,更对金融危机起到了推波助澜的作用。[1] 避税地负面作用的一个重要原因就是其信息不透明,随着 2008 年金融危机的爆发,国际社会采取多项行动,动用了政治、经济压力迫使这些避税地与其他国家签订税收情报交换协定,参与国际税收征管合作,达到透明度和有效情报交换的国际标准。这一系列的措施对整顿国际经济秩序、打击利用避税地恶意逃避主权国家税款、创造公平的国际竞争环境起到了有力的支持和帮助。

随着全球化进程的不断加快,国际社会对征管合作的要求也不断提高,合作的广度与深度持续拓展。目前,国际税收征管协作主要包括的形式有:

第一,税收情报交换,包括专项情报交换、自发情报交换、自动情报交换、同期税务检查、境外税务检查与调查等;

第二,税款征收协助,包括税收主张追索、保全措施等;

第三,税务文书送达。

以上的国际税收征管合作内容,基本覆盖了税务执法的调查取证、税务检查和涉税决定的执行等全过程。通过这些合作形式,税务机关执法行为受领土限制的情况将得到改善,利用国家税收执法权限制而滋生的国际逃避税行为将得到有效遏制。

## 二、国际税收征管互助公约

(一)公约背景与历史发展

为建立国际税收协作的框架,加强成员间税收征管互助,OECD 与欧洲委员会(Council of Europe,以下简称"欧委会")共同起草了《税收征管互助公约》(Convention on Mutual Administrative Assistance in Tax Matters,以下简称"公约"),并于 1988 年 1 月 25 日起开放给 OECD 与欧委会成员国签字。

随着时代的发展,国际征管合作的环境与公约诞生之日发生了较大变化,税收情报交换的国际标准也日益完善与统一。2008 年国际金融危机以来,国际社会对建立更为有效的跨国税收合作赋予了更多关注,在 2009 年二十国集团(G20)伦敦峰会前后,要求世界各国达到符合国际标准的税收情报交换的压力也与日俱增。[2] 同时,为解决发展中国家缺乏相关资源,难以在新的透明度环境下获益的问题,2009 年 4 月参与 G20 伦敦峰会的领导人呼吁应尽快采取措施使发展中国家也能从税务合作新环境中获益,其中便包括建立多边的情报交换体系。随后,G20 伦敦峰会主席、英国首相布朗致信 OECD,指出

---

[1] 王君:《金融危机背景下加强国际税收协作的现实法律意义》,《税务研究》,2011 年第 3 期。
[2] Pascal Saint-Amans and Raffaele Russo, Amending Protocol Strengthens OECD Mutual Assistance Convention, Tax Notes International, June 28, 2010, p1059.

"发展一个有效的多边机制对解决这一问题将有帮助"①。在此背景下,OECD 与欧委会迅速开展了工作,起草了公约的议定书②,使公约达到税收情报交换国际标准,并将缔约国的范围扩大到了 OECD 与欧委会成员国以外的其他国家。G20 对 OECD 的做法表示欢迎,在随后举行的财政部长会议上,发表声明指出:"我们欢迎……情报交换多边机制向所有国家开放这一进展。"③修订公约的议定书于 2010 年 5 月开放签字,2011 年 6 月 1 日起正式生效。

### (二)公约的主要内容

制订《税收征管互助公约》的目的在于促进国际合作以推动各国税收法律的执行,因此,它为缔约国家之间提供了在纳税评估、税款征收等过程中各种形式的税收征管互助,并起到扼制跨国逃税与避税的重要作用。公约提供的税收征管互助的形式涵盖专项情报交换、自动情报交换、自发情报交换、同期税务检查、境外税务检查、税款追缴协助、保全措施、文书送达等。同时对保密性要求、费用承担等做出了详细规定。

### (三)公约加入的情况

截至 2016 年 3 月 19 日,全球已有 70 个国家签署《公约》,包含阿塞拜疆、比利时、丹麦、芬兰、法国、格鲁吉亚、德国、希腊、冰岛、爱尔兰、意大利、摩尔多瓦、荷兰、挪威、波兰、葡萄牙、俄罗斯、斯洛文尼亚、西班牙、瑞典、土耳其、乌克兰、英国、阿根廷、澳大利亚、巴西、加拿大、哥斯达黎加、印度、印度尼西亚、日本、韩国、墨西哥、南非、美国、中国、瑞士等。

2013 年 8 月 27 日,我国正式签署了《多边税收征管互助公约》,正式成为该公约第 56 个签约方。至此,G20 所有成员都加入了该公约。

这是我国签署的第一个多边税收协议,表明我国在参与国际多边税收合作机制的道路上又迈出了历史性的、坚实的一步。

## 第六节 参与国际税收治理的组织

经过多年的发展,国际税收全球治理机制已经初步形成,其核心是以主权国家为主体的国际税收协调与合作,其基础是双边和多边的国际税收协定,以及来自国际组织、大国、国际会议等正式与非正式机制的影响和制约。可以说,在国际税收的全球治理机制中,主权国家必须在以税收协定为代表的"硬约束"和以国际组织为代表的"软约束"环境下行使自己的税收主权,通过协调与合作,以共同促进税收管辖权的合理分配,税收征管权的有效实施,人员、资本、服务以及知识的自由流动以及全球福利最大化等目标的实现。

---

① Pascal Saint-Amans and Raffaele Russo, Amending Protocol Strengthens OECD Mutual Assistance Convention,Tax Notes International,June 28,2010,p1059.

② Protocol amending the Convention on Mutual Administrative Assistance in Tax Matters,http://conventions.coe.int/Treaty/EN/Treaties/Html/208.htm。

③ Pascal Saint-Amans and Raffaele Russo, Amending Protocol Strengthens OECD Mutual Assistance Convention,Tax Notes International,June 28,2010,p1060.

## 一、多边国际组织

在早期的国际税收竞争中,关税竞争是各国展开国际税收竞争的主要手段之一。由于缺乏协调机构,各国在各种产品关税税率的降低幅度、产品目录的约定等方面都未达成一致,使得各国税收收入遭受很大损失,以吸引资源流入为目的的关税减让并没有有效地达到引进资源的目的。而到了20世纪中期以后,随着一些国际性经济组织的成立,各国开始普遍意识到加强国际税收协调的必要性。经过国际社会的普遍努力,"关税与贸易总协定"(General Agreement of Trade and Tariffs,GATT)成立,对于统一国际关税税率,防范各国无限制提高和降低关税提出了指导性原则。1995年1月1日,GATT演变为世界贸易组织(World Trade Organization,WTO),其职能跨越了关税协调的范畴,将国际直接投资、服务贸易等议题都纳入其中,成为全球关税和贸易治理的重要机制之一。

在当前的国际税收竞争中,各种正式或非正式的国际组织发挥着不同的作用,包括全球性政府组织、区域性政府组织、非政府组织和非正式合作组织。Tanzi、Horner等学者都探讨过成立世界税收组织(World Tax Organization)的设想。2001年,联合国一个讨论提出了成立国际税收组织(International Tax Organization,ITO)的建议,但是当时反全球化呼声高涨,人们对再次成立全球性组织的成本、管理上的弊病等心存疑虑,因此这一提案没有引起重视。2014年,在G20的推动下,"税基侵蚀与利润转移"行动计划再次提出希望建立国际税收协调的多边工具,使得这一问题引发了更多的关注。

在国际税收治理中,全球性政府组织在制定国际税收规则和一些需要大部分国家参与的国际税收事务中起着指引性的作用,目前主要是经济合作与发展组织和联合国。

### (一)经济合作与发展组织

经济合作与发展组织下设负责机构为税收政策与管理中心。经合组织一直被人们称为"富人俱乐部",其35个成员国[①]产出的货物和服务占世界总量的60%。为了扩大影响,经合组织也邀请了中国、巴西、俄罗斯等非成员国作为观察员参加会议以及协议的签订,已经汇集了世界上100多个国家。经合组织为各国政府提供了一个可以交流政策经验,寻求共有问题答案的场所,通过制定一些指南性文件或约束性协议,并推动这种"软性法律"的实施。

经合组织的税收政策与管理中心可以说是制定国际税收标准的前沿,最为成功的案例包括《OECD税收协定范本》和《跨国公司与税务机关转让定价指南》,并在反对有害税收竞争、促进税收信息透明化等领域中取得了显著的成效。税收政策与管理中心还搜集分析各国的财政税收数据,发布各种研究报告,为各国的税制改革提供政策依据,并监督评估其成员国的税收政策。税收政策与管理中心每年举办很多税收工作会议、培训项目和出版一系列研究成果,对成员国和非成员国的税收制度、税收管理和国际税收合作都

---

① 截至2009年年末,30个成员国包括:澳大利亚、奥地利、比利时、加拿大、捷克、丹麦、芬兰、法国、德国、希腊、匈牙利、冰岛、爱尔兰、意大利、日本、韩国、卢森堡、墨西哥、荷兰、新西兰、挪威、波兰、葡萄牙、斯洛伐克、西班牙、瑞典、瑞士、土耳其、英国、美国。

发挥了极其重要的作用。

（二）联合国

联合国下设负责机构为国际税收合作专家委员会(UN Committee of Experts on International Cooperation in Tax Matters)。这个委员会是在原来的联合国国际税收合作特设专家小组的基础上成立的。尽管联合国应发展中国家的需求参与税收协定范本的制定较早，但专门设立国际税收合作机构是在2003年12月23日联合国经济及社会理事会大会提出开展国际税务合作体制框架后才开始的。从2005年开始，每年在日内瓦召开一次5天的会议，商讨相关的国际税收事宜。与经济合作与发展组织相比，联合国国际税收合作专家委员会更加注重发达国家与发展中国家的平衡，其25名成员中12名来自发达国家，13名来自发展中国家。

目前，这个专家委员会主要致力于审定和修改《联合国避免双重征税协定范本》和《双边税收协定谈判手册》，提供对话框架以加强和促进各国税务当局之间的国际税务合作以及发展中国家和经济转型国家的税务能力建设等。但是由于联合国国际税收合作专家委员会的人员组成较松散，会期间隔较长，影响了它作用的有效发挥。

## 二、国家间组织

在全球性政府组织之外，不同区域的国家为了应对共同的国际税收挑战也成立了一些区域性政府组织，为区域内的税收合作构建平台。在此列举几个主要的区域性政府税收组织。

（一）国际联合反避税信息中心

国际联合反避税信息中心（Joint International Tax Shelter Information Centre，JITSIC）由英国、美国、加拿大和澳大利亚4国于2004年发起成立，后日本和韩国加入。我国国家税务总局于2010年10月27日得到国务院批准加入该组织。目前该组织共9个成员国。

目前，JITSIC在全球有两个办公室：2004年成立的华盛顿办公室和2007年成立的伦敦办公室。成员国均派驻税务代表参与两个办公室的工作。

（二）美洲税收管理组织

美洲税收管理组织（The Inter-American Center of Tax Administrations，CIAT）成立于1967年，到2009年年底有38个成员国，其中包括29个美洲国家[①]、6个欧洲国家[②]、2个非洲国家[③]和1个亚洲国家[④]。这个组织每年就一个中心议题召开一次大会，并邀请一些非成员国的税务当局和国际组织作为观察员参加。该组织致力于传播和交流国际税收经验、为税收事宜发布指南以及促使成员国之间税收协定的达成等。

---

[①] 阿根廷、阿鲁巴、巴巴多斯、百慕大、玻利维亚、巴西、加拿大、智利、哥伦比亚、哥斯达黎加、古巴、多米尼加等。
[②] 捷克、法国、意大利、波兰、西班牙、荷兰。
[③] 南非和肯尼亚。
[④] 印度。

## (三)欧洲税收管理组织

欧洲税收管理组织(The Intra-Europern Organisation of Tax Administrations, IOTA)成立于1997年3月1日,截至2016年年底有45个成员国,主要是在欧洲地区为其成员国政府提供一个论坛来交流经验。该组织设立的目标是成为一个专业性的地区税收管理组织,寻求最佳的税收管理模式并鼓励此模式的运用等。

## (四)英联邦税收管理组织

英联邦税收管理组织(The Commonwealth Association of Tax Administrators, CATA)成立于1977年,截至2016年年底,已有46个成员,主要活动包括年度学术论坛、对税收官员的高质量培训项目、满足每个成员国具体要求的培训项目、出版季度新闻简报等,目的在于促进各成员国税务机构之间的交流与合作。

## (五)亚洲税收管理与研究组织

亚洲税收管理与研究组织(The Study Group on Asian Administration and Research, SGATAR)在菲律宾政府的发起下于1971年成立并举办了第一届会议。截至2016年年底,共有16个成员国,我国于1996年在第26届年会上正式加入。该组织每年组织一次为期一周的年会,在各成员国轮流举办,就国际税收管理与合作的问题进行讨论,已经召开年会的议题包括非居民税收问题和不易征管群体的问题、偷税与避税的问题、税收优惠以及培养诚实的税收遵从等。

## 三、国际税收研究机构

由于国际税收具有较强的专业性和技术性,在政府性组织之外还有大量的非政府组织进行国际税收的数据搜集、分析研究、教育培训和决策咨询。这些组织为国际税收全球治理的实现提供了信息、技术、人员的支持。这些组织有较为稳定的管理机构和工作人员,能够开展持续性的活动。在此,仅列举几个具有较大影响力的非政府税收组织。见表10-3。

表10-3 部分非政府国际税收机构

| 组织名称 | 成立时间 | 成员 | 主要活动 |
| --- | --- | --- | --- |
| 国际财政文献局 | 1938年 | 25个国家的国际税收专家 | 提供国际税收信息、研究、教育培训和咨询 |
| 国际财政协会 | 1938年 | 来自100多个国家的12 000名会员 | 研究各种国际税收问题,举办年会、研讨会及出版刊物 |
| 亚太税务师协会 | 1992年 | 10个税收专业机构 | 通过合作与论坛提高本地区的国际税收管理能力 |
| 亚洲税收论坛 | 2005年 | 亚洲各国的高级官员、财税专家和企业代表 | 年度论坛,传播国际财税领域的经验和分享信息 |

由于全球治理的复杂性和多变性,一些非正式的合作形式凭借其活动时间和参与成员的灵活性开始逐渐地显现出自己的优势。比如说在全球政治体系中发挥重要作用的

七国/八国集团(G7/G8)以及应对全球金融危机中受到人们关注的二十国集团(G20)等。

国际金融危机发生后,G20在伦敦峰会上,对加强国际税收合作,反对国际避税活动做出了明确的表态,表示要对拒绝与国际社会进行税收信息交换的避税地国家实行严格的制裁,并采取行动"使得发展中国家更容易地保护他们在新的税收合作环境中的利益,包括信息交换的多边渠道"。在G20的推动和督促下,国际税收情报交换和税收透明化取得了突破性的进展。老牌的避税地百慕大2009年4月17日与8个国家签订了新的税收信息交换协议,开曼群岛于2009年4月1日与7个国家签订了新的税收信息交换协议,直布罗陀也于2009年3月31日与美国签订了首个税收信息交换协议,连圣马利诺、马恩岛、泽西岛和根西岛等从未和其他国家签订双边信息交换协议的国家也都在2009年做出行动。这种推动使得2009年国际社会在反避税地上取得的成绩超过了过去的10年。完全接受经合组织税收信息交换国际标准的国家从2009年的40个迅速增加到2010年6月的74个,不接受税收信息交换国际标准的国家从4个减少到0。这样的变化与G20峰会的行动力和影响力有很大的关系。特别是随着G20于2014年制定发布的"金融账户涉税信息自动交换标准"启动信息交换以来,"避税天堂"越来越多地加入了信息交换名单。截至2017年6月30日,已有101个国家(地区)承诺实施该标准,其中包括英属维尔京群岛、百慕大、摩纳哥、列支敦士登、安道尔、瑙鲁、巴拿马等。

## 案例分析

### 外国卫星公司是否应向中国纳税

2003年3月,新疆维吾尔自治区某公司(以下简称"B公司")与乌鲁木齐市某公司(以下简称"C公司")共同出资成立液化天然气生产和销售的公司(以下简称"A公司")。注册资金8亿元人民币,其中B公司为主要投资方,出资7.8亿元,占注册资金的97.5%,C公司出资2 000万元,占注册资金的2.5%。

2006年7月,A公司出资方B公司和C公司与某巴巴多斯的公司(以下简称"D公司")签署了合资协议,巴巴多斯D公司通过向B公司购买其在A公司所占股份方式参股A公司。巴巴多斯D公司支付给B公司3 380万美元,占有了A公司33.32%的股份。此次股权转让后,A公司的投资比例变更为:B公司占64.18%,C公司占2.5%,巴巴多斯D公司占33.32%。

合资协议签署27天后,投资三方签署增资协议,B公司增加投资2.66亿元人民币(即B公司出售其股权所得3 380万美元)。增资后,A公司的注册资本变更为10.66亿元人民币,各公司相应持股比例再次发生变化:B公司占73.13%,巴巴多斯D公司占24.99%,C公司占1.88%。

2007年6月,巴巴多斯D公司决定将其所持有的A公司24.99%的股权以4 596.8万美元的价格转让给B公司,并与B公司签署了股权转让协议,由 B 公司支付巴巴多斯 D 公司股权转让款 4 596.8 万美元。至此,巴巴多斯 D 公司从 2006 年 6 月与中方签订 3 380 万美元的投资协议到 2007 年 6 月转让股权撤出投资(均向中方同一家公司买卖股份),仅一年的时间取得收益 1 217 万美元。

B 公司在对外支付该笔股权转让对价时,该公司相关人员到主管国税机关要求开具不征税证明。理由是:根据中国和巴巴多斯税收协定第十三条财产收益的规定,转让除不动产、常设机构营业财产部分的动产以外的其他财产取得的收益,应仅在转让者为其居民的缔约国征税。则该笔股权转让款 4 596.8 万美元应仅在巴巴多斯征税。

请分析,这个案例的避税疑点有哪些?国际税收情报交换如何在反避税实践中发挥作用?

## 本章小结

1. 税收协定在执行中可以超越国内税法,但不能代替国内税法。在税收协定的执行和管理过程中,必须认真处理好税收协定与国内税法的关系。

2. 国际税收管理体制的规范化。包括非居民税收管理、居民境外所得税收管理、反避税、税收协定、税收情报、征管互助在内的完整国际税收管理架构。

3. 国际税收征管合作是应对经济全球化的必然要求,也是维护各国税收主权的重要手段;同时也是虚拟经济高度发展的应对措施,是打击利用避税地进行恶意筹划的有力武器。国际税收征管协作的形式主要有税收情报交换、税款征收协助和税务文书送达。《税收征管互助公约》的制订,有利于促进国际合作以推动各国税收法律的执行,为缔约国家之间提供了在纳税评估、税款征收等过程中各种形式的税收征管互助,并起到扼制跨国逃税与避税的重要作用。

4. 国际税收全球治理机制的初步形成,促进了以主权国家为主体的国际税收协调与合作。在国际税收的全球治理机制中,主权国家必须在以税收协定为代表的"硬约束"和以国际组织为代表的"软约束"环境下行使其税收主权,通过协调与合作,共同促进税收管辖权的合理分配与有效实施。

## 本章重要术语

非居民企业;承包工程作业;税收情报交换;自动情报交换;自发情报交换;同期税务检查;授权代表访问;行业范围情报交换;税收征管互助公约

## 思考练习题

1.在税收协定执行和管理过程中,如何处理好与国内税法的关系?

2. 国际税收管理与国内税收管理之间的关系如何？在具体的征管中是如何协调的？

3. 从 2014 年起，OECD/G20 共同倡导的"税基侵蚀和利润转移"(BEPS)计划旨在对现行的国际税收规则进行重新调整。其中，第十五项行动计划"开发多变工具"希望能够建立多边相互协商程序、仲裁甚至更具强制力的多边工具来解决国际税收问题。你认为，未来是否会出现类似于世界贸易组织那样的国际税收组织？多边工具相对于双边机制有哪些优势？形成国际税收的多边解决机制又面临哪些困难？

# 第十一章

# 国际税收规则的改革

## 本章导读

本章着重分析国际税收的最新发展趋势,包括国际税收改革、国际税收规则的重塑等。

## 学习目标

通过本章的学习,读者应能够:
- 把握国际税收的发展规律
- 了解国际税收新的发展趋势与国际税收规则

自从 20 世纪初产生国际税收问题以来,世界各国以及国际组织为促进国际经济的不断发展,采取了一系列行之有效的国际税收协调措施和办法。特别是 20 世纪 60 年代两个国际性税收协定范本的产生,进一步推动了国际税收活动的发展。进入 80 年代,以美国为首的经济发达国家的税制改革浪潮骤起,"降低税率,扩大税基"成为世界各国税制改革的共同趋势,推动了国际税收的进一步发展。90 年代以来,随着经济国际化进程的加快,特别是世界贸易组织的诞生,欧洲联盟的建立,美国、加拿大、墨西哥北美自由贸易区的形成,经济发达国家的税制改革仍保持着深入发展的势头。进入 21 世纪,特别是 2008 年世界金融危机以来,各国减税措施的实施等都对国际税收产生了巨大影响。与此同时,与各国税制密切相关的国际税收也呈现出良好的发展态势,并将对 21 世纪中叶的国际经济发展与繁荣产生深远影响。

现行的国际税收规则建立一个世纪以来,在消除双重征税上取得了显著的成绩,但是双重不征税问题却没有得到有效的解决。这一方面是因为各国之间的税制差异和国际税收竞争长期存在,并且很难得到根本消除;另一方面是新的交易形式和经济活动方式层出不穷,税收也不应该成为资本流动的障碍。

2013 年,以《税基侵蚀和利润转移行动计划》发布为标志,G20 国家希望通过新一轮的国际税收改革,重塑国际税收规则,如与双重征税不可接受一样,双重或多重免税也不可接受;不良税收筹划不可接受;不透明的税收制度不可接受;没有实质经济活动的架构和安排不可接受;以避税为目的的混合错配不可接受;等等。

## 第一节 税基侵蚀与利润转移项目

税基侵蚀和利润转移(Base Erosion and Profit Shifting,BEPS),是指跨国企业利用国际税收规则存在的不足,以及各国税制差异和征管漏洞,最大限度地减少其全球总税负,甚至达到双重不征税的效果,造成对各国税基的侵蚀。税基侵蚀和利润转移项目是 G20 领导人背书,并委托 OECD 推进的国际税改项目,是 G20 框架下各国携手打击国际逃避税,共同建立有利于全球经济增长的国际税收规则体系和行政合作机制的重要举措。

2013 年 6 月,OECD 发布《税基侵蚀和利润转移行动计划》(以下简称"BEPS 行动计划"),并于当年 9 月在 G20 圣彼得堡峰会上得到各国领导人背书。

### 一、税基侵蚀和利润转移行动计划

BEPS 行动计划包括五大类共十五项行动,计划分别于 2014 年 9 月、2015 年年 9 月和 2015 年年底前分阶段完成,并提交当年的 G20 财长和央行行长会议审议,然后,由当年的 G20 领导人峰会背书。

### (一) BEPS 十五项行动计划的分类

BEPS 十五项行动计划的分类如表 11-1 所示。

表 11-1  BEPS15 项行动计划分类表

| 类别 | 行动计划 |
| --- | --- |
| 一、应对数字经济带来的挑战 | 1. 数字经济 |
| 二、协调各国企业所得税税制 | 2. 混合错配  3. 受控外国公司规则<br>4. 利息扣除  5. 有害税收实践 |
| 三、重塑现行税收协定和转让定价国际规则 | 6. 税收协定滥用  7. 常设机构<br>8. 无形资产  9. 风险和资本  10. 其他高风险交易 |
| 四、提高税收透明度和确定性 | 11. 数据统计分析  12. 强制披露原则<br>13. 转让定价同期资料  14. 争端解决 |
| 五、开发多边工具促进行动计划实施 | 15. 多边工具 |

### (二) BEPS 十五项行动计划的核心内容

1. 数字经济

根据数字经济下的商业模式特点,重新审视现行税制(含增值税)、税收协定和转让定价规则存在的问题,并就国内立法和国际税收规则的调整提出建议。

2. 混合错配

针对利用两国或多国间税制差异(通常是对同一实体或所得性质认定不同、对同一笔所得或交易税收处理不同)获取双重或多重不征税结果的税收筹划模式,就国内立法和国际税收规则的调整提出建议。

3. 受控外国公司规则

就如何强化受控外国公司规则、防止利润滞留或转移境外提出政策建议。

4. 利息扣除

针对利用利息支出和金融工具交易避税的问题,就国内立法和国际税收规则的调整提出建议。此项工作将与混合错配和受控外国公司规则两项行动计划相协调。

5. 有害税收实践

审议 OECD 成员国和非成员国的优惠税制,推动各国改变或废除"有害"所得税优惠制度,并提出解决有害税收竞争问题的建议。

6. 税收协定滥用

针对各种滥用协定待遇的现象,对税收协定进行修补和明确,同时辅以必要的国内法修订,防止税收协定滥用。

7. 常设机构

修订税收协定的常设机构定义,应对规避常设机构构成的行为。

8. 无形资产、风险和资本、其他高风险交易

制定规则,应对集团内部和关联企业间通过无形资产、风险和资本的人为分配将利润转移至低税地区的避税行为。

9. 数据统计分析

构建针对 BEPS 行为的数据收集体系和分析指标体系,设计监控及预警指标,开展分析研究以估算 BEPS 行为的规模和经济影响。

10. 强制披露原则

帮助各国设计税收筹划方案披露机制(包括纳税人应披露的交易内容、披露方式、相关惩罚措施和信息使用等),加强税务机关对税收风险的监管和防控。

11. 转让定价同期资料

在考虑企业遵从成本的基础上,制定转让定价同期资料通用模版,提高税收透明度并减轻纳税人负担。

12. 争端解决

目前大部分双边税收协定还不包括仲裁条款,还有部分国家对纳税人申请相互协商程序有限制性规定,针对这种情况,该行动计划旨在建立更为有效的争端解决机制,切实为跨境投资者避免双重征税。

13. 多边工具

为快速落实行动计划成果,研究制定多边"硬法"(比如签署多边协议),对现行协定条款进行修改和完善。

(三) BEPS 十五项行动计划的实质

BEPS 十五项行动计划内容与技术均十分庞杂,但遵循 2014 年 2 月 G20 财长与央行行长悉尼会议达成的原则,即,税收要与实质经济活动和价值创造相匹配。

目前的所得税国际规则是第一次世界大战后于 1923 年建立起来的,已经运行近百年,主要是在所得的来源国与居民国之间进行税收权益的分配。分配的原则是:限制来源国征税权,促进跨境投资。该规则运行的结果是,跨国企业在趋利动机的引导下,既规避来源国税收也规避居民国税收,居民国与来源国的税基均被侵蚀,利润均被转移,转移的目的地是低税地和避税地。当然,居民国与来源国之间也有税率高低之分,企业利润自然也会向税率低的一方转移。当前,全球利润至少 50% 以上涉及国际交易,特别是企业集团跨境关联交易数额巨大。所有这些交易都可以在现有规则体系下进行避税筹划。筹划的结果是税收权益与实质经济活动的错配,经济活动发生地没有留下应有的利润,也没有获得应有的税收。生产要素的跨境配置受到扭曲,税收公平面临挑战,国际税收秩序受到严重威胁。因此,国际社会必须携手改革现有国际税收规则体系,以适应快速发展的经济全球化趋势。

**二、税基侵蚀和利润转移项目的影响**

2015 年 10 月 5 日,OECD 发布了 BEPS 项目全部十五项行动计划成果。随后,英国、日本、澳大利亚等国都公布了相应的改革计划。

税基侵蚀与利润转移项目不仅是通过政策调整,使征税行为与经济活动和价值创造保持一致,从而增加税收收入,更是为了在国际共识的基础上,创建应对 BEPS 问题的一整套国际税收规则,为纳税人增加确定性和可预见性,并达到保护税基的目的。此项工作的重点是消除双重不征税。然而，在此过程中所创立的新规则不应导致双重征税，加重遵从负担或阻滞合法的跨境交易。

BEPS 行动计划的最终成果将在 G20 峰会上由各国领导人背书，虽然在法律层面并不形成硬性约束，但政治层面的承诺以及其他国家在行动计划框架下开展的税制改革，都将不可避免地对我国税收制度和税收管理产生影响。不论行动计划的最终结果如何，我国都将面临接受新规则和履行义务的压力。

改革的结果将产生三个层次的规则协调。第一是对各国国内税收立法的建议；第二是修订所得税领域的国际规则，主要是 OECD 税收协定范本及其注释和 OECD 转让定价指南；第三是形成多边法律工具，进行多边税收协调。第一个层次涉及立法主权；第二个层次涉及双边谈判权；第三个层次则要求参与国让渡各自的立法主权和双边谈判权。三个层次均主要涉及国际交易的所得税政策协调，与资本、技术和人员等生产要素的跨境配置直接相关。

## 第二节 数字经济

### 一、数字经济的特点与特征

全球化、信息与通信技术的变革被认为是 20 世纪 90 年代以来世界经济发展的两大重要特征。尽管全球化不是一个新的现象，但是近年来经济间经济和市场的一体化趋势正在显著增强。并且，企业将许多生产活动放在和它们的消费者物理上很远的地方成为可能。比如，产品可能在一个国家生产，再出口到最终的消费市场，其中包括其他经济体在生产过程中的投入，这些生产者的投入又可能来自第三个经济体。数字经济是信息和通信技术快速发展的必然结果。

数字经济是在计算机和现代通信技术的基础上，通过信息化和网络化环境实施的一种经济模式。[1] 对数字经济与互联网经济、新经济、信息经济、电子商务的外延和内涵做出准确界定是非常困难的。与电子商务的概念相比，数字经济涵盖更广泛的商业模式和交易类型，如网上交易支付、在线广告、应用软件商店、云计算、参与式网络平台等。[2] 其中，云计算为数字内容产业提供了新的平台，促进了数字化产品从生产模式向服务模式的运营方面的改良。由于云计算将数字化产品存储于同一远程网络平台，用户无法自行复制和分享终端产品，使得数字化产品的所有权和使用权限变得清晰，不仅为保护著作权提供了保障，也使得对数字化产品收费和征税成为可能。

尽管许多数字经济商业模式在传统商业模式中也同时存在，但是相比于此前，信息和通信技术的先进性使多种经济活动的开展可以在规模上更大、距离上更远，其中包括各种电子商务、在线支付服务、各类应用软件商店、在线广告、云端计算、参与式网络平台和极速贸易等。

---

[1] 张泽平，"数字经济背景下的国际税收管辖权划分原则"，《学术月刊》，2015 年第 2 期，第 84—92 页。
[2] 高运根，"EPS 行动计划 1、成果 1 数字经济面临的税收挑战"，《国际税收》，2014 年第 10 期，第 15—17 页。

数字经济的特征包括：

1. 知识驱动

例如，在制造业，数字经济的运用使远程控制生产流程和使用机器人的能力大为提高。知识产权与无形资产对价值的创造有着重要的贡献，并且知识产权与无形资产在电子商务中具有可流动性。数字经济环境下无形资产不可或缺，以及在现行税制下出于税收目的而衍生的无形资产高度流动，共同在直接税领域产生了巨大的BEPS问题。

2. 资本密集

例如，在医疗保健领域，数字经济可以实现远程诊断和病历共享，以此提升整个医疗系统的效率并同时改善患者的就医体验。这体现了资本对价值的贡献，并且资本在电子商务条件下更加易于流动。

3. 高风险

例如，金融服务提供者越来越多地为客户提供在线理财、在线交易以及线上获取金融新产品的服务。相伴随的即用户风险的增加。另外，投资风险、融资风险在数字经济条件下也相应增加。

4. 缺少物理存在

例如，零售商允许消费者网上下单，并能够借此收集有关数据、分析消费者信息，从而提供个性化服务和广告。一方面，电子商务使得实体货物的流动减少了对传统的多处库房的依赖；另一方面，就连有的服务的本身也变得缺少物理存在。

5. 经济的数字化与数字经济

例如，物流业已经具有可以横跨各大陆之间追踪运输和集装箱信息的能力。经济的数字化已经成为趋势，而相伴随的数字经济正成为当今时代的重要经济力量。

6. 数据价值

计算能力和存储容量的提高以及数据存储费用的降低促进了数据的大量使用，数据信息的价值充分得到体现。相应地，数据价值的估值以及相应的经济与财务影响也变得较之前更为复杂。数字经济当中，用户免费提供的信息是否有价值，以及价值应当如何进行评估，是目前国际税收界最为头疼的问题之一。目前国际经济学界对数据的估值研究也非常少。虽然数据可以买卖，但是类似的数据在不同的交易中价格差别却非常大，且没有一个现成的定价规则可以遵循。无论是数据的价值以及相应价值在各个环节中分配，都会影响各国对税基确定的判断。反过来说，正是因为数据具有的价值，也同时导致了通过交易定性改变征税权的情况不断发生，比如将数据服务界定为特许权使用费的征税方式在发展中国家就被多次运用。

7. 供需共同作用以完成交易

数字经济支持着多层面商业模式的扩展，虽然是多组不同的群体通过一定的中间平台相互作用，每个群体的决定可能通过正面或负面的一些外部效应影响其他群体产生的结果，但数字经济本质上讲是需要供需共同作用以完成交易的。

数字化产品的价值创造主要为交易性无形资产和营销性无形资产的形成过程。对数字化产品及其运营模式涉及的生产商、运营商和消费者分别进行辨别与探讨，有利于了解数字化产品的价值创造和增值的过程，对数字化产品和运营模式产生的收入份额进行合理归属,对收入类型进行正确的区分。

## 二、数字内容产品的价值创造过程分析

根据 OECD 无形资产转让定价指南,如果企业要就某一项无形资产主张全部或大部分收益权,不能仅仅看它是否为这项无形资产的法律形式所有人,更要看它是否通过自己的员工在这项无形资产的开发、提升、维护和保护的过程中执行了重要功能活动,而且正是这些功能活动明显地创造了无形资产的价值。如果这些重要功能活动被外包给关联方执行,则该关联方需要被合理地补偿。

数字内容产品的产业链中,根据不同参与者的功能,能够将参与者分为内容商和内容分发商两部分。内容商包括数字内容创作者、版权服务商和数字内容服务商、应用服务提供商。内容分发商包括网络公司、互联网运营公司、通信公司、网络媒体等。

影响数字内容的产业链的因素包括分工程度、交易水平和价值增值程度。在数字化产品产业链的形成和发展过程中,参与者如果无法得到期待的报酬,这些参与者将会脱离产业链环节。产业链充分合作时参与者会获得最大的经济利润,此时产业的增值程度最高。分工专业化使得产业链中的各国企业的角色都无法缺失,紧密依存(见图 11-1)。

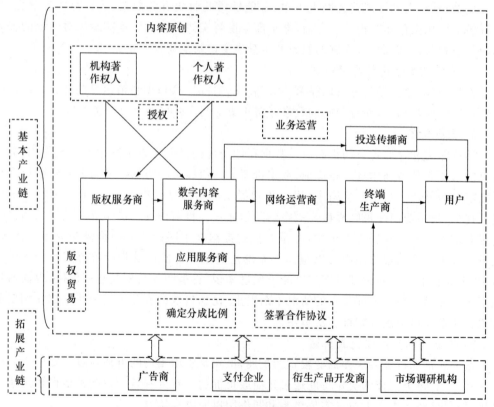

图 11-1 数字内容产业链分布图

下面以云计算为例进行分析。云计算是新型的数字经济模式,具有按需获取、远程服务、可交互等特征。例如 AmazonEC2 的网站空间和百度云等服务,用户可将资料存储

于远程的一个或多个服务器里,服务商也可随时更新数据或更新服务软件。云计算改变了以往的计算机硬件服务模式,不仅从产品的空间、时间、数量等方面突破了以往的在线技术的限制,还对企业的组织架构、客户关系、员工效率产生了深远的影响。无论是个人还是企业云服务,其价值创造的过程都值得我们去分析和探讨。

云服务不但为数字化产品交易提供了在线空间和平台,还为企业的管理提供了软件即时服务,所以对云服务的征税的所得的类型可以通过其不同的服务模式的价值创造过程的不同进行区分和定义。

1. 云计算对数字内容产品的价值创造

云计算分为三种服务模式,包括基础设施即服务、平台即服务和软件即服务。其中,基础设施即服务主要的服务内容是信息技术基础设施,即网络通信平台、处理计算程序和数据存储空间和共享等,平台即服务能够提供软件开发所需的资源,软件即服务则为企业和个人提供应用服务。

用户可以通过云服务获取数字内容产品,包括音乐、书籍、游戏等。与传统的电子商务模式不同,云服务提供了统一的平台,用户可以按需付费但不能自行复制平台上的产品,这样有利于进行所有权和使用权的区分,因此可以考虑在用户实际消费的时候进行征税。

2. 云计算对企业运营管理的价值创造

云计算使企业能够有效地利用内部资源,实现价值创造。云计算使用户可以方便地接入所有资源共存的云端,整合了企业IT基础设施资源,有效地促进了信息共享。企业减轻了大量和硬件设备、服务器维护相关的负担,能够快速根据市场需求的变化更新和开发新业务,提高了企业对市场的快速反应能力。

云计算能够让企业更有效地与外部合作,促进其与客户以及合作伙伴间的交流,了解更多的外部信息,实现价值创造。云计算能通过信息共享有效地促进企业内部员工之间以及企业和客户之间的合作,使得企业能够通过更广泛的信息来源制定创新性的行动的策略。云计算服务平台使得在不同地点的用户实现合作和共享信息资源,使得沟通更加顺畅和准确,提高合作的效率,方便企业对外部关系的管理。

### 三、应对数字经济的税改方案

BEPS行动计划之《数字经济的税收挑战》的成果中,对数字经济下的税收改革提出了指导原则和具体方案。在指导原则方面,首先重申了之前OECD在电子商务报告中所提出的几项原则,即中性、效率、确定与简化、有效及公平和灵活适应。

改革的方案包括:一是修改常设机构的范围和认定标准,规定某些活动如果构成了企业的核心业务,则不得认为是附属或准备工作而排除在常设机构的概念之外;二是对于完全从事虚拟数字活动的企业,如果在另一个国家具有显著的数字化存在,则构成一种新的连接要素;三是以实质性存在代替常设机构标准,为了反映数字经济下更紧密、更具互动性的客户关系对价值的贡献,规定满足特定标准的情形则认为具有实质性存在,来源地国据此享有优先征税权;四是实施预提税,即一国境内的消费者因购买数字产品或服务而向境外企业付款时,前者所在国家征收预提税。

与电子商务税收方案相比,BEPS 数字经济报告的发展主要在于提出了"实质性存在"这一概念,包括数字化或其他形式的实质性存在,以此来代替常设机构标准。应该说,这一进步契合了数字经济的虚拟性特征,为数字经济环境下来源地国行使税收管辖权找到了新的连接因素。

### (一)关于特许权使用费认定的立法建议

#### 1. 细化特许权使用费分类,重视交易实质

要在《企业所得税法》及其实施细则的基础上,进一步明确电子商务交易下的销售利润、劳务报酬和特许权使用费的概念,扩大特许权使用费所得的范围,明确特许权使用费认定的标准,统一国内法与国际法规范之间的差异。只有坚持既有的所得定性原则,并根据电子商务的蓬勃发展及时调整以适应不断产生的新问题,确保税法使用的稳定性、连续性,才能实现与国际规则的无缝对接,才能尽可能避免国际双重征税,不断推动我国经济发展水平。

鉴于我国电子商务以及资本、技术输出的迅猛发展,《企业所得税法》中关于所得的性质与分类,不宜采用列举式的立法模式。建议修订《企业所得税法》第六条关于所得分类的规定,本着实质重于形式的原则,从特许权使用费的概念本质出发,明确特许权使用费的本质——使用或有权使用某项权利或财产形成的报酬所得,丰富特许权使用费的内容,将技术服务费以及科学设备租赁所得纳入特许权使用费的范围,细化特许权使用费认定的规则。

#### 2. 重视实际联系

电子商务仅仅是传统商业方式在数字化时代的发展,尽管对传统税制的影响很大,但并没有从根本上颠覆交易的实质或法律关系的本质。因此,在制定电子建议增加一个特许权使用费认定的例外条款,即当特许权使用费的取得与某一常设机构的营业活动存在实际联系时,这一所得不再适用特许权使用费的相关规定,而应并入该常设机构的营业利润适用营业利润所得的课税原则。

### (二)关于税收管辖权的完善建议

#### 1. 根据价值创造理论来分配利润和各国的征税权

关键在于识别价值创造的关键要素和环节。除了传统要素的价值贡献,数字经济环境下应充分重视消费市场对价值创造和价值提升的重要作用。数字经济环境下,由于企业与客户的交互性特征,市场不再只是数据价值实现的地方,也是数据价值的形成地,企业通过消费者在消费过程中收集到海量数据,然后通过对数据的加工分析来改进产品或服务,或者开发出新的产品和服务。除了作为数据收集地的市场,与数据相关的还有数据保存地和加工地等,但保存地和加工地的偶然性与随意性大,与数据价值不存在实质性的关联,而数据的收集地则不同,它作为数据的源泉是可以确定的,与数据价值具有与生俱来的实质关联。

#### 2. 建立切实可行的税收征管体制

根据 OECD 建议,对于 B2B 交易适用逆向课税机制,对 B2C 交易则适用非居民企业税务登记制度。应当说,目前这是符合数字化产品征税的切实可行的方式,欧盟即采用

这种模式,所有非欧盟境内的企业对欧盟境内的消费者以网上方式销售数字化产品或服务,必须在欧盟的某个成员国办理税务登记,并承担收缴和支付增值税的义务。显然,欧盟的做法值得我国借鉴。具体而言,我国增值税法对于B2B交易可以适用逆向课税机制,境内企业向国外企业支付数字化产品款项时,有义务代为扣缴税款。否则,将对其予以处罚,如不得将支付款项当期列入成本等,或者给予其一定比例的税收优惠。对于B2C交易,可以采用由境外非居民企业在中国境内办理税务登记,并且为了减少境外供应者的遵从成本,应当简化登记程序,由其代为征收税款,定期通过其税务当局向中国的税务主管部门办理国际支付转移。此外,还可以借鉴欧盟的做法,设立一定的免税门槛。

## 第三节 混合错配

### 一、混合错配安排及其特征

混合错配安排,是指跨境经营活动主体通过利用交易所涉不同税收管辖区针对同一混合实体、混合金融工具或混合交易所支付的款项,在实体性质、所得性质或交易性质的认定等方面存在的税制差异,以达到在不同税收管辖区进行不同的税务处理,从而产生双重扣除或者一方扣除、另一方不计收入的错配格局,实现双重不征税或长期延迟纳税目的,进而减少交易各方总体税负的安排。[①]

从该定义中,可以抽象出混合错配安排所具有的特征:

第一,同一笔支付所引起的错配结果。跨境支付因支付方和收款方所在税收管辖区的不同规定,对该笔支付税务处理方式不协调,导致税收结果错配。错配的程度由所涉各税收管辖区法律规定来决定。值得一提的是,由于不同税收管辖区之间对支付价值评估的不同而导致的双重征税或不征税不属于消除混合错配的范围。

第二,含有混合元素的错配安排。混合错配安排是借助于混合性质的工具达到双重不征税目的,主要有混合体、混合金融工具和混合转让,因不同税收管辖区法律规定的差异导致在支付款项上的定性差异,从而适用不同税务处理,造成错配结果。

第三,错配致使参与方总体税负降低。混合错配安排会造成双重扣除或一方扣除、另一方不计收入的税收格局,产生双重或多重不征税、长期延迟纳税的效果,对所涉及税收管辖区造成税基侵蚀。

### 二、混合错配安排的工具

混合错配安排需要借助混合性质的工具以达到双重扣除或一方扣除、另一方不计收入的错配结果,其常用工具如下:

(一)混合金融工具

发端于20世纪90年代初的以美国为首发行的信用优先股,同时具有债权和股权双

---

[①] 国家税务总局办公厅,OECD/G20税基侵蚀和利润转移(BEPS)项目常见问题解答[EB/OL],http://www.chinatax.gov.cn,2014-09-17。

重属性，既具备传统债券的偿还本金、固定收益、不参与控制等特点，同时也在设计条款上体现出了特有的资本属性，如可转让债券、优先股等。债权和股权特性的结合使得一国将混合金融工具视为债权，而另一国则可能将其视为股权。由此导致一方债务利息税前扣除，另一方股息收入免税的错配结果。

（二）混合实体

混合实体又称为双性实体。一个实体在一国税收管辖区被视为税收透明，而在另一国视为非税收透明（即纳税实体），则该实体为混合实体。通过利用该实体在两个国家税法中性质认定上的差异，对混合实体实现的利润进行不同税务处理，在不违反交易所涉国税收相关规定的前提下又能就所实现的利润进行避税。

（三）双重税收居民

由于各国在认定本国税收居民时标准不一，目前各国采用的企业居民认定方法主要有注册地和实际管理机构所在地两个标准，若跨国公司根据一国国内法满足成为该国税收居民的要求，同时根据协定满足另一个国家的居民认定要求，则该企业为双重税收居民。在双重税收居民安排下，如果双方国家没有在协定或者国内法中有特殊规定，则企业所实现的扣除或者亏损可以得到重复使用。

（四）混合转让

混合转让即对于一笔有关资产的交易中，双方国家对于该转让资产的所有权根据交易形式或者实质有着不同的看法，一国在税务处理上将该交易视为资产所有权的转让，而另一国则视其为资产使用权的转移。在交易资产所有权上的税收认定差异使得交易双方都可以适用本国对资产投资的优惠政策，常见于资产回购和融资租赁。

**三、混合错配安排的主要形式**

混合错配安排是利用交易所涉不同税收管辖区在混合错配工具上的认定差异，由此在不同国家适用有关混合错配工具不同的税务处理，以达到双重扣除或一方扣除、另一方不计收入的结果。从筹划行为表象上，混合错配安排并不与各税收管辖区法律条文相抵触，所涉国家均无法对其进行处罚，但从结果来看，则有悖于各国立法意图，其安排行为并非各国制定税收规则时所预料，实质就是在利用国家之间税收规定的不协调来换取企业自身应纳税额的减少，使有关国家的税基受到侵蚀。

按混合错配安排结果与混合错配工具的内在关系，将混合错配安排的主要形式归纳如下：

（一）混合金融工具——一方扣除、另一方不计收入

混合金融工具安排下的同一笔支付，根据安排所涉及两个及以上税收管辖区对金融工具性质认定存在差异而适用不同税务处理，从而会导致税收结果上的错配局面。由混合金融工具所产生的错配，最常见于利用混合金融工具债权/股权性质认定上的差异，达到双重不征税的结果。如图 11-2 所示，B 企业（B 国居民实体）通过发行混合金融工具向A 企业（A 国居民实体）融资并支付报酬款。由于混合金融工具的双重属性，该项融资根

据 A 国税法规定被认定为股权投资,而在 B 国则被作为债权处理。这种定性上的差别导致金融工具发行人 B 企业可将该笔支付款项作为利息税前扣除,金融工具持有人 A 企业将该款项视为股息免税或给予其他减免优惠(部分国家为消除经济性双重征税有参股免税的规定),由此,导致一方扣除、另一方不计收入的错配结果。

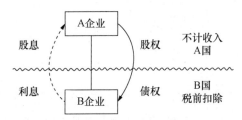

图 11-2　混合金融工具——一方扣除、另一方不计收入

另外,在 B 企业向 A 企业支付利息时,尽管目前各国都主张来源国在利息上有优先征税权,B 企业将会就支付给 A 企业的款项征收预提税。但由于大多数国家对境外投资有优惠政策或者根据协定对利息征收的预提税较低,相比纳税人正常纳税的税负而言要低很多。

但是,我们也会发现在同样 A 企业作为金融工具持有方、B 企业作为发行方,但 A 国将该金融工具视为债权而 B 国将金融工具视为股权时,则会产生经济性双重征税的效果。纳税人在正常的情况下都是理性人,而且企业在进行海外投资前都会对双方国家的税制进行了解,所以这种经济性双重征税状况的出现概率是极低的。

(二) 混合实体

混合实体,也被称为双性实体,通常指在一国税法将其视为企业纳税实体,而在另一国却被当作税收透明体。当不同国家对该实体的性质存在定性不一致时,就会为跨国公司提供混合错配的机会。不同于混合金融工具,在混合实体下,可实现两种错配结果。

1. 混合实体——一方扣除、另一方不计收入

(1) 混合体支付。如图 11-3 所示,A 企业在 B 国设立一家外国子公司 B 企业,并持有其全部股份,根据 A 国税法规定,B 企业应作为税收透明体看待。而在 B 国,B 企业则为纳税实体,可适用本国合并纳税制度。由此得知,B 企业为混合实体。当 B 企业向 A 企业借款并定期支付利息时,B 企业采用合并纳税制度将其支付的利息款与 C 子公司合并纳税,抵减子公司应纳税所得额。然而,由于根据 A 国相关规定,B 企业被视为税收透明体,A、B 企业作为一个纳税体,其内部交易不产生收入,B 企业向 A 企业支付的利息不计入收入,造成一方扣除、一方不计收入的税收错配结果。

与上述混合金融工具类似,B 企业在汇出利息款项时仅需支付较低的预提税。通过这样的安排,A 企业为境外公司开拓海外市场注入资金,同时还能利用所支付的利息支出冲减在境外的收入,降低集团公司整体税负。

(2) 反向混合。与上述混合体作为款项支付方相反,如果混合体作为款项收取方,借助于各税收辖区对混合体性质的认定差异,在某些情况下也可以达到降低税负的目的。

反向混合以混合体作为中间层,支付涉及收款方、付款方和中间层三方,通过中间层

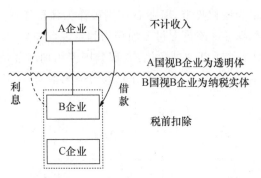

图 11-3　混合实体——一方扣除、另一方不计收入（混合体支付）

进行利益传导。如图 11-4 所示，A 母公司通过在境外 B 国设立 B 企业，A 国将 B 企业视作 B 国的纳税实体。而在 B 国却将该 B 企业认定为税收透明体。如此，B 企业构成混合体。通过混合体 B 企业借款给第三国 C 企业，第三国 C 企业支付给混合体 B 企业的贷款利息在 C 国可税前扣除。所支付出的利息款可按照 B 国与 C 国（或者 A 国）签订的税收协定享受优惠预提税率，而利息汇出后在 B 国因将 B 企业视为税收透明体不对其纳税，A 国将 B 企业视为 B 国纳税实体，认为应由 B 国对其行使征税权。根据 A 国受控外国公司法规上述利息收入无须纳税，由此该收入可长期滞留在 B 国，达到延期纳税的效果。

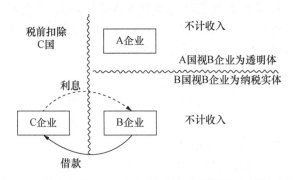

图 11-4　混合实体——一方扣除、另一方不计收入（反向混合）

实际上，当位于 B 国当地某一公司向 B 企业借款时，同样也可以达到这样的效果。当地公司向 B 公司支付利息，利息支出在当地公司可以进行税前扣除。而由于 B 企业在 B 国被视为税收透明实体，当地公司向 B 企业支付的利息仅需按照 B 国与 A 国签订的税收协定征收利息预提税。与图 9-3 的分析类似，这样同样也可以达到长期延迟纳税的目的。

美国曾在 1997 年出台过"打钩选择"规则，符合条件的某些纳税人可自行选择成为公司还是合伙企业。但对于某些明显是公司实体的机构不适用。在"打钩规则"下，有限责任公司、合资企业、合伙企业以及分公司等都可以在这上面有选择自由权，选择一旦做出五年内不允许更改。该规则最初是为简化税务管理而制定，但却出乎意料地被纳税人用作筹划工具，进行跨国投资，当投资利息汇出美国时，只需按协定适用较低的预提税税率，相对美国正常纳税状态下 30% 的利息所得税率来说具有明显优势，对纳税人而言极具吸引力。为此，1997 年 6 月 30 日美国国内法率先在《国内收入法》第 894(c)节暂行规定:如果对方国家因将混合实体视为一个单独的纳税实体,从而不对有关收入款项征税,则不得按协定规定的预提税来减低税率。在这种情况下,利用双性实体进行筹划存在很大风险。

2. 混合实体——双重扣除

在混合实体安排下,同样也可以达到双重不征税的效果。如图11-5所示,A企业在境外B国设立B企业,依据A国税法,B企业为A国税收透明体。而B国法律将B企业视为B国居民纳税实体,与其所设子公司C合并纳税。B企业构成混合实体。当B企业向B国第三方银行借款时,其利息支出可与C合并纳税,用于集团税前扣除。对A国而言,由于将B企业视为透明体,B企业支付的利息将因A、B企业在A国被视为同一纳税人获得扣除,由此通过混合体支付造成利息支出双重扣除的错配结果。

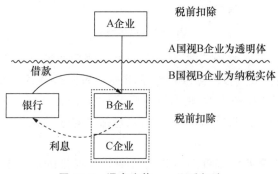

图 11-5 混合实体——双重扣除

双重税收居民同样可以达到上述效果。当B企业是A、B两国税收管辖区同时认定的税收居民时,B企业构成双重税收居民。对于支付给第三方银行的利息款项,可同时在A、B两国分别与A企业和C企业进行合并纳税。利息费用支出在双方国家获得税前扣除。

利用双重税收居民实现费用双重扣除或损失双重抵减在很多国家都受到了限制。在丹麦就规定根据境外国家税收规定费用支出可以税前扣除的,在本国不再允许扣除;在丹麦的境外企业常设机构的损失如果已经在境外进行亏损弥补的,不允许再用来抵减其他集团公司的收入,只能用于该常设机构未来年份的抵减。德国在双重居民身份利用上规定在他国已经根据法律规定进行损失弥补的,在计算集团税收时不再允许亏损弥补。新西兰、英美等国也有类似规定。

(三) 混合转让——一方扣除、另一方不计收入

混合转让的实现取决于相关税收管辖区对混合转让行为的认定,若不同税收管辖区均将本国纳税人视为交易工具所有者,各自适用本国优惠政策,这种定性上的差别很可能造成错配结果的产生。其中极具代表性地便是资产(包括股份)的销售及回购安排。如图11-6所示,A国的居民公司A企业在B国拥有一家全资子公司C企业,与B国投资人B企业签订协议确定子公司股份出售给B企业,同时约定A企业将在未来某个时间按约定价格回购C企业股份。由于各国对这种安排的认定不同,有些国家根据协议安排形式认为资产销售与回购伴随所有权的转移,在交易期间投资人合法地拥有股份,是股份

的所有人。但却也有另一些国家(比如美国)认为这种安排的实质是担保性贷款,资产所有权并未改变。

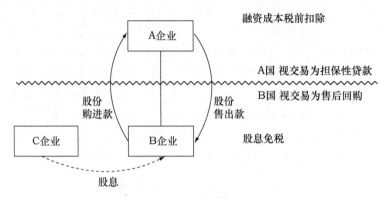

图 11-6 混合转让

在此项安排当中,根据 B 国法律,将该安排视为售后回购,在取得 C 企业股份期间获得的股息可按股息免税或其他优惠政策处理,B 企业售回给 A 企业的股份视为股份出售资本利得根据在 A 国的税务处理,在 B 国可享受税收抵免。A 企业在此项安排中,由于将安排作为抵押贷款看待,其所承担的净支出(包括由 C 企业支付给 B 企业的股息)可作为融资成本进行税前扣除。

综上所述,通过利用混合错配工具进行税务筹划安排的形式多种多样,这里不可能一一陈述,仅选取有代表性的安排结构进行说明。当然,在现实混合错配筹划中,可能存在更为复杂的安排形式。在跨国交易中,通过利用各国对这些错配工具在定性上的差异,跨国企业在集团公司内部或者与交易关联方一起进行商业安排,从而达到双重扣除或者一方扣除、另一方不计收入的结果,进而寻求跨国集团全球税负的降低。

### 四、应对混合错配的税改方案

OECD 在混合错配安排的问题上进行了长期研究(见表 11-2),2013 年 BEPS 一系列报告的公布吸引了全球的关注,参与各国纷纷开始研究国内状况并积极向 OECD 进行反馈,尽最大努力维护本国税收利益。

表 11-2 OECD 消除混合错配影响研究历程

| 研究名称 | 研究内容 |
| --- | --- |
| 1999年"合伙企业适用 OECD 税收协定范本" | 报告主要研究合伙企业如何适用税收协定的问题,为解决缔约国双方由于在合伙企业税收制度上存在差异而所造成双重征税或双重不征税问题,提出居住国一方应在考虑来源国一方国内法对于合伙企业是否使用税收协定的基础上,来决定自己是否按照协定给予免税或其他税收优惠;<br>具体内容有:指出合伙企业本身能否享受协定,取决于合伙企业是否具备适用协定的主体资格,即是否满足缔约国一方居民纳税人的条件,另外,当合伙企业不满足协定适用主体资格条件时,就会产生重复征税的问题。此时需要进一步分析合伙人居住国对合伙人从合伙企业分得的所得的纳税情况,从而决定合伙人是否具备享受居住国对外协定规定的优惠待遇 |

(续表)

| 研究名称 | 研究内容 |
| --- | --- |
| 2006 年首尔 OECD 税收管理论坛 | 强调对跨国公司管理和激进税收筹划的关注,明确指出金融机构为激进税收筹划提供了便利,在反避税领域树立了里程碑;成立专门研究小组对有关金融机构的税收筹划进行调查 |
| 2008 年"有关税收中间层的研究" | 认为尤其是投资银行在创建和实施激进税收筹划方案时对于客户及自营交易都起到了很大的作用。然而研究小组并未就此给出任何结论性的建议,对于投资银行的研究调查仍需进一步跟进 |
| 2009 年"银行税收遵从的构建" | 指出税务当局在理解银行所推出的复杂结构性金融交易时存在困难,报告中包含一些对税务局和银行的建议;比如建议银行将税务风险纳入公司治理之中,银行的税务部门应将结构性金融交易设计得更为透明,银行应与税务局就不确定税收事项进行沟通。意味着银行将在金融工具的使用和金融交易中面临更大的税务检查风险 |
| 2010 年"银行和税务局自愿行为准则框架" | 要求银行同意在其自身税务相关事项、为客户提供的产品和服务中积极为雇员提供的报酬方案中,不参与或者引进激进税收筹划;报告并未就激进税收筹划提供定义,仅提供两项参考:合理的纳税状况但却实现了意料之外的税收结果,对纳税申报中的不确定实现未进行披露;当银行对自身所从事的交易是否涉及激进税收筹划不确定时,报告建议其与税务局讨论 |
| 2010 年"银行亏损税务风险的处理" | 从银行和税务局两方面对银行的亏损进行分析,发现银行通过激进税收筹划利用两国税制中存在的不同存在很大的税务风险,并就如何减轻银行亏损所涉及的税务风险向两方提供建议;<br>建议税务局关注银行激进税收筹划措施的运用,尤其是利用多个税收管辖区存在的税制差异从而实现在两个以上税收管辖区就亏损进行扣除的现象,针对这些情况决定是否需要采取相应措施以消除税收套利空间 |
| 2010 年"集合投资工具所得的税收协定适用" | 对现行 OECD 税收协定规则在集合投资工具上的适用问题以及因各国对集合投资工具不同的税务处理所引发的政策问题进行了较为详细的介绍,并为缔约国双方就该问题的解决提供建议,如对集合投资工具能否享受协定待遇以及如何适用协定等问题,确保集合投资工具在适用税收协定时不会产生双重征税或双重不征税的错配结果 |
| 2011 年"通过激进税收筹划利用企业亏损" | 进一步研究企业通过利用同一亏损进行重复扣除的危害,建议对这些行为采用限制措施 |
| 2012"混合错配安排:税收政策和遵从" | 这是 OECD 第 10 号工作小组协同部分成员国就混合错配安排的案例进行分析的一份报告,指出混合错配安排对各国的税收造成了威胁,虽然无法就各国具体的税收损失进行判定,但安排所涉及的国家的总体税基是受到侵蚀的。报告通过分析典型混合错配案例、混合错配的影响,对相关国家在这方面的经验也进行了介绍,进而为消除混合错配安排提出"联动性规则"建议 |
| 2013 年"应对税基侵蚀和利润转移" | 报告指出随着全球经济一体化进程的加快,资本要素实现在全世界的自由流动,各国对外投资力度加大。与此同时,跨国企业集团通过在全球业务部署进行利润转移寻求税收成本的降低,各国税基普遍受到侵蚀;指出为提高跨国公司有效税率的透明性,存在实体和金融工具定性国际错配等几个领域需要特别关注,在这些方面需要各国协调统一应对,需要由 OECD 推进各国政府在这些领域的对话与合作,通过制订一些具体而又全面的行动计划来解决全球性的税基侵蚀和利润转移问题,使跨国交易纳税与实质经济活动相匹配 |

(续表)

| 研究名称 | 研究内容 |
|---|---|
| 2013"税基侵蚀和利润转移行动计划" | 为应对跨国企业人为地制造双重不征税或者低税的情况,提出要制定出一些新的规则以适应不断变化的商业模式,使企业经营活动与纳税情况相符。行动计划总共包含15项具体行动,介绍了每一项行动的目标、大致内容、期限,为后续各行动单项研究提供一个总的指引,其中消除混合错配安排的影响作为第2项行动计划于2014年9月发布成果 |

作为 BEPS 行动计划中的一项,2014 年 9 月 OECD 发布了有关行动计划 2——"消除混合错配影响"的报告,在这份行动计划中针对利用各国税制差异进行混合错配安排的案例进行了详细介绍,并针对每一种错配结果提出了具体建议。为保证各项建议能够顺利实施,在报告中还提供了实施和协调的建议,就实施原则和各国协调进行指引。

该建议主要分为对国内法的设计和对税收协定的修订部分(见表 11-3)。其中,就国内法的设计而言,又有国内法的修订建议和混合错配规则的引进。在国内法修订建议方面,主要就混合金融工具下境外股息分配豁免进行限制;避免混合转让下来源地预提税的重复抵免;受控外国公司或其离岸投资管理机制的完善;加强对中间层信息报告和透明性认定。在国内法修订之后仍然不能解决的混合错配问题,建议各国引入混合错配规则加以应对,考虑到当来源国与居民国同时对一笔交易进行处理的情况,为了避免各国行动上的交叉或不作为陷入僵局状态,在混合错配规则的设计上又提出了首要原则和次要原则。当首要原则没有被采用时,对方国家可以采用次要规则加以应对,从而全面消除混合错配空间,使跨境交易税收结果与国内税收结果相一致。

表 11-3 OECD 消除混合错配国内法设计建议①

| 错配结果 | 安排形式 | 国内法修订建议 | 混合错配规则建议 | | |
|---|---|---|---|---|---|
| | | | 首要原则 | 次要规则 | 适用范围 |
| 一方扣除、另一方不计入收入 | 混合金融工具 | 对来源国已税前扣除的,股息不免税;居民国限制预提税抵免 | 支付方不允许税前扣除 | 收款方计入一般收入 | 关联方及结构性安排 |
| | 混合体支付 | | 支付方不允许税前扣除 | 收款方计入一般收入 | 受控集团及结构性安排 |
| | 反向混合 | 完善离岸投资抵免机制;限制中间体(当非居民投资者视为纳税实体)税收透明性认定 | 支付方不允许税前扣除 | | 受控集团及结构性安排 |

---

① 国家税务总局,G20 税基侵蚀和利润转移(BEPS)项目 2014 年成果之二:消除混合错配安排的影响,http://www.chinatax.gov.cn,2014 年 9 月 17 日。

(续表)

| 错配结果 | 安排形式 | 国内法修订建议 | 混合错配规则建议 | | |
|---|---|---|---|---|---|
| | | | 首要原则 | 次要规则 | 适用范围 |
| 双重扣除 | 混合体支付 | | 母公司不允许税前扣除 | 支付方不允许税前扣除 | 首要规则无限制,次要规则适用于受控集团及结构性安排 |
| | 双重居民身份 | | 居民国不允许扣除 | | 无限制 |
| 间接性一方扣除、另一方不计入收入 | 引入错配 | | 支付方不允许税前扣除 | | 受控集团及结构性安排 |

在税收协定的修订建议上,OECD强调税收协定范本与国内法修订之间的协调应用,以确保混合金融工具和混合体不被用来获取不恰当的税收利益。在协定修改建议上,主要有与双重税收居民有关的案件将根据事实进行个案处理,而非仅根据目前的实际管理机构原则,但是对于税收协定不能完全解决的问题(如不涉及税收协定的双重居民认定、国内法和协定同时认定为居民纳税人)仍需要通过完善国内法加以解决;将合伙企业协定延伸至其他税收双性实体问题的处理上,妥善处理税收透明体的收入;建议对支付方所在国允许税前扣除的股息采取更为彻底的解决方法,即对股息实施抵免法而非免税法。

## 第四节 金融信息涉税账户自动交换

国际税收管理在很大程度上受制于跨境信息获取的难度。2008年全球金融危机之后,发达国家大力推行的金融信息涉税账户自动交换可能将在很大程度上改变这一状况。OECD认为,自动税收情报交换是非常重要而有效的情报交换方式之一,其主要作用体现在:一是及时提供逃税等纳税不遵从行为的核查线索;二是发现此前从未发现的纳税不遵从案件;三是对纳税人产生威慑作用;四是提高纳税人对纳税申报义务的理解;五是帮助纳税人完成所得税申报表的预先填报。自动税收情报交换正是由于在国际税收征管协作中发挥着上述积极的作用,因而成为发达国家打击本国纳税人利用海外金融账户跨境逃、避税行为的有力武器。

### 一、美国海外账户税收遵从法案

美国《海外账户税收遵从法案》简称FATCA,其主要目的是追查全球范围内美国富人的逃避缴纳税款行为。2008年国际金融危机后,美国政府面临财政困局,为增加财政收入,美国国会于2010年3月通过FATCA。FATCA要求外国机构向美国税务机关报告美国账户持有人信息,若外国机构不遵守FATCA,美国将对外国机构来源于美国的所得和收入扣缴30%的惩罚性预提所得税。

（一）FATCA的实施模式

作为美国国内法，FATCA的适用范围远远超出美国辖区，且其规定的权利与义务极不对等。为减少FATCA的推行阻力，美国随后公布以政府间合作方式实施FATCA的两种协议模式：模式一为通过政府开展信息交换，包括互惠型和非互惠型两种子模式；模式二为金融机构直接向美国税务机关报送信息。

目前，国际社会对以政府间合作方式实施FATCA的模式已基本达成共识。截至2014年7月1日，与美国正式签署实施FATCA政府间协议的辖区和经双方同意视同已签署协议的辖区已达99个。

（二）外国金融机构的义务

FATCA将须履行尽职调查与信息报告义务的外国机构分为外国金融机构与外国非金融实体。外国金融机构必须与美国财政部签订合作协议，承诺就其掌握的美国纳税人账户信息向美国税务机关履行尽职调查与信息报告义务，从而取得"参与合作的外国金融机构"资格。参与合作的外国金融机构必须安排其关联企业在美国税务机关注册，成为视同参与合作的外国金融机构。

参与合作的外国金融机构应向美国税务机关报告的美国纳税人账户信息具体包括：账户持有人的姓名、地址，纳税识别号、账户号、账户余额或价值、账户全年有关股息、利息和出售或赎回股权、债权的付款信息，转移或关闭储蓄账户、托管账户、保险账户和养老金账户的信息以及美国税务机关要求提供的其他信息。

（三）账户分级管理

为减轻美国税务机关的行政管理负担，FATCA对美国纳税人账户实行分级管理，即区分存量账户与新设账户、个人账户与实体账户、高价值账户与中低价值账户，对不同类型的账户规定相应的义务，这在一定程度上增加了金融机构的合规成本。

（四）纳税人承担举证责任

虽然金融机构负有尽职调查与信息报告义务，但举证责任最终仍由纳税人承担。如果某账户持有人不能证明自己并非美国纳税人或者无法向外国金融机构提供必要的证明文件，那么该账户持有人会被认定为"不合作账户持有人"，将被扣缴30%的预提所得税，并且将面临被关闭账户的风险。

（五）FATCA在中国的实施

2014年6月，中国按照FATCA模式一中的互惠型子模式与美国签订政府间协议。目前，已与美正式签署实施FATCA政府间协议的辖区和经双方同意视同已签署协议的辖区（包括中国在内）已超过100个。一方面，FATCA在中国的实施将使中国金融业运营产生较高的合规成本。根据FATCA对金融机构有关尽职调查和信息报告的规定，中国金融机构在前期研究、流程再造、系统改造和人员培训等方面要投入大量成本。另一方面，FATCA的实施将倒逼中国金融领域和税收领域的改革取得突破。FATCA的实施有助于从法律和操作层面建立并固定金融机构主动向税务机关报送金融账户信息的机制,夯实税源信息基础,为税务机关识别、分析、监控和应对跨境税收风险搭建长效机制。

## 二、OECD 金融账户涉税信息自动交换标准

OECD 金融账户涉税信息自动交换标准的主体内容是主管当局协议范本(Competent Authority Agreement),包括正文和附件两个部分。

具体而言,正文包括以下内容:术语与定义(第一条);应当交换的信息范围(第二条);信息交换的时间和方式(第三条);合作与实施(第四条);数据的安全和保密(第五条);协定的有效期、修订、中止和终止等其他事项(第六条和第七条)。附件则包括统一申报标准(Common Reporting Standard)和尽职调查标准,这两个标准实际上是金融账户涉税信息自动交换标准的核心,主要包括一般报告要求(第一部分)、尽职调查程序(第二部分至第七部分)和术语与定义(第八部分)。

金融账户涉税信息自动交换的基本原理就是由缔约一方的金融机构通过履行尽职调查程序,识别出缔约另一方的税收居民,包括全部自然人和账户余额在25万美元以上的实体在该金融机构所开设的账户,然后按照统一申报标准,从信息相关年度的次年起,按年向该金融机构所在国税务主管当局报送上述账户持有人的姓名(名称)、纳税识别号、地址、账号、余额或价值等信息,再由该国税务主管当局与账户持有人的居民国税务主管当局开展自动税收情报交换。具体而言:

(1) 应申报金融机构。是指按照统一申报标准执行提交税收辖区内居民相关信息的金融机构,或在该税收辖区内设有分支机构的非居民金融机构,包括托管机构、储蓄机构、投资实体、特定保险机构。统一申报标准同时规定了免除调查与报告义务的金融机构范围,一般包括政府机构、国际组织、中央银行、公益性养老基金、特定范围的集合投资工具、依国内法免除报告义务的金融机构等。

(2) 应申报账户。是指根据尽职调查程序识别出的,由"应申报人士"或"实际控制人"为"应申报人士"的被动非金融机构所持有的金融账户。根据主管当局协议,应申报金融机构需要对金融账户执行相应的尽职调查程序,以识别其是否属于应申报账户。

(3) 应申报个人。是指具有参与执行统一申报标准的税收管辖区居民身份的自然人(包括留有遗产的死者)和实体;对于合伙、有限合伙或其他没有纳税居民身份的类似实体,只要其实际管理机构位于该税收辖区内,也应被认定为应申报人士。为了防止个人纳税人利用中间实体躲避应申报金融机构的调查,统一申报标准规定了"透视原则",即要求应申报人士通过中间公司(导管公司或空壳公司)找到实际控制人。如果实际控制人属于应申报人士的范畴,那么中间公司是否为应申报人士则无关紧要。

(4) 应申报信息。① 应申报金融机构的基本信息,包括机构名称和机构识别号;② 应申报个人(账户持有人或实际控制人)的基本信息:姓名、居住场所、纳税人识别号、出生地点、出生时间;③ 应申报实体的基本信息:名称、居住场所、纳税人识别号;④ 应申报账户的基本信息:账户号码、账户余额或价值(包括现金价值保险合同或年金合同中的现金价值或退保金额);⑤ 应申报账户的其他信息:其中托管账户为当年收到的利息、股息及其他所得的总额以及当年收到的出售或赎回资产的收入总额;存款账户为当年收到

的利息总额;其他账户为当年收到的全部款项的总额,包括支付的回购款项的总额。

(5) 技术规范。国与国之间自动交换上述涉税信息,必然会带来一系列技术上的问题,包括建立可兼容信息系统以及申报和交换的标准格式等。为简化实施难度、增效节支,OECD 在其最新发布的金融账户涉税信息自动交换标准中包括主管当局协议范本注释和技术解决方案(涵盖了面向主管当局和金融机构的各标准格式以及数据传输信息安全需求),供各国实施该标准时进行参考。

(6) 保密要求。所有的税收协定和情报交换协议都包含严格的保密条款,限制情报可披露的对象范围和使用目的。OECD 为此专门发布了保密指南,为实施金融账户涉税信息自动交换标准保密工作提供了尽可能优化的实践指导。

按照 OECD 设定的时间表,英国、法国、德国、意大利等欧洲国家及开曼群岛等离岸金融中心超过 51 个辖区建立了早期实施小组(Early Adopters Group),拟于 2017 年 9 月开展第一批金融账户涉税信息自动交换。虽然开展金融账户涉税信息自动情报交换有助于跨境税收的征管,但是对于我国的国内法律制度、征管机制和信息处理能力等都将提出较大的挑战。

## 本章小结

1. 跨国企业利用国际税收规则存在的不足,以及各国税制差异和征管漏洞,最大限度地减少其全球总体税负,造成对各国税基的侵蚀。BEPS 行动计划旨在对现行的国际税收规则进行重新调整,是 G20 框架下各国携手打击国际逃避税,共同建立有利于全球经济增长的国际税收规则体系和行政合作机制的重要举措。

2. 数字经济是在计算机和现代通信技术的基础上,通过信息化和网络化环境实施的一种经济模式。数字化产品的价值创造主要表现为交易性无形资产和营销性无形资产的形成过程。对数字化产品及其运营模式涉及的生产商、运营商和消费者分别进行辨别及探讨,有利于了解数字化产品的价值创造和增值的过程,对数字化产品和运营模式产生的收入份额进行合理归属,对收入类型进行正确的区分。

3. 跨国纳税人通过利用交易所涉不同税收管辖区针对同一混合实体、混合金融工具或混合交易所支付的款项,在实体性质、所得性质或交易性质的认定等方面存在的税制差异,以达到在不同税收管辖区进行不同的税务处理,从而产生双重扣除或者一方扣除、另一方不计收入的错配格局,实现双重不征税或长期延迟纳税目的,进而减少交易各方总体税负,对所涉税收管辖区造成税基侵蚀。

4. 国际税收管理在很大程度上受制于跨境信息获取的难度。大力推行金融信息涉税账户自动交换可能将在很大程度上改变这一状况。自动税收情报交换是非常重要而有效的情报交换方式之一,不仅能及时提供逃税等纳税不遵从行为的核查线索,还可以对纳税人产生威慑作用,可以作为国家打击本国纳税人利用海外金融账户跨境逃、避税行为的有力武器。

## 本章重要术语

税基侵蚀和利润转移；数字经济；混合错配；混合实体；混合金融工具；混合转让；金融信息涉税账户自动交换；美国《海外账户税收遵从法案》(FATCA)

## 思考练习题

1. 什么是税基侵蚀和利润转移项目？这个项目最终将在多大程度上改变国际税收规则呢？对中国国际税收制度和国际税收管理又将带来什么挑战？

2. 什么是数字经济？它与传统经济有什么不同？如何应对数字经济？

3. 什么是混合错配？其基本特征与主要表现形式有哪些？如何应对？

4. 在中国，容易成为混合实体的目前主要合伙企业。按照财政部、国家税务总局关于合伙企业合伙人所得税问题的通知(财税〔2008〕159号)文件的规定，合伙企业以每一个合伙人为纳税义务人。合伙企业合伙人是自然人的，缴纳个人所得税；合伙人是法人和其他组织的，缴纳企业所得税。也就是说，我国税法中将合伙企业看成一个"税收虚体"，对于其取得的所得，先分回给合伙人，再按合伙人适用的税种交税。在涉及中国合伙企业的跨境交易中，是否会出现双重征税或双重不征税的情况呢？

5. 美国海外账户税收遵从法案对我国有什么影响？

# 附录 我国对外签订避免双重征税协定一览表(1983—2015)

| 序号 | 国家或地区 | 签署日期 | 生效日期 | 执行日期 |
|---|---|---|---|---|
| 1 | 日本 | 1983.9.6 | 1984.6.26 | 1985.11 |
| 2 | 美国 | 1984.4.30 | 1986.11.21 | 1987.1.1 |
| 3 | 法国 | 1984.5.30 | 985.2.21 | 1986.1.1 |
| 3 | 法国 | 2013.11.26 | 2014.12.28 | 2015.1.1 |
| 4 | 英国 | 1984.7.26 | 1984.12.23 | 1985.1.1 |
| 4 | 英国 | 2011.6.27 | 2013.12.13 | 中国:2014.1.1 英国:所得税和财产收益税:2014.4.6;公司税:2014.4.1 |
| 5 | 比利时 | 1985.4.18 | 1987.9.11 | 1988.1.1 |
| 5 | 比利时 | 2009.10.7 | 2013.12.29 | 2014.1.1 |
| 6 | 德国① | 1985.6.10 | 1986.5.14 | 1985.1.1/7.1 |
| 6 | 德国 | 2014.3.28 | (尚未生效) | |
| 7 | 马来西亚 | 1985.11.23 | 1986.9.14 | 1987.1.1 |
| 8 | 挪威 | 1986.2.25 | 1986.12.21 | 1987.1.1 |
| 9 | 丹麦 | 1986.3.26 | 1986.10.22 | 1987.1.1 |
| 9 | 丹麦 | 2012.6.16 | 2012.12.27 | 2013.1.1 |
| 10 | 新加坡 | 1986.4.18 | 1986.12.11 | 1987.1.1 |
| 10 | 新加坡 | 2007.7.11 | 2007.9.18 | 2008.1.1 |
| 11 | 加拿大 | 1986.5.12 | 1986.12.29 | 1987.1.1 |
| 12 | 芬兰 | 1986.5.12 | 1987.12.18 | 1988.1.1 |
| 12 | 芬兰 | 2010.5.25 | 2010.11.25 | 201.1.1 |
| 13 | 瑞典 | 1986.5.16 | 1987.1.3 | 1987.1.1 |
| 14 | 新西兰 | 1986.9.16 | 1986.12.17 | 1987.1.1 |
| 15 | 泰国 | 1986.10.27 | 1986.12.29 | 1987.1.1 |
| 16 | 意大利 | 1986.10.31 | 1989.11.14 | 1990.1.1 |
| 17 | 荷兰 | 1987.5.13 | 1988.3.5 | 1989.1.1 |
| 17 | 荷兰 | 2013.5.31 | 2014.8.31 | 2015.1.1 |
| 18 | 捷克斯洛伐克②(适用于斯洛伐克) | 1987.6.11 | 1987.12.23 | 1988.1.1 |
| 19 | 波兰 | 1988.6.7 | 1989.1.7 | 1990.1.1 |
| 20 | 澳大利亚 | 1988.11.17 | 1990.12.28 | 1991.1.1 |
| 21 | 南斯拉夫③(适用于波斯尼亚和黑塞哥维那) | 1988.12.2 | 1989.12.16 | 1990.1.1 |

(续表)

| 序号 | 国家或地区 | 签署日期 | 生效日期 | 执行日期 |
|---|---|---|---|---|
| 22 | 保加利亚 | 1989.11.6 | 1990.5.25 | 1991.1.1 |
| 23 | 巴基斯坦 | 1989.11.15 | 1989.12.27 | 1989.1.1/7.1 |
| 24 | 科威特 | 1989.12.25 | 1990.7.20 | 1989.1.1 |
| 25 | 瑞士 | 1990.7.6 | 1991.9.27 | 1990.1.1 |
|    | 瑞士 | 2013.9.25 | 2014.11.15 | 2015.1.1 |
| 26 | 塞浦路斯 | 1990.10.25 | 1991.1.5 | 1992.1.1 |
| 27 | 西班牙 | 1990.11.22 | 1992.5.20 | 1993.1.1 |
| 28 | 罗马尼亚 | 1991.1.16 | 1992.3.5 | 1993.1.1 |
| 29 | 奥地利 | 1991.4.10 | 1992.11.1 | 1993.1.1 |
| 30 | 巴西 | 1991.8.5 | 1993.1.6 | 1994.1.1 |
| 31 | 蒙古 | 1991.8.26 | 1992.6.23 | 1993.1.1 |
| 32 | 匈牙利 | 1992.6.17 | 1994.12.31 | 1995.1.1 |
| 33 | 马耳他 | 1993.2.2 | 1994.3.20 | 1995.1.1 |
|    | 马耳他 | 2010.10.18 | 2011.8.25 | 2012.1.1 |
| 34 | 阿联酋 | 1993.7.1 | 1994.7.14 | 1995.1.1 |
| 35 | 卢森堡 | 1994.3.12 | 1995.7.28 | 1996.1.1 |
| 36 | 韩国 | 1994.3.28 | 1994.9.27 | 1995.1.1 |
| 37 | 俄罗斯 | 1994.5.27 | 1997.4.10 | 1998.1.1 |
|    | 俄罗斯 | 2014.10.13 | (尚未生效) |  |
| 38 | 巴新 | 1994.7.14 | 1995.8.6 | 1996.1.1 |
| 39 | 印度 | 1994.7.18 | 1994.11.19 | 1995.1.1 |
| 40 | 毛里求斯 | 1994.8.1 | 1995.5.4 | 1996.1.1 |
| 41 | 克罗地亚 | 1995.1.9 | 2001.5.18 | 2002.1.1 |
| 42 | 白俄罗斯 | 1995.1.17 | 1996.10.3 | 1997.1.1 |
| 43 | 斯洛文尼亚 | 1995.2.13 | 1995.12.27 | 1996.1.1 |
| 44 | 以色列 | 1995.4.8 | 1995.12.22 | 1996.1.1 |
| 45 | 越南 | 1995.5.17 | 1996.10.18 | 1997.1.1 |
| 46 | 土耳其 | 1995.5.23 | 1997.1.20 | 1998.1.1 |
| 47 | 乌克兰 | 1995.12.4 | 1996.10.8 | 中国：1997.1.1<br>乌克兰：股利特个人：1996.12.17；<br>企业所得税：1997.1.1 |
| 48 | 亚美尼亚 | 1996.5.5 | 1996.11.28 | 1997.1.1 |
| 49 | 牙买加 | 1996.6.3 | 199.3.15 | 1998.1.1 |
| 50 | 冰岛 | 1996.6.3 | 1997.2.5 | 1998.1.1 |
| 51 | 立陶宛 | 1996.6.3 | 1996.10.18 | 1997.1.1 |
| 52 | 拉脱维亚 | 1996.6.7 | 1997.1.27 | 1998.1.1 |
| 53 | 乌兹别克斯坦 | 1996.7.3 | 1996.7.3 | 1997.1.1 |
| 54 | 孟加拉国 | 1996.9.12 | 1997.4.10 | 中国：1998.1.1<br>孟加拉国：1998.7.1 |

（续表）

| 序号 | 国家或地区 | 签署日期 | 生效日期 | 执行日期 |
|---|---|---|---|---|
| 55 | 南斯拉夫联盟①（适用于塞尔维亚和黑山） | 1997.3.21 | 1998.1.1 | 1998.1.1 |
| 56 | 苏丹 | 1997.5.30 | 1999.2.9 | 2000.1.1 |
| 57 | 马其顿 | 1997.6.9 | 1997.11.29 | 1998.1.1 |
| 58 | 埃及 | 1997.8.13 | 1999.3.24 | 2000.1.1 |
| 59 | 葡萄牙 | 1998.4.21 | 2000.6.7 | 2001.1.1 |
| 60 | 爱沙尼亚 | 1998.5.12 | 1999.1.8 | 2000.1.1 |
| 61 | 老挝 | 1999.1.25 | 1999.6.22 | 2000.1.1 |
| 62 | 塞舌尔 | 1999.8.26 | 1999.12.17 | 2000.1.1 |
| 63 | 菲律宾 | 1999.11.18 | 2001.3.23 | 2002.1.1 |
| 64 | 爱尔兰 | 2000.4.19 | 2000.12.29 | 中国：2001.1.1<br>爱尔兰：2001.4.6 |
| 65 | 南非 | 2000.4.25 | 2001.1.7 | 2002.1.1 |
| 66 | 巴巴多斯 | 2000.5.15 | 2000.10.27 | 2001.1.1 |
| 67 | 摩尔多瓦 | 2000.6.7 | 2001.5.26 | 2002.1.1 |
| 68 | 卡塔尔国 | 2001.4.2 | 2008.10.21 | 2009.1.1 |
| 69 | 古巴 | 2001.4.13 | 2003.10.17 | 2004.1.1 |
| 70 | 委内瑞拉 | 2001.4.17 | 2004.12.23 | 2005.1.1 |
| 71 | 尼泊尔 | 2001.5.14 | 2010.12.31 | 2011.1.1 |
| 72 | 哈萨克斯坦 | 2001.9.12 | 2003.7.27 | 2004.1.1 |
| 73 | 印度尼西亚 | 2001.11.7 | 2003.8.25 | 2004.1.1 |
| 74 | 阿曼 | 2002.3.25 | 2002.7.2 | 2003.1.1 |
| 75 | 尼日利亚 | 2002.4.15 | 2009.3.21 | 2010.1.1 |
| 76 | 突尼斯 | 2002.4.16 | 2003.9.23 | 2004.1.1 |
| 77 | 伊朗 | 2002.4.20 | 2003.8.14 | 2004.1.1 |
| 78 | 巴林 | 2002.5.16 | 2002.8.8 | 2003.1.1 |
| 79 | 希腊 | 2002.6.3 | 2005.11.1 | 2006.1.1 |
| 80 | 吉尔吉斯 | 2002.6.24 | 2003.3.29 | 2004.1.1 |
| 81 | 摩洛哥 | 2002.8.27 | 2006.8.16 | 2007.1.1 |
| 82 | 斯里兰卡 | 2003.8.11 | 2005.5.22 | 2006.1.1 |
| 83 | 特立尼达和多巴哥 | 2003.9.18 | 2005.5.22 | 针对不同所得项目分别于2005.6.1和2006.1.1起执行 |
| 84 | 阿尔巴尼亚 | 2004.9.13 | 2005.7.28 | 2006.1.1 |
| 85 | 文莱 | 2004.9.21 | 2006.12.29 | 2007.1.1 |
| 86 | 阿塞拜疆 | 2005.3.17 | 2005.8.17 | 2006.1.1 |
| 87 | 格鲁吉亚 | 2005.6.22 | 2005.11.10 | 2006.1.1 |
| 88 | 墨西哥 | 2005.9.12 | 2006.3.1 | 2007.1.1 |
| 89 | 沙特阿拉伯 | 2006.1.23 | 2006.9.1 | 2007.1.1 |
| 90 | 阿尔及利亚 | 2006.11.6 | 2007.7.27 | 2008.1.1 |
| 91 | 塔吉克斯坦 | 2008.8.7 | 2009.3.28 | 2010.1.1 |
| 92 | 埃塞俄比亚 | 2009.5.14 | 2012.12.25 | 2013.1.1 |

(续表)

| 序号 | 国家或地区 | 签署日期 | 生效日期 | 执行日期 |
|---|---|---|---|---|
| 93 | 土库曼斯坦 | 2009.12.13 | 2010.5.30 | 2011.1.1 |
| 94 | 捷克 | 2009.8.28 | 011.5.4 | 2012.1.1 |
| 95 | 赞比亚 | 2010.7.26 | 2011.6.30 | 2012.1.1 |
| 96 | 叙利亚 | 2010.10.31 | 2011.9.1 | 2012.1.1 |
| 97 | 乌干达 | 2012.1.11 | (尚未生效) | |
| 98 | 博茨瓦纳 | 2012.4.11 | (尚未生效) | |
| 99 | 厄瓜多尔 | 2013.1.21 | 2014.3.6 | 2015.1.1 |
| 100 | 智利 | 2015.5.25 | (尚未生效) | |
| 101 | 津巴布韦 | 2015.12.1 | (尚未生效) | |

**内地与港澳签订的避免双重征税安排一览表**

| 序号 | 地区 | 签署日期 | 生效日期 | 执行日期 |
|---|---|---|---|---|
| 1 | 香港特别行政区 | 2006.8.21 | 2006.12.8 | 内地:2007.1.1<br>香港:2007.4.1 |
| 2 | 澳门特别行政区 | 2003.12.27 | 2003.12.30 | 2004.1.1 |

**大陆与台湾签订的避免双重征税协议**

| 序号 | 地区 | 签署日期 | 生效日期 | 执行日期 |
|---|---|---|---|---|
| 1 | 台湾 | 2015.8.25 | (尚未生效) | |

注:(1) 截至 2015 年 12 月,我国已对外正式签署 101 个避免双重征税协定,其中 97 个协定已生效,和香港、澳门两个特别行政区签署了税收安排,与台湾签署了税收协议。

(2) ① 我国政府于 1985 年 6 月 10 日、1987 年 6 月 8 日先后与德意志联邦共和国、德意志民主共和国政府签订避免对所得和财产双重征税协定、避免对所得双重征税和防止偷漏税协定。1990 年 10 月 3 日,德意志联邦共和国与德意志民主共和国统一为德意志联邦共和国,中国政府 1985 年 6 月 10 日与德意志联邦共和国政府签订的避免对所得和财产双重征税协定继续适用于中国和统一以后的德意志联邦共和国。

② 我国政府于 1987 年 6 月 11 日与捷克斯洛伐克社会主义共和国政府签订避免对所得双重征税和防止偷漏税协定。1990 年,捷克斯洛伐克社会主义共和国先后改国名为捷克斯洛伐克联邦共和国、捷克和斯洛伐克联邦共和国,上述协定继续适用。1993 年 1 月 1 日,捷克和斯洛伐克联邦共和国分解为捷克共和国和斯洛伐克共和国,上述协定继续适用于中国和上述两国。2009 年 8 月 28 日,中国政府与捷克共和国政府签订避免对所得双重征税和防止偷漏税协定,该协定适用于捷克共和国。

③ 我国政府于 1988 年 12 月 2 日与南斯拉夫社会主义联邦共和国议会联邦执行委员会(南斯拉夫政府)签订避免对所得和财产双重征税协定,后来南斯拉夫解体,据外交部告,该协定由解体后的各国继承,后来中国政府陆续与解体后的各国政府签订避免对所得和财产双重征税协定,仅有波斯尼亚和黑塞哥维那政府未单独签订,上述协定继续适用于中国和波斯尼亚和黑塞哥维那。

④ 我国政府于 1997 年 3 月 21 日与南斯拉夫联盟共和国联盟政府(南斯拉夫联盟政府)签订避免对所得和财产双重征税协定。2003 年 2 月 4 日,南斯拉夫联盟共和国改国名为塞尔维亚和黑山共和国,上述协定继续适用。2006 年 6 月 3 日,塞尔维亚和黑山共和国分解为塞尔维亚共和国和黑山共和国,上述协定继续适用于中国和上述两国。

# 参考文献

[1] 杨志清,《国际税收前沿问题研究》,北京:中国税务出版社,2012年。
[2] 朱青,《国际税收》,北京:中国人民大学出版社,2014年。
[3] 杨志清、可杨,《国际税收理论与实务》,北京:中国税务出版社,2016年。
[4] 葛惟熹,《国际税收学》(财政部统编教材),北京:中国财政经济出版社,2008年。
[5] 李九龙,《国际税收》,武汉:武汉大学出版社,2000年。
[6] 曾国祥、刘佐、靳东升,《英汉税收词汇》,北京:经济科学出版社,2003年。
[7] 鲁文·S.阿维-约纳著,熊伟译,《国际法视角下的跨国征税——国际税收体系分析》,北京:法律出版社,2008年。
[8] 杨志清,《国际税收》,北京:中国人民大学出版社,2007年。

# 重要术语索引

避税　11，20，31，42，103，105，107—139，141，143—151，153，155—161，163，165—174，184—196，204，205，208，212，217，218，238—240，242—245，249—251，258，263，265，268

避税港　111，113—115，120，121，137，141，143—146，148—161，163，165，166，168，171，172，184，185，187，188，195

不动产所得　35，36，50

财产收益　30，36，50，209，236，245

常设机构　30—36，47，49，50，117—123，125，202—204，209，210，223，245，250，255，256，261

成本标准　174，179—181，195

成本加利价　174，177—180，195，196

承包工程作业　31，220—224，245

抵免法　59，60，63—68，74，81，100，101，111，135，201，204，210，212，265

抵免限额　71，74，79—83，85—90，92，94，95，97，100，101，114，136

独立劳务所得　32—34，50

法律标准　38，40，42，50，203

法律性重复征税　53，68

非独立劳务所得　33，34，50

非居民企业　31，218—230，245，256，257

分国抵免限额　80—83，100，101

分配原则　31，50

个人持股信托公司　156，157，161

公民管辖权　27，44—46，48—50，57，110，115，117，133

归属原则　31，50

国际避税　11—13，42，103，105，108—115，119，120，125，132—134，137—139，141，143，144，148，154，155，157，158，161，163，166—169，171—173，181，184，192，195，196，201，204，205，244

国际双重征税　51，53，55，59，68，74，100，123，182，195，200，204，256

国际税法　5，6，10，12，13

国际税收　1，3—13，15，17—19，21—23，25，26，30，36，46，47，50，51，53，54，57，58，64，71，73，83，100，105，107，108，110，112，114，117，119，143，152，166，170，185，189，190，193，199，200，202，210，212，215，217，235，238—247，249—253，265，268，269

国际税收协定　12，13，21，22，31，32，36，49，60，68，100，113，117，138，153，172，174，193，197，199—201，203—207，211—213，215，217，240

国际税务　3，5，13，144，199，204，235，236，242

国际重复征税　11，13，20—22，25，51，53—60，63—68，84，91，103，105，113，119，135—138，165，182，204

核定原则　32，50

混合错配　249，250，257—259，262—265，269

混合金融工具　257—259，264，265，268，269

混合实体　257—261，268，269

混合转让　257，258，261，262，264，269

间接抵免　64，68，71，73，83—91，95，97，100，101，123，210

节税　103，105—108，139

金融公司　146，150，152，153，161

金融信息涉税账户自动交换　265，268，269

《经合发范本》　15，21，22，31，36，61，64，119，200—203，207—209，213

经济性重复征税　53，68

经营所得　29—31，50，98，156，157，165，195，204

居民　6，17，20，23，26，27，30，33—44，46，47，49，50，54—56，58—67，69，73，74，76，79—81，91—94，98，100，101，110，114—120，131，133—136，138，146，147，151，156—158，166，168，172，173，181，185—195，199，202—205，208—212，215，217，218，220—225，227—237，243，245，251，258，261，262，264，265，267

居民管辖权　23,27,37,38,40,41,43,44,46—
　　50,55—57,59,60,62,67,74,99,110,114—
　　116,133,136,148,204,205
可比的非受控价格　174,175,180,181,195
控股公司　114,147,148,150—152,161,184
扣除法　60,64—68
跨国公司　6,15,20,22,31,34,40,41,44,50,56,
　　57,79,84,88,108,112,116—118,120—122,
　　124—129,131—133,137,139,141,143,145,
　　154,155,159,160,165,168—171,173,174,
　　178,182—184,191,192,194,241,258,259,263
跨国所得　11,17—22,26,47,54—57,59,63,64,
　　74—76,79,112,133,158,199,201,212
累进免税法　61,67,68
离岸基金　152,155,161
《联合国范本》　15,21,22,31,33,35,36,61,64,
　　200—203,207—209,213
美国海外账户税收遵从法案　265,269
免税法　59,60,63,64,66—68,74,111,123,
　　135—137,201,204,210,212,265
全额免税法　60,61,67,68
涉外税收　1,3—9,12,13,26,30,124,211,217
收入来源地　23,26,27,29—31,35—37,47,49,
　　50,54—56,58,67,110,119,133,193,208
收入来源地管辖权　27—37,46—50,55—57,60,
　　63,64,66,67,74,76,84,110,116,117,133
授权代表访问　236,245
数字经济　250,252—256,268,269
税基侵蚀和利润转移　246,249,251,257,263,
　　264,269
税收筹划　105,106,108,139,249—251,263
税收抵免　58,59,64,66,68,71,73,75,76,78,
　　80,82—84,86—95,98,100—102,114,136,
　　189,210,211,262
税收管辖权　11,13,23,25—28,37,44,46—51,
　　53—57,59,60,64,66,68,110,133—136,190,
　　201—206,230,236,237,240,245,256
税收流亡　116,117,139

税收难民　117,139
税收情报交换　209,212,218,235,239,240,245,
　　265,267,268
税收饶让　60,71,91—93,95—102,111,135—
　　137,208—211,213
税收征管互助公约　239,240,245
税制性重复征税　53,68
同期税务检查　236,239,240,245
偷税　103,105—107,109,139,204,236,237,243
投资公司　90,150—152,161
投资所得　29,30,34,35,50,83,84,95,98,114,
　　117,118,152,203,204,209,210
外国基地公司　150,151,155,161
信箱公司　150,151,155,161
行业范围情报交换　236,245
引力原则　31,50,202,208
应税所得　28,29,32,50,62,64,65,74,76,79,
　　82,100,107,110,111,126,128,129,131,150,
　　166,169,170,173,174,176—178,181,182,
　　190,205,222
预约定价协议　182—184,195
再销售减利价　174—178,180,195,196
直接抵免　64,68,71,73,74,79,83—86,90,91,
　　95,100,101
重复征税　10,11,19,21,53,54,57—59,64—66,
　　68,73,84,88,110,135,189,204,262
属地原则　26,49,50,145
属人原则　26,27,49,50
住所标准　38—40,50,116
转让定价　103,114,123—129,131,134,137—
　　139,141,143,148,149,151,158—161,163,
　　165,168,169,173,174,181—184,195,196,
　　205,241,250—252,254
资本弱化　130—132,139,163,165,190—193,
　　195,196
自动情报交换　236,239,240,245,268
自发情报交换　236,239,240,245
综合抵免限额　80—83,98,100,101

# 教师反馈及教辅申请表

北京大学出版社本着"教材优先、学术为本"的出版宗旨,竭诚为广大高等院校师生服务。为更有针对性地提供服务,请您认真填写以下表格并经系主任签字盖章后寄回,我们将按照您填写的联系方式免费向您提供相应教辅资料,以及在本书内容更新后及时与您联系邮寄样书等事宜。

| 书名 | | 书号 | 978-7-301- | 作者 | |
|---|---|---|---|---|---|
| 您的姓名 | | | | 职称职务 | |
| 校/院/系 | | | | | |
| 您所讲授的课程名称 | | | | | |
| 每学期学生人数 | _____人 _____年级 | | | 学时 | |
| 您准备何时用此书授课 | | | | | |
| 您的联系地址 | | | | | |
| 邮政编码 | | 联系电话(必填) | | | |
| E-mail(必填) | | QQ | | | |
| 您对本书的建议: | | | | 系主任签字<br><br>盖章 | |

**我们的联系方式:**

北京大学出版社经济与管理图书事业部

北京市海淀区成府路 205 号,100871

联 系 人:徐冰

电　　话:010-62767312 / 62757146

传　　真:010-62556201

电子邮件:em_pup@126.com　　em@pup.cn

Q　　Q:5520 63295

新浪微博:@北京大学出版社经管图书

网　　址:http://www.pup.cn